즐거운 시 읽기

아름다운 우리 시와
다시 만나다

지은이 김현수

부산에서 성장하여 대구에서 대학을 졸업한 후, 학원과 학교에서 아이들과 지냈다. 포항의 고등학교에 근무하면서 2010년 고려대학교 대학원에서 '현대시 교육' 전공으로 교육학 박사 학위를 받았다. 지도교수님인 이남호 교수님과 평론가인 고형진 교수님의 가르침을 받았으며, 시 평론으로 『시안』 신인상을 수상하였다. 고려대 교육대학원과 대구대 사범대학에서 시 강의를 하였고, 저서에는 『교과서 시의 탐색』(서정시학, 2010), 『시 교육의 이론과 방법』(역락, 2011) 등이 있다.

즐거운 시 읽기

아름다운 우리 시와다시 만나다

찍은 날 2017년 8월 10일
펴낸 날 2017년 8월 21일

지은이 김현수
펴낸이 김상동
펴낸 곳 경북대학교출판부
출판등록 1973년 10월 10일 ㉔97호
주소 대구광역시 북구 대학로 80
전화 053-950-6741~3
팩스 053-953-4692
이메일 press@knu.ac.kr
홈페이지 http://knupress.com

ISBN 978-89-7180-464-3 93810

정가는 뒤표지에 있습니다. 파본은 바꾸어 드립니다.

즐거운 시 읽기

아름다운 우리 시와 다시 만나다

김현수 지음

경북대학교출판부

일러두기

시는 발표 당시의 원문 표기를 기준으로 삼았고, 시어에 대한 해석은 책 말미의 시어 사전에 수록되어 있습니다.

머 리 말

감격적인 순간을 목격했다. 참으로 오랜만에 느껴 보는 감동이었다. 어른이든 어린 학생이든 누구나 할 것 없이 손에 촛불을 들고 어둠을 내몰았다. 내가 살고 있는 지역의 인구수보다 더 많은 사람들이 광장에 모여 촛불을 밝혔다. 광활한 들판에 무리 지어 핀 붉은 꽃들처럼 장관을 이루었다. 주먹을 움켜쥐고 목소리를 높여도 돌을 던지는 사람은 없었다. 시민들을 가로막고 선 경찰들에게 국화꽃을 던졌다. 평화로운 시위의 아름다움은 돌아갈 때에도 지켜졌다. 버려진 물병과 쓰레기는 모두 손수 치웠다. 곧 꺼질 것이라는 어느 정치인의 말과 달리 촛불은 매주 토요일 불타올랐다.

황홀한 아름다움이었다. 세상에는 추한 것, 악한 것, 부정한 것의 반대편에 있는 것이 있다. 해와 별을 품고 쉼 없이 출렁이는 푸른 바다며, 무지막지하게 수놓은 맑은 하늘이며, 초록의 물결을 자랑하는 신록의 나무와 풀, 그 무엇으로도 재현할 수 없는 꽃의 색과 향기는 순수하며 아름답다. 어려운 이웃에게 풍성하지는 않지만 밥 한 끼 대접하는 손길과, 지난 밤 음주로 힘들어하시는 선생님께 숙취 해소 음료를 가져다드리는 아이의 마음 또한 아름답다. 용돈을 모아 엄마의 생일날에 선물을 사 드리는 초등학생 아들의 마음 또한 곱다.

우리 주변에는 아름다운 것들이 분명히 있다. 죽는 날까지 하늘을 우러러 한 점 부끄럼 없기를 바라며 별을 노래하는 마음으로, 죽어 가는 모든 것을 사랑하는 시인의 마음은 아름다움을 넘어 거룩하기까지 하다. 정의롭고 순수하며, 고운 마음에서 나온 시는 밤하늘을 비추는 별과 같이 아름답다. 고개를 들어 우연히 본 별 하나가 가슴에 들어오듯 한 편의 좋은 시는 우리의 마음을 물들인다.

시의 끌림이 좋아 대학원에서 시를 공부하였다. 마음을 울리는 좋은 시들이 많았다. 이들 작품 중에는 의문이 남는 것도 있었다. 너무 어렵게 재단하지 말고, 남이 어떻게 보든 자신이 생각하고 느끼는 대로 보면 되지 않을까. 사람마다 아름다움의 기준이 다르고, 작품을 대하며 느끼는 감정의 폭도 차이가 있는데, 시의 의미에 지나치게 매몰되는 것은 어리석은 짓이 아닐까. 이런 안일한 생각도 했다.

개인이 판단하고 느끼는 아름다움이 저마다 다를 순 있겠지만, 기본적으로 많은 사람들이 동의할 수 있는 보편적 아름다움은 있다. 미학에선 이를 '예술적 가치'라 한다. 이 책은 시가 갖는 본질적 가치와 아름다움에 다가서려는 노력의 결과이다. 한 사람의 가치를 알려면 오랜 교류를 통해 그 사람의 내면과 행동을 면밀히 살펴야 한다. 이해타산적 만남이나 일시적 만남으로는 한 사람의 속을 제대로 알 수 없다. 이와 마찬가지로 시의 가치를 알려면 오랜 만남과 깊은 사유로 작품에 골몰해야 한다.

작품의 가치나 의미는 어떻게 읽느냐에 따라 달리 이해된다. 그래서 시 읽기의 과정이 중요하다. 읽기는 이해의 과정으로 정보의 수용에서 추론, 상상, 평가 등이 이루어지는 고차원적 사고 활동이다. 일반 글보다 시 읽기가 어려운 것은 사실이다. 장르의 특성상 시는 해야 할 말을 다 하지 않고 돌려 말하거나 생략하여 말한다. 그래서 시는 다른 글을 읽을 때보다 더한 집중을 요한다.

이 책에 소개되는 작품들은 중등학교 교과서에 수록되어 있는 한국의 명시다. 필자는 다양한 시 읽기 방법으로 이들 작품의 시상과 표현을 톺아보았다. 시를 참되게 읽으려면 기본적으로 꼼꼼히 읽고, 다양하게 해석하며 읽어야 한다. 또 상상하며 읽고, 공감하며 읽어야 한다. 깊이 이해하기 위해 다른 작품과 비교하며 읽을 수도 있다. 정독하며 읽기, 다양하게 해석하며 읽기, 상상하며 읽기, 공감하며 읽기, 비교하며 읽기 등은 시를 잘 이해하는 방법이다.

시를 읽는 최상의 방법은 정독(精讀)하는 것, 즉 말의 뜻을 새겨 가며 꼼꼼히 읽는 것이다. '정독'의 시 읽기는 시의 말을 독자의 합당한 논리로 풀어내는 해석 행위다. 시의 독자는 일차적으로 시어의 사전적 의미를 분명하게 이해하고, 그 시어가 문맥상 어떤 의미를 갖는지 살펴야 한다. 꼼꼼히 읽는 과정에서 시어 하나하나에 주의를 기울이고 작품의 의미를 문맥에 맞게 규명한다. 어느 한 부분이 전체의 맥락에 부합하지 않을 때에는 의문을 제기하고, 잠정적인 해석으로 가설을 세워 본다. 이 가설이 전체적 의미에 어긋나면 새로운 가설의 설정과 검증을 통해 작품의 부분과 전체에 적합한 의미를 도출한다.

시는 풍부한 암시성으로 다양한 문맥을 형성한다. 함축적 언어를 사용하는 시에서는 하나의 어휘나 구절이 둘 이상의 의미를 나타나는 경우가 있다. 시론에서는 이것을 '애매성', '모호성', '다의성' 등의 개념으로 설명한다. 즉 시는 하나의 분명한 의미를 갖지 않고, 그 뜻이 모호하고 애매하여 다양한 의미를 양산하기도 한다.

그래서 시의 독자는 다양하게 해석하며 창의적으로 읽어야 한다. 시의 모호성을 해결하기 위해 여러 해석의 가능성을 타진하며, 여러 가능한 해석들에 대한 타당한 근거를 찾아야 한다. 막연한 추측이나 편협하고 독단적인 판단, 문맥에서 이탈하는 의미 확장 등은 해석의 오류를 낳는 주범이다. 독자는 자신의 사유의 과정을 살피며, 부분과 전체의 문맥에 거스르지 않는 일관된 흐름에서 해석의 적절성을 판단해야 한다.

물론 시를 읽는 데에는 논리만으로 해결되지 않는 부분이 있다. 시 읽기의 바람직한 효과는 말뜻의 파악을 통해서만 얻어지는 것이 아니다. 작품의 일관된 의미를 추적하는 데에만 몰두한다면 시 읽기는 수수께끼를 푸는 지적 놀이에 지나지 않을 것이다. 시를 읽는 독자는 시인의 상상력을 감지하고, 작품 세계에 나타난 화자의 마음을 이해할 수 있어야 한다. 곧 시를 읽을 때에는 상상하며 읽을 수 있어야 한다.

상상하며 읽으려면 무엇보다 작품에 구현된 시의 상상을 읽을 수 있어야 한다. 독자는 작품에서 현실 세계와 상상의 세계를 구분할 줄 알아야 한다. 작품에서 어디까지가 시인이 경험한 현실 세계이고, 어디부터가 주관적으로 재구성한 상상의 세계인지 아는 것은 상상하며 읽기의 출발점이 된다. 독자는 상상의 세계와 현실 세계의 연관성을 살피며 상상에 투사된 의미를 추리하고, 작품에서 작용하고 있는 상상의 경로를 추적하며 화자의 마음을 읽어야 한다.

상상하며 읽기는 상상의 경로를 따라 작품 세계를 이해하고 화자의 마음을 이해하는 데 목적이 있다. 시가 상상의 표현이라 할 때 이때의 상상은 단적으로 말해 인간의 마음이라 할 수 있다. 시의 상상은 시인의 마음에 따른 것이며, 마음을 표현한 것이다. 따라서 시의 상상을 읽는 것은 타자의 마음을 읽는 것이다.

시 읽기는 타자의 마음을 읽는 공감적 이해를 지향한다. 공감(共感)은 남의 감정이나 생각에 자신도 그렇다고 느끼는 것이다. 타인이 경험한 것과 똑같이 느낄 수는 없지만, 다른 사람의 심리적 상태를 그의 입장이 되어 느끼는 것이 공감이다. 시의 독자는 대상과의 교류를 통해 타자의 마음을 이해하고 그의 감정을 느낄 수 있어야 한다. 작품 속 화자가 어떤 감정과 행동을 보일 때 독자는 그러한 연유를 알고 그의 감정을 대리적으로 느낄 수 있어야 한다. 작품에 나타난 타자의 마음에 가까이 가려는 의식적인 노력이 있을 때 타자가 느끼는 정서를 공유할 수 있다.

공감하며 읽기는 타자의 마음을 읽고 그 또한 그렇게 느끼는 것이다. 공감적 시 읽기는 독자의 능동적인 읽기 활동을 통해 타자의 생각과 감정에 공감하는 데 목적이 있다. 시의 독자는 화자의 입장이 되어 그 사람의 마음을 이해할 수 있어야 한다. 작품에 제시된 정보를 바탕으로 화자가 처한 상황과 정서를 화자의 입장에서 헤아려 보고, 나아가 감상하는 자신이 주인공이 되어 타자의 경험을 자기화할 때 공감에 이른다. 타자와 유사한 경험이 없더라도 독자는 타자의 경험을 자신의 마음속에 재현함으로써 타자의 삶을 공유할 수 있다.

한 작품에 한정해 읽는 방식과 달리, 비교하며 읽기는 작품들 간의 관련성에 초점을 두고 두 작품의 공통점이나 차이점을 따져 읽는 것이다. 이 읽기에서는 한 작가의 다른 작품이나 다른 작가의 작품들이 비교 대상이 된다. 세부적으로는 소재, 발상, 시적 상황, 화자의 정서, 대상에 대한 화자의 태도, 어조, 구성 방식, 표현 기법 등이 해석의 요소가 된다.

비교하며 읽기는 여러 작품들을 놓고 살핀다는 점에서 앞의 여러 읽기 방식들과 차이가 있지만 본질적으로는 다르지 않다. 비교하며 읽으려면 우선 개별 작품의 특성을 잘 살펴야 한다. 기본적으로 정독하며 읽어야 하고, 다양하게 해석하며 창의적으로 읽어야 한다. 여러 읽기 방식이 동원되며, 작품들의 특성을 종합적으로 살펴야 한다는 점에서 비교하며 읽기는 심화된 읽기 방식이라 할 수 있다. 비교하며 읽기는 한 개별 작품의 이해에 머무르지 않고 다른 작품과의 관련성까지 두루 살펴야 하기 때문에 사고의 확장을 가져다주며, 시에 대한 이해의 폭을 넓혀 준다.

이 책에서 보인 필자의 시 읽기가 모두 합당하다고 말할 순 없다. 어떤 시 해석이든 해석자의 주관성을 피할 수 없기 때문이다. 그래도 나름대로 정성과 노력을 기울였다. 시의 바른 읽기와 이해를 돕고자 작품마다 어떻게 읽을까, 시상, 표현 등을 기준으로 내용을 구분하고, 끝에 '넓게 읽기'를 두었다. 작품의 개별적 특성을 고려해 시를 어떻게 읽어야 할지를 살핀 점이나 시어, 시구절 하나 놓치지 않고 문맥적 의미를 따져 해석한 점, 발표 당시의 원문 표기에 충실한 점 등은 기존의 해설서와 차별되는 점이다. 시를 공부하거나 시를 가르치는 분들께 시의 길을 찾는 안내서가 되었으면 한다.

끝으로 이 책이 나오기까지 애써 주신 경북대학교출판부 편집진 선생님들께 고마운 마음을 전한다. 제자의 무지를 깨우쳐 좋은 시의 가치와 아름다움을 알게 해 주신 이남호 교수님께도 고개 숙여 감사드린다.

2017년 여름에 김현수 씀

즐거운 시 읽기

아름다운 우리 시와 다시 만나다

CONTENTS

CONTENTS

진달래꽃

김소월

나 보기가 역겨워
가실 때에는
말없이 고이 보내 드리오리다

영변에 약산
진달래꽃
아름 따다 가실 길에 뿌리오리다

가시는 걸음걸음
놓인 그 꽃을
사뿐히 즈려밟고 가시옵소서

나 보기가 역겨워
가실 때에는
죽어도 아니 눈물 흘리오리다

김소월의 「진달래꽃」은 고등학교 교과서에 빠짐없이 수록되는 한국의 대표적인 명시다. 말뜻과 소리가 조화를 이루어 소리 내어 읽기 좋은 시다. 이별하는 이의 마음을 고운 우리말로 잘 살려 표현하고 있다. 하지만 교수 학습이 이루어지는 교실에서는 이러한 작품의 진가가 제대로 인식되지 못하고 있다.

교육현장에서 「진달래꽃」은 이별의 정한과 그 승화, 기승전결의 구조, 수미상관의 구성, 민요적 율격 등의 용어로 설명되고 있다. 특히 4연을 근거로 이 시가 반어법을 사용하고 있는 것이 강조된다. "죽어도 아니 눈물 흘리오리다"라는 시구절을 반어적 표현으로 보면, 이 시는 화자가 떠나가는 임에게 떠나가지 말라고 하소연하는 작품이 된다. 말하는 것과 의미하는 것이 상반된다는 관점에서는 겉으로 드러난 의미와는 달리 이별을 아파하며 임을 보내고 싶지 않다는 화자의 마음이 시의 내용이 된다.

하지만 이 구절은 슬프지만 떠나는 임을 괴롭히거나 자신의 사랑을 추하게 만들지 않겠다는 의미로도 받아들일 수 있다. 문면적 의미에 충실하면 4연의 "죽어도 아니 눈물 흘리오리다"는 눈물이 나지만 임을 위해 눈물을 흘리지 않겠다는 의지의 표현으로 볼 수 있다. 이 시각에서 보면 이 작품은 아름다운 사랑의 감정을 표현한 시가 된다.

두 해석은 얼마든지 가능하다. 문제는 반어적 표현의 사용 여부가 아니라 해석에 이르는 사유 과정이다. 해석의 적절성을 말하려면 결과에 이르는 사유의 과정이 적절하고 타당해야 한다. 이 작품은 말로 쉽게 내뱉지 못하는 미묘한 사랑의 마음을 담아낸다. 그래서 이 시의 독자는 시어 하나하나에 주의를 기울이며, 이 시가 지닌 표현의 아름다움과 미묘한 감정의 울림을 느껴 보는 것이 중요하다. 시가 지닌 아름다움과 가치를 이해하고 즐기는 것, 이것이 시를 읽는 기본자세다.

이 시의 화자인 '나'는 이별의 상황에 직면하여 임에게 자신의 감정을 나타낸다. 내가 진정 싫어 가신다면 영변의 약산 진달래꽃을 따다가 가실 길에 뿌릴 것이니 그 꽃을 사뿐히 밟고 가라고 한다. 그리고 자신은 죽어도 눈물을 흘리지 않겠다고 토로한다. 화자는 이별의 상황에서 떠나는 임에게 꽃을 바치며 이별의 순간까지 사랑의 마음을 다한다. '진달래꽃'은 자신의 곁을 떠나는 임에게 주는 사랑의 선물이다.

그런데 화자는 임과 헤어지면서 '역겹다'는 말을 쓴다. "나 보기가 역겨워/가실 때에는/말없이 고이 보내 드리오리다"는, 산문으로 풀면 '내가 역겨울 정도로 싫어서 간다면 고이 보내 주겠다'는 뜻으로 이해된다. '역겹다'라는 어휘는 역정이 나거나 속에 거슬리게 싫다는 뜻으로, 작품의 상황이나 임을 대하는 화자의 마음을 고려해 볼 때 이 시어는 적합하지 않다. 그럼에도 이 작품은 역겹다는 말을 1연과 4연에서 반복 사용한다.

임은 자신이 싫어 돌아섰지만 '나'는 이별의 상황에서도 끝까지 한결같은 사랑으로 임을 대하며, 떠나는 임의 발걸음을 가볍게 해 주고자 한다. 그런데 "사뿐히"와 "즈려"라는 시어는 이 작품에 표현된 깨끗한 이별의 마음을 의심하게 한다.

3연의 "사뿐히 즈려밟고 가시옵소서"라는 구절에서 "사뿐히"는 '사뿐', 곧 소리가 나지 않도록 발을 가볍고 조심스럽게 내디디는 모양을 가리킨다. "즈려"는 평북 방언인 '지레', '지리'에서 온 말로서 '지레밟다', '지리밟다'는 말은 발밑에 있는 것을 힘주어 밟는 동작을 뜻한다. 따라서 "사뿐히 즈려밟고 가시옵소서"는 꽃잎을 가볍게 눌러 밟고 가 달라는 뜻으로 해석된다. 우리는 자동차 브레이크를 밟을 때 급정거를 하지 않는 한 천천히 눌러 밟는다. 사뿐히 즈려밟는 것은 이러한 행동으로 보인다. 3연은 소리 나지 않을 정도로 한 걸음 한 걸음 발을 옮기며, 꽃잎을 살며시 눌러 밟고 가라는 것이다.

상대의 입장에서 보면 자신이 뿌리는 꽃을 밟고 가라는 부탁 내지 호소는 거북한 일이다. 이에 떠나는 임의 마음을 불편하게 하지 않으려는 화자의 고운 마음이 꽃을 뿌리는 행동으로 표출됐다고 볼 수 있다. "사뿐히"에서 우리는 자신에 대한 부담을 갖기 말고 자신을 잊어도 좋다는 화자의 마음을 읽을 수 있다. 하지만 미련 없이 헤어질 것이면 굳이 상대에게 꽃을 밟고 가 달라고 애원할 필요가 없다. 심지어 죽어도 눈물을 흘리지 않겠다고 고백할 필요도 없다. 임에게 꽃을 사뿐히 즈려밟도록 권하는 것은 꽃잎을 밟으며 당신에게 향하는 내 마음을 알아 달라는 암시다. "사뿐히" 밟는 것도 모자라 "즈려"밟도록 이른 것은 화자의 의중이 딴 데 있음을 짐작할 수 있다.

'나'는 임이 자신이 싫어 떠나간다고 해도 죽어도 눈물을 흘리지 않겠다고 한다. "죽어도 아니 눈물 흘리오리다"는 떠나는 임을 자신의 눈물로 어수선하게 만들지 않겠다는 화자의 진심일 수 있다. 하지만 이 구절에는 단칼로 이별의 끈을 끊지 못하는 화자의 복잡한 심경이 숨어 있다. 깊은 사랑만큼이나 이별의 슬픔은 큰 법이다. 그런데 이 시의 화자는 눈물을 보이지 않는다. 눈물을 흘리지 않겠다는 말을 '아니 눈물 흘리겠다'는 식으로 표현하여 '아니'라는 부정어를 강조한다. 화자는 이 같은 문장의 변화를 통해 이별 상황을 부정하고 싶은 마음을 나타낸다.

'나'는 자신에게 닥친 이별의 상황에 겉으로는 순응하면서도 내심 거부한다. 임을 고이 보내지만 자신의 변함없는 사랑을 헤아려 되돌아오기를 간절히 바란다. 화자는 자신의 눈물이 행여 임의 마음을 상하게 하여 임이 완전히 돌아서지 않을까 마음 졸인다. 그래서 눈물이 나지만 속으로 눈물을 삼킨다. 눈물은 화자의 마지막 자존심이다. 그는 눈물을 흘리지 않음으로 자신을 세우려 하지만, 내면에서 솟구치는 슬픔은 어찌하지 못한다. 임과의 재회와 사랑의 회복을 위해 화자는 이별의 슬픔을 억제하며 임에게 사랑의 노래를 바친다.

「진달래꽃」은 운율을 살려 이별의 슬픔을 표현하고 있다. 매 연마다 임의 떠나감이 제시된다. "가실 때"(1연), "가실 길"(2연), "가시는"(3연), "가실 때"(4연)와 같이 임의 '가심'이 되풀이된다. 시어의 반복을 통해 이별의 정황이 강조되는데, 3연을 제외하고는 모두 '-오리다'라는 어미로 종결되고 있다. "드리오리다", "뿌리오리다", "흘리오리다" 등에서는 부드러운 음질의 울림소리인 'ㄹ'과 모음을 사용하여 이별의 애절한 마음을 나타낸다.

이 시는 또한 행의 배열이 규칙적이다. 각 연은 비슷한 길이의 행으로 형태적 균형미를 보여 준다. 각 연은 두 마디, 한 마디, 세 마디로 대응되고, 첫째 행과 둘째 행은 셋째 행과 함께 3음보의 율격을 지닌다. 이때 두 행으로 3음보를 맞춘 첫째 행과 둘째 행은, 셋째 행보다 천천히 읽힌다. 한 행을 세 마디로 놓은 각 연의 3행은 1, 2행보다 빠르게 읽힌다.

이를테면 1연에서 1행은 "역겨워"에서, 그리고 2행은 "가실 때에는"에서 행갈이를 하여 각 어휘 뒤에 휴지를 둔다. 그래서 독자는 "역겨워"와 "가실 때에는"에서 잠시 숨을 고르며 그 시어에 집중하게 된다. 이것은 운전자가 평평한 도로에서 요철을 만났을 때의 태도와 유사하다. 요철에서 그는 속도를 줄이고 주의를 살핀다. "역겨워"가 볼록한 언덕이라면 "말없이 고이 보내 드리오리다"라는 3행은 평평한 도로다. 이 행은 3음보로 구성되어 1, 2행보다 빨리 읽힌다. 빠른 율독은 진중한 의미를 스쳐 지나도록 하여 그 내용의 심각성을 덜어 낸다. 그래서 화자의 말 못할 슬픔은 언어의 이면으로 잠긴다. 이런 맥락에서 보면, 1연은 '내'가 정말 구토할 정도로 싫은 것이 아니라면 가지 말라는 화자의 간곡한 호소로 볼 수 있다.

김소월의 「진달래꽃」은 소리와 의미가 잘 조응된 명시다. 언어는 소리와 의미의 결합체다. 특히 시는 말소리에 예민하다. 시에서는 시어 하나가 시의 의미를 지배하며 독자의 의식을 자극한다. 소리의 선별과 조직은 리듬감을 부여하고 의미와 정서를 효과적으로 나타낸다. 이 작품은 소리의 어울림과 언어의 결합이 미묘한 의미의 파장을 불러일으키고 음악적 효과는 물론 정서적 효과를 얻고 있다. 미묘한 말뜻의 간격을 살피는 과정 속에서 독자는 인간의 삶을 살펴보고, 이별의 체험과 관계없이 진실한 사랑의 자세를 생각해 볼 수 있다.

넓게 읽기

진달래꽃 / 김소월

소월 시는 민족의 설움과 이별의 정서를 친근한 일상 언어와 창조적인 리듬으로 시화하여 한국 서정시의 전범이 되고 있다. 시인의 본명은 정식으로, 1902년 평안북도 정주군 곽산면에서 태어났다. 서울 배재고등보통학교를 졸업하고, 1923년 일본 도쿄대학교에 입학하였으나 관동대지진으로 중퇴하고 귀국하였다. 1925년 「진달래꽃」, 「산유화」, 「길」, 「가는 길」, 「금잔디」, 「산」, 「접동새」, 「초혼」, 「왕십리」 등의 작품들을 모아 시집 『진달래꽃』을 출간하였다. 그 후 동아일보사 지국을 운영하다가 실패하고 실의의 나날을 보내다 1934년 서른셋의 젊은 나이로 고향에서 스스로 목숨을 끊었다. 김소월이 오산학교 재학 시절 사랑한 여인이 시집을 가 일찍 세상을 뜨자 이를 괴로워하며 음독 자살하였다고 하는데, 그의 죽음과 관련해 관절염의 고통을 잊기 위해 다량의 아편을 복용했다는 설도 있다.

산유화

김소월

산에는 꽃 피네
꽃이 피네
갈 봄 여름 없이
꽃이 피네

산에
산에
피는 꽃은
저만치 혼자서 피어 있네

산에서 우는 작은 새요
꽃이 좋아
산에서
사노라네

산에는 꽃 지네
꽃이 지네
갈 봄 여름 없이
꽃이 지네

한국의 명시로 손꼽히는 김소월 시인의 대표작이다. 김소월은 우리말을 정교하게 배치하여 자연에서 느낀 고독감을 표현하고 있다. 제목인 '산유화(山有花)'는 산에 피는 꽃 또는 산에 꽃이 피어 있다는 것을 뜻한다. 가을, 봄, 여름에 관계없이 산에 꽃이 피어 있는데, 이 꽃은 저만치 홀로 피어 있고, 새들도 이 꽃이 좋아 산에서 산다. 산에 피는 꽃은 가을, 봄, 여름 없이 진다. 표면적으로 보면 이 시는 자연의 순환에 따라 꽃이 피고 진다는 내용이다.

하지만 이 작품은 단순히 꽃이 피고 지는 평범한 자연 현상을 묘사한 작품이라 보기 어렵다. 화자는 작품 뒤로 물러나 자신의 감정을 드러내지 않는다. 대상에 대한 관망과 감정의 숨김은 표면에 제시되지 않은 이면적 의미가 감춰져 있음을 뜻한다. 따라서 독자는 작품의 의미를 꼼꼼히 따져 읽으며 의문점이나 이해하기 어려운 점은 없는지, 부분적 의미가 여러 문맥으로 해석될 여지가 없는지 살펴야 한다.

시인은 무슨 이유로 꽃이 갈 봄 여름 없이 피고 진다고 했을까? 산에 피는 꽃이 왜 저만치 혼자 피어 있다고 했을까? 왜 산새는 꽃이 좋아 산에서 산다고 했을까? 이 모두는 시인의 주관적 생각이 개입된 것으로 독자가 품을 의문들이다.

이 시의 화자가 말하는 꽃은 특정한 어떤 꽃이 아니다. 화자는 산에 피어 있는 어떤 꽃을 보며 이 꽃이 지는 것을 생각한다. 이것은 시인이 대상을 주관적으로 인식하고 있음을 말해 준다. 이런 증후는 2연과 3연에 분명히 나타난다. 화자가 목격한 꽃은 외따로 홀로 있는 피어 있는 꽃이다. 꽃 주변에서 울고 있는 새는 꽃이 좋아 산에서 산다. 본래 산새는 꽃이 좋아 산에 사는 것이 아니라 그곳이 자신들의 서식지이기 때문에 산에 사는 것이다. 또 화자는 새가 울고 있다고 하는데, 엄밀히 말하면 새는 우는 것이 아니라 지저귄다는 표현이 맞다. 그래서 화자가 인식한 새의 울음소리에는 그의 감정이 반영되어 있다고 볼 수 있다.

대상이 주관적으로 인식되고 있다는 것은 달리 말하면 표면에 드러나지 않는 이면적 의미가 있다는 뜻이다. 의미의 함축성은 특히 2연의 "저만치 혼자서 피어 있네"에서 두드러진다. 이 구절의 "저만치"를 어떻게 바라보느냐에 따라 작품의 의미가 달라진다. '저만치'는 원래 거리를 나타낼 때 사용되는 말이지만, '저렇게'라는 상태의 의미로도 해석된다. 상태의 의미로 보면, 꽃이 저렇게 앙증맞게 혹은 고고하게 홀로 피어 있다는 뜻으로 이해되어 작품은 전체적으로 꽃의 고고한 아름다움이나 자연의 조화라는 의미를 담게 된다.

산에 홀로 피어 있는 꽃의 모습은 자연의 순환적 질서에 있는 한 부분이다. 꽃이 좋아 산에 사는 새 또한 마찬가지다. 산새는 홀로 피어나는 꽃과 자연스럽게 어울리며 살아간다. 3연에서 산과 꽃과 새는 어우러져 하나의 전체를 이룬다. 이것은 자연의 조화이며 이치다. 시인은 산에 홀로 피어 있는 꽃과 그 주위로 재잘거리는 산새의 모습에서 자연의 순리와 고고한 아름다움을 발견한다.

한편 "저만치"는 '저 멀리'라는 거리의 개념으로 살필 수 있다. "저만치"는 화자(인간)와 꽃(자연) 사이의 거리 혹은 꽃과 꽃 사이의 거리로 볼 수 있다. 화자가 작품 밖에서 꽃을 바라보고 있다고 가정하면, "저만치"는 화자와 꽃 사이의 거리로 읽힌다. 화자는 꽃이 자신과 저만큼 떨어진 채 홀로 피어 있는 것을 본다. 화자와 꽃 사이의 거리는 자연에 동화될 수 없는 심리적인 거리이며, 나아가 인간과 자연 사이의 거리이다.

산에 피는 꽃은 가을 봄 여름 없이 피고 지고, 산새는 그 꽃이 좋아 산에 산다. 자연은 조화를 이루며 반복 순환하지만, 인간은 그 속에 어울리지 못하고 고립된다. 그래서 인간은 소외감을 느끼며 자족적인 자연의 공간에 동화되기를 갈망한다. 1, 4연에서 보여 주는 자연의 영구성이나 반복적인 순환은 인간의 고독과 소외감을 부각한다. 이런 점에서 김소월의 「산유화」는 자아와 세계의 단절을 보여 주는 작품이라 할 수 있다.

"저만치"는 인간과 자연 사이의 거리인 동시에 꽃과 꽃 사이의 거리를 나타낸다. 이 시의 화자는 산유화를 통해 자연 가운데에도 고독이 있음을 발견하고 인간만이 고독한 것은 아니라는 섭리를 깨닫는다. 외로움은 인간만의 전유물이 아니다. 꽃과 새도 인간과 마찬가지로 외로움을 지니고 살아간다. 꽃은 저만치 떨어진 곳에 홀로 피기도 하고, 새는 외로워 꽃에 의존해 산에서 살기도 한다. 화자가 갖는 외로움은 꽃과 새에 투영되어 나타나고 있다. 인간은 물론 생명을 지닌 모든 존재는 삶과 죽음이 순환되는 시간의 흐름 속에서 숙명적으로 고독을 느끼며 살아간다. 1연과 4연은 이 세상에 가득한 근원적 고독 속에서 사물들이 나고 죽는 순환의 모습에 해당한다. 따라서 이 시는 모든 존재의 근원적인 고독을 표현한 시라고 볼 수 있다.

「산유화」는 상상력이 돋보이는 작품은 아니다. 또한 어떤 새로운 사실을 보여 주는 것도 아니다. 살아 있는 모든 생명체는 본질적으로 고독하며, 우주의 이치에 따라 사라진다는 명제는 그다지 새로울 것이 없다. 존재의 근원적인 고독은 보편적인 삶의 주제이며, 작가들이 흔히 다루는 내용이기도 하다. 그럼에도 이 시는 특별하다. 「산유화」는 사물을 대하는 태도와 내용을 나타내는 방식에서 문학적 위의를 보여 준다.

이 시에서 화자가 관심을 갖는 대상은 '산에 저만치 혼자 피어 있는 꽃'이며, '산에서 우는 작은 새'다. 화자는 일반인에게는 그리 특별할 것 없는 산의 꽃과 새를 안쓰러운 마음으로 바라본다. 꽃과 새에 대한 연민 어린 태도는 이들이 외로운 존재라는 인식에서 출발한다.

화자는 대상과 일정한 거리를 둔 채 차분한 목소리로 시상을 전개한다. 네 연은 모두 감탄형 종결어미 '-네'로 끝나는 유사성을 보인다. 화자는 '-네'라는 종결어미를 사용하여 감정이 지나치게 고조되거나 비탄에 빠지지 않도록 적절하게 감정을 조절한다. 그러나 대상과의 관계에서 완전한 중립을 취하지는 못한다. 2연의 4행에서 "저만치 혼자서"는 의미가 도드라져 화자의 고독이든 꽃의 고독이든 고독감의 정서가 나타낸다. 고독은 그 대상을 불쌍히 여기는 연민의 태도에서 연유한다. 이러한 태도는 화자의 어조에서 잘 드러난다.

특히 3연은 어조상 다른 연과 달리 강한 느낌을 준다. 이 연의 첫 행에서 사람이나 사물의 이름을 힘주어 부를 때 쓰는 '-요(여)'라는 호격조사를 사용하고, 4행에서 "사노라네"라는 어휘로 끝맺는다. 1연의 "꽃이 피네", 2연의 "피어 있네", 4연의 "꽃이 지네" 등과 비교해 볼 때, "사노라네"는 다소 이질적이다. 리듬상 2연과 완전히 대칭되는 구조를 생각했다면, "사노라네"보다는 2연 1행의 "산에"와 같이 2음절의 '사네'로 하는 것이 나았을 것이다. 작품의 일관된 어조를 고려하더라도 주관적 감정이 덜 개입된 '사네'가 더 어울릴 것이다.

"사노라네"의 선택은 앞서 사용한 "새요"와 관련이 있다. 화자는 새가 산에서 울고 있고, 이 새가 꽃을 좋아한다고 판단한다. 물론 이것은 화자의 주관적 판단이다. 화자는 이렇게 자신이 주목하여 판단한 사실에 대해 감정을 넣어 힘주어 말한다. "새요"와 "사노라네"라는 말에는 새를 안쓰럽게 여기는 화자의 마음이 반영되어 있다고 볼 수 있다.

이 시는 쉬운 우리말을 가려 사용하는데, 특히 언어의 배치에 세심한 주의를 기울이고 있다. 1, 4연에서 '봄, 여름, 가을 없이'라고 하지 않고 "갈 봄 여름 없이"라고 한 것이나 2연에서 "산에 / 산에 / 피는 꽃은"과 같이 짧은 행을 세 행으로 분행한 것, 각 연을 모두 '네'로 종결짓고 있는 것은 이 시가 언어의 선별과 조직에 각별히 신경 쓰고 있음을 말해 준다.

이 시의 한 연은 모두 4행으로 되어 있는데, 1연과 4연은 두 행으로 3음보를 만들고, 2연과 3연은 한 행과 세 행으로 3음보를 만들고 있다. 이러한 형태적 배치는 1연과 4연, 2연과 3연이 내용상 대응되게 한다. 그럼으로써 1연과 4연, 2연과 3연이 하나의 의미 영역으로 결속된다. 특히 2연과 3연은 언어의 배치에서 정교한 대칭을 보인다.

2연의 4행(저만치 / 혼자서 / 피어 있네), 3연의 1행(산에서 / 우는 / 작은 새요)은 한 행이 3음보로 되어 있기 때문에 다른 행보다 빠르게 읽힌다. 이로써 혼자서 피어 있는 "꽃", 산에서 우는 "새"의 존재는 크게 부각되지 않는다. 빠른 율독으로 인해 꽃과 새의 존재감은 그만큼 떨어지는데, 이것이 1, 4연의 느린 템포와 대비되어 역으로 강조된다.

2연의 "저만치 혼자서 피어 있네"와 3연의 "산에서 우는 작은 새요"에서 느껴지는 고독감은 리듬의 정교한 대칭을 통해 부각된다. 형식적 대칭 속에서 이들 구절만 세 마디로 한 행을 만들어, 3음보의 규칙적 배열에 변형을 가하고 의미적으로도 대응하게 한다.

내용상 「산유화」는 꽃의 개화(1연), 꽃의 고독(2연), 새와 꽃의 어울림(3연), 꽃의 소멸(4연) 등과 같이 정리할 수 있다. 각 연의 중심 내용으로 보면, 이 시는 꽃의 삶의 과정, 곧 한 존재가 태어나 외롭게 살다 간다는 것을 시간의 흐름에 따라 보여 준다고 할 수 있다. 하지만 이 시는 존재의 소멸에 초점을 두지 않는다. 꽃은 소멸되지만 곧 다시 피어날 것이기 때문이다. 4연은 그 자체로 종결되지 않으며 의미상 1연과 연결되어 반복·순환된다.

1연의 생성과 4연의 소멸은 의미상 대응되어 생성과 소멸 혹은 삶과 죽음이 순환되는 것이 자연의 이치임을 보여 준다. 2연의 중심 소재는 꽃이고, 3연은 새가 중심 소재가 된다. 2연과 3연은 그 중심 대상이 다르지만 한 의미 영역으로서 공통된 의미를 갖는다. 산에 사는 꽃이나 새가 모두 고독한 존재임을 드러낸다.

김소월의 「산유화」는 우리말의 정교한 사용으로 존재의 고독감을 잘 표현하고 있다. 독백의 어조로 말하면서도 감정 노출을 최대한 자제하며 매우 승화된 고독감을 나타낸다. 3음보의 가락으로 유연한 리듬을 조성하고, 언어의 선별과 조직을 통해 감정을 통제하며 미적 구조를 갖춘다. 짧은 행과 행 사이에 생기는 휴지는 빈 자리의 여운을 남기며, 언어로 표면화되지 않은 정서를 불러일으킨다.

이 시는 의미, 운율, 어조, 정서 등의 요소들이 유기적으로 어울리면서 고독감이라는 정서를 형상화하고 있다. 시의 구성 요소들은 그 자체로 독립적인 의미를 지니는 것이 아니라 내적으로 긴밀하게 조직되어 새롭고 독창적인 의미를 지닌다. 부분 요소들이 이루는 조화미는 「산유화」가 성취한 미적 가치다.

넓게 읽기

산유화 / 김소월

시는 언어를 선별하고 선별된 언어를 잘 조직하여 아름다움을 추구한다. 좋은 시는 작품 내에 논리적 질서를 갖추고 내용과 형식이 조화를 이룬다. 의미가 유기적으로 연결되어 있으면서 그 의미가 형식과 조화를 이룰 때 예술적 아름다움을 지닌다. 김소월의 「산유화」는 내용과 형식의 조화로 높은 예술성을 성취하고 있다.

김소월의 「산유화」는 우리말을 정교하게 사용하여 존재의 근원적인 고독을 나타내고 있다. 고독감이 나타나는 시에는 백석의 「적막강산」, 김광균의 「외인촌」, 「추일서정」, 박목월의 「나무」, 박두진의 「도봉」, 노천명의 「사슴」, 박용래의 「월훈」, 정진규의 「들판의 비인 집이로다」, 함민복의 「오래된 잠버릇」 등이 있다.

왕십리 往十里

김소월

비가 온다
오누나
오는 비는
올지라도 한 닷새 왔으면 좋지.

여드레 스무날엔
온다고 하고
초하루 삭망朔望이면 간다고 했지.
가도 가도 왕십리往十里 비가 오네.

웬걸, 저 새야
울려거든
왕십리 건너가서 울어나다고,
비 맞아 나른해서 벌새가 운다.

천안에 삼거리 실버들도
촉촉이 젖어서 늘어졌다데.
비가 와도 한 닷새 왔으면 좋지.
구름도 산마루에 걸려서 운다.

김소월의 시 중 「왕십리」는 조금 어려운 편이다. '왕십리'라는 제목에서부터 "한 닷새 왔으면 좋지", "초하루 삭망이면 간다고 했지" 등의 구절이 다양한 의미를 지닌다. 화자가 있는 공간은 왕십리이며, 이곳에 비가 내리고 있다. 3연의 비 맞아 우는 "벌새"와 4연의 산마루에 걸려 우는 "구름"이 암시하듯 화자는 슬프다. 화자가 슬픈 이유는 뭘까. 이 시를 잘 이해하기 위해서는 화자가 어떤 상황에 처해 있는지 파악하고 그의 마음을 살펴야 한다.

시 해석의 관건은 2연이다. 누군가 화자에게 한 말이 2연에 인용되고 있다. 그 사람은 "여드레 스무날엔/온다고 하고/초하루 삭망(朔望)이면 간다"고 했다. 여기서 오고 가는 것의 주체를 사람으로 보면, 과거에 화자에게 말한 사람은 사랑하는 임으로 볼 수 있다. 곧 임은 "여드레 스무날"에 온다고 하고 "초하루 삭망"(초하룻날)에 간다고 했는데, 임이 오지 않았다는 것이다. "여드레 스무날"을 음력 28일로 보면, 임은 화자에게 음력 28일에 와서 한 닷새 정도 머물다 1일쯤에 간다고 해 놓고, 지금까지 오지 않았다는 것으로 이해된다. 이런 맥락에서 보면 이 시는 사랑의 노래라는 시각에서 접근할 수 있다.

김소월의 「왕십리」는 떠난 임을 기다리는 사랑의 마음을 절실하게 표현하고 있다. 해석에 논란이 있지만 이 시는 기본적으로 사랑의 노래로 읽힌다. 시적 상황은 두 갈래로 추정된다. 임이 화자에게 언제 왔다 언제 떠난다고 말한 시점이 며칠 전일 수도 있고, 아주 오래전일 수도 있다. 전자의 경우라면 임은 아직 떠나지 않았고 화자가 이별을 직면한 상황이 되고, 후자라면 임이 떠난 후 화자가 임을 그리워하는 상황이 된다.

전자의 상황에서는 임이 자신을 두고 떠나려 하는데 비가 내리는 경우를 가정해 볼 수 있다. 화자는 이별하고 싶지 않지만, 사랑하는 임은 자신을 두고 길을 떠나려 한다. 화자는 임이 얼마 안 있어 떠난다는 말을 듣고 마음 아파하며, 떠나려는 임을 붙잡아 두고 싶어 한다. 이 시는 이런 마음을 '비'에 의탁하여 표현하고 있다. 임과의 이별을 피할 수 없다 하더라도 임이 떠나지 못하도록 비가 한 닷새 정도 왔으면 한다. 한 5일 정도 비가 줄기차게 내리면 며칠이라도 임과 함께 보낼 수 있으리라 생각한 것이다. 화자는 비가 5일 정도 계속 내린다면 28일을 넘겨 며칠은 더 자신과 함께 있게 될 것이라는 일말의 희망을 갖는다.

화자는 임과의 이별을 막을 수 없다는 것을 알면서도 조금이라도 오래 임을 붙잡고 싶어 한다. '한 닷새 정도'는 떠나는 임의 마음을 불편하게 하지 않으면서도 임과 함께 보낼 수 있는 최대의 시간이다. '올지라도 한 닷새 왔으면 좋지'라는 말에는 떠나려는 임과 더 많은 시간을 함께 보내고 싶어 하는 화자의 마음이 담겨 있다. 떠나는 임에게 마음의 짐이 될까 봐 있어 달라고 말하지 못하고 전전긍긍하고 있는데 때마침 비가 온다. 자신이 있는 왕십리 주변에는 가도 가도 비만 내린다.

그런데 저 멀리 새가 울면서 지나간다. 보통 비가 올 때 새도 비를 피하기 마련인데, 벌새는 소리 내어 울면서 날아간다. 이에 화자는 불길한 생각이 든다. 임에게 새의 울음소리는 비가 그칠 것이라는 신호가 될 수도 있고, 갈 길을 빨리 가라는 재촉의 소리로 들릴 수도 있기 때문이다. 화자는 임이 행여 마음을 돌릴까 봐 새에게 왕십리 밖에 건너가서 울라고 이른다.

화자는 비를 맞으며 우는 벌새 때문에 마음을 졸이면서도 이 비로 인해 임이 당장 떠나지 못할 것이라고 기대감을 갖는다. 이러한 기대감은 천안 삼거리의 버들과 산머루에 걸려 있는 구름으로 표현된다. 화자는 비가 너무 많이 와서 그 유명한 천안의 버들도 늘어졌을 것이라고 상상하며, 한 닷새 정도 비가 계속 와서 임이 떠나지 않기를 간절히 바란다. 그는 산마루에 걸려 있는 구름을 보고 한동안 비가 내릴 것이라 여기며, 며칠이라도 임과 함께 보낼 수 있기를 바란다.

한편 이 시는 화자가 임과 헤어진 후의 상황을 보여 주고 있다는 시각에서 접근할 수도 있다. 이별 후의 상황이라면 임과 헤어지고 나서 비가 내리고 있는 것으로 볼 수 있다. 임은 현재 자신의 곁에 없고, 화자는 떠난 임을 그리워하며 기다리고 있다. 이 시가 주는 처연한 분위기로 볼 때, 이러한 상황의 가정도 가능하다. 임은 온다고 약속한 날짜에 오지 않고 있다. 화자는 임을 애타게 기다리다가 낙담하는데, 때마침 오는 비가 임이 오지 못하는 것에 대한 구실을 만들어 준다. 그는 임이 오지 못하는 이유를 자신이 아닌 비의 탓으로 돌리고 싶어 한다. 정말 사랑한다면 비가 와도 임은 올 것인데 임이 약속한 날짜에 오지 않아 화자는 몹시 불안해하고 괴로워한다. 비가 한 닷새 왔으면 하는 바람에는, 임이 와서 머물다 갈 수 있는 날이 길어야 5일밖에 되지 않는다는 생각, 임이 오지 않는 것에 온갖 추측들, 임이 오지 않을 것이라는 불길한 예감 등의 복잡한 심정이 내포되어 있다.

작품의 전체적인 분위기나 화자의 정서를 고려해 볼 때, 「왕십리」는 임과 헤어진 후 홀로 남겨진 화자의 독백으로 볼 수 있다. 왕십리는 화자가 있는 공간이다. 왕십리에 비가 오는데 임은 오지 않고 있다. 1연의 "비가 온다/오누나/오는 비는/올지라도 한 닷새 왔으면 좋지."는 '오다'라는 어휘가 거듭 반복된다. 동일한 뜻을 지닌 말의 반복은 의미를 심화하는 효과가 있다. 그런데 여기서 비의 강조는 단순히 그 상황만을 강조하지 않는다. 비가 오는 것에 대한 발화 이면에는 말로 표현하지 않은 화자의 심정이 담겨 있다. 화자는 와야 할 임은 오지 않고 비가 온다는 것에 대해 씁쓸함을 느낀다. 그에게 비는 반가운 것만은 아니다.

내리는 비를 보며 화자는 임이 떠나기 전에 자신에게 한 말을 떠올린다. 임은 '여드레 스무날에 온다고 하고 초하루 삭망이면 간다'고 했다. 화자는 28일에 와서 1일에 간다는 임의 말을 되새긴다. 그런데 그렇게 약속했던 임은 오지 않고 비만 계속 내린다. "가도 가도 왕십리 비가 오네"는 왕십리 주변으로 비가 많이 오고 있는 자연적 상황을 나타낸다. 화자는 이 비로 인해 임이 오지 못한다고 생각하며 마음을 돌리려 한다.

그런데 웬걸, 새가 자신의 속마음을 자극하며 가슴을 울린다. 비가 많이 와서 임이 오지 않겠지 하면서 스스로를 위로하지만, 화자는 내심 속상해하고 마음 아파한다. 임은 오지 않고 비만 계속 내리고 있어 마음이 답답하고 우울한데, 비에 젖은 벌새가 화자의 심정을 더욱 부채질한다.

벌새는 어떤 이유인지 왕십리를 벗어나지 않고 비 맞으며 운다. 날개가 달린 새인데도 멀리 날아가지 못하고 왕십리 벌판에 갇혀 우는 벌새의 울음은 화자의 처지와 감정을 대변한다. 오지 않는 임을 한없이 기다리는 화자의 안타까운 마음을 빗속에서 울어대는 새를 통해 전달한다. 화자는 벌새의 울음소리가 기다림에 지친 마음을 더욱 무겁게 하는 것 같아 새가 왕십리 밖으로 나가 울어 주길 바란다.

비는 몸이 나른해질 정도로 내린다. 이 정도 양의 비라면 그 유명한 천안 삼거리의 버들도 축 늘어지게 할 듯하다. "천안에 삼거리 실버들도/촉촉이 젖어서 늘어졌다데."는 화자가 목격한 상황이라기보다는 상상한 상황이다. "실버들도"에서 '도'의 보조사는 화자와 버들을 동질의 대상으로 만든다. 실버들같이 나도 비에 촉촉이 젖어 늘어졌다는 것이다. 이 대목에서 화자가 왕십리 주변을 거닐면서 실제 비를 맞고 있다고 가정할 수도 있으나, 화자의 심경이 그렇다고 볼 수도 있다. 버들이 촉촉이 젖어서 늘어졌다는 것은 화자의 현재 심정이 무겁고 슬프다는 것을 말해 준다.

4연의 "비가 와도 한 닷새 왔으면 좋지."라는 구절에는 1연의 구절과 달리 화자의 괴롭고 슬픈 마음이 짙게 배어 있다. 비가 한 닷새 정도 계속 왔으면 좋겠다는 바람이 여기서는 울분으로 바뀌고 있다. 화자는 임이 오지 않는다는 것을 받아들이면서도 기약 없는 임을 원망한다. 비에 맞아 나른해진 새가 울고, 버들도 비에 젖어 축 늘어지는 상황에서 화자의 마음은 더욱 울적해진다. 산마루에 걸려 우는 "구름"은 "벌새"와 마찬가지로 화자의 슬픔을 나타내는 객관적 상관물로 기능한다. 구름도 산마루에 걸려 우는 것처럼 화자 또한 기다려도 오지 않고, 보고 싶어도 볼 수 없는 임 때문에 슬피 운다.

화자의 슬픔은 사랑하는 임을 볼 수 없는 데서 갖는 사랑의 아픔이다. 비가 쏟아져 내리는 이 시점에 임이 오지 못할 것이라고 생각하면서도 비가 한 닷새 왔으면 좋겠다는 바람을 1연에 이어 되풀이한다. 화자의 가슴에 각인되어 있는 5일은 임이 자신에게 약속한 시간이며, 화자가 임과 함께 보낼 수 있는 최장의 시간이다. 화자는 임과 함께할 수 있는 5일이라는 시간이 오지 않으리라 여기면서도 비가 닷새 정도 계속 왔으면 한다. "비가 와도 한 닷새 왔으면 좋지."에는 무심한 임에 대한 원망과 함께 비가 내 슬픔을 대신해 주길 바라는 마음, 슬픔을 임에게 전달하고 싶은 심정 등이 혼재되어 있다.

「왕십리」는 전체적으로 3음보의 운율을 갖는다. 1연은 1~3행과 4행이 3음보를 이루는데, 2연과 3연은 1~2행, 3행, 4행이 각각 3음보를 이룬다. 4연의 경우, 1~4행이 모두 세 마디의 분절을 보인다. 이 시는 이렇게 3음보의 반복과 변주로 운율을 형성하고 있으며, 1연에서 4연으로 시상이 전개되면서 시행 배열이 안정된다. 이러한 운율의 조성은 정서의 미묘한 흐름과 맞물려 있다. 겉으로는 비에 호감을 갖는 듯하지만 속으로는 그렇지 않은 모호한 태도는 시상이 전개됨에 따라 분명해진다.

임이 오지 않는 상황에서 '가도 가도 왕십리에 비가 온다'는 진술이나 비 맞아 우는 새더러 '왕십리 건너가서 울라'고 이르는 내용은 화자의 울적한 마음과 함께 비에 대한 반감을 나타낸다. 특히 4연에서는 실버들과 구름이라는 자연물을 동원하여 사랑의 아픔을 곡진하게 나타낸다. 이 시의 마지막 연은 규칙적인 3음보의 율격으로 화자의 참담한 심정을 표현하고 있다.

「왕십리」의 묘미는 언어의 섬세한 조직으로 내면의 미묘한 감정을 표현하는 데 있다. 행간에 여백에 두어 의미를 함축하고 정서를 환기한다. 표면화되지 않는 주관적 감정은 3음보의 반복과 변주, 간접화법과 대화의 어법 구사, 객관적 상관물의 활용 등을 통해 제어되고 있다. 그러면서 이 시는 의미, 정서, 운율, 어조 등이 긴밀하게 상호 작용하여 유기적인 통일체를 이룬다. 감정에 몰입되지 않고 예술적 기법으로 미적 거리를 확보한 점은 이 시가 이룬 예술적 성과다.

넓게 읽기

왕십리往十里 / 김소월

김소월의 「왕십리」는 거짓 없는 진실한 마음이 와닿는다. 비 오는 날 임에 대한 그리움을 섬세하게 표현하고 있다. 화자는 왕십리에 비가 내리는 것을 보며 어느 날 온다고 약속하고 떠나간 임을 떠올린다. 와야 할 임은 오지 않고 비가 온다. 화자는 한 닷새 정도 비가 계속 왔으면 한다. 비가 많이 내려 임이 오지 못하는 것이라 생각하며 애써 마음을 달래 보지만, 임에 대한 그리움과 슬픔을 쉽사리 떨쳐 내지 못한다.

사랑하는 사람에 대한 그리움이 잘 드러나는 시에는 김소월의 「그를 꿈꾼 밤」, 한용운의 「해당화」, 백석의 「바다」, 「나와 나타샤와 흰 당나귀」, 김동명의 「내 마음은」, 이용악의 「그리움」, 조지훈의 「민들레꽃」, 박목월의 「임에게2」, 이성복의 「서해」, 김종해의 「기다림」, 오세영의 「겨울밤」, 천양희의 「너에게 쓴다」 등이 있다.

님의 침묵

한용운

님은 갔습니다 아아 사랑하는 나의 님은 갔습니다

푸른 산빛을 깨치고 단풍나무 숲을 향하여 난 작은 길을 걸어서 차마 떨치고 갔습니다

황금의 꽃같이 굳고 빛나든 옛 맹세는 차디찬 티끌이 되어서 한숨의 미풍微風에 날아갔습니다

날카로운 첫 키스의 추억은 나의 운명의 지침指針을 돌려 놓고 뒷걸음쳐서 사라졌습니다

나는 향기로운 님의 말소리에 귀먹고 꽃다운 님의 얼굴에 눈멀었습니다

사랑도 사람의 일이라 만날 때에 미리 떠날 것을 염려하고 경계하지 아니한 것은 아니지만 이별은 뜻밖의 일이 되고 놀란 가슴은 새로운 슬픔에 터집니다

그러나 이별을 쓸데없는 눈물의 원천을 만들고 마는 것은 스스로 사랑을 깨치는 것인 줄 아는 까닭에 걷잡을 수 없는 슬픔의 힘을 옮겨서 새 희망의 정수박이에 들어부었습니다

우리는 만날 때에 떠날 것을 염려하는 것과 같이 떠날 때에 다시 만날 것을 믿습니다

아아 님은 갔지마는 나는 님을 보내지 아니하였습니다

제 곡조를 못 이기는 사랑의 노래는 님의 침묵을 휩싸고 돕니다

만해 한용운은 김소월과 함께 1920년대에 활약한 시인으로 한국 현대시의 발전에 크게 이바지하였다. 이 무렵의 시들이 대부분 일제에 나라를 빼앗긴 슬픔과 울분에 젖어 있을 때 만해는 당대의 시류에 흡수되지 않고 불교적 상상력을 바탕으로 한 연가풍의 노래로 독자적인 시 세계를 구축하였다.

「님의 침묵」은 1926년에 발간된 『님의 침묵』에 수록된 88편의 작품 중 하나로 이별의 아픔과 사랑의 마음을 애절하게 표현하고 있다. 그런데 교육현장에서는 작품 자체의 의미가 전달하는 사랑의 숭고한 마음보다는 다양한 의미를 함축하고 있는 상징시라는 관점에서 접근한다. 한용운 시인이 승려이고, 식민지하에서 독립 운동했다는 사실을 근거로 시적 대상인 '임'을 절대자나 조국으로 보는 것이다. 또한 불교의 윤회 사상이 깃든 역설적 표현으로 주제의식을 강조한다.

좋은 시는 그 자체로서 완결하다. 때문에 시를 읽는 독자는 기본적으로 앞뒤 문맥을 통해 시어나 시구절이 갖는 의미를 알아야 한다. 또한 화자가 처한 상황을 중심으로 어떤 마음을 어떻게 표현하는지 이해해야 한다.

「님의 침묵」은 사유가 깊고 표현 또한 세련되어 있다. "푸른 산빛을 깨치고 단풍 나무 숲을 향하여 난 작은 길을 걸어서 차마 떨치고 갔습니다"라든지 "날카로운 첫 키스의 추억은 나의 운명의 지침을 돌려 놓고 뒷걸음쳐서 사라졌습니다"라는 구절은 뛰어난 표현 기교를 보여 준다. "황금의 꽃같이 굳고 빛나든 옛 맹세", "한숨의 미풍", "운명의 지침", "새 희망의 정수박이" 등에서는 비유를 사용하여 의미와 정서를 효과적으로 표현하고 있다. 시에서 표현 기법은 마음을 전달하는 방식이다. 일상적 용법과 다른 시적 표현에서 언어의 묘미를 확인하는 것도 시를 즐기는 한 방법이 된다.

이 시는 '이별의 슬픔과 절망'과 '이별의 극복과 희망'으로 그 의미가 분명히 갈리는데, 7행의 '그러나'라는 접속어가 시상을 전반부와 후반부로 구분 짓는 표지의 역할을 한다. 그래서 이 시는 7행을 기점으로 크게 두 부분으로 나뉘며, 이별의 상황이 반전되는 후반부의 내용이 부각된다. 내용을 세분화해 보면, (1) 1~2행, (2) 3~6행, (3) 7~8행, (4) 9~10행의 네 부분으로 살필 수 있다.

(1)의 1~2행은 임이 자신의 곁을 떠나갔음을 말해 준다. 1행이 이별에 대한 직접적인 서술이라면 2행은 임이 떠나가는 장면이다. 지난날 행복했던 시간을 뒤로하고 임은 숲의 작은 길로 쓸쓸히 사라진다. 이 행에서 쓰인 "차마"는 어쩔 수 없는 상황에서 임이 떠났다는 것을 나타낸다. 이 시어는 1행의 "아아"와 마찬가지로 화자의 상실감과 안타까움을 강조한다.

(2)의 3~6행은 사랑의 추억과 이별의 슬픔을 보여 준다. 임이 떠나간 상황에서 화자는 임과 함께했던 시간을 떠올려 본다. 우리의 사랑 변치 말자는 맹세는 먼지가 되어 미풍에 날아가고, 너무나 강렬했던 첫 키스의 추억은 '나'의 운명까지 바꿔 놓고 사라진다. 3, 4행은 아름다운 사랑의 추억을 그려 놓으며 화자가 임을 얼마나 사랑했는지 일러 준다. 임에 대한 화자의 절대적 사랑은 5행에서 강조된다. 그는 임의 말소리에 귀먹고, 임의 얼굴에 눈멀 정도로 임에게 빠져 있었다. 그래서 임의 갑작스런 이별은 화자에게 감당하지 못할 엄청난 충격으로 와닿는다.

이 시는 1행과 2행에서 이별의 상황을 제시하고, 3~6행에서 이별 후의 상념과 슬픔을 드러낸다. (3)의 7~8행에서 이별의 슬픔은 희망으로 전환된다. 화자는 아픔으로 눈물만 흘리고 있는 것이 도리어 사랑을 깨뜨린다는 것을 인식하고는, 슬픔의 힘을 새 희망의 정수박이에 들어붓는다. 깨달음으로 희망을 얻은 그는 만남이 있으면 헤어짐이 있듯이 헤어진 뒤에 다시 만날 날이 있을 것이라고 믿는다.

(4)의 9~10행은 영원한 사랑에 대한 구가다. 임은 갔지만 자신은 임을 보내지 않았다는 표현은 우리의 사랑이 아직 끝나지 않았다는 것을 나타낸다. 임은 말없이 발길을 돌렸지만, 나는 변함없이 임을 사랑하고 있다는 것이다. 마지막 행은 변함없는 사랑의 마음을 나타낸다.

이 시는 자신의 사랑을 타인에게 고백하는 형식으로 되어 있다. 애정 표현은 거침없고 당당하다. 누구나 경험할 수 있는 이별의 순간과 감정을 여성적이면서도 강한 어조로 솔직하게 표현하고 있다. 내용을 산문의 문장으로 서술하는데, 각 문장은 '-ㅂ니다'라는 높임형으로 끝맺는다. 이러한 경어체의 사용은 이별의 정황이나 사랑의 감정을 더욱 호소력 있게 전달하는 기능을 한다. 또 이 작품은 상황이나 감정을 직설적으로 표현하기도 하고, 비유의 방식으로 돌려 말하기도 한다. 이 같은 능숙한 화법은 이별의 내용을 효과적으로 전달하며 독자의 눈과 마음을 사로잡는다.

2행 푸른 산빛을 깨치고 단풍나무 숲을 향하여 난 작은 길을 걸어서 차마 떨치고 갔습니다

이 행은 1행의 내용을 구체화한 것이다. 사랑하는 임이 갔다는 사실을 구체적 장면을 통해 생생하게 전달한다. 일차적으로 푸른 나무가 우거져 있는 곳이 아니라 단풍 숲으로 난 작은 오솔길로 임이 사라졌다는 뜻으로 이해된다.

"푸른 산빛"은 함축적 의미를 지닌다. "푸른 산빛"이 나무가 무성한 여름의 이미지라면 "단풍나무 숲"은 푸른 나뭇잎들이 지는 가을의 이미지다. 의

미를 보충하면, 푸른 산빛의 계절은 나와 임이 함께했던 행복한 시간이고, 단풍나무 숲의 계절은 임이 떠나가는 쓸쓸한 시간이다. 그리고 "깨치고"는 기본형이 '깨치다'로 본말은 '깨뜨리다'이다. 7행의 "사랑을 깨치는 것"의 용례를 보아 2행의 "깨치고"는 사랑이 깨지다는 의미로 볼 수 있다. 따라서 2행은 임이 행복했던 우리 둘만의 시간을 깨뜨리고 쓸쓸하게 홀로 떠나갔다는 의미로 풀이된다.

3행 황금의 꽃같이 굳고 빛나든 옛 맹세는 차디찬 티끌이 되어서 한숨의 미풍微風에 날아갔습니다

이 행은 예전의 맹세가 한순간에 깨졌다는 것을 돌려 말한다. "황금의 꽃같이 굳고 빛나든 옛 맹세", "차디찬 티끌", "한숨의 미풍(微風)" 등은 비유가 쓰인 표현이다. "황금의 꽃같이 굳고 빛나든 옛 맹세"에서 "맹세"는 이별 전 두 사람이 약속했던 사랑의 다짐일 것이다. 화자는 이 맹세를 황금의 꽃과 같이 고귀하고 아름다운 것으로 여긴다. 황금의 꽃은 상상의 꽃일 수 있지만, 실제 금으로 만든 꽃으로도 볼 수 있다. "굳고 빛나든"과 "차디찬"이라는 수식어가 이를 뒷받침한다.

화자는 굳고 빛나던 맹세가 차디찬 티끌이 되어 한숨의 미풍에 날아갔다고 말한다. 이때 "차디찬"은 금의 차가운 이미지와 관련된다. 금을 담금질할 때의 뜨거움이 식었다는 의미로 보면 "차디찬 티끌"은 서로 약속을 할 때의 뜨거움이 급속도로 냉각되었다는 것을 암시한다. 그래서 그 맹세는 존재의 의미조차 없는 먼지가 되고, 숨을 내쉴 때의 약한 바람에도 사라진다. 3행은 영원히 변치 않을 줄 믿었던 사랑의 약속이 너무 쉽게 깨진 것에 대한 상실감의 표현이다.

4행 날카로운 첫 키스의 추억은 나의 운명의 지침指針을 돌려 놓고 뒷걸음 쳐서 사라졌습니다

이 행의 의미를 간추리면 임과의 황홀한 첫 키스의 추억이 '나'의 운명의 방향을 바꾸어 놓고 사라졌다는 것이다. 화자는 첫 키스의 추억을 '날카롭다'고 표현하고, 임이 그냥 떠나갔다고 하면 될 것을 '뒷걸음쳐서 사라졌다'고 말한다. 그 누구도 첫 키스의 느낌을 날카롭다고 말하지 않는다. 여기서의 날카로움은 진한 입맞춤에서 느끼는 황홀감과는 거리가 있다. 그에게 첫 키스는 나침반의 바늘이 길의 방향을 돌려놓듯 자신의 운명의 방향을 돌려놓는다. 화자는 자신의 삶을 뒤바꾸게 한 정신적 충격과 깨달음을 "날카로운 첫 키스"로 나타내고 있다. 이 구절을 통해 화자는 임이 자신에게 얼마나 대단하고 절대적인 존재인지를 보여 준다.

"뒷걸음쳐서 사라졌습니다"에서도 임을 대하는 화자의 마음을 엿볼 수 있다. 표면적으로 보면 사라진 대상은 첫 키스의 추억이다. 키스가 뒷걸음질할 수 없다는 점, 각인된 추억일수록 오랫동안 사라지지 않는다는 점 등을 주목하면 뒷걸음의 행위자는 임이 된다. 4행은 "뒷걸음쳐서"라는 어휘 앞에 '임이'라는 주어가 생략되어 있다. 그래도 이 문장은 쉽게 납득되지 않는다. 왜 임이 뒷걸음쳐서 사라졌다는 것일까? 이것은 임이 떠나간 것에 대한 화자의 아픔을 부각한다. 임은 '나'의 삶의 방향을 한쪽으로 돌려놓고 정작 본인은 뒤로 사라진다. 느닷없이 찾아온 이별은 화자에게 심한 충격과 깊은 상처를 준다.

5행 나는 향기로운 님의 말소리에 귀먹고 꽃다운 님의 얼굴에 눈멀었습니다

독자는 이 부분에서 두 가지의 정보를 얻을 수 있다. 5행은 화자가 임에

게 깊이 빠져 있다는 것을 말하며, 그에게 임의 존재가 얼마나 대단한지를 보여 준다. 화자에게 임이 어떤 존재인지를 보여 줌으로써 이별의 아픔과 임에 대한 사랑을 나타낸다. 기법 면에서 이 구절은 미화된 듯하나 비상식적인 진술이라는 점에서 역설적 표현으로 보기도 한다.

7행 걷잡을 수 없는 슬픔의 힘을 옮겨서 새 희망의 정수박이에 들어부었습니다

이 행은 기발한 상상력을 발휘하여 슬픔, 희망의 추상적 관념을 구체적인 사물로 변용한다. '들어붓다'라는 어휘는 관념을 가시화하는 데에 작용하고 있다. 7행은 무엇을 어디에 들어붓는 장면을 보여 준다. 이때의 무엇은 "슬픔의 힘"이다. 화자는 이별의 슬픔이 자신의 가슴을 놀라게 하고, 눈물의 원천이 된다는 것을 경험한다. 이 슬픔의 힘을 "새 희망의 정수박이"에 들어붓는다. 화자는 많은 장소 중 신체의 한 부분인 정수리를 택한다. 머리 곧 두뇌는 신체에서 생각의 근원지다. 슬픔이든 희망이든 모든 감정과 생각은 머리에서 나온다. 화자는 머리의 숨구멍이 있는 자리에서 희망을 발견한다. 이 행에는 슬픔이 희망이 되고, 희망은 정수리에서 자라는 머리카락처럼 새롭게 일어날 것이라는 화자의 믿음이 표현되어 있다.

9행 아아 님은 갔지마는 나는 님을 보내지 아니하였습니다

9행은 겉보기에는 대수롭지 않지만 삶에 대한 깊은 통찰의 결과라는 점에서 역설이 인정된다. 역설은 표면적으로 모순된 것처럼 보이지만 진실의 요소를 내포하고 있어 면밀히 살피면 타당성이 입증되는 진술이다. 역설적 표현은 세계에 대한 진지한 인식을 바탕으로 하며, 궁극적으로는 숨겨진 진실이나 진리를 추구한다. 시의 화자는 임의 떠나감으로 걷잡을 수 없는 슬픔에 빠지지만 인생에 대한 각성과 사랑에 대한 확신으로 아픔을 극복한

다. 그는 눈물을 흘리며 슬퍼하는 것이 도리어 사랑을 깨뜨리는 일이라고 인식하며 새 희망을 갖는다. 깨달음으로 희망을 찾은 화자는 만남이 있으면 헤어짐이 있듯 헤어짐 뒤에 다시 만남이 있을 것이라고 믿으며 임에 대한 변함없는 사랑을 다짐한다. '님은 갔지만 나는 님을 보내지 않는다'는 진술은 부정을 긍정하는 역설적 인식을 바탕으로 이루어진 것이다.

10행 제 곡조를 못 이기는 사랑의 노래는 님의 침묵을 휩싸고 돕니다

여기서 "님의 침묵"은 여러 의미로 해석된다. 이 구절은 임이 이별에 대해 아무런 말을 못하는 상태 혹은 임이 말없이 떠나갔다는 정황을 암시한다. 화자의 입장에서 보면, "님의 침묵"에는 임은 침묵할 뿐이지 '내' 곁에 있다는 뜻이 내포되어 있다. 어떤 관점에서든 임의 부재가 강조된다. 임의 부재에도 '나'의 사랑의 노래는 제 곡조를 이기지 못한다. "제 곡조를 못 이기는 사랑의 노래"는 넘쳐흐르는 사랑의 열정이다. 10행은 임은 떠나고 침묵하지만 '나'의 사랑은 변함없이 임을 향한다는 의미다.

「님의 침묵」은 애절한 사랑을 내용으로 하여, 절망적 현실을 희망의 의지로 극복하려는 고결한 삶의 자세가 감동의 요체가 되고 있다. 이 시는 김소월의 「진달래꽃」과 함께 이별의 아픔과 사랑의 곡진한 마음을 진실한 언어로 표현하고 있다. 소월의 시가 간결한 말과 운율을 잘 살려 썼다면 만해의 시는 경어체의 말과 비유를 잘 구사하였다.

한용운은 한국 시사에서 보기 드문 시인이었다. 식민지하에서 핍박받는 민중에게 희망과 위안을 주고자 하였고, 몸소 일제에 대항하며 구국의 의지를 보여 주었다. 「님의 침묵」은 사상과 말과 행동이 일치된 삶 속에서 창작된 커다란 사랑의 시다.

님의 침묵 / 한용운

한용운(1879~1944년)은 충청남도 홍성에서 태어나 어릴 때 서당에서 한학 교육을 받았고, 18세 때 동학 농민 운동에 가담했으나 실패하자 피신하여 1896년 설악산 오세암에 들어갔다. 이것이 계기가 되어 스물일곱 살이 되던 해인 1905년에 인제의 백담사에서 승려가 되었다. 1918년 월간 교양잡지인 『유심(唯心)』을 발간하고 이 잡지 창간호에 첫 시 「심(心)」을 발표하였다. 1919년 3·1운동 때 독립선언서의 공약삼장을 추가하고, 33인을 대표하여 독립선언서를 낭독한 후 일본 경찰에 체포되어 3년간 옥고를 치렀다. 출감 후 대한불교청년회 총재로 취임하고 첫 소설인 「죽음」을 탈고하는 한편, 1926년 시집 『님의 침묵』을 출간하였다. 그 후 1931년 『불교』지를 인수하여 수많은 불교 논설을 발표하였고, 1944년 조선총독부와 등을 돌려 북향으로 지었다는 심우장에서 입적할 때까지 창씨개명 반대운동, 조선인 학병 출정 반대 등에 관여하였다.

한용운의 생애에서 알 수 있듯 그는 승려로서 독립운동을 하며 시를 썼다. 『님의 침묵』에 수록된 88편의 시는 이별이나 사랑에 관한 것이다. 남녀의 애정에 관심을 갖고 사랑의 마음을 곡진하게 표현하였다. 승려였던 그에게도 정말 "날카로운 첫 키스의 추억"이 있었던 것일까? 시집에 「첫 키스」라는 제목의 시가 있다. 한용운은 불도에 정진하는 승려였지만, 사랑이라는 인간 본연의 감정을 멀리하지 않았다. 시집의 서두에서 "〈님〉만 님이 아니라 기룬 것은 다 님"이라고 했고, "연애가 자유라면 님도 자유일 것"이라고 하며 남녀의 연애를 긍정하였다.

한용운은 승려가 된 후, 1910년 5월 승려의 결혼을 허락해 달라는 진정서를 한국통감부에 올렸고, 그 해 11월에 다시 조선총독부에 승려의 결혼을 허가해 줄 것을 청하는 탄원서를 제출했다고 한다. 시인은 승려가 되기 전, 열네 살 때 당시의 조혼의 풍습에 따라 결혼하여 아들을 하나 낳았고, 오십 대에 환속하여 재혼하였다. 별다른 시작 활동을 하지 않았지만 한용운은 『님의 침묵』이라는 훌륭한 시집 한 권으로 한국 시단을 대표하는 큰 시인이 되었다.

알 수 없어요

한용운

바람도 없는 공중에 수직의 파문을 내며 고요히 떨어지는 오동잎은 누구의 발자취입니까

지리한 장마 끝에 서풍에 몰려가는 무서운 검은 구름의 터진 틈으로 언뜻언뜻 보이는 푸른 하늘은 누구의 얼굴입니까

꽃도 없는 깊은 나무에 푸른 이끼를 거쳐서 옛 탑 위에 고요한 하늘을 스치는 알 수 없는 향기는 누구의 입김입니까

근원은 알지도 못할 곳에서 나서 돌부리를 울리고 가늘게 흐르는 작은 시내는 굽이굽이 누구의 노래입니까

연꽃 같은 발꿈치로 가이 없는 바다를 밟고 옥 같은 손으로 끝없는 하늘을 만지면서 떨어지는 해를 곱게 단장하는 저녁놀은 누구의 시입니까

타고 남은 재가 다시 기름이 됩니다 그칠 줄을 모르고 타는 나의 가슴은 누구의 밤을 지키는 약한 등불입니까

이 시는 「님의 침묵」과 함께 한용운 시인의 대표시로 일컫는 작품이다. 두 시는 임에 대한 사랑을 노래한다. 이 작품에는 이별의 상황이 구체적으로 나타나지 않지만, 화자가 간절하게 찾는 "누구"는 사랑하는 임으로 짐작된다. 그런데 이때의 임은 절대적 존재로 그려진다. 임은 공중에서 고요히 떨어지는 나뭇잎이며, 어두운 구름 사이로 내치는 푸른 하늘이며, 고요한 하늘을 스치는 향기다. 돌부리를 울리고 가는 작은 시내이며, 끝없는 하늘을 곱게 단장하는 저녁놀이다. 화자는 신비롭고 아름다운 자연 현상에서 임의 존재를 자각하며 임을 위한 헌신적 마음을 나타낸다.

교육현장에서는 이 시를 '절대적 존재에 대한 구도의 자세'를 노래한 작품으로 다루고 있다. 이것은 한용운 시인이 승려라는 사실과 무관하지 않다. "타고 남은 재가 다시 기름이 됩니다"라는 말이 이해하기 어려운데, 이를 불교의 논리로 해명한다. 이 구절은 불교의 윤회 사상을 바탕으로 한 역설적 표현으로, "타고 남은 재"라는 소멸의 이미지를 "기름"이라는 생성의 이미지로 연결하여 절대적 존재를 향한 끝없는 구도의 의지를 드러내고 있다는 것이다.

외적 정보를 동원한 시 해석은 작품의 의미를 밝히는 데에 유용하지만, 수용자의 자유로운 감상을 방해한다. 시인이 불교관을 지닌 승려라는 정보는 독자에게 선입견으로 작용하여 시의 의미를 한쪽으로 몰게 만든다. 「알 수 없어요」는 상상력이 돋보이며, 표현의 아름다움을 지닌 시다. 따라서 이 시를 감상할 때는 외적 정보를 근거로 작품의 다의적 의미를 찾기보다는 작품 내적 문맥에 따라 그 자체의 의미를 먼저 살펴야 한다. 시인이 상상한 것을 떠올리며 상상적 표현에 담긴 마음을 읽도록 한다.

「알 수 없어요」는 작품의 내용을 질문의 형식으로 말하고 있어 시적 상황이 명확하게 잡히지 않지만 그 윤곽은 그려진다. 마지막 행에서 드러난 것과 같이 화자는 '나'다. '나'가 있는 곳은 바다가 보이는 산 속의 절이다. 절 근방에 오동나무와 탑이 있고, 조금 떨어진 곳에 개울물이 흐른다. '나'는 절에 기거하면서 저 멀리 바다로 해가 지는 모습을 본다. 밤이 되어 주위가 캄캄해지자 화자는 등불을 밝힌다.

이 시는 이렇게 산사에서의 체험을 나지막한 목소리로 전한다. '나'는 오동잎, 푸른 하늘, 하늘을 스치는 향기, 작은 시내, 저녁놀 등을 유심히 바라본다. 아름답고 신비스런 자연 현상에 대한 경외감은 '누구의 무엇입니까'라는 의문형의 진술로 표현된다. 화자가 나열한 것들은 우리 주변에서 흔히 볼 수 있는 자연물로 그다지 따져 물을 만한 것들이 아니다. 하지만 '나'는 보통 사람들이 쉽게 지나치기 쉬운 자연 현상을 예민한 눈으로 관찰하며 물음을 던진다.

1행에서 관심 대상은 오동잎이다. 화자는 바람도 없는 공중에 고요히 떨어지는 오동잎을 발견한다. 그리고 잎이 위에서 아래로 떨어지는 모습에서 수직의 파문(波紋)을 느낀다. 파문은 수면에 이는 물결로 수평의 상태에서 나타나는 현상이다. '나'는 떨어지는 잎의 고요한 흔들림을 수직의 파문으로 인식하며, 이것이 누구의 발자취인지를 헤아린다.

2행에서는 구름 사이로 본 하늘에 대해 묻는다. 지루한 장마가 끝나자 검은 구름이 서풍으로 몰려가는데, 그 틈으로 푸른 하늘이 언뜻 보인다. '나'는 검은 구름 사이로 갑자기 나타난 푸른 하늘에 대해 궁금해하며 그것이 누구의 얼굴인지 묻는다.

3행은 눈에 보이지 않는 어떤 기운을 이야기한다. 꽃도 없는 깊은 나무, 그 나무에 낀 푸른 이끼, 그리고 오래된 옛 탑, 그 위에 떠 있는 고요한 하늘, 이러한 자연적 공간에서 '나'는 알 수 없는 어떤 향기를 느낀다. 이에 나무의 푸른 이끼를 거쳐 탑 위의 하늘을 스치는 이 향기가 누구의 입김인지 헤아려 본다.

4행에서는 작은 시내가 질문의 대상이 된다. 어디에서 물이 생성되는지 알 수 없지만, 시내는 돌부리를 울리며 가늘게 흘러간다. 돌을 스치며 졸졸 흐르는 물소리는 마치 누군가가 부르는 노래처럼 들린다.

5행에서 화자는 저녁놀을 경이롭게 바라보며 그것이 누구의 시인지를 생각한다. '나'는 바다의 수평선에서 해가 지는 모습을 본다. 화자가 모르는 누군가는 연꽃과 같은 발꿈치로 끝없는 바다를 밟고, 옥같이 고운 손으로 드넓은 하늘을 만지면서 지는 해를 곱게 단장한다. 이렇게 아름답게 물든 노을이 한 편의 시로 다가온다.

자연에 대한 질문은 5행에서 끝난다. 1~5행까지 의문형으로 진행되던 것이 6행의 "타고 남은 재가 다시 기름이 됩니다"에서 변화를 맞는다. 마지막 행에서 화자는 자신이 누구의 밤을 지키는 등불인지 자문하는데, 이에 앞서 타고 남은 재가 다시 기름이 된다고 말한다. 상식적으로 재는 기름이 될 수 없다. 재에서 기름으로의 변환은 소멸된 것이 재생됨을 말해 준다. 이것은 화자에게 자신의 신념을 결행하게 하는 힘이 된다. '나'는 용기를 갖고 등불로 어두운 밤을 밝히고자 한다. 등불 하나로 암흑천지의 밤을 밝힐 수는 없다. 그의 등불은 한없이 약하기만 하다. 그러나 '나'는 누구의 밤을 지키기 위해 불을 밝히려 한다.

이 시는 시상이 "누구"라는 대상에 집중된다. "누구의 발자취", "누구의 얼굴", "누구의 입김", "누구의 노래", "누구의 시", "누구의 밤" 등과 같이 매 행마다 "누구"가 강조된다. 한용운의 「알 수 없어요」는 "누구"에 대한 질문이며, "누구"에 대한 사랑이다. 화자는 상대가 누구인지 알 수 없다고 하지만, 사실은 알고 있다. 6행이 이를 암시한다. 재를 기름으로 재생하려는 데는 다 이유가 있다. 등불에 불을 지피기 위해서다. 등불을 밝히는 것은 밤을 지키기 위해서다. 두 행에서 보여 준 화자의 희생적 사랑은 그 대상이 분명히 있음을 전제한다.

이 시에서 "누구"는 화자가 사랑하는 사람이다. 화자의 상대는 우선 이성적 대상의 연인으로 추정할 수 있다. 그런데 각 행에서 묻는 내용은 사람이 행할 수 있는 능력의 범위가 아니다. 나뭇잎이 떨어지고 검은 구름 틈으로 하늘이 나타나는 것은 자연의 섭리다. 우주의 질서를 관장하는 주재자는 신이다. 시인의 승려라는 신분을 고려해 볼 때, "누구"는 자신이 신봉하는 부처로 볼 수 있다. 이렇게 보면 이 작품은 절대자를 향해 자신의 신앙을 고백하는 시가 된다.

그러나 이 시를 '절대자에 대한 구도적 염원'을 표현한 종교시로 규정해 버리면 그 목적성으로 인해 일반 독자가 가질 수 있는 공감대나 마음의 울림은 적어진다. 따라서 시적 대상은 사랑하는 임으로 보는 것이 자연스럽다. 마지막 행은 임을 향한 사랑의 표현이다. 화자는 자신을 불태워서라도 어둠에 가려지는 임을 지키고자 한다.

1~5행에 제시된 오동잎, 하늘, 향기, 시내, 놀 등의 자연 현상은 화자에게 임이 얼마나 절대적인 존재인지를 보여 준다. 사랑의 열병은 보고 듣는 모든 것을 사랑하는 사람과 관련시키는 마력이 있다. 그래서 화자가 본 오동잎과 하늘은 임의 발자취이며 임의 얼굴이 된다. 가늘게 흘러가는 시냇물은 마치 연인의 노랫소리처럼 들린다.

자연을 통한 사랑의 구가에는 시간적 제약이 따른다. 낮을 배경으로 하는 1~5행까지는 임의 모습이 자연현상을 통해 나타나는데, 배경이 밤이 되는 6행에서는 임이 나타나지 않는다. 밝은 낮 동안에는 신비하고 아름다운 자연 현상을 통해 임의 존재를 선명히 느낄 수 있었지만 밤의 시간에는 이 모든 아름다움이 사라진다. 그래도 임에 대한 생각은 쉽사리 사라지지 않는다. 밤에 그가 본 것은 세상을 덮고 있는 어둠이다. 화자는 어두운 밤에 임이 있다는 것을 생각하고는 임의 밤을 밝히고자 한다. 당신이 어둠이라면 자신은 별이 되겠다는 그런 사랑의 마음이다.

「알 수 없어요」는 연가풍의 여성적 어조와 경어체 표현으로 경건한 분위기를 조성하며, '-는 누구의 -입니까'라는 의문형의 문장을 반복하여 간절한 마음을 나타내고 있다. 또 섬세한 관찰과 상상으로 아름답고 신비스러운 자연 현상을 병렬적으로 제시하고 있다. 이 과정에서 'A는 B'라는 은유가 구사된다. 오동잎, 하늘, 향기, 저녁놀 등의 자연이 각각 발자취, 얼굴, 입김, 노래, 시 등에 비유되어 시상의 깊이를 더하고 있다. "타고 남은 재가 다시 기름이 됩니다."라는 역설적 표현에서는 모순을 통해 진리를 나타내고 있다.

넓게 읽기

알 수 없어요 / 한용운

「알 수 없어요」는 아름다운 자연의 모습을 통해 임에 대한 지극한 사랑을 표현하고 있다. 사랑을 노래하고 있는 한용운의 시에는 「님의 침묵」, 「나룻배와 행인」, 「찬송」, 「해당화」, 「복종」, 「사랑하는 까닭」, 「꽃싸움」, 「거문고 탈 때」 등이 있다. 이들 작품들은 모두 1926년에 발간된 『님의 침묵』이라는 시집에 수록되어 있다. 이 시집은 떠나버린 임을 간절히 그리워하는 사랑의 노래이다. 시인은 화려하고 감각적인 비유로 사랑의 경이로움과 그 상실의 고통을 절절하게 노래하였다. 고려대학교 이남호 교수는 『님의 침묵』에 대해 1920년대의 빈한한 한국 시단에서 예외적인 시집으로서 한용운을 한국 현대시를 대표하는 위대한 시인으로 만든 시집이라고 평가하였다.

빼앗긴 들에도 봄은 오는가

이상화

지금은 남의 땅—빼앗긴 들에도 봄은 오는가?

나는 온몸에 햇살을 받고
푸른 하늘 푸른 들이 맞붙은 곳으로
가르마 같은 논길을 따라 꿈속을 가듯 걸어만 간다.

입술을 다문 하늘아 들아
내 맘에는 내 혼자 온 것 같지를 않구나
네가 끌었느냐 누가 부르더냐 답답워라 말을 해 다오.

바람은 내 귀에 속삭이며
한 발자욱도 섰지 마라 옷자락을 흔들고
종조리는 울타리 너머 아씨같이 구름 뒤에서 반갑다 웃네.

고맙게 잘 자란 보리밭아
간밤 자정이 넘어 내리던 고운 비로
너는 삼단 같은 머리털을 감았구나 내 머리조차 가뿐하다.

혼자라도 가쁘게나 가자.
마른 논을 안고 도는 착한 도랑이
젖먹이 달래는 노래를 하고 제 혼자 어깨춤만 추고 가네.

나비 제비야 깝치지 마라
맨드라미 들마꽃에도 인사를 해야지
아주까리 기름을 바른 이가 지심매던 그 들이라 다 보고 싶다.

내 손에 호미를 쥐어다오
살진 젖가슴과 같은 부드러운 이 흙을
발목이 시도록 밟아도 보고 좋은 땀조차 흘리고 싶다.

강가에 나온 아이와 같이
짬도 모르고 끝도 없이 닫는 내 혼아
무엇을 찾느냐 어데로 가느냐 우서웁다 답을 하려무나.

나는 온 몸에 풋내를 띠고
푸른 웃음 푸른 설움이 어우러진 사이로
다리를 절며 하루를 걷는다 아마도 봄 신명이 지폈나 보다.
그러나 지금은—들을 빼앗겨 봄조차 빼앗기겠네.

1926년에 발표된 이상화의 대표시다. 이 작품은 제목이 의미심장하다. 들을 빼앗겼다고 말하고, 빼앗긴 들에 봄이 오는지를 묻는다. 봄은 인간의 의지와 관계없이 찾아오는 자연 현상이다. 그런데 시인은 봄이 오지 않을 것이라고 의심한다. 의문을 가질 필요도 없는데 고민을 한다. 작품이 발표된 시기에 비춰 보면, "빼앗긴 들"은 일제에 빼앗긴 우리 국토로 볼 수 있다.

시인은 국토를 강탈당한 현실 앞에 울분을 토로한다. 작품 속 화자는 남에게 땅을 빼앗겨 버려 넋이 나간 사람처럼 꿈속을 가듯 논길을 걸어간다. 그는 봄이 왔지만 기쁜 마음으로 봄을 맞이하지 못한다. 화자는 구름 뒤에서 반갑게 웃는 "종조리", 고운 비로 삼단 같은 머리털을 감은 "보리밭", 마른 논을 안고 혼자 춤을 추며 가는 "도랑" 등을 보며 봄의 기운을 느낀다. 하지만 무엇을 찾아야 할지, 어디로 가야 할지 몰라 답답해한다. 심적인 고통 때문에 웃어도 웃는 것이 아니다. 푸른 웃음과 푸른 설움이 어우러진 사이로 다리를 절며 하루를 걷는다. 삶의 터전인 들을 빼앗긴 상황에서 봄마저 잃을 것 같은 절망감에 빠진다.

이 시는 화자의 상황과 마음을 공감하는 것이 무엇보다 중요하다. 독자는 묘사된 장면을 머릿속으로 떠올려 보고, 작품에 나타난 화자의 말과 행동을 통해 그의 심정을 헤아려 본다.

이 시는 1연에서 묻고 10연에서 답을 하는 자문자답의 형태로 되어 있다. 화자는 햇살이 내비치는 봄날 들길을 무작정 걸어가는데, 즐거움은 없고 어디에 홀린 듯한 느낌을 받는다. 제정신이 아닌 미친 사람처럼 혼자 중얼거리고, 다리를 절며 온종일 들판을 걷는다. 2~10연은 이러한 정황을 보여 주는데, 이 부분은 내용상 2~3연, 4~6연, 7~8연, 9~10연의 네 부분으로 나눌 수 있다.

2~3연은 화자가 몽롱한 상태로 논길을 걸어가는 모습을 보여 준다. 온몸에 햇살을 받으며 논길을 따라 걷는 '나'는 제정신이 아니다. 특정한 목적지를 의식하지 않고 "푸른 하늘 푸른 들이 맞붙은 곳"으로 가고자 한다. 의식을 잃은 사람처럼 끝없이 펼쳐진 지평선으로 무작정 걸어만 간다. 마치 누가 자기를 끌고 나온 듯하다. 그래서 '나'는 자신이 발을 딛고 있는 들과 바라보는 하늘을 향해 누가 자신을 이곳으로 불렀는지 묻는다.

4~6연은 봄의 정경을 묘사하며 국토에 대한 친밀감과 애정을 나타낸다. '나'는 답답한 마음에 자신을 들판으로 불러들인 이가 누구인지 물으며 주위를 둘러본다. 바람은 내 귓전을 스치고 옷자락을 흔들며 지나간다. 종다리는 구름 뒤에서 반갑게 지저귄다. 보리밭은 간밤에 내린 비로 말끔하고, 마른 논 옆으로 도랑물이 젖먹이를 달래듯 정겹게 흘러간다.

7~8연은 국토와 민족에 대한 각별한 애정을 보여 준다. '나'는 정겨운 봄의 풍경을 보며 삶의 의욕을 느낀다. 들판을 마구 날아다니는 나비가 귀엽고, 민들레, 들꽃 같은 조그만 풀꽃에까지 눈이 간다. 들판은 머리에 아주까리 기름을 바른 우리 어머니들이 정성을 들여 가꾸던 곳[1]이라 더욱 마음이 간다. '나'는 어머니의 살진 젖가슴같이 부드러운 흙을 발목이 시리도록 밟아 보고, "좋은 땀"을 흘리고 싶어 한다. 이는 암담한 현실에서 갖는 답답함과 울분을 떨치려는 의지의 표현이다.

9~10연은 화자가 갖는 정신적 혼란과 절망적인 심정을 보여 준다. '나'는 의욕을 가지고 생활하려 하지만 뜻대로 되지 않는다. 일제에 조국의 아름다운 강산을 빼앗긴 상황에서 '나'가 갈 수 있는 곳은 사실상 아무 데도 없

1 7연의 3행 "아주까리 기름을 바른 이가 지심매던 그 들이라 다 보고 싶다."에서 "그 들"은 띄어쓰기가 되어 있어 ① 복수의 사람을 의미하는 '그들', ② 김을 매던 '그 들판'과 같이 두 가지로 해석이 가능하다.

다. 화자는 강가에 나온 철없는 아이마냥 아무런 의식도 없이 들길을 내닫는다. 그래서 자신이 우습기만 하다.

'나'는 봄의 경치를 감상하면서도 자연의 아름다움을 향유할 수 없는 슬픈 현실을 직시한다. 온몸에 "풋내"를 지닐 정도로 봄기운을 느끼지만 "푸른 웃음"과 "푸른 설움"은 어쩌지 못한다. 여기서 '푸른'은 신록의 색채다. 들판을 걸으며 화자가 본 주위는 온통 푸른빛이다. 하지만 봄에 누릴 수 있는 기쁨이나 즐거움은 없고, 끝없이 내닫는 자신이 그저 우습고 서글프기만 하다. 마음만 괴로운 것이 아니라 이제는 몸도 지친다. 얼마나 걸었는지 다리도 아프다. '나'는 다리를 절며 하루 종일 들판을 걷고 자신의 혼과 대화를 나눈다. 화자는 이것을 봄 신명이 지펴서 그런 것이라고 생각한다.

마지막 행에서 화자는 지금 들을 빼앗겨 봄도 빼앗길 것 같다고 말한다. '나'는 들판에서 바람, 종다리, 보리밭, 도랑 등 봄의 정겨운 정경을 대면하면서도 봄을 잃을 것 같은 슬픔에 잠긴다. "들을 빼앗겨 봄조차 빼앗기겠네."는 제 땅을 남에게 강탈당한 상황에서는 아무리 좋은 자연의 봄도 의미가 없다는 뜻을 내포하고 있다. 57

「빼앗긴 들에도 봄은 오는가」는 보통 시와 달리 길지만, 정연한 구조를 갖추고 있다. 첫 연과 마지막 연을 제외하면 각 연은 3행으로 통일되어 있고, 연의 각 행들은 점층적으로 문장을 배열한다. 이 같은 형태적 균형미는 전체의 구조에서도 보인다. 1연과 10연의 마지막 행은 각각 질문과 대답의 성격을 띤다. 곧 첫 행과 마지막 행을 제외한 나머지 부분은 물음에 대한 답을 탐색하는 과정이라 볼 수 있다.

이 작품은 이렇게 구조적 형식미를 갖추고 있으나, 나라를 잃은 시대적 아픔과 울분을 제어하지 못한다. "지금은 남의 땅—빼앗긴 들에도 봄은 오는가?"라는 질문에는 봄이 오지 않을 것이라는 부정이 깔려 있다. 화자의 근심과 슬픔은 문장을 끝맺는 방식에서 엿볼 수 있다. 이 시는 '-다'로 끝맺는 평서형을 비롯해 의문형, 명령형, 청유형, 감탄형 등 다양한 방식으로 문장이 종결된다.

3연 입술을 다문 하늘아 들아
내 맘에는 내 혼자 온 것 같지를 않구나
네가 끌었느냐 누가 부르더냐 답답워라 말을 해 다오.

이 시의 3연은 각 행이 서로 다른 문장 형식으로 되어 있다. 첫 행은 호격조사('아')를 사용하여 대상을 부르고, 2행은 '-구나'라는 감탄형 어미를 써 화자의 감정을 표현한다. 3행은 자신의 답답함을 말하고 상대에게 답을 촉구한다. 감정을 표출하는 영탄적 표현은 5연의 "고맙게 잘 자라 보리밭아 ~감았구나", 9연의 "짬도 모르고 끝도 없이 닫는 내 혼아~답을 하려무나." 등에서도 나타난다.

3연의 "말을 해 다오."와 같은 명령형 표현은 7연의 "나비 제비야 깝치지 마라", 8연의 "내 손에 호미를 쥐어다오" 등에서 나타난다. 6연에서는 "혼자라도 가쁘게나 가자"라는 청유형의 문장을 보인다. '-다'로 종결짓는 평서형 문장의 경우, "내 머리조차 가뿐하다", "좋은 땀조차 흘리고 싶다." 등에서 화자의 주관적 정서가 묻어난다.

이 작품은 문장의 다양화를 통해 표현의 묘미를 살리면서 절실한 감정을 드러낸다. 또한 의인, 직유 등의 비유적 표현과 상징적 표현으로 시의 의미를 나타낸다. 감정을 절제하지 못한 면이 있으나, 시인은 조국에 대한 애정을 바탕으로 나라를 잃은 설움과 비애를 솔직하게 표현하고 있다.

빼앗긴 들에도 봄은 오는가 / 이상화

대구 출생의 이상화(1901~1943년)는 김소월, 한용운과 함께 1920년대에 활약한 시인이다. 1921년 소설가 현진건의 추천으로 『백조』 창간호에 「말세의 희탄」, 그 뒤 3호에 「나의 침실로」를 발표하면서 등단하였다. 그의 시는 식민지 현실을 직시하며 시대적 울분을 토로하는 것이 특징이다.

이상화의 「빼앗긴 들에도 봄은 오는가」는 나라를 잃은 민족의 현실과 이에 대한 슬픔을 정직하게 표현하고 있다. 현실에 대한 좌절감과 비애를 보여 주는 시에는 김소월의 「길」, 「서도여운—옷과 밥과 자유」, 박용철의 「떠나가는 배」, 이상의 「오감도—시제1호」, 정지용의 「조찬(朝餐)」, 오장환의 「소야(小夜)의 노래」, 김광균의 「와사등」, 신동엽의 「누가 하늘을 보았다 하는가」, 황지우의 「새들도 세상을 뜨는구나」, 이장욱의 「절규」 등이 있다.

빼앗긴 들에도 봄은 오는가

향수

정지용

넓은 벌 동쪽 끝으로
옛이야기 지줄대는 실개천이 회돌아 나가고,
얼룩빼기 황소가
해설피 금빛 게으른 울음을 우는 곳,
—그곳이 차마 꿈엔들 잊힐 리야.

질화로에 재가 식어지면,
비인 밭에 밤바람 소리 말을 달리고,
엷은 졸음에 겨운 늙으신 아버지가
짚 베개를 돋아 고이시는 곳,
—그곳이 차마 꿈엔들 잊힐 리야.

흙에서 자란 내 마음
파아란 하늘 빛이 그리워
함부로 쏜 화살을 찾으러
풀섶 이슬에 함추름 휘적시던 곳,
—그곳이 차마 꿈엔들 잊힐 리야.

전설 바다에 춤추는 밤물결 같은
검은 귀밑머리 날리는 어린 누이와
아무렇지도 않고 예쁠 것도 없는
사철 발 벗은 아내가
따가운 햇살을 등에 지고 이삭 줍던 곳,
—그곳이 차마 꿈엔들 잊힐 리야.

하늘에는 성근 별
알 수도 없는 모래성으로 발을 옮기고,
서리 까마귀 우지짖고 지나가는 초라한 지붕,
흐릿한 불빛에 돌아앉아 도란도란거리는 곳,
—그곳이 차마 꿈엔들 잊힐 리야.

노래로 많이 알려진 한국의 명시다. 「향수」는 정지용의 대표시로 제목 그대로 고향을 그리워하는 마음을 담고 있다. 고향을 떠나온 사람은 향수의 마음을 안다. 고향에서 보낸 어린 시절은 소중한 추억으로 떠오르고, 보고 싶은 가족은 간절한 그리움으로 와닿는다. 다시 되돌아갈 수 없는 과거의 고향은 마음으로 그려 보는 안식처가 된다. 이 시의 독자는 향수의 마음을 이해하려는 자세가 필요하다.

「향수」는 언어 구사가 세련되고 정교하다. 정지용은 고향의 모습과 향수의 감정을 세련되고 정감 있는 시어로 표현하고 있다. 시인이 살던 당시는 먹고 살기 어려웠던 시절이다. 하지만 이 작품에는 삶의 고통이 도드라지지 않는다. 평화로운 고향의 모습을 현대적 감각으로 되살려 내고 있다. 비유나 감각적 이미지를 구사하여 대상을 구체적으로 표현하고, "그곳이 차마 꿈엔들 잊힐 리야"라는 후렴구를 통해 향수의 정서를 불러일으킨다.

1연 옛이야기 **지줄대는** 실개천이 회돌아 나가고

1연 얼룩빼기 황소가/**해설피** 금빛 게으른 울음을 우는 곳

2연 비인 밭에 **밤바람 소리** 말을 달리고

3연 함부로 쏜 화살을 찾으러/풀섶 이슬에 **함추름** 휘적시던 곳

4연 **전설 바다**에 춤추는 밤물결 같은/검은 귀밑머리 날리는 어린 누이

5연 하늘에는 **성근** 별/알 수도 없는 모래성으로 발을 옮기고

인용한 시구절은 정독해서 읽어야 할 부분이다. "해설피", "함추름", "성근" 등은 오늘날 잘 쓰지 않는 말들이다. 이들 시어에 대한 바른 해석은 이 시를 이해하는 초석이 된다.

다섯 연에 걸쳐 보여 주는 고향의 모습은 평화롭고 정겹다. 1연은 실개천이 흐르고 황소가 우는 장면을 비유적 이미지로 생생하게 표현하고 있다. 넓은 벌판 동쪽 끝으로 옛이야기를 지줄대는 실개천이 휘돌아 나가고, 얼룩빼기 황소가 해설피 금빛 게으른 울음을 운다. 화자는 작은 개천에서 조잘조잘 흐르는 물소리를 두고 옛이야기를 지줄댄다고 말한다. 물소리의 청각적 이미지는 고향을 정겹고 평화로운 공간으로 만들어 낸다.

들판에서 우는 "얼룩빼기 황소"는 종종 얼룩 반점이 있는 젖소로 오인되기도 하는데, 이 소는 토종의 칡소로 바탕색이 거무스레한 짙은 갈색인 토종 황소다. 해가 뉘엿뉘엿 저물 무렵 들판에 있던 황소는 머리를 들고 '음-매' 하고 길게 소리를 낸다.

"해설피 금빛 게으른 울음"은 흔히 공감각적 이미지라고 일컫는 부분이다. 두 감각을 공유하는 공감각적 심상은 중심이 되는 한 감각이 다른 감각으로 전이되는 양상을 보인다. 이 구절은 황소의 울음소리를 "금빛"이라는 색감으로 나타내어 '청각의 시각화'로 볼 수 있다. 금빛은 아름다운 저녁노을 빛으로, 들판에 놀이 질 때 황소가 길게 소리를 빼며 우는 정황이 "금빛 게으른 울음"으로 제시되고 있다.

"해설피"는 소의 울음소리를 수식하는 부사로 구슬프게 또는 느리게의 뜻으로 풀이하기도 한다. 이렇게 보면 소의 울음소리에 "해설피", "금빛", "게으른" 등의 세 수식어가 생기어 의미가 복잡하게 얽힌다. "금빛 게으른 울음을 우는 곳"이라는 뒷말과의 자연스런 문맥을 살필 때, "해설피"는 해질 무렵으로 보는 것이 적절하다. 사전에도 '설핏', '설핏하다'라는 말이 있는데, 이는 모두 해가 져 밝은 빛이 약하다는 뜻을 지닌다. 해설피의 의미를 해질 무렵이라 보면 바로 뒤의 "금빛"은 해질 무렵 붉게 타오르는 저녁노을로 볼 수 있다. 1연은 노을이 붉게 타오르는 저녁 무렵 들판에서 황소가 느리고 긴 울음을 우는 모습을 감각적으로 묘사하여 평화롭고 아늑한 고향의 모습을 담아낸다.

2연에서 화자의 시선은 고향의 외부 정경에서 고향 집으로 옮겨 간다. 찬 바람이 불고 밤이 깊어 가자 늙으신 아버지는 짚 베개를 베고 잠을 청한다. 추운 겨울밤 시간이 흘러 질화로에 재가 식어 갈 때, 고향의 주변은 바람 소리만 들릴 만큼 고즈넉하다. 인적이 없는 고요한 밤에 부는 세찬 바람 소리는 마치 말이 달리는 소리처럼 들린다. "비인 밭에 밤바람 소리 말을 달리고"는 밤바람 소리를 말 달리는 소리에 빗댄 비유적 표현으로 빈 밭에서 들려오는 밤바람 소리가 마치 말이 달리는 소리와 같이 들린다는 것으로 풀이된다.

3연은 시인이 꿈 많던 어린 시절을 회상하며 흙에서 자란 마음을 보여 준다. 유년 시절 '나'는 "파아란 하늘 빛"을 동경하였다. 시골의 자연이라면 푸른 하늘은 늘 가까이할 수 있는 것이다. '나'가 동경한 것은 하늘 그 자체가 아닌 꿈꾸는 새로운 세계다. "함부로 쏜 화살"은 소년 시절의 꿈과 소망을 나타낸다.

소년은 풀숲에서 잃어버린 화살을 찾으러 헤매다가 풀잎에 맺힌 이슬을 느낀다. "풀섶 이슬에 함추름 휘적시던"에서 풀섶은 풀숲을 가리킨다. "함추름"은 사물이 비나 이슬에 젖어 있는 모습을 나타낼 때 쓰는 말로, 가지런하게, 예쁘게, 곱게 등의 뜻을 지닌다. 숲에 있는 풀들이 이슬에 함추름 젖어 있다고 할 때, '함추름'은 '곱게'라는 의미로 이해된다. 그런데 본문에서 "함추름"은 시어 앞뒤의 말에 모두 영향을 미친다. 그래서 풀잎이 이슬에 함추름 젖어 있다는 것 외에 즐거운 마음으로 풀숲을 마음껏 헤집고 다녔다는 뜻을 내포한다. 종합하면, 3연은 풀들이 이슬에 젖어 있던 숲에서 뛰어놀며 미래에 대한 동경심을 키웠다는 뜻으로 풀이된다.

4연에서는 고향에 대한 그리움이 어린 누이와 아내에게로 향한다. 이 연은 누이와 아내의 모습이 대비적으로 나타나는 점이 특이하다. 시인은 누이를 묘사하면서 그녀의 검은 귀밑머리를 전설 바다에 빗댄다. 귀밑머리는 이마 한가운데를 중심으로 좌우로 갈라 귀 뒤로 넘겨 땋은 머리이다. 누이의 외양을 비유하기 위해 끌어온 전설 바다는 어떤 전설이 있는 특정한 바다를 지칭하지 않는다. "춤추는 밤물결"로 뒷받침되는 전설 바다는 신비스럽고 생동감 있는 분위기를 조성하기 위한 하나의 장치다. 시인의 고향인 옥천에는 바다가 없다. 그렇지만 시인은 바다를 꿈꾸며 바다를 소재로 한 연작시를 썼다. 그에게 바다는 동경의 대상으로 힘차고 생명력이 넘치는 세계다. 전설 바다도 이런 맥락에서 이해된다. "전설 바다에 춤추는 밤물결"은 귀밑머리 날리도록 뛰어다니는 어린 누이의 건강하고 발랄한 모습을 나타낸다.

그런데 아내에 대한 묘사에서는 누이에게 발견되는 생기발랄함이나 어여쁨은 보이지 않는다. 화자는 사철 발 벗고 따가운 햇살을 등에 진 채 이삭을 줍는 여자가 자신의 아내라고 말한다. 시인은 아내의 고생스런 생활을 애처로운 시선으로 바라본다. "따가운 햇살을 등에 지고"라는 구절에서 궁핍하게 살아가는 가족에 대해 안쓰러워하는 마음이 담겨 있다.

가족에 대한 사랑과 연민은 5연으로 이어진다. 하늘에 별무리들이 반짝이고 초라한 지붕 위로 까마귀들이 우짖는 밤에, 호롱불을 밝힌 방에는 가족들의 정겨운 이야기가 도란도란 피어난다.

"하늘에는 성근 별/알 수 없는 모래성으로 발을 옮기고"라는 구절에서, 모래성의 의미와 발을 옮기는 것의 주체가 모호하다. 모래성에 대해서는 모래로 쌓은 성(城) 혹은 모래처럼 잔잔한 별[星]의 무리인 은하수로 보는 견해가 있다. 전자의 관점에서 보면, "발"은 화자의 발이 되어 내가 모래성으로 발을 옮긴다는 뜻으로 해석된다. 모래성을 모래로 쌓은 성으로 보면, "알 수도 없는 모래성으로 발을 옮기고"는 미지 세계에 대한 동경이나 모래성을 쌓고 놀던 시절에 대한 추억으로 이해된다. 후자의 관점에서 발을 옮기는 주체는 "성근 별"이 된다. 성근 별은 '성긴 별', 즉 듬성듬성하여 사이가 뜬 별로, 이 별들이 시간의 변화와 함께 은하수로 이동한다고 볼 수 있다.

5연은 별이 뜨는 깊은 밤의 시간을 배경으로 단란한 가족의 모습을 그려내고 있다. "서리 까마귀", "초라한 지붕", "흐릿한 불빛" 등은 가족들의 가난한 삶을 그대로 보여 준다. 이 연에서 "별", "까마귀", "불빛" 등의 시어는 평화롭고 아늑한 고향을 모습을 연상시킨다. "별", "까마귀"는 천상의 이미지를 담고 있고, "별"이나 "불빛"은 빛의 성질을 함유한다. 이런 맥락에서 "모래성"은 모래의 형상을 한 별[星]로 볼 수 있다. 5연에 나타난 소재들 간의 친밀성을 살펴볼 때, 모래성으로 향하는 발걸음의 주체는 별이다. 천상의 별이 모래성으로 발을 옮기고 있다.

「향수」는 농촌을 배경으로 하여 시인의 고향과 가족을 이야기한다. 다섯 연에 걸쳐 시인이 소개하는 고향의 모습을 정리하면, 고향에서는 넓은 벌판으로 개울이 흐르고, 저물 무렵에 황소가 나지막하게 울음을 운다. 재가 식어 가는 밤이 되면 늙으신 아버지가 짚 베개를 베고 주무시고, 문 밖으로 말이 달리는 듯한 바람 소리가 들린다. 꿈 많은 어린 시절 '나'는 쏜 화살을 찾으려 풀숲을 휘젓기도 했다. 검은 귀밑머리의 어린 누이와 사철 발 벗은 아내가 따가운 햇살 아래 일하며 어렵게 생활한다. 그래도 하늘에 별이 뜨면 식구들이 흐릿한 등잔불 아래 모여 도란도란 정답게 이야기를 나눈다.

이 시의 각 연이 묘사하고 있는 고향의 모습은 한결같이 평화롭고 아늑하다. 시인에게 고향은 가난하지만 따뜻한 가족애를 느낄 수 있는 곳으로 꿈에서도 차마 잊히지 않는 그리운 곳이다. 그가 그려 내는 고향은 독자에게 평온함과 정서적 충일감을 준다. 이러한 심리적 효과에는 시인의 뛰어난 언어 구사력이 한몫하고 있다.

5연으로 구성된 이 시는 고향 정경에 한 행의 후렴구를 첨가하여 이를 반복하는 형태를 취하고 있다. '~하는 곳'을 구체적으로 보여 준 뒤 "—그곳이 차마 꿈엔들 잊힐 리야."라는 말로 매듭짓는 문장 구조를 반복한다. 각 연은 고향의 평화로운 정경을 보이고 후렴구로 고향에 대한 그리움의 감정을 드러낸다. 후렴구 앞에서는 고향의 정경을 객관적으로 묘사하다가 후렴구에서 고향에 대한 감정을 표출한다. 이로써 「향수」는 시 전편에 객관적 묘사와 주관적 감정이 계속적으로 반복되는 구조를 갖는다.

다섯 연에 걸쳐 제시된 고향의 정경들은 독립적인 장면으로 흩어져 있다. 그래서 분산되어 있는 장면들을 한 곳으로 모아 주는 연결 고리가 필요한데, "—그곳이 차마 꿈엔들 잊힐 리야."가 그 구실을 한다. 이 시는 이 후렴구의 도움을 받아 유기적인 통일성을 확보하고, 반복의 단조로움을 극복한다.

「향수」는 우리말의 구사가 뛰어나다. 시인은 실개천이 흐르는 것을 옛이야기가 지줄댄다고 이르고, 저물녘 소가 우는 것을 해설피 금빛 게으른 울음을 운다고 말한다. "해설피"는 해질 무렵을 뜻하는 지역 방언이지만 소의 울음소리와 절묘하게 결합하여 독특한 어감을 자아낸다. 시인은 실개천, 황소, 짚 베개, 까마귀 등의 토속적인 소재를 사용하여 농촌의 분위기를 살려내는데, 언어의 구사에서 세련되고 현대적인 감각을 보여 준다. "해설피 금빛 게으른 울음을 우는 곳", "풀섶 이슬에 함추름 휘적시던 곳", "전설 바다에 춤추는 밤물결 같은 검은 귀밑머리", "따가운 햇살을 등에 지고 이삭 줍던 곳" 등이 그 예다.

「향수」는 그림이 있는 시다. 시인은 고향의 정경의 모습을 감각적인 이미지로 그려 낸다. 이미지는 선명한 감각으로 대상을 구체적으로 표현하는 구실을 한다. "옛이야기 지줄대는 실개천이 회돌아 나가고", "얼룩빼기 황소가/해설피 금빛 게으른 울음을 우는 곳", "비인 밭에 밤바람 소리 말을 달리고", "전설 바다에 춤추는 밤물결 같은/검은 귀밑머리" 등은 감각적 이미지가 구사된 예다.

「향수」는 소리의 울림에도 민감하다. 여러 음운 중에서 부드러운 음질의 'ㄹ'을 많이 사용한다. "얼룩빼기", "해설피", "함추름", "밤물결", "서리", "흐릿한", "도란도란" 등이 그 예다. 후렴구의 종결어미에서 '-ㄹ리야'와 같이 부드럽고 다듬어진 어미를 의도적으로 사용하여 고향에 대한 애틋함을 더한다. 또한 이 작품은 "회돌아 나가고", "해설피", "함추름", "휘적시던", "잊힐 리야" 등에서 보듯 'ㅎ' 음을 반복한다. 'ㅎ' 음은 'ㅅ', 'ㅆ' 등과 함께 마찰음으로서 시원스럽고 쾌활한 느낌을 준다. 이 같은 소리의 반복은 말에 규칙적인 질서를 부여하여 음악적 리듬을 생성하며 작품의 분위기를 돋운다.

넓게 읽기

향수 / 정지용

정지용 시인은 1902년 충청북도 옥천에서 태어나 서울 휘문고등보통학교를 거쳐 1929년 일본 도시샤(同志社)대학교 영문학과를 졸업했다. 1935년 「바다1」, 「바다2」, 「유리창1」, 「발열」, 「향수」, 「호수1」 등의 작품들을 모아 첫 시집인 『정지용 시집』을 출간했다. 이 시집으로 당대의 대표적인 시인이 되었고, 1941년 두 번째 시집인 『백록담』을 출간한다. 이 시집에는 「장수산1」, 「장수산2」, 「백록담」, 「구성동」, 「조찬」, 「인동초」, 「춘설」, 「비」 등이 수록되어 있다. 시인은 감각적 시어와 선명한 이미지의 작품을 많이 발표하였는데, 『백록담』은 절제된 언어로 동양적 정신세계를 드러내며 한국 현대시의 지평을 넓혔다는 평가를 받고 있다. 해방 이후 그는 이화여자대학교 문학부 교수로 재직하다가 한국전쟁 중 납북되었으며 그 후의 행적은 알지 못한다.

유리창 1

정지용

유리에 차고 슬픈 것이 어린거린다.
열없이 붙어 서서 입김을 흐리우니
길들은 양 언 날개를 파다거린다.
지우고 보고 지우고 보아도
새까만 밤이 밀려나가고 밀려와 부딪히고
물 먹은 별이, 반짝, 보석처럼 백힌다.
밤에 홀로 유리를 닦는 것은
외로운 황홀한 심사이어니,
고운 폐혈관肺血管이 찢어진 채로
아아, 늬는 산ㅅ새처럼 날러 갔구나!

이 시는 정지용이 29세 되던 해, 폐병에 걸려 죽은 아들을 그리워하며 썼다고 한다. 시인의 삶과 관련지어 보면, 자식을 잃은 아버지의 슬픔과 그리움이 작품의 주제다. 그는 어린 자식의 죽음 앞에서도 시인으로서의 품격을 지키고자 했고, 그러면서도 아버지로서 어쩌지 못하는 슬픔을 표현한다.

교육현장에서는 시인의 전기적 사실과 관련지어 시구절의 의미를 획일적으로 규정하거나 지나치게 의미를 확장하는 경향이 있다. "차고 슬픈 것", "언 날개", "물 먹은 별" 등의 구절은 죽은 아이의 영상에 대한 비유로 본다. "외로운 황홀한 심사"는 이질적인 두 감정이 결합되어 있다는 점에서 역설법으로 규정한다.

또 시 해석에서 유리창의 기능이 유달리 강조된다. 유리창이 삶과 죽음의 세계를 차단하면서 이어 주는 기능을 한다는 것이다. 유리창을 매개로 하여 시인이 죽은 자식과 교감을 나누려 한다는 것은 맞을지 모르나, 유리창이 현실 세계와 죽음의 세계를 이어 준다거나 차단한다는 해석은 적절하지 않다. 지나친 의미 부여는 시의 이해를 더 어렵게 만들 뿐 아니라 시를 감상하는 데 오히려 장애가 된다. 「유리창1」은 창에 성에가 끼는 추운 겨울밤 홀로 유리창을 닦는 시적 정황을 바탕으로 화자의 내면을 살피는 것이 무엇보다 중요하다.

이 시는 인간의 슬픈 감정을 섬세하게 표현하고 있다. 화자는 추운 겨울밤 방 안에 있다. 유리창에 "차고 슬픈 것"이 어른거린다. 정황으로 볼 때 창에 어른거리는 것은 성에라 볼 수 있다. 성에는 영하의 기온에 유리창과 같은 데에 김이 허옇게 얼어붙은 것이다. 창에 서려 있는 성에를 보며 화자는 슬픔을 느낀다. 그렇지만 성에가 화자의 슬픔을 일으키는 직접적 원인이라 볼 수는 없다. 화자의 심정이 그런 것일 수 있기 때문이다. "차고 슬픈 것"은 추운 겨울밤 화자가 유리창에 서려 있는 성에를 보며 감각적으로, 감정적으로 느낀 것을 표현한 것이다.

화자는 유리창에 어른거리는 것이 정확히 무엇인지 알 수 없어 창에 다가서서 입김을 불어 본다. 이때 그는 새가 언 날개를 파닥거리는 것을 본다. 이것에 대해 입김 자국이 흐려졌다가 사라지는 모습을 보고 화자가 상상한 것이라고 보는 해석이 있다. 파닥거리는 움직임이 일회적인 동작인 아닌 반복적인 동작이라는 점을 감안하면 이 해석은 불완전하다.

화자가 입김을 불고 멈추는 동작을 되풀이한다고 가정해 볼 수 있다. 입김을 불 때 입에서 나오는 더운 김이 차가운 성에와 섞이어 이 모습이 화자에게는 새의 언 날개처럼 보인다. 입김을 멈출 때는 정지된 것처럼 보이다가도 입김을 불면 움직이는 것처럼 보여 이것은 마치 언 날개가 파닥거리는 것처럼 느껴진다.

물론 새의 날갯짓은 화자가 실제로 본 것은 아닐 것이다. 이것은 환각(幻覺)이다. 실제로는 대상이 없는데도 그것이 실재한다고 느낄 수 있다. 화자는 창가에 어리는 새의 영상에 집착한다. 새는 화자가 마음속으로 생각하고 있는 것이나 간절히 바라고 있는 것과 관련이 있다. "길들은 양"은 새와 화자가 친숙한 관계에 있음을 말해 준다.

화자는 신기하기도 하도 놀랍기도 해서 넋이 나간 사람처럼 입김을 계속 지우는 행동을 반복한다. 눈에 어리는 것을 확인하기 위해 손으로 연이어 지워 보지만, 아무것도 보이지 않고 새까만 어둠만 파도처럼 밀려온다. 이것은 현실 상황이다.

밤이 유리창에 밀려와 부딪힌다는 비유적 표현은 시간이 꽤 흘렀음을 말해 주면서 화자의 허탈한 심정을 간접적으로 나타낸다. 성에를 지우고 보니 그 실체가 드러난다. 계속 창을 지워 보아도 화자에게 돌아오는 것은 어둠뿐이다. 자신이 본 것은 환영이었던 것이다. 말끔히 닦은 창 너머로 보이는 것은 새가 아니라 별이다. 별은 그가 본 것이 허상이었음을 일깨워 준다.

반짝 빛나는 별이 화자의 두 눈에 보석처럼 박힌다. "물 먹은 별이, 반짝, 보석처럼 백힌다."라는 구절은 화자가 별을 응시하는 상황을 감각적으로 형상화하고 있다. 박히는 것의 주체는 "물 먹은 별"인데, 이 별이 어디에 박히는지 모호하다. 밤이 유리창에 밀려와 부딪친다는 앞 문맥과 관련지어 보면, 화자가 서 있는 유리창에 별이 박히는 것으로 볼 수 있다.

좁혀 생각하면 화자의 눈에 별이 박히는 것으로 볼 수도 있다. 눈과 별의 연결은 화자가 별을 지그시 바라보고 있는 상황을 부각한다. 눈과 별은 보석처럼 반짝임의 이미지를 갖는다. "물 먹은 별이, 반짝, 보석처럼 백힌다." 라는 구절에서는 쓰지 않아도 되는 쉼표를 의도적으로 사용하고 있다. 쉼표를 사용하여 별이 보석처럼 반짝 빛나는 상태를 강조하는데, "반짝"이라는 시어는 눈은 물론 별과 보석에 그 의미가 모두 적용된다. 별이 '물'과 연결되어 눈물의 반짝임을 연상케 한다.

"물 먹은 별"에는 화자의 슬픔이 배어 있다. 창가에 서린 입김 자국이나 바깥의 대기 현상으로 별이 희미하게 보인다고 볼 수도 있다. 물 먹은 별을 단순히 희미하게 보이는 별로 보면 "반짝, 보석처럼 백힌다."의 의미를 살려내지 못한다. 별이 물에 젖어 있다는 것은 화자의 눈에 눈물이 고여 있음을 암시한다. 날개를 파닥거리는 새가 없다는 것을 화자는 창 너머의 별을 통해 분명하게 인식한다. 이에 자신도 모르게 눈물을 흘린다.

사실 화자의 슬픔은 애초부터 감지된 것이다. "차고 슬픈 것"이 암시하듯 화자는 슬픔에 젖어 있다. "고운 폐혈관이 찢어진 채로/아아, 늬는 산ㅅ새처럼 날러 갔구나!"는 상실감에서 오는 슬픔의 표현이다. 마지막 두 행에서 알 수 있듯 화자에게 슬픔을 준 대상은 '늬(너)'다. 화자가 그리워하는 너는 폐혈관에 상처를 입어 현실에서 존재하지 않는다. 이 시는 마지막 한 행을 제외하고는 모두 현재형으로 되어 있다. "아아, 늬는 산ㅅ새처럼 날러 갔구나!"라는 과거형 진술은 화자가 자각한 사실로 '너'가 이 지상에서 사라지고 없다는 것을 알려 준다.

화자는 '너'를 산새에 빗대고 있다. 산새는 '너'의 비유적 대상이다. 화자가 창가에서 본 것도 언 날개를 파닥거리는 새다. 창가에 서린 성에의 형상이 새의 모습을 했는지, 성에에서 화자가 새의 환영을 보았는지는 명확히 알 수 없다. 어떤 가정이든 분명한 사실은 화자가 그리워하는 대상을 새와 연결 짓고 있다는 것이다. 이 시에서 그려지는 새는 작고 연약하다. 폐혈관이 찢어져 제대로 숨을 쉴 수 없어 힘없이 날개를 친다. 화자의 눈에 어른거리는 새는 '너'와 동일시되고 있는 대상이다.

화자는 '너'를 볼 수 있지 않을까 하는 마음으로 창을 열심히 닦는다. 하지만 화자의 바람은 이루어지지 않는다. 그가 그토록 그리워하는 '너'는 사라지고 없다. 화자가 느끼는 외로움과 황홀함이라는 양가적 감정은 '너'의 부재에서 연유한다. 외로움은 '너'가 없는 상황에서 느끼는 감정이다. 화자가 느끼는 황홀감은 흥분되거나 설레는 감정과는 거리가 있다. 황홀감은 어떤 사물에 마음이나 시선을 빼앗긴 심리적 상태를 말한다. 화자는 창에 어리는 것에 넋이 나가 있다. 성에에서 우연히 본 것이 자신을 찾아온 새이지 않을까, 그 새가 자신의 곁을 떠난 '너'의 영혼이지 않을까. 이런 생각에 온통 정신이 팔려 황홀한 감정에 빠져든다.

황홀함의 느낌은 '너'에 대한 지극한 그리움과 화자의 외로움이 빚어낸 것이다. 화자의 "외롭고 황홀한 심사"는 슬픔의 감정으로 분출된다. '너'를 만날 수 있다는 기대감마저 무너지고, '너'가 없다는 사실이 화자를 더없이 슬프게 한다. 화자는 그간 참아 왔던 슬픔을 '아아, 너는 산새처럼 날아갔구나!'라는 말로 표현한다. "아아"라는 감탄사는 화자의 비통한 심정을 보여준다.

정지용의 「유리창1」은 현실 상황에 화자의 환각을 더하여 사랑하는 사람을 잃은 슬픔을 아름답고도 절실하게 표현하고 있다. 1~6행은 겨울밤 화자가 경험한 것을 묘사하고 있으며, 7~10행은 주관적 감상을 나타내고 있다. 전반부에서는 시간의 흐름이 나타나는데, 후반부에서는 시간의 흐름이 없다. 여기서는 밤의 한 시점에서 화자의 독백이 서술되고 있다.

"외로운 황홀한 심사", "아아, 늬는 산ㅅ새처럼 날러 갔구나!" 등에서 감정이 드러나기도 하지만, 감정은 과잉되지 않고 절제되어 있다. 시인은 할 말을 최대한 줄이고 필요한 말만 가려 한다. 언어의 경제적 운용으로 함축적 의미를 전달하며 슬픈 감정을 표현한다. 정황의 섬세한 표현, 감정의 적절한 제어, 선명한 이미지의 구사, 유기적 구조 등은 이 시가 갖는 장점이다.

넓게 읽기

유리창1 / 정지용

옥천 출생의 정지용(1902~?년)은 당시의 풍습에 따라 12살(1915년) 때 동갑의 송재숙과 결혼하였다. 그의 자녀에 대해서는 학계의 의견이 분분한데, 4남 1녀 중 한 아들이 어릴 때 사망한 것으로 알려져 있다. 「유리창1」은 병으로 죽은 어린 자식을 만나고 싶어 하는 아버지의 간절한 마음을 유리창에 어리는 여러 이미지들을 통해 표현하고 있다.

자식의 죽음에 대한 슬픔과 자식을 그리워하는 마음을 표현한 시에는 김광균의 「은수저」, 김현승의 「눈물」, 이성교의 「밤비1」 등이 있다. 박목월의 「가정」, 「층층계」, 김현승의 「아버지의 마음」 등의 시는 자식에 대한 아버지의 마음을 보여 주고 있다.

바다 2

정지용

바다는 뿔뿔이
달아날랴고 했다.

푸른 도마뱀 떼같이
재재발렀다.

꼬리가 이루
잡히지 않았다.

흰 발톱에 찢긴
산호珊瑚보다 붉고 슬픈 생채기!

가까스로 몰아다 부치고
변죽을 둘러 손질하여 물기를 시쳤다.

이 앨쓴 해도海圖에
손을 씻고 떼었다.

찰찰 넘치도록
돌돌 굴르도록

회동그란히 받쳐 들었다!
지구는 연蓮닢인 양 오므라들고 …… 펴고 ……

옥천 출신의 정지용 시인은 바다를 동경하며 여러 편의 바다 시를 썼다. 『정지용 시집』에는 바다를 제목으로 한 시가 다섯 편 수록되어 있는데, 그중에 「바다2」가 단연 돋보인다.[2] 이 시는 표현의 신선함과 기발한 상상력이 현대시의 아버지라 불리는 정지용 시인의 위상을 여실히 보여 주고 있다.

그런데 이 작품에는 의미가 모호한 곳이 있다. 4연의 "붉고 슬픈 생채기!", 6연의 "이 앨쓴 해도(海圖)에 / 손을 싯고 떼었다.", 8연의 "회동그란히 받쳐 들었다! / 지구는 연(蓮)닢인 양 오므라들고 …… 펴고 ……" 등에서 이견이 있다. 기존의 해석은 바다를 중심 놓고 시의 이면적 의미를 찾아내려 한다.

시를 읽을 때에는 기본적으로 말뜻에 충실하며, 있는 그대로 해석하는 태도가 요구된다. 「바다2」에서 간과하지 말아야 하는 점은 화자의 정서와 시상의 유기적인 흐름이다. 이 작품에서는 슬픔의 부정적 정서와 슬픔을 덜어 내는 긍정의 정서가 공존하고 있다. 그래서 독자는 시상의 유기적 흐름을 잘 살피고, 합당한 논리로 정서 간의 간격을 메워야 한다.

이 시는 시적 대상과 행위의 주체를 어떻게 보느냐에 따라 해석이 달라진다. 4연의 "붉고 슬픈 생채기"와 6연의 "손을 싯고 떼었다"의 주체가 모호하다. 이를 화자의 마음과 행위로 보는 경우가 있기도 하지만, 일반적으로 이 시를 바다를 묘사한 작품으로 보고 바다와 관련지어 해석한다.

2 『정지용 시집』(1935)에는 바다를 제목으로 하는 시가 7편 수록되어 있다. 이 시집 앞부분에 「바다1」과 「바다2」가 나오는데, 본문의 인용시는 여기에 있는 것이다. 같은 제목의 또 다른 「바다1」과 「바다2」가 시집 중간에 있고, 이어 「바다3」, 「바다4」, 「바다5」 등이 나온다. 1941년에 출간된 『백록담』 시집에는 바다를 소재로 한 작품이 없다.

이 작품은 '파도 → 해안 → 바다 → 지구'로 시선이 옮겨 가면서 시상이 전개되고 있다. 1~6연은 섬세한 관찰로 바다의 근경을 보여 주는데, 7연과 8연은 상상력이 바다에서 지구까지 뻗어 가고 있다. 시상은 다음과 같이 세 부분으로 나누어 볼 수 있다.

(1) 1~3연: 파도가 밀려 나가는 모습

(2) 4~6연: 파도가 밀려 나가고 드러난 해안의 모습

(3) 7~8연: 바다로 둘러싸인 지구의 모습

(1)은 파도가 밀려 나가는 모습을 시각적으로 나타내고 있다. 1~3연은 이 작품이 바다를 묘사하고 있는 시임을 분명하게 보여 준다. 화자는 감정을 자제하며 바다라는 대상에 집중한다. 그의 눈에 바다는 도마뱀처럼 재빠르게 달아나려 하는 대상으로 비친다. 화자는 꼬리조차 잡을 수 없을 정도로 빠른 도마뱀의 이미지를 통해 파도의 빠른 움직임을 보여 준다.

(2)에서는 화자의 시선이 파도에만 머물지 않는다. 파도가 빠져나가고 남은 해변의 모습을 "산호보다 붉고 슬픈 생채기!", "앨쓴 해도(海圖)"로 묘사하고 있다. 파도의 흰 물거품을 "흰 발톱"에 빗대고, 해변의 모래나 바위에 부딪혀 하얗게 부서지며 스러지는 바다의 모습을 "산호보다 붉고 슬픈 생채기"로 나타냈다. 그리고 흰 포말을 일으키며 백사장을 적시는 바다의 모습을 "변죽을 둘러 손질하여 물기를 시쳤다."로 표현하였다. 파도가 해안으로 밀려왔다 나가면 모래 위에 물결무늬가 남는데, 이때 해안에 생긴 흔적이 바다가 애써 그린 "해도(海圖)"다.

화자는 바다의 푸른 물결에서 "도마뱀"을 찾아내고 이와 연관지어 "꼬리"와 "흰 발톱"을 상상하고, 나아가 지구를 떠받들고 있는 바다의 모습을

발견한다. (3)에서는 바다에 둘러싸인 지구를 바다가 떠받들고 있는 것으로 나타냈다. 바닷물이 뭍으로 밀려들어오고 나가는 것을 바다로 둘러싸인 지구가 마치 연잎인 듯 오므라들었다 펴지는 것으로 형상화하였다.

"바다"를 중심으로 한 이 같은 해석은 타당한 일면이 있으면서도 몇 가지 맹점이 있다. 우선 4연의 "산호보다 붉고 슬픈 생채기!"에 나타난 슬픔의 정서를 합당하게 설명하지 못한다. 흰 발톱에 찢기어 피가 흘렀다는 점에서 붉은 색채는 연상되지만, 어떤 연유로 슬픈지를 알 수 없다. 부서지는 파도의 흰 물보라에서 느낀 주관적 인상으로 한정하기에는 부족함이 있다.

무엇보다도 (2)에서 (3)으로 넘어가는 흐름이 매끄럽지 못하다. 시상이 '해안'에서 '지구'로 옮겨 가는 과정이 석연치 않다. 6연의 "앨쓴 해도(海圖)"를 파도가 해변에 남기고 간 흔적이라고 본다면 시상은 더 넓은 세계로 확장되기 어렵다. 바다는 이미 손을 씻고 뗐기 때문이다.

이 시는 바다를 묘사하고 있지만 그 중심에 화자가 있다. 전반부에서 화자는 바다를 잡으려고 애를 쓴다. 잡으려 하면 달아나 버린다. 바다는 도마뱀같이 너무 재빨라 꼬리조차 잡지 않는다. 바다는 화자가 동경하는 또는 성취하려는 관념상의 이상으로 볼 수 있다. 화자는 이상을 꿈꾸며 거기에 다가서려 하지만 이것을 성취하지 못한다. 이상에 이르지 못하는 좌절과 슬픔이 "산호보다 붉고 슬픈 생채기!"로 나타나고 있다. "슬픈 생채기"는 상처받은 화자의 마음으로 볼 수 있다.

화자는 바다를 잡을 수 없어 상심하지만 포기하지 않는다. 물러서지 않고 바닷물을 가두어 보려 한다. 해변의 모래로 변죽을 둘러 손질한다. 화자는 모래로 둘레를 둥그렇게 쌓아 모래성을 만들고, 자신이 만든 모래성 안으로 가까스로 파도를 몰아붙인다. 모래성에 물기를 묻히며 적은 양이지만 바닷물을 가둔다. 이렇게 애를 써 보지만, 이것은 바다의 작은 그림[海圖]

에 지나지 않는다. 바다를 잡으려 했지만 잡을 수도, 가두지도 못한다. 그래서 그는 바닷물에 손을 씻고 자신이 만들어 본 작은 해도에서 손을 뗀다.

화자가 꿈꾸는 세계는 원대하고 생명력이 있는 것이다. 모래성에 잠시 고여 있는 바닷물은 자신이 꿈꾸는 이상이 아니다. 그는 바닷물이 찰찰 넘치고, 돌돌 구르도록 하고 싶어 한다. 이에 바닷물을 들어 올리는 상상을 한다. "회동그란히 받쳐 들었다!"의 주체는 화자이고, 그 대상은 바다이다. 이 상상의 과정에서 화자는 바다로 둘러싸인 지구를 떠올린다.

화자는 바다로 둘러싸인 지구를 아름다운 연꽃으로 상상한다. 연꽃은 오므라져 있다가 시간이 지나면 꽃잎이 벌어지며 고아한 자태를 뽐낸다. 이런 아름다운 생명성이 지구에도 있다. 바다는 하루에 두 차례씩 밀물과 썰물에 의해 수면이 상승했다 하강한다. 밀물과 썰물의 작용으로 지구는 연꽃인 양 오므라들었다 펴기를 반복한다. 이것은 지구에 생명성을 부여하는 바다의 신비다.

정지용의 「바다2」는 생명감 넘치는 바다의 아름다움을 보여 주고 있다. 화자의 행위를 중심으로 그 이면을 살피면 이상에 대한 포부와 그것을 실천하려는 의지가 나타난다. 시인은 이 작품을 통해 자신이 꿈꾸는 바다의 그림[海圖]을 완성한다.

이 시는 상상력으로 빚어낸 이미지의 구사가 탁월하다. 시인의 시적 상상력은 서로 관련이 없는 바다와 빠른 도마뱀을 연결 짓는다. 1연의 "바다는 뿔뿔이 / 달아날랴고 했다."나 2연의 "푸른 도마뱀 떼같이 재재발렀다."는 밀려오고 나가는 파도의 형상을 실감나게 보여 준다. 도마뱀도 한 마리가 아닌 여러 마리로 "뿔뿔이" 달아나려 한다. 시인은 섬세한 관찰력과 적확한 언어 표현으로 "바다"라는 무생명성의 자연을 살아 움직이는 것처럼 그려 낸다.

시인은 시각 심상과 음성 상징어를 활용하여 바다의 모습을 생동감 있게 묘사한다. 푸른 도마뱀에 이어 "흰 발톱"과 "붉은 생채기"에 대한 연상으로 푸른 색감에 흰 색과 붉은 피의 색감을 더한다. 4연은 선명한 색채 이미지를 통해 대상을 도드라지게 나타낸다. 7연의 경우 "찰찰", "돌돌"이라는 음성 상징어를 사용하여 시각적 심상은 물론 청각적 심상을 환기함으로써 경쾌하고 역동적인 느낌을 준다.

이 시의 참신함은 비유적 표현에서도 엿볼 수 있다. 바다로 둘러싸인 지구가 연꽃에 비유되고 있다. 전반부에서 푸른 도마뱀에 대한 비유로 잡히지 않는 바다의 빠른 움직임을 살려 냈다면, 후반부에서는 연꽃의 움직임으로 바다의 아름다운 모습을 그려 내고 있다. 시인은 동물과 꽃의 소재를 활용하여 표현의 효과를 높이고 있다. 이질적인 대상을 연결하여 대상의 특성을 부각하고 표현의 참신함을 보여 준다.

그런데 이 작품에는 특이한 점이 하나 있다. 문장부호가 의미를 내포하고 정서를 나타내는 시적 언어로 기능한다는 점이다. 시인은 지구를 연꽃에 비유하면서 말줄임표(……)를 사용한다. "지구는 연(蓮)닢인 양 오므라들고 …… 펴고 ……"에서 사용된 말줄임표는 의미를 축약하며 독자의 상상력을 자극하는 효과가 있다. 이때 사용된 문장부호는 시간의 흐름을 나타낸다. 연꽃의 꽃봉오리가 활짝 피는 데는 시간이 필요하다. 이 같은 시간의 경과는 바다의 밀물과 썰물 현상에서도 나타난다. 바다는 밀물로 해수면이 상승했다가 시간이 지나면서 썰물로 서서히 해수면이 낮아진다. 이러한 상관성으로 바다로 둘러싸인 지구와 연꽃은 무리 없이 연결된다.

이 시는 4연과 7, 8연을 제외하고는 마침표를 사용하여 정서의 이탈을 방지하고 있다. 하지만 감정을 완전히 배제하지 못한다. 시인은 대상과 거리를 두면서도 느낌표로 감정의 진폭을 드러낸다. 4연의 "붉고 슬픈 생채기!"와 8연의 "회동그란히 받쳐 들었다!"에서 느낌표가 사용되고 있다. 전자에서는 슬픔의 정서가 부각되고, 후자에서는 이와 반대되는 쾌감의 정서가 드러난다. 두 부분에서의 느낌표 사용이 화자의 감정과 관련되어 있다고 본다면 슬픔의 대상과 받쳐 든 주체는 바다가 아닌 화자라고 추정할 수 있다. 시에 사용된 느낌표는 화자의 감정 기복을 나타내는 것으로 이 시를 이해하는 중요한 단서가 된다.

넓게 읽기

바다2 / 정지용

바다와 같은 대자연은 인간에게 안식의 공간으로 동경의 대상이 된다. 바다를 소재로 한 시에는 김소월의 「바다」, 김기림의 「꿈꾸는 진주여 바다로 가자」, 「바다와 나비」, 임화의 「바다 찬가」, 「현해탄」, 백석의 「바다」, 「시기(柿岐)의 바다」, 이육사의 「바다의 마음」, 신석정의 「먼 항해」, 박두진의 「바다」, 조지훈의 「바다가 보이는 언덕에 서면」, 김규동의 「바다의 꿈」, 김현승의 「바다의 육체」, 「파도」, 설정식의 「바다1」, 전봉건의 「피아노」, 김춘수의 「처용단장 1부」, 서정주의 「바다」, 유치환의 「바다」, 「봄바다」, 박남수의 「바다」, 박용래의 「먼 바다」, 박재삼의 「밤바다에서」, 「봄바다에서」, 김남조의 「겨울 바다」, 허영자의 「깊은 바다와 같이」, 송수권의 「적막한 바닷가」, 황지우의 「봄바다」 등이 있다.

비

정지용

돌에
그늘이 차고,

따로 몰리는
소소리 바람.

앞 섰거니 하야
꼬리 치날리여 세우고,

종종 다리 깟칠한
산山새 걸음거리.

여울 지어
수척한 흰 물살,

갈갈히
손가락 펴고.

멎은듯
새삼 돋는 비ㅅ낯

붉은 닢 닢
소란히 밟고 간다.

군더더기 없는 정갈한 작품이다. 이 시는 감정이 배제되어 있는 묘사시로 여울물이 흐르는 한적한 산을 공간으로 비 내리는 정경을 그리고 있다. 돌, 바람, 새, 여울, 빗방울, 붉은 잎 등의 자연물이 소재로 제시되고 있다. 시인은 이들 소재를 바탕으로 비 내리는 산의 고요한 정경을 담아내고 있다. 각 연의 장면을 상상해 보면 다음과 같다.

산의 찬 공기 탓에 돌에 진 그늘은 차다. 차갑고 매서운 바람에 산새는 꼬리를 치켜세우고 앞서거니 뒤서거니 쫑쫑 뛰어다닌다. 골짜기로 흐르는 물은 수척하다. 흰 물살은 마치 손가락을 편 것처럼 이리저리 갈라져 흐른다. 멎을 것 같은 비가 붉은 잎 위로 소란스럽게 떨어지기 시작한다.

이 작품에서 의미가 다양하게 해석되는 부분이 있다. 새가 나오는 3, 4연이다. 새의 모습을 비의 비유로 해석하기도 한다. 최동호 교수는 빗방울이 비바람에 날려 여기저기 떨어져 내리기 시작하는 모습을 바삐 걸어가는 산새 걸음걸이에 유추해 표현한 것으로 본다. 1연과 2연이 비가 오기 직전의 상황이라면, 3연과 4연은 비가 떨어지기 시작하는 장면이라는 것이다. 고형진 교수는 3연의 "앞 섰거니 하야/꼬리 치날리여 세우고"를 이제 막 비가 뿌리기 시작하는 형상을 나타낸 것으로, 4연의 "종종 다리 깟칠한/산새 걸음거리"는 비가 본격적으로 흩날리는 모습에 대한 형상을 그린 것으로 본다. 이러한 해석이 그르다고 볼 수는 없으나, 새를 굳이 비와 관련짓지 않더라도 전체의 문맥에서 크게 이탈하지 않는다.

시의 시상은 간명(簡明)하다. 1연에서 6연까지는 비가 내리는 무대이다. 산골짜기에 소소리 바람이 불고, 까치와 같이 꽁지가 긴 산새들이 개울가 주변을 서성인다. 개울은 물이 많지 않고 여울지어 급히 흘러간다. 이런 자연 공간에 빗방울이 떨어지기 시작한다. 7연과 8연은 나뭇잎에 비가 내리는 모습을 그리고 있다.

이 작품은 산골짜기를 배경으로 비가 내리는 전후의 정경을 묘사하고 있다. 행의 길이를 짧게 하여 2행으로 한 연을 구성하는 형태를 8연까지 이어가는데, 이때 형성된 시의 외형은 비가 하강하는 모습을 연상시킨다. 의미상 두 연씩 짝을 지어 소소리 바람(1, 2연), 산새(3, 4연), 개울물(5, 6연), 빗방울(7, 8연) 등을 제시한다. 네 개의 장면은 하나의 통일된 감각으로 고요하고 평온한 자연 세계를 이루어 낸다.

작품의 배경에 해당하는 1연과 2연은 산의 공기가 차다는 것을 전하는데, 이때 동원된 소재가 돌과 바람이다. 춥다 혹은 차다는 느낌을 바윗돌에 진 그늘과 소소리 바람이라는 구체적 정황으로 생생하게 표현한다. 돌에 그늘이 드리워지고, 산골짜기에 소소리 바람이 분다.

화자는 '차다'라는 시어를 돌과 그늘에 교차되게 사용하여 그늘진 돌의 차가움과 함께 대기의 찬 기운을 부각한다. 그리고 산속의 서늘한 기운을 "소소리 바람"과 연결한다. 소소리 바람은 보통 '이른 봄에 살 속으로 스며드는 듯한 차고 매서운 바람' 또는 '회오리바람'을 뜻한다. 회오리바람은 주로 가을에 나타나는 자연 현상으로 작은 규모의 공기 소용돌이다. 앞의 뜻풀이에 맞추면 이 시의 배경은 봄이 된다. 소소리 바람은 봄에 부는 바람이고, 시 뒤에 나오는 "붉은 잎"은 가을날 붉게 물든 단풍이 아니라 봄에 피어난 붉은 꽃잎으로 보아 이 시를 봄비를 묘사한 작품으로 해석하기도 한다.

계절적 의미를 무시하고 보면 "소소리 바람"은 소용돌이가 이는 차갑고 매서운 바람으로 이해할 수 있다. 과학적 엄밀성으로 사실의 일치 여부를 따지려는 논리에서 벗어나 작품이 환기하는 정서나 분위기에 중점을 둔다면 계절적 배경은 가을로 볼 수 있다. "소소리 바람"에는 가을날 산골짜기에서 이는 바람에서 받은 시각적·촉각적 느낌이 함축되어 있다. "따로 몰리는/소소리 바람"은 한쪽으로 몰리는 바람의 모습을 사실감 있게 나타내면서 싸늘하고 고즈넉한 산 속의 분위기를 조성한다.

3연과 4연은 새의 외양과 동작을 보여 준다. 산속의 새들은 비가 곧 올 것을 예감하는지 꼬리를 치켜세우고 앞서거니 뒤서거니 쫑쫑 뛰어다닌다. 시인은 '치켜'라는 어휘 대신 "치날리여"라는 말을 택해 쓰고 있다. 2음절의 어휘를 4음절로 늘어뜨린 데에는 이유가 있다. 'ㄴ'과 'ㄹ'의 울림자음을 사용하여 소리를 부드럽게 하고, 또 음절의 길이를 길게 하여 새가 꽁지를 길게 세우는 모습을 시각적으로 나타낸다.

사물에 대한 세밀한 관찰과 뛰어난 언어 감각은 새의 꽁지뿐만 아니라 '까칠한 다리'에서도 나타난다. "종종 다리 깟칠한"에서 "깟칠한"은 살 속을 파고드는 바람의 찬 이미지와 관련된다. 찬 바람이 스치는 골짜기에서 이리저리 다니느라 새의 다리가 메마르고 거칠어진 것이다.

시인은 바삐 걸어가는 산새의 움직임과 모습을 "종종"과 "깟칠한"이라는 두 시어에 집약하여 나타낸다. 이 시는 보통 사람들의 눈에는 띄지 않는 미물의 신체를 마치 현미경으로 바라보듯 정밀하게 그려 내고 있다.

섬세하고 사실적인 묘사는 5연과 6연에서도 나타나는데, 여기서는 비유가 구사되고 있다. 새들이 노니는 주변으로 개울물이 여울을 이루며 흘러간다. 여울물을 두고 사람을 대하듯 '수척하다'고 표현한다. 물의 양이 적어 넘쳐흐르지 않지만 산골짜기에 간간이 내린 비로 개울물은 빠르게 흐르고, 그 물이 얕은 바닥의 조약돌에 부딪히며 흰 물보라를 일으킨다. "수척한 흰 물살"이 사람이 손가락을 펼친 듯 흩어져 내려간다. "갈갈히/손가락 펴고"는 개울물이 이곳저곳에서 파동을 치며 흐르는 것을 의인화한 것이다. 바닥이 얕고 폭이 좁은 계곡에 빗물이 모여 여러 갈래로 휘어져 흐르는 것을 사람의 손가락이 펼쳐진 형상에 비유하고 있다.

7연과 8연은 붉은 나뭇잎에 빗방울이 떨어지기 시작하는 것을 감각적으로 묘사한다. 시인은 비의 알갱이인 빗방울에 집중하여 비가 막 내리는 시작하는 모습을 나타낸다. '빗낯'은 사전에 없는 시인이 만든 말이다. '낯(낱)'은 비의 낱낱에 해당하는 빗방울을 가리킨다. 멎을 것 같은 빗방울이 붉은 나뭇잎에 다시 떨어진다.

7연의 "멎은 듯/새삼 돋는 비ㅅ낯"은 멎을 듯한 비가 새롭게 떨어지기 시작한다는 것을 시화한 것이다. 이 연에는 'ㄴ' 음이 눈에 띈다. "멎은 듯", "돋는", "비ㅅ낯" 등의 시어들은 울림 자음의 하나인 'ㄴ'을 갖는다. 'ㄴ'의 반복은 다음 연의 "닢 닢"에서 나타난다. 시인은 여기저기 떨어지는 빗방울처럼 구문 곳곳에 'ㄴ'을 배치한다.

8연의 "닢 닢"은 '닢(잎)'을 되풀이하여 씀으로써 낱낱 잎사귀마다 톡톡 떨어지는 빗방울의 모습을 시각적으로 보여 준다. 나뭇잎에 떨어지며 나는 빗소리는 산 속의 고요를 깨뜨린다. '소란히'라는 부사는 고요하고 적막한 산속에서 듣는 빗소리에 대한 청각적 인상을 전한다.

빗방울이 잎에 떨어지는 정경을 비가 나뭇잎을 밟고 가는 것으로 표현한 것은 뛰어난 시적 비유다. 시인의 상상력은 비를 새와 같은 생명체의 발걸음으로 창조한다. "붉은 닢 닢/소란히 밟고 간다"는 마지막 연은 마치 3, 4연에 나온 새가 나뭇잎을 딛고 가는 듯한 인상을 준다. 붉은 색채의 아름다운 잎을 소란스럽게 밟고 다니는 비의 등장은, 차가움과 적요함으로 가득한 자연의 공간에 생명체의 온기를 불어넣는다.

정지용의 「비」는 언어에 대한 세공이 돋보인다. 이 시는 음운에서 'ㅅ'과 'ㅊ' 음의 사용이 두드러진다. 이 두 소리는 마찰음으로 차가우면서도 시원한 느낌을 주는데, 이것은 작품의 계절감과 비 내리는 정황과 어울린다.

리듬에 대한 배려는 소리의 조직에서뿐만 아니라 문장의 종결에서 나타난다. 명사형의 종결로 말을 절제하고 연과 연 사이에 여백을 두면서도 '-고'라는 연결어미를 사용하여 문장을 이어 간다. 소리의 화음과 구문의 효율적인 배치는 정밀한 시적 세계를 창조하는 데 기여하고 있다.

이 시는 화자의 감정이 배제되어 있다. 절제된 언어의 사용은 대상에 대한 묘사가 탁월하다는 것을 증명한다. 그가 그리는 세계는 실제의 세계가 아니라 관념에 의한 리얼리티라는 평가도 있지만, 이 작품은 대상과의 미적 거리를 유지하면서 자연 풍경을 섬세하게 묘사하고 있다. 언어의 소묘로 한 폭의 아름다운 산수화를 완성했다는 점, 생략과 응축의 기법으로 산수화가 갖는 여백의 미를 조성했다는 점, 안정된 형식 속에서 리듬을 살려 잘 표현했다는 점, 감각적 이미지를 구사하여 자연의 고요함과 평온함을 작품에 담았다는 점 등에서 「비」는 높은 예술성을 성취하고 있다.

넓게 읽기

비 / 정지용

정지용의 「비」는 감정을 배제하고 정경만을 드러내고 있다. 시인이 그려 낸 고요한 자연 정경은 독자에게 평온감을 준다. 우리의 내면이 조용해지고 생각이 깊어지는 순간의 고요함은 문학이 갖는 중요한 덕목이다. 시가 조성하는 고요함은 우리의 마음을 평온하게 한다.

고요한 세계를 보여 주는 시에는 백석의 「산비」, 「흰밤」, 「적경(寂境)」, 박용래의 「저녁 눈」, 정지용의 「구성동」, 「비로봉1」, 「인동초」, 김춘수의 「바람」, 「부재」, 최승호의 「공터」, 이동순의 「봄비」, 노향림의 「창」, 오규원의 「꽃과 그림자」 등이 있다.

백석

국수

눈이 많이 와서
산엣새가 벌로 나려 멕이고
눈구덩이에 토끼가 더러 빠지기도 하면
마을에는 그 무슨 반가운 것이 오는가보다
한가한 애동들은 어둡도록 꿩사냥을 하고
가난한 엄매는 밤중에 김치가재미로 가고
마을을 구수한 즐거움에 싸서 은근하니 흥성흥성 들뜨게 하며
이것은 오는 것이다
이것은 어늬 양지귀 혹은 능달쪽 외따른 산 넚 은댕이 예데가리밭에서
하로밤 뽀오햔 흰 김 속에 접시귀 소기름불이 뿌우현 부엌에
산멍에 같은 분틀을 타고 오는 것이다
이것은 아득한 녯날 한가하고 즐겁든 세월로부터
실 같은 봄비 속을 타는 듯한 녀름볕 속을 지나서 들쿠레한 구시월 갈바람 속을 지나서
대대로 나며 죽으며 죽으며 나며 하는 이 마을 사람들의 으젓한 마음을 지나서 텁텁한 꿈을 지나서
지붕에 마당에 우물든덩에 함박눈이 푹푹 쌓이는 여늬 하로밤
아배 앞에 그 어린 아들 앞에 아배 앞에는 왕사발에 아들 앞에는 새끼사발에 그득히 사리워 오는 것이다
이것은 그 곰의 잔등에 업혀서 길여났다는 먼 녯적 큰마니가
또 그 짚등색이에 서서 자채기를 하면 산 넘엣 마을까지 들렸다는
먼 녯적 큰아바지가 오는 것같이 오는 것이다

아, 이 반가운 것은 무엇인가

이 히수무레하고 부드럽고 수수하고 슴슴한 것은 무엇인가

겨울밤 쩡하니 닉은 동티미국을 좋아하고 얼얼한 댕추가루를 좋아하고 싱싱한 산꿩의 고기를 좋아하고

그리고 담배 내음새 탄수 내음새 또 수육을 삶는 육수국 내음새 자욱한 더북한 샛방 쩔쩔 끓는 아르굴을 좋아하는 이것은 무엇인가

이 조용한 마을과 이 마을의 으젓한 사람들과 살뜰하니 친한 것은 무엇인가

이 그지없이 고담枯淡하고 소박한 것은 무엇인가

이 시는 국수에 대한 추억을 시화하고 있는 작품이다. 국수는 우리나라의 대표적인 전통 음식 중 하나이다. 이 작품에서 국수는 평양냉면으로 짐작된다. 냉면의 주재료가 되는 메밀이 평양 지방에서 많이 생산되어 흔히 냉면이라 하면 평양냉면을 이른다. 우리 민족이 언제부터 냉면을 먹었는지 정확히 알 수 없으나, 1849년에 씌어진 『동국세시기』에 '겨울철 시식(時食)으로서 메밀국수에 무김치, 배추김치를 넣고 그 위에 돼지고기를 얹은 냉면이 있다.'라고 기록되어 있다.

냉면을 요리하기 위해서는 우선 메밀가루와 녹말을 섞어 반죽하여 국수틀에 넣고 눌러 국수 면을 뽑아야 한다. 메밀은 끈기가 없어 잘 끊어지기 때문에 녹말이나 밀가루를 풀어 반죽한다. 우리 조상들이 쓴 국수틀은 부엌의 부뚜막 위로 놓이도록 되어 있다. 국수틀은 두 개의 통나무가 위아래로 설치되어 있는데, 아래의 커다랗고 두꺼운 판자의 중앙에는 구멍이 나 있다. 이 구멍에 메밀 반죽을 밀어 넣고, 위의 절굿공이를 누르면 구멍의 망 사이로 실모양의 국수가 빠져나와 솥으로 떨어진다. 솥의 끓는 물에서 국수를 건져 이것을 찬물로 식혀 사리를 만든다.

냉면 육수는 소고기나 꿩을 삶아 내는데, 예전에는 꿩을 삶은 국물을 이용하였으나 지금은 꿩이 귀하여 소고기와 사골을 쓰고 있다. 평양냉면은 육수와 동치미 국물을 섞어 식초, 고춧가루, 소금 등으로 간을 맞춰 국물을 만든다. 큰 독에 배추나 무를 넣고 그것을 소금물에 절여 두면 동치미국이 완성된다. 평안도에서는 겨울철 강추위 속에 뜨거운 온돌방에 앉아 몸을 녹여 가며 동치미 국물에 메밀국수를 말아 별미로 먹는다고 한다.

「국수」는 우리의 전래동화를 읽는 느낌을 준다. 눈이 내리는 날 꿩을 잡아 육수를 만들고, 직접 국수를 뽑아 가족들이 둘러앉아 함께 먹는다. 요즘에는 볼 수 없는 진풍경이다. 평북 출신인 시인은 몸에 밴 평안도의 지역 사투리와 토속어로 고향 국수를 만들어 낸다. 국수의 재료와 국수를 제조하는 과정, 그 맛과 향을 그려 내고 심지어 국수를 통해 우리 민족의 순한 심성까지 담아낸다. 이것은 이 시가 보여 주는 높은 경지다. 낯선 시어들이 있으나, 뜻을 되새기며 반복해 읽으면 우리가 일찍이 경험 못한 고담하고 소박한 정취를 느낄 수 있다.

이 시는 세 연의 산문적 진술로 되어 있지만, 내용상 7개의 단락으로 나누어 볼 수 있다.

1 눈이 많이 와서/산엣새가 벌로 나려 멕이고/눈구덩이에 토끼가 더러 빠지기도 하면/마을에는 그 무슨 반가운 것이 오는가보다

1단락은 마을에 찾아온 "그 무슨 반가운 것"을 소개하고 있다. 계절은 눈이 내리는 겨울이다. 먹을 것이 부족했는지 산새들이 벌판으로 내려와 활발히 움직이고, 눈구덩이에는 토끼가 더러 빠지기도 한다. 눈, 산새, 토끼 등으로 어우러진 자연의 순수함은 평화로운 분위기를 자아내며, 마을 사람들의 순박한 심성을 부각한다.

2 한가한 애동들은 어둡도록 꿩사냥을 하고/가난한 엄매는 밤중에 김치 가재미로 가고/마을을 구수한 즐거움에 싸서 은근하니 흥성흥성 들뜨게 하며/이것은 오는 것이다

2단락은 마을 사람들이 국수 요리를 위해 재료를 준비하는 모습을 담고 있다. 육수에 쓸 꿩고기를 위해 한가한 아이들은 날이 어둡도록 꿩 사냥을

한다. 엄마들은 육수와 섞을 동치미 국물을 마련하기 위해 밤중에 김치 창고로 간다. 마을은 국수를 해먹는다는 즐거움에 홍성홍성 들뜬다.

3 이것은 어늬 양지귀 혹은 능달쪽 외따른 산 녚 은댕이 예데가리밭에서/하로밤 뽀오한 흰 김 속에 접시귀 소기름불이 뿌우현 부엌에/산멍에 같은 분틀을 타고 오는 것이다

3단락은 국수를 뽑는 장면을 보여 주고 있다. 부엌에는 국수를 뽑는 분틀이 놓여 있다. 접시귀에 소기름을 놓아 불을 밝힌 부엌에는 솥의 끓는 물로 하얀 김이 서린다. 국수의 주재료가 되는 메밀은 햇살 바른 모퉁이나 응달진 외딴 산의 가장자리, 산꼭대기의 비탈밭에서도 잘 자란다. 이 메밀을 반죽하여 국수틀에 넣고 면을 뽑는다. 화자는 국수틀을 "산멍에" 같다고 한다. 국수틀의 어두운 색채와 둥그렇게 늘어진 모양에서 갈색 바탕의 산무애뱀을 연상한 것으로 보인다. 똬리를 틀고 있는 이무기의 모양을 분틀에 비유한 것으로 보기도 한다.

4 이것은 아득한 녯날 한가하고 즐겁든 세월로부터/실 같은 봄비 속을 타는 듯한 녀름볕 속을 지나서 들쿠레한 구시월 갈바람 속을 지나서/대대로 나며 죽으며 죽으며 나며 하는 이 마을 사람들의 으젓한 마음을 지나서 텁텁한 꿈을 지나서/지붕에 마당에 우물든덩에 함박눈이 푹푹 쌓이는 여늬 하로밤/아배 앞에 그 어린 아들 앞에 아배 앞에는 왕사발에 아들 앞에는 새끼사발에 그득히 사리워 오는 것이다

4단락은 국수가 오랜 세월을 거쳐 조상 대대로 면면히 이어져 오고 있음

을 말하고 있다. 아득한 옛날부터 지나온 국수에는 마을 사람들의 심성과 꿈이 담겨 있다. 국수는 한가하고 즐겁던 세월로부터 마을 사람들의 의젓한 마음과 텁텁한 꿈을 지나 사발에 그득히 담겨 온 것이다. 화자는 "지나서"라는 말을 반복하며 국수의 역사성을 강조한다. 함박눈이 푹푹 쌓이는 겨울밤에 아버지와 아들이 사발에 가득한 국수를 즐겁게 먹을 수 있었던 것은 역사의 흐름처럼 끊기지 않고 이어져 왔기 때문이다.

5 이것은 그 곰의 잔등에 업혀서 길여났다는 먼 녯적 큰마니가/또 그 짚등색이에 서서 자채기를 하면 산 넘엣 마을까지 들렸다는/먼 녯적 큰아바지가 오는 것같이 오는 것이다

5단락은 국수의 전통성을 마을의 전설을 통해 나타내고 있다. 할머니가 곰의 잔등에 업혀 길러졌다는 것과 할아버지가 짚으로 만든 자리에서 재채기를 하면 산 너머 마을에까지 그 소리가 들렸다는 옛이야기처럼 국수는 마을 사람들에게 친근한 음식으로 전승되었다. 전설의 언급은 국수를 먹는 역사가 오래고 길다는 것과 국수가 마을 사람들에게 친근하고 정겨운 음식이었음을 알려 준다.

6 아, 이 반가운 것은 무엇인가/이 히수무레하고 부드럽고 수수하고 슴슴한 것은 무엇인가/겨울밤 쩡하니 닉은 동티미국을 좋아하고 얼얼한 댕추가루를 좋아하고 싱싱한 산꿩의 고기를 좋아하고/그리고 담배 내음새 탄수 내음새 또 수육을 삶는 육수국 내음새 자욱한 더북한 샛방 쩔쩔 끓는 아르궅을 좋아하는 이것은 무엇인가

이 단락에 제시된 동치미국, 고춧가루, 산꿩 고기 등은 국수와 곁들여 먹는 것들이다. 차가운 동치미 국물에 얼얼한 고춧가루를 풀고, 싱싱한 산꿩 고기를 넣은 만든 국수를 마을 사람들은 따뜻한 아랫목에 모여 앉아 먹는다. 남정네가 모인 방에는 담배 냄새가 가득하고, 부엌에서는 식초 냄새와 수육을 삶는 냄새가 자욱하다. 이런저런 냄새와 함께 느껴 보는 "히수무레하고 부드럽고 수수하고 슴슴한 것"은 아이는 아이대로, 어른은 어른대로 반갑고 좋은 것이다. 6단락에는 고향 마을의 정겨운 삶과 국수에 대한 흐뭇한 만족감이 잘 나타나 있다.

7 이 조용한 마을과 이 마을의 으젓한 사람들과 살틀하니 친한 것은 무엇인가/이 그지없이 고담枯淡하고 소박한 것은 무엇인가

화자는 "이 조용한 마을과 이 마을의 으젓한 사람들과 살틀하니 친한" 이것이 무엇인지를 묻는다. "이것"에 대한 소개와 설명은 1단락에서 5단락까지 '이것은~오는 것이다'라는 문장 형식으로 되풀이되고 있다. 6단락에서 화자는 "이것"이 무엇인지 묻고, 7단락에서 마지막으로 "이 그지없이 고담하고 소박한 것"이 무엇인지를 되묻는다.

"이것"이 가리키는 것은 물론 국수이다. 화자는 국수인지 알면서도 시치미를 떼고 물어본 것이다. 독자 역시 처음부터 이것이 국수인지를 안다. 독자도 아는 것을 장황하게 설명하는 데에는 특별한 의도가 있다. 시치미를 떼고 되묻는 것은 흥미를 유발하면서 독자의 관심을 끄는 효과가 있지만, 무엇보다 여기에는 잘 알기 때문에 놓치기 쉬운 사실을 새겨 의미를 뚜렷하게 나타내려는 의도가 있다.

시인은 국수에 대한 남다른 관심과 애정을 보여 주고 있다. 그에게는 국

수와 관련된 아련한 추억이 있다. 눈이 내리는 겨울에 국수를 먹기 위해 꿩을 잡으러 다녔고, 쩔쩔 끓는 아랫목에 자리를 깔고 흐뭇한 냄새를 맡으며 마을 사람들이 다 함께 국수를 먹었다. 기다리는 손님을 맞이하듯, 마을 축제를 벌이듯 마을 사람들이 다 같이 먹는 국수는 더없이 반가웠다. 시인은 어린 시절 경험한 평화롭고 정겨웠던 삶을 잊지 못하는 것이다.

이 시에서 국수는 단순한 음식이 아니다. 국수에는 우리의 소중한 전통과 민족의 근원적 심성이 깃들어 있다. 국수는 역사의 흐름 속에서 오랫동안 함께해 온 음식으로서 민족의 삶과 정서를 나타내는 상징물로 기능한다. 함께 어울려 농촌 공동체를 이루고 정겹게 살아가는 것이 우리 민족의 전통적인 삶이었다. 시인은 "국수"를 조용하고 평화로운 마을, 의젓한 마을 사람들과 연결하여 소박한 음식을 좋아한 우리 민족의 심성을 드러낸다.

백석의 「국수」는 눈 오는 겨울날, 국수를 만들어 먹던 추억을 떠올리면서 평화롭고 정겨운 고향 마을의 모습을 그려 내고 있다. 국수에 대한 추억은 토속어, 사투리, 감각어 등의 우리말로 재생된다. 작품에 쓰인 시어들은 대부분 평안도 방언으로 향토적 정감을 불러일으켜 고향의 정취를 더한다. 특히 이 시에서는 국수 요리와 관련하여 "구수한", "뽀오한", "뿌우현", "들쿠레한", "텁텁한", "히수무레하고", "슴슴한", "얼얼한", "싱싱한" 등 여러 감각어들이 사용되고 있다. 이런 다양한 감각어들은 고향 마을 사람들과 함께 해 먹던 국수의 맛과 멋을 살려 내고, 고향의 따뜻한 정취와 순박한 삶을 나타내는 데에 기여한다.

이 작품은 문장 구성이 특이하다. 문장 구성면에서 보면 '이것은~오는 것이다'를 반복하는 전반부(1연)와 '-것은 무엇인가'를 반복하는 후반부(2, 3연)로 나눠 볼 수 있다. 평서형의 문장을 쓰고 있는 전반부에서는 국수를 만들고 먹는 과정을 객관적으로 보여 주고 있다. 의문형의 문장을 쓰고 있는 후반부에서는 국수에 대한 화자의 주관적 감정을 나타낸다. 전반부에서 유지되던 객관적 태도는 '아'라는 감탄사가 쓰인 2연에서 틀어지면서 국수에 대한 화자의 애틋한 마음이 표현되고 있다. 또한 후반부에서는 '이'라는 지시어를 반복하면서 대상을 강조하고 대상에 대한 친밀감을 나타낸다. 이 시에서 시어나 문장 구조의 반복은 화자의 심리를 드러내는 정서적 효과가 있다.

넓게 읽기

국수 / 백석

본명이 백기행인 백석은 김소월 시인과 동향으로 1912년 평안북도 정주에서 태어나 오산학교와 일본 도쿄 아오야마(靑山)학원 영문과에서 수학하였다. 1935년 『조선일보』에 「정주성」이라는 작품을 발표하면서 등단하였고, 25세가 되던 1936년에 시집 『사슴』을 출간하였다. 1995년 여든넷의 나이로 작고하기까지 북에 정착하며 창작활동을 하였다.

백석 시인은 한국이 낳은 위대한 시인이다. 향토적 정감을 주는 평북 방언과 토속어, 이야기 투의 서술, 치밀하고 세련된 감각 등의 기법으로 개성과 독자성을 지닌 예술품을 남겼다. 대표시에는 「남신의주 유동 박시봉방」, 「흰 바람벽이 있어」, 「여우난골족」, 「북방에서」, 「모닥불」, 「수라」, 「여승」, 「팔원–서행시초3」, 「나와 나타샤와 흰 당나귀」 등이 있다. 시에 관심 있는 사람이라면 백석 시를 꼭 탐독하기를 권한다.

추천도서 ★고형진의 『정본 백석 시집』(문학동네, 2007) ★고형진의 『백석 시 바로 읽기』(현대문학, 2006) ★최동호 외 『백석 시 읽기의 즐거움』(서정시학, 2006) ★이승원의 『백석을 만나다』(태학사, 2008) ★안도현의 『백석 평전』(다산책방, 2014)

여승

백석

여승은 합장하고 절을 했다
가지취의 내음새가 났다
쓸쓸한 낯이 옛날같이 늙었다
나는 불경처럼 서러워졌다

평안도 어늬 산 깊은 금덤판
나는 파리한 여인에게서 옥수수를 샀다
여인은 나 어린 딸아이를 따리며 가을밤같이 차게 울었다

섶벌같이 나아간 지아비 기다려 십 년이 갔다
지아비는 돌아오지 않고
어린 딸은 도라지꽃이 좋아 돌무덤으로 갔다

산꿩도 섧게 울은 슬픈 날이 있었다
산절의 마당귀에 여인의 머리오리가 눈물방울과 같이 떨어진 날이 있었다

백석의 「여승」은 1936년에 출간된 시집 『사슴』에 수록된 작품으로 여승이 된 한 여인의 비극적인 삶을 애잔한 어조로 그려 내고 있다. 이 작품은 남편과 자식을 모두 잃고 여승이 된 한 여인의 기구한 삶을 사실적으로 보여 준다. 지아비는 돈을 벌러 집을 나가고, 아내는 십 년을 기다려도 그가 돌아오지 않자 남편을 찾아 금점판을 떠돌며 옥수수 행상을 한다. 끝내 남편을 만나지 못하고 어린 딸마저 죽자, 여인은 삭발을 하고 스님이 된다.

작품이 발표된 시대가 1930년대이고, 그 내용이 한 여인의 궁핍한 삶을 담고 있는 점에서 이 시를 일제의 수탈로 파괴된 가족 공동체의 모습을 드러내는 작품이라고 지적하기도 한다. 작품이 창작된 시대나 작가의 전기적 사실을 살펴보는 것은 작품을 이해하는 한 방법이 되지만, 그것이 작품 해석의 실질적인 단서가 되지는 못한다. 시를 읽는 독자는 기본적으로 작품에 제시된 시어와 시구절의 의미를 문맥에 맞게 바르게 이해할 필요가 있다.

이 시는 여승이 된 여인과의 만남을 토대로 시상을 전개하는데, 주요 구절을 중심으로 의미를 살펴보면 다음과 같다.

(합장한 여승에게서) 가지취의 내음새가 났다

가지취는 취나물의 일종으로 어린 잎에 특유의 향이 있어 이것을 데쳐서 무쳐 먹기도 한다. 취나물은 절간에서 승려들이 즐겨 먹는 음식물의 하나이다. 화자는 여승이 세속을 멀리하는 절 사람이 되었다고 보고, 그에게서 가지취 냄새가 났다고 한 것이다.

(옛날과 같이 늙은 쓸쓸한 낯을 보고) 불경처럼 서러워졌다

화자는 승려가 된 여인의 모습에서 서러움을 느끼고, 이를 "불경"에 빗대어 표현하였다. 여승이 불도에 귀의한 것은 떠돌이 생활을 하면서 가족을 잃는 등 세상의 풍파에서 귀결된 최후의 선택이었다. 화자가 여승의 쓸쓸한 낯을 불경과 동일시하여 서럽다고 한 것은, 절 사람에 대한 화자의 선입견이 작용한 것으로 보인다. 불경 그 자체가 서러움의 대상이 될 수는 없다. 화자는 속세와 절연한 채 머리를 깎고 수도하는 여인에게서 안쓰러운 마음을 느낀다.

여인은 나 어린 딸아이를 따리며 가을밤같이 차게 울었다

여인은 어린 딸을 데리고 집 나간 남편을 찾아다닌다. 행여나 남편이 돈을 벌러 금광에 가지 않았을까 하는 마음에 금광 옆에서 옥수수를 판다. 여인은 어린 딸아이를 때리며 운다. 왜 어린아이를 때렸는지는 정확히 알 수 없으나, 여인이 가난한 생활을 한다는 것과 딸아이가 죽었다는 사실로 보아 그 아이가 제대로 먹지 못하거나 질병이 있어 엄마에게 늘 보챘다고 추측할 수 있다. 그래서 아이를 때렸을 것으로 짐작된다.

섶벌같이 나아간 지아비 기다려 십 년이 갔다

집 나가 돌아오지 못하는 남편이 "섶벌"로 표현되고 있다. "지아비"의 비유 대상이 되는 섶벌은 재래종의 일벌이다. 일벌은 몸이 작지만 비상력이 강하여 4km를 5분에 날 수 있고, 먹이 모으기, 집짓기나 청소, 유충 기르기

등의 일을 도맡는다. 섶벌의 이러한 습성과 돈벌이로 일을 찾아 나선 지아비의 모습에서 유사점을 찾을 수 있다.

도라지꽃이 좋아 돌무덤으로 갔다

이 시구절은 문법상 맞지 않은 비문이다. 문맥상 돌무덤가에 도라지꽃이 많이 피어 있고, 아이가 죽어 돌무덤에 묻혔다고 볼 수 있다. 하지만 도라지꽃이 좋아 죽었다는 것은 인과 관계가 맞지 않다. 이것은 의도적이다. 해야 할 말을 감춤으로써 정서를 절제하고 비극성을 고조시킨다.

「여승」에서 화자는 '나'이고, 시적 대상은 '나'가 만난 여승이다. 이들의 관계는 2연에서 분명히 드러난다. 예전에 여승이 속세에 있을 때 평안도 금광에서 옥수수를 팔았는데, 그때 '나'는 그녀에게서 옥수수를 산 일이 있다. 화자와 여인은 물건을 사는 사람과 물건을 파는 사람의 관계로 만났다. 그런데도 화자는 그녀에게 정서적으로 상당히 밀착되어 있다. 여인은 화자가 처음 보았을 때부터 각인되었다. 몸이 여윈 한 여인이 거친 남정네들이 일하는 금광에서 옥수수를 파는 것이며, 어린 딸을 때리며 우는 모습 등은 화자에게는 인상적이었다.

시간이 흘러 화자는 이 여인을 다시 절에서 우연히 만난다. 여기서 화자와 여인이 처음 만났을 때와 재회했을 때 사이의 시간적 공백을 짐작할 수 있다. 남편이 돌아오지 않고, 딸아이가 죽었다는 사실은 훗날 다시 만났을 때 그 여인에게서 직접 들었든가 아니면 다시 만나기 전에 제삼자로부터 들어 알게 된 것이라 할 수 있다.

화자는 여승이 된 그녀를 다시 만났을 때, 그녀의 삶의 행로에 더할 수 없는 서러움을 느낀다. 상인과 구매자 관계로 여인과 처음 만났지만, 그녀의 삶의 현장이 화자의 주의를 끌었고, 훗날 여승이 된 그녀의 모습에서 삶의 비애와 덧없음을 느낀다.

이 시에서 눈여겨봐야 할 점은 여승에 대한 화자의 시선과 태도이다. 화자는 할 말을 다 하지 않고 대상과 일정한 거리를 유지하고자 하나, 감정을 완전히 제어하지 못한다. "가지취의 내음새가 났다", "쓸쓸한 낯이 옛날같이 늙었다", "나는 불경처럼 서러워졌다", "가을밤같이 차게 울었다", "산꿩도 섧게 울은 슬픈 날이 있었다", "여인의 머리오리가 눈물방울과 같이 떨어진 날이 있었다" 등에는 화자의 주관적 감정이 묻어난다. 이 시행들은 한결같이 쓸쓸함이나 슬픔 같은 애상적 정서를 함유하고 있다.

화자는 여인을 측은한 마음으로 바라보며 대하고 있다. 이러한 연민의 마음은 작품 전체에 배어 있다. 이 시에서 중점적으로 다루고 있는 것은 일제 치하 궁핍한 민중의 생활상이라기보다는 여승이 된 한 여인의 비극적인 삶이다. 화자는 여인의 인생행로를 통해 인생의 비애와 덧없음을 느낀다. 따라서 이 작품의 주제는 스님이 된 한 여인을 통해 느끼는 인생의 비애에 초점을 맞출 수 있다.

백석의 「여승」은 긴 이야기를 짧게 압축하여 효과적으로 전달하고 있다. 이 작품은 시이면서도 서사의 구조로 이야기를 서술한다. 한 여승의 삶의 여정을 시간 순서에 의하지 않고, 역순행적 구성으로 전개한다. 1연에서 여인의 현재의 모습을 그리고, 2·3·4연에서 그녀가 여승이 되기까지의 과거 행적을 보여 준다. 현재에서 과거로 이어지는 서사적 구성은 여인의 비극적 삶을 사실적으로 표현하는 데 기여하며, 이 작품을 성공적으로 이끄는 요인이 된다.

직유와 같은 비유적 표현은 참신성이 떨어지지만, 일상에서 쉽게 접하거나 연상할 수 있는 소재를 선별하여 보편적 공감을 이끌어 내고 있다. 친근한 일상어를 사용하고 있는 것 또한 이 시의 장점이다. 「여승」은 서사의 구조를 통해 긴 시간의 이야기를 밀도 있게 구성하고, 여인의 비극적인 삶을 성공적으로 형상화하고 있다.

넓게 읽기

여승 / 백석

인간의 본성은 선하다고 한다. 맹자에 따르면, 이는 인간이 '인의예지(仁義禮智)'라는 네 가지 덕을 가지고 있기 때문이다. 여기서 인(仁)은 사랑하는 마음이 있어 어진 것을 말하고, 의(義)는 옳은 것을 말하고, 예(禮)는 겸손한 것을 말하고, 지(智)는 옳고 그른 것을 구분할 수 있는 것을 말한다. 인의예지는 인간이 본성으로서 가지고 있는 네 가지 중요한 덕인데, 첫 번째 덕인 인(仁)의 단서가 되는 것이 '측은지심(惻隱之心)'이다. 측은지심은 남을 불쌍히 여기는 선한 마음이다.

불쌍한 사람을 보면 안타까운 마음이 생기는 것은 측은지심, 곧 연민(憐憫)의 마음이다. 연민은 인간이 본래 지닌 사랑의 마음으로 문학이 갖는 중요한 덕목 중 하나이다. 인간에 대한 사랑 없이는 예술 작품이 창조되지 못한다.

「여승」의 화자는 연민의 마음으로 여승이 된 여인을 바라보고 있다. 연민의 시선으로 인물을 바라보고 있는 시에는 백석의 「팔원-서행시초3」, 윤동주의 「투르게네프의 언덕」, 신동엽의 「종로 5가」, 김혜순의 「납작납작-박수근 화법을 위하여」, 하종오의 「시내버스 정류장에서」, 김기택의 「사무원」 등이 있다.

백석의 「여승」과 같이 여인의 삶을 소재로 하고 있는 시에는 조지훈의 「승무」, 이용악의 「전라도 가시내」, 고은의 「만순이」, 최두석의 「수국댁」, 고정희의 「우리 동네 구자명 씨」 등이 있다.

나와 나타샤와 흰 당나귀

백석

가난한 내가
아름다운 나타샤를 사랑해서
오늘 밤은 푹푹 눈이 나린다

나타샤를 사랑은 하고
눈은 푹푹 날리고
나는 혼자 쓸쓸히 앉어 소주를 마신다
소주를 마시며 생각한다
나타샤와 나는
눈이 푹푹 쌓이는 밤 흰 당나귀 타고
산골로 가자 출출이 우는 깊은 산골로 가 마가리에 살자

눈은 푹푹 나리고
나는 나타샤를 생각하고
나타샤가 아니 올 리 없다
언제 벌써 내 속에 고조곤히 와 이야기한다
산골로 가는 것은 세상한테 지는 것이 아니다
세상 같은 건 더러워 버리는 것이다

눈은 푹푹 나리고
아름다운 나타샤는 나를 사랑하고
어데서 흰 당나귀도 오늘밤이 좋아서 응앙응앙 울을 것이다

독특한 분위기를 자아내는 시다. 눈 내리는 밤 한 남자가 한 여자를 그리워한다는 내용이다. 매 연마다 눈이 푹푹 내린다는 말이 반복된다. 눈 내리는 밤이라는 배경은 물론 "나타샤", "푹푹", "출출이", "마가리", "고조곤히" 등의 시어가 서정적 분위기를 이끈다.

이 시를 읽다 보면 몇 가지 의문점이 생긴다. 1연의 "가난한 내가 아름다운 나타샤를 사랑해서 오늘 밤은 푹푹 눈이 나린다"는 진술은 원인과 결과가 맞지 않다. 시인은 왜 이런 비문을 사용했을까? 3연에서 멀리 떨어져 있는 나타샤가 내 속에 고조곤히 와 이야기한다고 말하는데, 이것은 비현실적이다. 또 4연에서 아름다운 나타샤가 나를 사랑한다는 진술은 짝사랑하는 화자의 입장에서 보면 맞지 않다. "푹푹"이라는 음성상징어가 매 연마다 사용되고 있는데, 이것은 어떤 효과가 있는 것일까? 마지막 연에서 제시된 흰 당나귀는 어떤 의도로 사용했을까? 이 시에 공감하기 위해선 이런 질문들에 대해 해명할 수 있어야 한다.

1연은 규범적인 문법 질서에 어긋난다. '가난한 내가 아름다운 나타샤를 사랑해서 오늘 밤은 푹푹 눈이 나린다'는 진술은 논리적으로 모순된다. 사랑한다고 해서 눈이 내리지 않는 것은 아니다. 사랑이라는 인간의 감정이 눈 내리는 자연 현상의 원인이 될 수는 없다. 이 모순에는 나타샤를 사모하는 화자의 연모의 정이 숨어 있다. 눈이 내리는 것을 자신의 사랑과 연관 짓는 것을 보아 화자가 나타샤라는 여자에게 깊이 빠져 있음을 알 수 있다.

그런데 이 사랑은 현실적으로 이룰 수 없는 사랑이다. '나'는 가난하고, 나타샤는 자신이 근접하기에는 너무 아름답다. 1연의 진술은 두 사람이 서로 어울리지 않는 신분이나 처지에 있음을 암시한다. 화자는 나타샤와의 사랑이 서로의 차이로 이루어질 수 없다는 것을 알고 괴로워한다. 하지만 그에게 괴로움은 애정 문제에 국한되지 않는다. 3연의 '세상 같은 것은 더럽다'는 말에서 현실에 대한 화자의 강한 불만을 엿볼 수 있다. 어떤 현실적 고통인지 알 수는 없으나 그는 더러운 현실에서 괴로워하며 거기에서 벗어나고자 한다. 그래서 홀로 술을 마시고, 세상을 버리고 나타샤와 함께 산골로 가 살기를 갈망한다.

2연 **나타샤와 나는**/눈이 푹푹 쌓이는 밤 흰 당나귀 타고/산골로 **가자** 출출이 우는 깊은 산골로 가 마가리에 **살자**

이 문장도 비문이다. 종결어미가 '-자'로 끝나는 청유형의 문장은 상대에게 어떤 행동을 같이 할 것을 요구하기 때문에 말하는 당사자는 생략된다. 그런데도 이 작품은 "나타샤와 나"를 앞세우고 마가리에 살자고 당당히 말한다. 이 시는 이러한 문법적 일탈이 있음에도 그것이 감지되지 않을 정도로 자연스럽게 읽힌다.

이 작품에는 '나타샤'라는 여자의 이름뿐만 아니라 '나(내)'가 매 연마다 빠짐없이 등장한다. 한 행에 '나'와 '나타샤'를 함께 두어 우리는 다르지만 하나라는 동질감을 부여한다. 나는 너를 사랑하고, 너는 나를 사랑한다는 시의 내용이 이를 뒷받침한다.

3, 4연은 사랑에 도취된 화자의 감정을 잘 보여 준다. 술을 마시며 임과의 달콤한 밀월을 꿈꾸는데, 어느 순간 나타샤가 자신에게 고요히 다가와 속삭인다. "아름다운 나타샤는 나를 사랑하고"라는 4연의 시구절을 보아, 나타샤가 '나'에게 사랑한다는 말을 했을 것으로 추측된다. 물론 화자가 들은 나타샤의 밀어는 환청이다. 눈이 하염없이 내리는 밤에 현실적 번민과 임

에 대한 그리움으로 홀로 소주를 마시는 시적 정황은 화자에게 환상적인 체험을 가져다준다.

이 시의 마지막 연은 화자의 진실하고 순수한 마음을 그대로 표현한다. 4연에서 "아름다운 나타샤는 나를 사랑하고"는 "가난한 내가 아름다운 나타샤를 사랑해서"라는 1연의 구절과 대응된다. 1연에서의 '나'의 일방적 사랑이 4연에서는 쌍방의 사랑으로 바뀐다. 4연에서 나타샤가 '내' 속에 나타나 다정히 속삭여 주었기에 화자는 나타샤가 '나'를 사랑한다고 느낀다. 이것은 연인에 대한 강한 집착과 그리움이 화자의 바람을 실현시켜 준 것으로 볼 수 있다. 화자는 나타샤가 '나'를 사랑하고 있다는 생각에 어쩔 줄 몰라 한다.

누군가에게 사랑받고 위로받고 싶은 마음은 자신을 알아주는 이가 없는 외로운 상황에서 더욱 간절해진다. "어데서 흰 당나귀도 오늘밤이 좋아서 응앙응앙 울을 것이다"라는 마지막 구절에서 "흰 당나귀"는 화자의 마음을 대변한다. 구세주처럼 나타난 나타샤는 '나'의 처절한 외로움을 해소해 준다. 이에 너무도 벅차고도 기쁜 마음이 일고, 화자는 흰 당나귀처럼 응앙응앙 울고 싶어진다. '나'는 '어디서 흰 당나귀가 응앙응앙 울 것'이라고 추측하지만, 이것은 자신의 본심을 돌려 말하려는 것에 지나지 않는다. 당나귀의 울음에는 직설적인 감정 표현을 피하려는 의도가 숨어 있다. 자신을 구원해 주는 사랑 앞에서 화자는 울음을 터뜨린다.

이 작품은 언어의 조직이 섬세하고 견고하다. 특정 음운과 음절을 반복하고, '-고'라는 연결어미와 '-다'라는 평서형의 일반적인 종결어미를 사용하여 시구절이 막힘없이 읽히도록 한다. 또한 이 작품은 미적 효과를 고려하여 시어를 선별하고 있다. "나린다", "산골", "출출이", "마가리", "응앙응앙" 등에서는 부드러운 음질의 울림소리가 두드러진다. 반복 사용되고 있는 "나타샤", "푹푹" 등의 시어는 독특한 어감을 자아낸다.

특히 "푹푹"은 시의 정서를 지배하는 핵심적인 요소로 작용한다. 화자는 매 연마다 "눈이 푹푹 나린다"고 말한다. 푹푹 내리는 눈의 반복은 일차적으로는 눈이 쉴 새 없이 많이 내린다는 것을 뜻하며, 시간의 경과에 따라 화자의 연모의 정이 깊어 감을 나타낸다. 하얀 눈은 깨끗함과 평온함의 이미지다. 특별한 경우가 아니라면 눈은 누구에게나 즐겁고 반가운 대상이다. 이 시의 화자에게 눈은 특별하다. 푹푹 내리는 눈은 나타샤에 대한 연모의 정을 깊게 하여 그를 더욱 외롭게 만든다. 이 시는 그리움과 고독이 교차하는 사랑의 감정을 "푹푹"이라는 음성상징어로 절묘하게 나타낸다.

백석의 「나와 나타샤와 흰 당나귀」는 낭만적인 사랑을 구가한다. 눈이 푹푹 쌓이는 날 화자는 혼자 소주를 마시며 나타샤라는 여인을 그리워한다. 눈 내리는 날에 술을 마시며 연인과의 달콤한 사랑을 꿈꾸는 것을 내용으로 하고 있지만, 이 시는 뛰어난 언어 구사력으로 실제 접할 수 없는 환상적인 미학 공간을 연출한다. 또한 가식 없는 진솔한 마음을 순백의 이미지와 소리의 화음으로 호소력 있게 전달한다. 그래서 이 시는 눈이 푹푹 내리는 날 화자의 곁에서 그의 고백을 듣는 듯한 실감을 준다.

넓게 읽기

나와 나타샤와 흰 당나귀 / 백석

「나와 나타샤와 흰 당나귀」에서 시인은 눈 오는 겨울밤에 사랑하는 연인을 그리워하며 아름다운 사랑을 꿈꾼다. '나타샤'는 러시아의 대문호인 톨스토이가 쓴 『전쟁과 평화』에 나오는 여자 주인공의 이름이기도 하다. 백석은 영생교보 영어 교사 시절 함흥의 러시아인 상점을 드나들며 러시아어를 배웠고, 푸시킨, 숄로호프 등 러시아 작가

나와 나타샤와 흰 당나귀

의 시와 소설을 번역, 출간하는 등 러시아 문학을 조선에 알리는 데 힘썼다. 이 시에 나오는 이국적 이름의 나타샤는 자신이 좋아한 여자의 애칭으로 보인다.

1995년에 『내 사랑 백석』이라는 책이 출간되었다. 저자인 김자야 씨가 「나와 나타샤와 흰 당나귀」에 나오는 '나타샤'라 한다. 백석 시인은 함흥에서 영어 교사로 재직하던 1936년, 어느 회식 자리에서 기생인 김영한을 보고 첫눈에 반해 사랑에 빠진다. 백석은 그녀에게 '나의 영원한 마누라'라 부르며 '자야(子夜)'라는 애칭을 지어 준다. 백석은 그녀와 3년간 동거 생활을 이어 가지만 오래가지 못한다. 부모의 강요로 어쩔 수 없이 다른 여자와 결혼하고도 다시 자야에게 돌아와 만주로 도망가자고 제안한다. 자야에게 거절당한 시인은 1939년 혼자 만주로 떠난다. 해방 후 고향인 평북 정주로 돌아온다. 이후 한국전쟁이 일어나 백석은 서울에 정착한 그녀와 다시는 만나지 못한다. 백석은 끝내 사랑을 이루지 못하고 북에서 1995년 여든넷의 나이로 작고한다. 김영한은 서울에서 대원각이라는 큰 요정을 운영하여 엄청난 재력가가 되지만, 1999년 폐암으로 작고하며 연인과의 짧고도 긴 사랑을 가슴에 묻는다.

낡은 집

이용악

날로 밤으로
왕거미 줄치기에 분주한 집
마을서 흉집이라고 꺼리는 낡은 집
이 집에 살았다는 백성들은
대대손손에 물려줄
은동곳도 산호 관자도 갖지 못했니라

재를 넘어 무곡을 다니던 당나귀
항구로 가는 콩실이에 늙은 둥글소
모두 없어진 지 오랜
외양간엔 아직 초라한 내음새 그윽하다만
털보네 간 곳은 아무도 모른다

찻길이 놓이기 전
노루 멧돼지 쪽제비 이런 것들이
앞뒤 산을 마음 놓고 뛰어다니던 시절
털보의 셋째 아들은
나의 싸리말 동무는
이 집 안방 짓두광주리 옆에서
첫울음을 울었다고 한다

"털보네는 또 아들을 봤다우
송아지래두 불었으면 팔아나 먹지"
마을 아낙네들은 무심코
차가운 이야기를 가을 냇물에 실어 보냈다는
그 날 밤
저릎등이 시름시름 타들어 가고
소주에 취한 털보의 눈도 일층 붉더란다

갓주지 이야기와
무서운 전설 가운데서 가난 속에서
나의 동무는 늘 마음 졸이며 자랐다
당나귀 몰고 간 애비 돌아오지 않는 밤
노랑 고양이 울어 울어
종시 잠 이루지 못하는 밤이면
어미 분주히 일하는 방앗간 한구석에서
나의 동무는
도토리의 꿈을 키웠다

그가 아홉 살 되던 해
사냥개 꿩을 쫓아다니던 겨울
이 집에 살던 일곱 식솔이
어디론지 사라지고 이튿날 아침
북쪽을 향한 발자국만 눈 위에 떨고 있었다

더러는 오랑캐령 쪽으로 갔으리라고
더러는 아라사로 갔으리라고
이웃 늙은이들은
모두 무서운 곳을 짚었다

지금은 아무도 살지 않는 집
마을서 흉집이라고 꺼리는 낡은 집
제철마다 먹음직한 열매
탐스럽게 열던 살구
살구나무도 글거리만 남았길래
꽃 피는 철이 와도 가도 뒤울안에
꿀벌 하나 날아들지 않는다

「낡은 집」은 이야기가 있는 스토리텔링(Story telling)의 시다. 화자는 자신의 감정을 배제한 채 벗의 안타까운 사연을 들려주고 있다. 흉집이라며 꺼리는 낡은 집을 배경으로 예전에 이 집에 누가 살았는지, 왜 이 집이 낡은 집이 되었는지 그 내력과 사연을 서술하고 있다. 그래서 이 작품을 읽는 독자는 이야기를 듣는 청자의 입장에 있게 된다.

이 시의 언어는 낯설다. 은동곳, 산호 관자, 무곡, 둥글소, 저륜등, 오랑캐령, 아라사, 글거리 등의 시어는 오늘날의 독자에게는 생소하지만, 당시의 생활상을 담고 있는 말들이다. 시의 의미를 정확하게 파악하려면 이들 시어의 뜻을 알아야 한다.

이 작품은 서술자를 비롯해 인물, 배경, 사건 등 이야기의 요소를 두루 갖추고 있다. 하지만 소설의 이야기처럼 세세하게 말하지는 않는다. 시 장르의 특성에 맞게 압축적으로 이야기하며 이를 통해 정서를 환기한다. 그래서 이 시의 독자는 화자의 말을 경청하며 이야기에 담긴 슬픈 사연에 공감할 수 있어야 한다.

1연 날로 밤으로/왕거미 줄치기에 분주한 집/마을서 흉집이라고 꺼리는 낡은 집/이 집에 살았다는 백성들은/대대손손에 물려줄/은동곳도 산호 관자도 갖지 못했니라

낡은 집이 소개되고 있다. 이 집은 사람이 오랫동안 살지 않아 왕거미만 밤낮으로 줄을 치는 흉가로 마을 사람들은 흉집이라 꺼린다. 이 집에 살았던 사람들은 은동곳이나 산호 관자를 갖지 못했다. 동곳이나 관자는 상투를 틀거나 망건을 쓸 때 필요한 물건으로 은으로 된 동곳이나 산호 관자는

주로 경제적 여유가 있는 양반 계층의 사람들이 쓰던 것이다. 대대손손 이런 물건을 갖지 못했다는 것은 이 집에 살았던 사람들이 경제적으로 매우 가난한 하층민이었음을 나타낸다. 낡은 집에 살았던 사람들을 "백성"이라 함으로써 이 시에 나오는 털보네 이야기가 개인의 삶에 머무르지 않고 우리 민족의 현실과 관련되어 있음을 말해 준다.

2연 재를 넘어 무곡을 다니던 당나귀/항구로 가는 콩실이에 늙은 둥글소/모두 없어진 지 오랜/외양간엔 아직 초라한 내음새 그윽하다만/털보네 간 곳은 아무도 모른다

폐허가 된 낡은 집의 모습이 그려지고 있다. 재를 넘어 곡식을 실어 나르던 당나귀도, 항구로 콩을 실어 나르던 황소도 모두 없어진 지 오래고, 외양간에 냄새만 그윽하다. 이 집에 살았던 털보네 가족이 어디로 갔는지 아무도 모른다. 곡식을 실어 나르던 "당나귀"나 "둥글소"를 통해 일제의 수탈로 고된 노역에 시달리던 당시 농민의 삶을 나타내고 있다. 털보네 가족은 궁핍한 생활을 견디다 못해 고향을 버리고 떠난 것이다.

3연 찻길이 놓이기 전/노루 멧돼지 쪽제비 이런 것들이/앞뒤 산을 마음 놓고 뛰어다니던 시절/털보의 셋째 아들은/나의 싸리말 동무는/이 집 안방 짓두광주리 옆에서/첫울음을 울었다고 한다

3연은 털보네 셋째 아들의 출생에 대해 말하고 있다. "찻길이 놓이기 전"은 일제의 침략과 수탈이 있기 전을 의미한다. 그 전의 고향 마을은 노루, 멧돼지, 쪽제비가 마음대로 뛰어다닐 만큼 자유롭고 평화로운 곳이었다.

그 시절 나의 죽마고우인 동무가 가난한 집에서 태어났다.

4연 "털보네는 또 아들을 봤다우/송아지래두 불었으면 팔아나 먹지"/마을 아낙네들은 무심코/차가운 이야기를 가을 냇물에 실어 보냈다는/그 날 밤/저릎등이 시름시름 타들어 가고/소주에 취한 털보의 눈도 일층 붉더란다

4연에는 없는 살림에 또 아이를 낳았다는 마을 사람의 말이 그대로 전달되고 있다. 화자의 동무는 송아지의 출생보다 못한 것으로 여길 만큼 축복받지 못하고 태어났다. "송아지라면 팔아나 먹지"라는 마을 아낙의 말에서 당시 우리 민족의 삶이 얼마나 궁핍했는지를 짐작할 수 있다. 아버지 털보는 아들을 낳았음에도 기뻐하기는커녕 앞으로 먹고살 일이 걱정이 되어 시름이 깊다. 그는 소주에 취해 충혈된 눈으로 눈물을 글썽인다.

5연 갖주지 이야기와/무서운 전설 가운데서 가난 속에서/나의 동무는 늘 마음 졸이며 자랐다/당나귀 몰고 간 애비 돌아오지 않는 밤/노랑 고양이 울어 울어/종시 잠 이루지 못하는 밤이면/어미 분주히 일하는 방앗간 한구석에서/나의 동무는/도토리의 꿈을 키웠다

5연에는 싸리말 동무의 성장과정이 제시되고 있다. 동무는 가난한 집안 형편 때문에 언제 버려질지도 모른다는 불안 속에서 자랐다. 갓을 쓴 스님이 부모가 바라지 않는 자식을 잡아간다는 무서운 이야기에 마음을 졸였다. 당나귀를 몰고 돈을 벌러 간 아비는 밤이 늦도록 돌아오지 않았고, 그런 날이면 어미는 잠을 이루지 못한 채 방앗간에서 분주히 일하였다. 동무는

가난으로 불우한 어린 시절을 보냈지만, 작고 소박한 꿈을 키워 갔다.

6연 그가 아홉 살 되던 해/사냥개 꿩을 쫓아다니던 겨울/이 집에 살던 일곱 식솔이/어디론지 사라지고 이튿날 아침/북쪽을 향한 발자국만 눈 위에 떨고 있었다

6연에는 털보네 가족이 가난을 견디다 못해 야밤을 틈타 도주한 상황을 담담하게 서술하고 있다. '사냥개가 꿩을 쫓아다니던 겨울'은 털보네 가족이 겪는 혹독한 시련과 고통을 나타낸다. 눈 내리는 추운 겨울날 일곱 식구들은 삶의 터전인 고향을 등지고 국경을 넘어 북쪽으로 갔다. "북쪽을 향한 발자국만 눈 위에 떨고 있었다"는 표현에는 몰래 떠나야 하는 이들의 두려움과 앞날에 대한 막막함이 내포되어 있다.

7연 더러는 오랑캐령 쪽으로 갔으리라고/더러는 아라사로 갔으리라고/이웃 늙은이들은/모두 무서운 곳을 짚었다

이웃 노인들은 눈 위의 발자국을 보고 털보네가 만주나 시베리아로 갔을 것이라고 생각한다. 이들은 살 길을 찾아 떠났지만, 털보네가 간 곳이 "무서운 곳"이라는 말에서 이들의 삶이 결코 나아지지 못하리라는 것이 암시되고 있다.

8연 지금은 아무도 살지 않는 집/마을서 흉집이라고 꺼리는 낡은 집/제철마다 먹음직한 열매/탐스럽게 열던 살구/살구나무도 글거리만 남았길래/꽃 피는 철이 와도 가도 뒤울안에/꿀벌 하나 날아들지 않는다

8연은 털보네 가족이 이주한 뒤 흉가로 남은 "낡은 집"의 분위기를 드러내고 있다. 아무도 살지 않는 털보네 집은 이제 사람들이 흉가라며 꺼리는 낡은 집이 되었고, 그 집을 둘러싼 환경도 황폐해졌다. 제철마다 탐스럽게 열던 살구나무는 그루터기만 남아 있고, 꽃이 피는 봄이면 뒤 울타리에 날아들던 꿀벌도 이제는 날아들지 않는다. 계절이 바뀌어도 바뀌지 않는 낡은 집의 모습은 일제 치하 우리 민족의 암울한 현실을 상징적으로 보여 준다.

「낡은 집」은 털보네 가족의 비참한 삶을 이야기 시의 형식으로 서술하고 있다. 이야기 시는 배경이 제시되며 인물이 등장하여 사건을 전개한다. 이 작품은 흉가가 된 낡은 집을 배경으로 이 집에서 살았던 털보네의 가족사가 펼쳐진다. 화자는 털보네의 집안 내력을 알고 있는 '나'다. '나'는 털보네 셋째 아들과 어릴 적 동무였다. 그래서 '나'는 동무가 어떤 집안에서 태어나 어떻게 성장했는지 잘 안다. 이 시는 화자가 경험한 내용과 전해 들은 내용을 조화롭게 서술하여 작품의 사실성을 획득하고 있다.

이 시는 구성상 외부 이야기와 내부 이야기로 나눌 수 있다. 소설의 구성으로 말하면, 액자식 구성으로 되어 있는 작품으로 이야기 속에 이야기를 지니고 있다. 1, 2연과 8연이 액자 틀에 해당하는 외부 이야기[外話]라면, 3~7연은 액자 틀에 담긴 그림이라 할 수 있는 내부 이야기[內話]다.

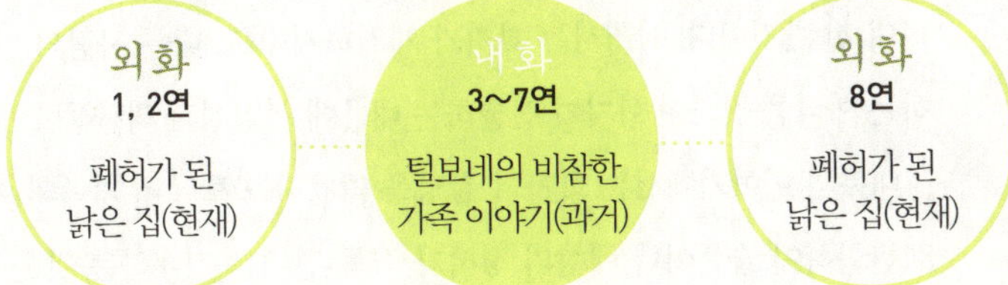

외화에서는 현재의 시점에서 폐허가 된 낡은 집이 묘사되고 있다. 1, 2연과 8연에서는 성인 화자의 시각에서 그가 보고 느낀 점이 서술되고 있다. 1연의 "-못했니라"와 2연의 "-모른다", 8연의 "-날아들지 않는다" 등의 표현에는 화자의 주관적 감정이 담겨 있다.

낡은 집의 주인은 부와 권력을 갖지 못한 피지배 계층의 백성으로, 우리 민족 전체를 나타내기도 한다. 폐허가 된 "낡은 집"은 일제하에서 가난을 견디지 못하고 유랑해야 했던 우리 민족의 현실을 상징한다. 2연의 "털보네 간 곳은 아무도 모른다"는 진술에는 일제의 수탈로 신음하는 우리 민족에 대한 연민의 마음이 배어 있다. 봄이 되어도 꿀벌 한 마리 날아들지 않는 낡은 집의 모습을 통해 시인은 일제 치하에서 유랑의 삶을 살아야 했던 우리 민족에 대한 연민을 나타낸다.

내화에서는 털보네의 비극적인 가족사가 전개되고 있다. 3~7연은 화자인 '나'가 과거에 직접 체험한 내용(5, 6연)과 '나'가 전해들은 내용(3, 4, 7연)으로 이루어져 있다. 5연에서 '나'가 등장하는데, 이때의 화자는 어린아이로서 '나'가 알고 있는 사실을 관찰자 입장에서 객관적으로 서술하여 화자의 직접적 개입과 판단을 자제한다. 6연에서는 어릴 적 동무를 '그'로 표현하여 시적 대상과 거리를 두고, 동무의 삶과 관련한 일을 객관화하고 있다.

3연의 "-울었다고 한다", 4연의 "-일층 붉더란다"와 7연의 "-라고 이웃 늙은이들은 모두 무서운 곳을 짚었다" 등은 화자가 다른 사람의 말을 인용하여 전한 것이다. 여기서는 화자가 개입하지 않고 다른 사람의 말을 인용하는 형식을 취하여 화자가 진술하는 내용에 사실성과 객관성을 부여한다.

내부의 이야기에서는 화자의 감정을 억제하고 털보네 가족의 이야기를 객관화하여 슬픔이나 애상의 정서가 작품 전체를 지배하는 것을 막고, 털보네 가족의 빈궁한 삶의 모습을 사실적으로 보여 준다. 이로써 독자는 참혹한 삶의 현장을 귀로 듣고 눈으로 보는 듯한 실감을 체험하게 된다.

낡은 집 / 이용악

이용악(1914~1971년)은 1914년 함경북도 경성읍에서 출생하여 서울의 고등보통학교를 졸업한 후, 일본 상지대학교 신문학과에 수학하였다. 1936년 귀국한 후 『분수령』(1937), 『낡은 집』(1938), 『오랑캐꽃』(1947), 『이용악집』(1949) 등 4권의 시집을 냈다. 1950년 한국전쟁 중 37세의 나이로 월북하였고, 1971년 병사한 것으로 알려져 있다.

대표작에는 「낡은 집」을 비롯하여 「오랑캐꽃」, 「전라도 가시내」, 「두만강 너 우리의 강아」, 「풀벌레 소리 가득 차 있었다」, 「우라지오 가까운 항구에서」 등이 있다. 이들 작품은 일제 강점기 유이민의 비참한 삶을 생생하게 보여 준다. 가난, 유랑, 가족 해체 등의 자전적 체험을 통해 시대적 아픔을 노래한 것이 그의 시 특징이다.

우라지오 가까운 항구에서

이용악

삽살개 짖는 소리
눈보라에 얼어붙는 섣달 그믐
밤이
얄궂은 손을 하도 곱게 흔들길래
술을 마시어 불타는 소원이 이 부두로 왔다

걸어온 길가에 찔레 한 송이 없었대도
나의 아롱범은
자옥자옥을 뉘우칠 줄 모른다
어깨에 쌓여도 하얀 눈이 무겁지 않고나

철없는 누이 고수머릴랑 어루만지며
우라지오의 이야길 캐고 싶던 밤이면
울어머닌
서투른 마우재말도 들려 주셨지
졸음졸음 귀밝히는 누이 잠들 때꺼정
등불이 깜빡 저절로 눈감을 때꺼정

다시 내게로 헤여드는
어머니의 입김이 무지개처럼 어질다
나는 그 모두를 살틀히 담았으니
어린 기억의 새야 귀성스럽다
거사리지 말고 마음의 은줄에 작은 날개를 털라

드나드는 배 하나 없는 지금
부두에 호젓 선 나는 멧비둘기 아니건만
날고 싶어 날고 싶어
머리에 어슴푸레 그리어진 그 곳
우라지오의 바다는 얼음이 두텁다

등대와 나와
서로 속삭일 수 없는 생각에 잠기고
밤은 얄팍한 꿈을 끝없이 꾀인다
가도오도 못할 우라지오

시인은 머나먼 이국땅에서 고향과 가족의 정을 그리워하고 있다. 이용악은 1914년 러시아와 맞닿은 함경북도 경성에서 태어났다. 그는 일찍 아버지를 여의고 불우한 어린 시절을 보냈다. 『이용악집』(1949년)에 실린 「우리의 거리」에서 시인은 "눈보라에 숨어 국경을 넘나들 때 / 어머니의 등골에 파묻힌 나는 / 모든 가난한 사람들의 젖먹이와 다름없이 / 얼마나 성가스런 짐짝이었을까"라며 어려웠던 유년 시절을 토로하였다. 그의 아버지는 소달구지에 소금을 싣고 국경을 넘나들며 장사를 하다 객사했다. 아버지가 돌아가신 후 어머니가 국수 장수와 떡장수를 해 가며 어렵게 생계를 꾸려 갔다.

바람이 거센 밤이면
몇 번이고 꺼지는 네모난 장명등을
궤짝 밟고 서서 몇 번이고 새로 밝힐 때
누나는
별 많은 밤이 되려 무섭다고 했다

국숫집 찾아가는 다리 위에서
문득 그리워지는
누나도 나도 어려선 국숫집 아이

단오도 설도 아닌 풀벌레 우는 가을철
단 하루
아버지의 제삿날만 일을 쉬고
어른처럼 곡을 했다.

-「다리 위에서」, 『오랑캐꽃』(1947년)

이 작품에서 시인은 가난했던 어린 시절을 회고하고 있다. 아버지가 일찍 돌아가신 뒤 어머니는 국수 장사를 하면서 생계를 이어 갔다. 누나와 나는 늘 가게 일을 거들었다. 누나는 궤짝을 밟고 서서 장명등 불을 밝히는 밤이 무섭다고 했다. 아버지의 제삿날을 제외하고는 명절에도 쉬지 않고 매일 가게 문을 열었다.

이용악은 가난의 고통 속에서도 학업을 이어 갔다. 서울 경성농업학교를 다니다가 중퇴하고, 일본으로 건너가 1936년에 상지대학교에서 수학하였다. 유학 시절 학비를 벌기 위해 부두나 공사장 등지에서 품팔이 노동자로 일하며 궁핍한 생활을 했다. 그는 일제 강점 하에서 조국을 떠나 만주나 러시아 등지를 떠돌기도 하였다. 시인은 개인의 고통스러운 체험을 바탕으로 비극적인 가족 이야기뿐만 아니라 당대 우리 민족의 비참한 생활을 사실적으로 표현하였다.

「우라지오 가까운 항구에서」는 1938년에 출간된 『낡은 집』에 수록되어 있다. 이 시는 이국 땅에서 느낀 외로움과 가족에 대한 그리움을 절실하게 표현하고 있다. 눈보라에 그믐달도 얼어 버릴 것 같은 추운 겨울밤, 화자는 고향에 대한 생각으로 잠을 이루지 못하고 고향의 가족들에게 돌아가기를 소망한다. 얼어붙은 바닷길을 따라 고향에 가고 싶어도 갈 수 없어 추억만 더듬을 뿐이다. 이 시는 독백체로 슬픈 마음을 나타내고 있어 화자가 처한 상황을 이해하고, 시적 표현에 담긴 화자의 주관적 정서를 헤아려야 한다.

이 시의 화자는 이국땅을 떠돌며 고향과 가족을 그리워한다. 화자가 있는 곳은 우라지오 가까운 항구다. 추운 겨울밤 고향에 대한 그리움으로 우라지오 가까운 항구로 찾아든다. 우라지오는 지금의 러시아 블

라디보스토크로 화자가 어릴 때 어머니로부터 이야기를 듣고 동경하던 곳이다. '나'는 새로운 삶을 위해 시베리아 먼 곳까지 왔다. 어려운 현실 속에서도 당당하게 살아가려고 애쓰지만, 누이와 어머니가 계신 고향에 대한 그리움은 점점 깊어 간다. 자유롭게 나는 멧비둘기처럼 고향으로 돌아가고 싶은 마음은 간절하지만, 우라지오 바다의 얼음이 두꺼워 고향으로 가지 못한다.

1연은 화자가 부두로 오게 된 경위를 말하고 있다. 눈보라로 주변이 모두 얼어 버릴 것 같은 섣달 그믐날, 어디선가 삽살개 짖는 소리가 들려온다. 설 명절을 앞두고 있지만 '나'는 고향으로 돌아가지 못한다. 추운 겨울밤 밤잠을 이루지 못하고 답답한 마음에 술을 마신다. 그리고 가족과 고향 생각에 우라지오 가까운 항구로 찾아든다. 1연에서 "얄궂은 손"은 밤을 의인화한 것이다. "얄궂은 손을 하도 곱게 흔들길래"는 추운 겨울밤이 주는 적막함과 외로움을 보여 준다.

화자는 부둣가에서 지나온 자신의 삶을 되돌아본다. 걸어온 길가에는 찔레 한 송이 없었다. "찔레 한 송이"는 인생길에서 위안이 될 만한 작은 행복이나 보람을 의미한다. 그에게 인생은 험난한 삶의 여정이었다. "어깨에 쌓인 하얀 눈"은 고통스러운 상황에서 짊어져야 하는 삶의 무게다. 화자는 삶의 고통을 견디며, 시베리아 벌판을 내달리는 용맹한 아롱범처럼 거칠 것이 없이 당당하게 살아왔다고 자부한다. 2연은 아롱범이라는 맹수를 통해 당당한 삶의 모습을 보여 주고 있다.

3~4연에는 어린 시절에 대한 회상이 나타나 있다. 천진난만했던 어린 시절 '나'는 호기심이 많아 새로운 세계를 동경하였다. 누이의 고수머리를 만지면서 우라지오의 이야기를 듣고 싶던 밤이면 어머니께서는 누이가 잠들 때까지, 등불이 꺼질 때까지 이야기를 들려주었다. 화자는 이런 추억에 잠

기며 무지개처럼 어진 어머니의 입김이 다시 전해 옴을 느낀다. 무지개는 아름다움, 환상, 동경, 낭만 등을 의미한다. 무지개는 어머니가 들려주는 이야기의 보조 관념이 되면서 동시에 어머니의 사랑을 나타내는 매개어가 되고 있다. 어머니의 육성으로 듣는 우라지오 이야기는 아름다운 환상의 세계였다. 그래서 졸음이 쏟아지는데도 누이는 귀를 밝히고 들었고, 등불이 저절로 꺼지는 줄도 몰랐다.

화자는 기억을 더듬으며 고향 생각에 젖는다. '나'는 행복했던 어린 시절을 떠올리며 잠시나마 그 시절로 돌아가고자 한다. 4연에서 "어린 기억의 새야 귀성스럽다/거사리지 말고 마음의 은줄에 작은 날개를 털라"는 화자가 자신에게 이르는 말로 어린 시절에 대한 회상을 새가 날개를 털고 일어서는 구체적 형상으로 시각화하고 있다. "어린 기억의 새"는 어린 시절을 추억하는 마음을 비유적으로 표현한 것이다. 이 구절은 '기억'이라는 관념을 '새'라는 구체적 대상에 빗대고 있다. 이 비유적 표현에는 고향으로 돌아갈 수 없지만 유년 시절의 기억을 통해 가족의 정과 어머니의 사랑을 느껴 보려는 화자의 간절함이 배어 있다.

적극적인 회상의 시도는 현실과의 괴리를 보여 준다. 현실적으로는 이룰 수 없어서 화자는 마음으로나마 어린 시절의 행복과 가족의 사랑을 누려 보려 한다. 외로워 가족의 정이 그리운 것이다. 부두에 외롭게 선 화자는 멧비둘기가 되어 고향으로 갈 수 있기를 바란다. "멧비둘기"는 가족들이 있는 고향으로 가고 싶은 화자의 소망을 나타낸다. 하지만 우라지오 바다는 두껍게 얼어붙어 있고, 배가 하나도 없는 지금 화자가 고향으로 돌아갈 방법은 없다.

'나'는 항구에 매여 꼼짝도 할 수 없는 등대와 같은 처지에 있다. 등대는 고향으로 돌아가지 못하는 화자의 안타까운 마음이 투영된 대상이다. "등대와 나와/서로 속삭일 수 없는 생각에 잠기고"는 그 누구와도 고민과 아픔을 나누지 못하는 화자의 외로운 신세를 말해 준다. 외롭기만 한 밤은 자꾸만 고향에 대한 생각을 불러일으키지만 현실은 녹록치 않다. 그래서 귀향은 화자에게 얄팍한 꿈일 수밖에 없다. 오도 가도 못하는 고립된 상황에서 화자는 절망감을 느낀다.

「우라지오 가까운 항구에서」는 개인의 진솔한 체험에 예술적 표현이 더해져 감동을 주고 있다. 절박한 상황에서 갖는 애타는 마음을 직접적으로 나타내기도 하지만, 함축적인 표현으로 감정을 절제한다.

감정이 고조되는 부분에서는 "않고나"(2연)라는 감탄형이나 "털라"(4연)라는 명령형을 쓰기도 하지만, 전반적으로 "모른다", "어질다", "귀성스럽다", "두텁다", "꾀인다" 등과 같이 '-다'의 평서형 종결어미로 문장을 끝맺어 차분한 어조를 유지한다. 첫 행과 마지막 행은 명사형으로 끝맺고 있다. 특히 "가도 오도 못할 우라지오"라는 마지막 행에서는 시적 여운을 남겨 화자의 정서를 독자가 공감할 수 있도록 하고 있다.

이 시는 비유와 상징을 구사하여 이국땅에서 외롭게 살아가는 화자의 슬픔을 효과적으로 표현하고 있다. 1연에서 "섣달 그믐밤"을 눈보라에 얼어붙은 대상으로 나타내고, "얄궂은 손"으로 의인화하고 있다. 2연에서는 "찔레 한 송이", "아롱범", "하얀 눈" 등과 같은 사물에 의미를 담아 표현하고 있다. 이 작품에서 "멧비둘기", "등대" 등의 사물은 화자의 상황과 정서를 나타내는 객관적 상관물로 쓰이고 있다. "어머니의 입김이 무지개처럼 어질다", "어린 기억의 새", "마음의 은줄에 작은 날개를 털라" 등에서는 비유가 구사된다.

넓게 읽기

우라지오 가까운 항구에서 / 이용악

이용악 시인은 식민지하에서 경험했던 비참한 가족사나 이웃의 이야기를 「낡은 집」, 「전라도 가시내」, 「풀벌레 소리 가득 차 있었다」 등의 작품을 통해 표현하였다. 「우라지오 가까운 항구에서」는 이국땅에서 고향을 그리워하며 어머니와 누이를 떠올리고 있다.

어린 시절의 추억을 동경하는 작품에는 백석의 「오리 망아지 토끼」, 「여우난골족」, 김용호의 「눈 오는 밤에」, 김종길의 「성탄제」, 정진규의 「고향에 가서-몸시24」, 이건청의 「하류」, 공광규의 「별국」, 정일근의 「흑백사진-7월」 등이 있다.

오월

김영랑

들길은 마을에 들자 붉어지고
마을 골목은 들로 내려서자 푸르러진다
바람은 넘실 천 이랑 만 이랑
이랑 이랑 햇빛이 갈라지고
보리도 허리통이 부끄럽게 드러났다
꾀꼬리는 여태 혼자 날아볼 줄 모르나니
암컷이라 쫓길 뿐
수놈이라 쫓을 뿐
황금 빛난 길이 어지럴 뿐
얇은 단장하고 아양 가득 차 있는
산봉우리야, 오늘 밤 너 어디로 가 버리련?

오월 봄날의 자연의 정경을 그린 시다. 배경은 햇살이 비치는 시골의 들판이다. 화자는 농촌의 어느 마을을 지나 들로 내려간다. 들판에 바람이 불고 햇살이 찬란하게 비친다. 땅에는 여문 보리가 허리를 드러내고 있고, 하늘 위론 꾀꼬리가 암컷, 수컷 무리지어 다니며 지저귄다. 들판 너머 있는 산은 싱그러움으로 곱게 단장하고 있다. 이 시가 그려 내고 있는 정경을 상상하며 감상해 보자.

이 작품은 시선의 이동에 따라 봄날의 풍경이 묘사되고 있다. 화자의 시선은 '마을 → 들 → 바람 → 햇빛 → 보리 → 꾀꼬리 → 산'의 순으로, 자신의 가까이에 있는 사물에서 멀리 떨어져 있는 사물로 확대된다. 내용을 구분해 보면 다음과 같이 네 부분으로 나눌 수 있다.

1~2행 붉은 꽃의 들길과 푸른 들
3~5행 푸른 들판의 정경(햇살, 바람, 보리)
6~9행 암수 노니는 꾀꼬리의 정겨운 모습
10~11행 곱게 단장한 산봉우리의 자태

1행과 2행은 문장을 변칙적으로 사용하여 문장성분 간의 정상적인 호응 관계를 의도적으로 무너뜨린다. '들길은 마을에 들자 붉어지다(붉어졌다)'나 '마을 골목은 들로 내려서자 푸르러진다'는 구문은 문법의 규범을 넘어선다. 들길이 붉어지고 마을 골목이 푸르러졌다는 진술은 들길을 붉게 만들고 마을을 푸르게 하는 대상을 감추고 있다. 표면화되지 않은 대상은 붉은빛을 띤 꽃과 푸른빛으로 무르익은 보리로 추측된다.

의미를 맞추어 보면 화자는 마을 입구에 나 있는 들길을 걸었고, 들길을 지나 마을 골목으로 들어섰다는 해석이 가능하다. 시인은 문장을 교묘하게 구성하고 있다. 1행과 2행은 문장 성분의 배치가 같고, 말을 연쇄적으로 이어 간다. 마을에서 들로 그리고 다시 들(길)에서 마을(골목)로 시선을 옮겨 간다. 대구와 연쇄의 문장 방식은 경쾌한 리듬을 만들어 언어의 율동감이 내용을 지배한다. 따라서 1행과 2행은 지나치게 의미를 추적하기보다는 언어의 결에 따라 읽는 자세가 요구된다.

3~5행은 푸른 들판의 풍경을 담고 있다. 푸름의 실체는 보리다. 들판에는 이삭이 여문 보리로 허리통을 드러내고 있다. 그리고 바람이 천 이랑 만 이랑 넘실대고, 이랑 이랑 햇빛이 갈라진다. 바람이 밭 곳곳에서 시원하게 불어온다는 것을 "바람은 천 이랑 만 이랑"으로 표현하고 있다.

4행의 "이랑 이랑 햇빛이 갈라지고"는 의존하는 문맥에 따라 달리 이해된다. 3행의 바람의 이랑에 이어 햇빛의 이랑이 제시된 점으로 보아 이 행은 바람에 따라 갈라지는 햇살의 정경을 묘사한 것으로 볼 수 있다. 이것은 앞의 문맥과 연관 지어 본 것으로 들판에 햇살과 바람이 가득하다는 것을 보여 준다. 뒤의 문맥과 관련지어 보면, "이랑 이랑 햇빛이 갈라지고"는 낱낱의 보리에 내리쬐는 햇살의 모습으로 파악된다. 시인은 바람이 넘실대는 보리밭에 햇살이 부서지는 모습을 '이랑'이라는 어휘를 활용해 절묘하게 표현하고 있다.

3~5행은 보리가 무르익은 자연의 광경을 통해 약동하는 봄의 기운을 나타낸다. 오월의 따가운 햇살로 보리는 누렇게 여물어 이삭이 아래로 드리워진다. 이때 노출된 보리의 가느다란 줄기 부분은 사람의 허리통이 드러난 것으로 표현된다.

6~9행에서는 꾀꼬리가 중심소재가 된다. 황금빛 햇살을 받으며 꾀꼬리 암수 한 쌍이 날아다닌다. 꾀꼬리는 남녀 연인처럼 사랑을 나눈다. 암컷은

쫓기고 수놈은 쫓는다. 쫓고 쫓기는 사랑의 행각은 자연의 가식 없는 순수함을 보여 준다. 꾀꼬리의 정겨운 사랑은 외로운 산에게는 시샘의 대상이 된다. 산은 고운 단장과 귀여운 애교로 사랑할 준비가 되어 있지만, 한곳에 늘 박혀 있어 꾀꼬리처럼 자유롭게 날지 못한다. 산은 햇살을 받아 초록빛의 싱그러움을 더해 가며 멋을 과시한다. 이 시에서 산봉우리는 아양이 가득 차 있는 어여쁜 처녀의 이미지로 표현되고 있다.

화자는 봄날 자연에 느끼는 흥을 억제하려 했지만, 숨길 수 없는 감정을 결국 드러내고 만다. "산봉우리야, 오늘 밤 너 어디로 가 버리련?"이라는 마지막 행에서 화자의 감흥이 드러난다. 아름다운 외모를 가지고도 사랑하는 임을 만나지 못하는 산봉우리에 대해 화자는 연민의 정을 느끼며, 봄기운과 함께 일어나는 이성의 충동을 은연중에 내비친다.

봄의 계절에 이성을 떠올리는 것은 자연스런 본능이다. 들판에 가득한 햇빛과 넘실대는 봄바람은 이성에 대한 충동을 자극한다. 보리가 허리를 드러냈다는 구절이나 암컷이 수놈에게 쫓긴다는 표현은 이와 무관하지 않다. 서두에서 붉어지고 푸르러진 것의 실상은 봄의 정경을 대하며 새롭게 생겨난 화자의 마음이다. 그는 생기 있는 자연의 아름다움에서 가식 없는 순수함과 자연스런 사랑의 감정을 느낀다.

「오월」이 보여 주고자 하는 것은 생동감 넘치는 봄날 자연의 아름다움이다. 작품의 주된 표현 기법은 묘사다. 시인은 주관적 감정을 최소화하고 그 대상의 모습을 선명하게 드러낸다. 들길, 햇살, 보리, 꾀꼬리, 산 등으로 시선을 옮겨 가며 봄날의 자연 정경을 묘사한다. 묘사를 통한 간접적인 정서 표현 방법은 독자의 상상력을 자극하고, 작품에 숨겨진 의미를 발견하는 즐거움을 준다.

이 시는 감정을 직접적으로 표출하지 않지만 의인의 기법을 사용하여 봄날의 약동감과 홍취를 나타낸다. 들판의 보리를 허리를 드러낸 여인의 모습으로 나타내고, 오월의 싱그러운 산을 엷게 단장하고 아양 가득한 여인의 자태로 그려 내고 있다. 여기서 의인의 기법이 구사된다. 의인은 비유의 하나로 인간이 아닌 대상을 인간처럼 표현하는 수사적 방법이다. 시인은 의인의 기법을 통해 자연을 살아 숨 쉬는 인격체로 탄생시켜 작품에 생동감을 불어넣고 있다.

넓게 읽기

오월 / 김영랑

김영랑(1903~1950년)의 본명으로 윤식으로, 전라남도 강진에서 부유한 지주의 장남으로 태어났다. 서울 휘문의숙에서 수학하였고, 일본 아오야마(青山)학원에서 영문학을 공부했다. 열네 살에 결혼했으나 아내와 사별하고, 귀국 후에 숙명여자고등학교에 재학 중이던 무용가 최승희와 사랑에 빠진다. 그러나 부모의 반대로 다른 여자와 재혼하고, 고향에서 모란을 가꾸며 가야금과 소리를 즐겼다. 28세 때인 1930년 박용철, 정지용 등과 함께 『시문학』을 창간하고, 1935년에 『영랑시집』을 출간한다. 여기에 수록된 「돌담에 속삭이는 햇발」, 「끝없는 강물이 흐르네」, 「모란이 피기까지는」, 「내 마음 아실 이」 등의 시는 섬세한 율조의 언어로 맑고 아름다운 서정을 표현하고 있다. 김영랑은 한국전쟁 중 서울에 은신해 있다가 포탄의 파편을 맞고 타계하였다.

시인은 「돌담에 속삭이는 햇발」에서 돌담에 속삭이는 햇발같이, 풀 아래 웃음 짓는 샘물같이 하늘을 우러르고 싶은 소망을 말한다. 순수한 내면 세계에 대한 추구는 「끝없는 강물이 흐르네」라는 시에서도 잘 나타난다. 마음의 형상을 끝없이 흐르는 강물에 빗대고, 강물에 아침 햇살이 은은하게 비치는 모습을 "돋쳐 오르는 아침 날빛이 빤질한 은결을 도도네"라고 표현한다.

순수한 아름다움을 지닌 자연은 시인에게 동경의 대상이 된다. 자연과의 교감을 보여 주는 시에는 정지용의 「이른 봄 아침」, 조지훈의 「풀잎단장」, 박목월의 「나무」, 김관식의 「거산호2」, 박성룡의 「과목」, 이기철의 「청산행」, 오세영의 「겨울 노래」, 조창환의 「피보다 붉은 오후」, 이준관의 「저녁별」, 송찬호의 「가을」, 「토란 잎」 등이 있다.

깃발

유치환

이것은 소리 없는 아우성
저 푸른 해원海原을 향하여 흔드는
영원한 노스탤지어의 손수건
순정은 물결같이 바람에 나부끼고
오로지 맑고 곧은 이념의 푯대 끝에
애수哀愁는 백로처럼 날개를 펴다
아아 누구던가
이렇게 슬프고도 애달픈 마음을
맨 처음 공중에 달 줄을 안 그는

「깃발」은 유치환 시인의 대표작으로 「바위」, 「생명의 서」 등과 함께 교과서에 실려 있다. 이 작품은 일반적으로 인간 존재의 동경과 그 비애를 다룬 시로 본다. 깃발은 푸른 바다에 이르고자 하나, 깃대에 꼭 묶여 아우성만 칠 뿐 끝내 그곳에 이르지 못한다. 여기서 깃발은 인간의 존재의 한계성을 나타내는 사물로서 의미를 갖는다. 인간은 깃대에 매달린 깃발처럼 이상향을 동경하나 근원적인 한계로 그 꿈을 이루지 못한다. 작품의 내용을 간단히 도식화하면 다음과 같다.

깃발	인간
해원	동경의 대상, 이상향
(이념의) 푯대	현실의 한계
슬프고도 애달픈 마음	좌절의 비애

이 작품 해석의 중심에는 "푯대"가 있다. 푯대는 배의 깃대에 묶여 있는 깃발을 떠오르게 한다. 깃발이 깃대에 묶여 있다는 사실은 인간은 이상을 동경하지만 현실의 제약으로 그 꿈은 좌절된다는 결론을 유도한다. 그러나 이러한 결론 도출은 관습화된 연상 작용에 의존한 바가 커 온전한 해석을 방해한다. 작품 내 유기적인 의미 관계를 간과할 때 시 해석은 작품의 본의와는 다른 방향으로 나아갈 우려가 있다.

이 시의 매력 중 하나는 돌려 말하는 데 있다. "애수"나 "슬프고 애달픈 마음"에서 화자의 감정을 엿볼 수 있지만, 해원을 향해 나부끼는 깃발을 통해 의미를 간접적으로 전달하고 있다. 장황하게 말하지 않고 'A는 B'라는 전형적인 은유의 방식을 사용해 표현의 효과를 얻고 있다. "이것은 소리 없는 아우성"의 경우, 표면적으로 의미가 모순되고 있어 시구절에 담긴 의미를 곰곰이 살피며 읽어야 한다.

「깃발」은 내용상 1~3행, 4~6행, 7~9행의 세 부분으로 나눌 수 있다. 이 중에서 둘째 부분은 "순정", "애수"와 같이 어떤 감정이 나타내는 말이 예사스럽지 않다. 순정이나 애수는 일차적으로 깃발이 지닌 마음으로 보인다. 깃발은 바다만을 향하고 바다의 물결처럼 바람에 나부낀다. 이것이 깃발의 "순정"이다. 그럼 "애수"는 깃발의 어떤 상태를 두고 이른 것일까?

1~3행의 내용은 이에 대한 답을 찾도록 도와준다. 깃발은 소리 없는 아우성이다. 하나의 가정을 하자면, 화자는 바닷가 인근에서 바람에 찢어질 듯 펄럭이는 깃발을 바라보고 있다. 그에게는 어떤 소리도 들리지 않지만 깃발이 아우성치는 것처럼 느껴진다. 또 얇고 작은 손수건이 아득한 바다를 향해 흔드는 것처럼 보인다. 침묵에서 울리는 내면의 아우성과 멈추지 못하는 영원한 동경은 깃발이 지닌 운명이다. 깃발은 깃대에 묶여 있어 바다를 향한 간절한 꿈이 있어도 그곳으로 가지 못한다. 기존의 해석은 이러한 상황 설정으로 깃발의 "애수"를 설명한다. 하지만 이런 설명은 아래의 시구절을 오롯이 해명하지 못한다.

오로지 맑고 곧은 이념의 푯대 끝에
애수哀愁는 백로처럼 날개를 펴다

깃대라 하면 될 것을 화자는 왜 "푯대"라 했을까. 푯대를 깃대의 동의어로 보더라도 "맑고 곧은 이념"이 어떻게 푯대와 연관되는지 모호하다. 또 백로처럼 날개를 편다는 것은 무슨 의미일까? 푯대는 목표로 삼아 세우는 기둥으로 기를 꽂는 깃대와는 의미가 다르다. '이념'은 이상적인 생각이나 견해를 뜻한다. 따라서 "이념의 푯대"는 이상적으로 여기는 어떤 목표를 가리킨다고 볼 수 있다. 이 목표는 화자가 이상으로 여기는 맑고 곧은 목표이다.

날개를 펴는 백로는 깃발의 하얀 색과 관련지을 수 있다. 흰 빛깔의 백로가 날개를 편다는 것은 말 그대로 새가 날개를 쭉 뻗은 모습을 가리킨다. 이면적으로는 정신적 상승을 함축한다. 슬픔과 근심을 뜻하는 애수와 연관지으면 날개를 쭉 뻗은 백로의 모습은 슬픔과 근심을 털어내고 성숙한 삶의 자세를 지닌다는 의미로 해석이 가능하다.

물론 이것은 임의적인 가설이다. 바람에 찢어질 듯 펄럭이는 깃발이 백로처럼 우아하게 날개를 펼쳐 보일 수는 없다. 그럼에도 이는 작품 내에서 실현된다. 다만 하나의 조건이 따른다. 애수가 백로처럼 날개를 펼 때는 오로지 맑고 곧은 이념의 푯대 끝에서다. '오로지'는 어떤 특정 대상을 지정하거나 강조할 때 쓰는 말인데, 이 시에서는 "맑고 곧은 이념"이라는 뒷말을 한정하여 강조한다. 곧 맑고 곧은 이념의 푯대에서만 애수가 백로처럼 날개를 편다는 것이다. 이것은 달리 말하면 깃발이 맑고 곧은 목표를 지니지 못하여 날개를 펴지 못한다고 볼 수 있다.

이 시에서 깃발은 시인과 동일시되는 대상으로 볼 수 있다. 깃발의 현실적 처지는 시인과 다를 바 없다. 깃발은 바람으로 계속 펄럭여야 하는 운명이어서 백로처럼 날개를 펼쳐 보일 순 없다. 그 또한 깃발과 마찬가지로 바람에 나부끼며 슬프고도 애달픈 마음으로 살아간다.

시인은 정신적 고뇌 속에서 평정심을 찾길 바라며 자신을 깊이 성찰한다. 그는 지금의 고통이 자신의 목표로 삼고 있는 이념이 곧지 않은 데서 오는 것이 아닐까 하고 생각한다. 그리고 자신의 슬픔이나 근심이 맑고 곧은 생각의 중심점에서는 사그라질 것이라고 믿는다. 그래서 깃발은 시인에게 따가운 질책과 가르침으로 다가온다.

이런 맥락에서 「깃발」의 시상을 정리하면 1~3행은 시인의 현재의 모습이다. 4~6행이 현실과 이상 간의 괴리를 보여 주는 것이라면 7~9행은 그 괴리감에서 표출된 시인의 감정 표현이다. '맨 처음 깃발을 공중에 달 줄 안 그는 누구인지' 묻는 뒷말은 분명한 답을 묻는 질문이 아니다. 공중의 매달린 깃발은 이것이 삶이라는 것을 일러 준다. 이 시의 끝 부분은 삶에 대한 시인의 각성과 확인이라 볼 수 있다.

이 시는 'A는 B다'라는 은유의 전형적인 방식을 구사한다. 특이한 것은 하나의 대상에 여러 보조관념이 따른다는 점이다. 원관념(A)은 깃발 하나인데, 보조관념은 "소리 없는 아우성"(B1), "영원한 노스탤지어의 손수건"(B2), "순정"(B3), "애수"(B4), "슬프고도 애달픈 마음"(B5) 등으로 다섯이 된다. 141

은유는 표현의 선명성을 확보하기 위해 구체적 사물을 보조관념으로 하는 경우가 많은데, 이 작품은 추상적 관념을 보조관념으로 하고 있는 것이 특징이다. B2를 제외한 모두는 가시화될 수 없는 성질의 것들이다. 깃발의 보조관념으로 가져온 "순정"(B3), "애수"(B4), "슬프고도 애달픈 마음"(B5) 등은 의미상 서로 겹치는 부분이 있어 독자적 역량을 발휘하지 못하고 있다. 이들 보조관념은 깃발을 바라보며 느낀 화자의 감정을 은유의 방식에 가져다 놓은 것에 지나지 않아 비유가 갖는 새로움이나 긴장은 부족하다.

그럼에도 이 시는 표현에서 일정한 성취를 보여 준다. 비유 안에서 또 다른 수사를 구사한다. 'A는 B다'라는 틀 속에서 B를 역설이나 직유의 기법으로 나타낸다. "소리 없는 아우성"(B1)은 역설의 일종인 모순어법이 사용된 전형적인 예다. '모순 형용'이라고도 일컫는 모순어법은 수식하는 말과 수식을 받는 말이 서로 어긋나는 관계에 있다는 뜻이다. 소리 없는 아우성이 존재할 수 없는데도 그렇게 표현함으로써 세찬 바람에 나부끼는 깃발의 모습을 역동적으로 그려 낸다. 여기서 화자는 겉으로는 말이 없이 조용하지만, 속으로는 간절한 그리움으로 몸부림치는 인간의 내면적 아픔을 표현한다. 모순어법은 정상적인 논리로는 말이 되지 않지만 어떤 특이한 감정을 나열하여 화자의 내밀한 심정을 효과적으로 드러낸다.

보조관념 안에서 직유가 쓰인 것은 "순정은 물결같이 바람에 나부끼고"와 "애수는 백로처럼 날개를 펴다"라는 구절에서 엿볼 수 있다. "순정"과 "애수"의 원관념은 깃발이다. 화자는 깃발이 푸른 바다만을 향해 날리는 것에서 깃발의 순정을 발견하고, 바람의 자극으로 쉼 없이 펄럭이는 깃발의 모습에서 파도치는 물결을 착상한다. 결국 "순정은 물결같이 바람에 나부끼고"는 깃발이 바다만을 향하고, 바람에 나부끼는 두 모습에서 찾아진 것이라 볼 수 있다. 그리고 화자는 깃발의 슬픈 처지를 "애수"라는 감정에 빗댄다. 깃발의 하얀 색채와 그것이 날리는 모습에서 "백로"를 연상한다. "애수"(B4)는 깃발의 보조관념인 동시에 "백로"에 관한 원관념이 된다.

넓게 읽기

깃발 / 유치환

통영이 낳은 유명한 문인 세 사람이 있다. 소설가 박경리, 시인 유치환과 김춘수가 이들이다. 유치환(1908~1967년)은 경남 통영에서 태어나 부산 동래고등보통학교를 졸업하고 연희전문학교 문과에 1년 수학하였다. 1939년 통영협성상업고등학교 교사로 있다가 그 이듬해 만주 빈강성으로 이주하여 형 유치진이 개간한 땅을 관리하며 정미소를 운영하였다. 1945년 6월 귀국하여 통영여자중학교, 부산의 경남고등학교, 통영여자고등학교, 경남 안의중학교 등에서 국어교사로 재직하였다. 평생을 교육자로서의 삶을 살았던 그는 경주고등학교, 경주여자고등학교, 대구여자고등학교, 부산의 경남여자고등학교, 부산남여자상업고등학교 등에서 교장을 하다가 1967년 부산 동구 좌천동 앞길에서 버스에 치여 타계하였다. 이곳 근방의 부산진역에 「바위」를 새긴 시비가 있다.

1939년 첫 시집인 『청마시초』를 시작으로 『생명의 서』(1947), 『울릉도』(1948), 『유치환 시선』(1958), 『뜨거운 노래는 땅에 묻는다』(1960) 등의 시집을 냈다. 대표작에는 「깃발」 외에 「생명의 서」, 「일월」, 「바위」, 「울릉도」 등이 있다. 시인은 이 시들에서 인생의 허무와 고독을 생명에 대한 열정으로 극복하려는 태도를 보여 주었다. 시어의 조탁을 무시하고 개념에 충실함으로써 생경한 느낌을 주기도 하였는데, 감성과 관념을 잘 조화하여 독자적인 시 영역을 구축하였다.

청마 유치환이 통영여자중학교에 근무할 때 동료 교사인 이영도를 사모하여 1947년부터 1967년 2월 교통사고로 죽는 그날까지 그녀에게 계속 편지를 보냈다고 한다. 당시 그는 38세의 기혼자였고, 여류 시조시인이었던 이영도는 남편과 사별하고 딸 하나를 기르고 있었다. 청마가 사망했을 때 그녀가 보관한 편지가 5,000여 통이었는데, 이 중 200통이 『사랑하였으므로 행복하였네라』라는 단행본으로 출간되었다. 이 책의 수익은 이영도의 뜻에 따라 후진 양성을 위한 '시조시인상' 기금으로 쓰였다. 「행복」, 「사모」, 「그리움」 등은 유치환 시인이 남긴 대표적인 연시다.

광야 曠野

이육사

까마득한 날에
하늘이 처음 열리고
어데 닭 우는 소리 들렸으랴

모든 산맥들이
바다를 연모戀慕해 휘달릴 때도
차마 이곳을 범犯하든 못하였으리라

끊임없는 광음光陰을
부지런한 계절이 피여선 지고
큰 강물이 비로소 길을 열었다

지금 눈 내리고
매화 향기 홀로 아득하니
내 여기 가난한 노래의 씨를 뿌려라

다시 천고千古의 뒤에
백마白馬 타고 오는 초인超人이 있어
이 광야에서 목 놓아 부르게 하리라

이 시를 감상하기 위해선 우선 시어의 뜻을 알아야 한다. 학생들은 제목인 '광야'를 비롯해 연모, 범하든, 광음, 천고, 초인 등의 어휘를 잘 알지 못한다. 시에서는 선별된 어휘가 긴밀하게 배열되어 본래의 사전적 의미가 다른 뜻을 나타나기도 한다. 그래서 시의 독자는 문맥을 통해 시의 함축적 의미를 이해해야 한다. 가령 4연에 사용된 "아득하니"는 보이는 것이나 들리는 것이 희미하고 매우 멀다는 뜻을 지니고 있다. 하지만 이런 사전적 의미로는 "매화 향기 홀로 아득하니"의 의미가 명료하게 잡히지 않는다.

"내 여기 가난한 노래의 씨를 뿌려라"에서 사용된 "가난한"이라는 어휘는 보편적인 쓰임과는 다르다. 일반 용법으로는 함께 쓸 수 없는 말인데도 "가난한 노래"라고 자연스럽게 쓰고 있다. 이런 점에서 시에서 어휘의 사용은 변칙적이고 개성적이라 할 수 있다.

「광야」는 시인이 머릿속으로 생각하고 상상한 것을 시화하고 있다. 독자는 상상의 흐름을 읽으며 시인이 말하고자 하는 속뜻을 알아채야 한다. 시상의 근원지는 광야이다. 아득히 넓은 들이라는 뜻을 지닌 광야(曠野)는 우리 민족의 터전을 상징한다. 이 시는 조국의 터전을 공간적 배경으로 삼아 광야의 과거, 현재, 미래를 담아내고 있다. 1~3연은 "까마득한 날"의 과거를 배경으로 하고 있으며, 4연은 "지금"의 모습을, 그리고 5연은 "다시 천고의 뒤"의 미래를 그려 내고 있다. 시인이 상상한 내용을 개괄하면 다음과 같다.

하늘이 처음 열리는 까마득한 옛날에 광야에는 닭 우는 소리조차 들리지 않았다. 모든 산맥들이 바다를 향해 뻗어 있고 그 누구도 이곳을 침범하지 못하였다. 광활하고 신성한 터전에 시간이 끊임없이 흘러 큰 강물이 비로소 문명의 길을 열었다. 지금 차가운 눈이 내리지만 매화 향기가 홀로 은은하니 내 여기에 희망의 노래의 씨를 뿌릴 것이다. 미약한 힘으로는 풍성할 결실을 맺을 수 없기에 나는 백마를 타고 올 초인을 기다린다. 그로 하여금 내가 뿌린 노래의 씨를 목 놓아 부르게 할 것이다.

이 작품에서 독자가 특히 유념해야 할 부분이 있다. 4연의 "내 여기 가난한 노래의 씨를 뿌려라"와 5연의 "이 광야에서 목 놓아 부르게 하리라"라는 구절에는 시인의 행동과 의지가 담겨 있다. 이 예사롭지 않은 행동과 다짐을 해명하는 것이 「광야」의 세계를 여는 열쇠가 된다.

이 시의 1연은 천지가 개벽하는 태초의 신비함과 장엄함을 보여 준다. 화자는 새벽을 알리는 닭 우는 소리조차 없던 태초의 시간을 상상한다. 1연은 인간 문명이 시작되기 전 하늘이 처음 열리던 순간의 장엄함을 그려 내고 있다.

"어데 닭 우는 소리 들렸으랴"라는 구절에 대해서는 해석상 이견이 있다. 논란의 쟁점은 닭 우는 소리가 들렸느냐 들리지 않았느냐는 것이다. 이 구절은 '어디에 닭 우는 소리가 들렸으리라'라는 추측으로 보는 견해와 '어디 닭 우는 소리 들렸겠는가'라는 수사적 의문으로 보는 견해로 갈린다.

김종길은 "들렸으랴"를 '들렸으리라'의 축약형으로 보고 처음 하늘이 열릴 때 닭 우는 소리가 들렸다고 해석한다. 이때 "닭 우는 소리"는 천지개벽의 장엄하고 엄숙한 순간을 시적으로 형상화하기 위해 가져온 것이며, 닭은 가축의 닭이라기보다는 새벽을 알리는 상징적 존재라는 것이다.[3]

3 김종길, 『시 어떻게 읽을 것인가』, 고려대학교출판부, 1998, 142쪽.

이숭원 교수는 "들렸으랴"를 '들렸으리라'라는 추측형으로 볼 이유가 없다는 입장에서 1연을 태초의 정적 속에 새로운 세계가 열리는 장엄한 순간을 그린 것으로 본다. 그의 해석에 따르면, "닭 우는 소리"를 태초의 적막을 깨고 새로운 세계의 출발을 나타내는 것으로 등장시킨 것이라면 이것은 인간 문명이 시작되기 전의 태초의 신비와 장엄함이 오히려 줄어드는 결과를 빚어낸다. 인간의 흔적도 없는 태초의 순간에는 아무런 소리도 들리지 않았다고 해야 신비로움이 더 강조될 것이다. 따라서 "어데 닭 우는 소리 들렸으랴"는 '어디에도 닭 우는 소리가 들리지 않았다'는 의미로 볼 수 있다.[4]

2연의 '모든 산맥들이 바다를 연모해 휘달린다'는 구절은 비유가 사용된 시적 표현이다. 산맥들이 바다를 사랑해서 빨리 달린다는 표현은 흥미롭고 참신하다. 사람의 흔적이 보이지 않는 태초에 주위는 온통 산과 바다뿐이다. 산은 산으로 이어지는 산맥을 이루고, 이 산맥은 바다로 둘러싸인다.

문맥상 산맥이 휘달리는 것은 연모의 감정에 따른 행위로 볼 수 있으나 연모에 중점을 둘 필요는 없다. 2연은 원시적인 순수성을 보존하고 있는 산맥과 바다에 초점을 두고 광야의 모습을 역동적으로 묘사하여 까마득한 날의 광야가 광활하고 신성한 곳임을 강조하고 있다. 너무나 거룩하고 성스러워 그 누구도 이곳을 차마 침범하지 못한다.

"차마 이곳을 범하든 못하였으리라"는 결코 평범하지 않는 진술이다. 이 문장에서는 '범하다'에 대한 주어가 빠져 있는데, 문맥상 주어는 미지칭의 '누구도'로 볼 수 있다. 일제 강점기라는 시대 상황에 비춰 보면, 이 진술은 일제에 대한 시인의 항변으로 읽을 수 있다. 그 누구도 신성한 우리 땅에 침범하지 못하였는데, 일제가 무엄하게도 신성의 공간을 더럽혔다는 것이다.

---

4 이숭원, 『교과서 시 정본 해설』, Human&Books, 2008, 225쪽.

3연은 오랜 세월을 지나며 광야에 문명이 싹텄다는 것을 강물을 통해 나타내고 있다. 이는 인류 문명의 발상지가 대부분 큰 강 주변이라는 사실에 착안한 것으로 보인다. 큰 강물이 길을 열기까지 부지런한 계절이 꽃처럼 피고 짐을 되풀이한다. 여기서는 광야의 유구함과 역사의 연속성을 보여 주며, 어떤 상황 속에서도 역사는 단절되고 흘러간다는 메시지가 내포되어 있다.

4연은 눈 내리는 광야의 현재 모습이다. 화자는 찬 기운 속에서 홀로 은은히 퍼지는 매화 향기를 맡고는 가난한 노래의 씨를 뿌리고자 한다. "매화 향기 홀로 아득하니"에서 "아득하니"는 매우 멀다는 본래의 뜻을 거부한다. "향기"나 "홀로"라는 앞말은 "아득하니"를 은은하고 그윽하다는 뜻으로 받아들이게 한다.

매화는 눈 내리는 추운 날에도 생명력을 잃지 않고 꽃을 피우며 향기를 퍼뜨린다. 매화 향기는 대자연이 보여 주는 희망의 손짓으로 냉랭한 현실에서 힘들게 살아가는 이에게 삶의 기운을 불어넣어 준다. 화자는 눈으로 얼어 버린 광야에 생명의 씨를 뿌린다. 이 씨앗은 당장은 쓸모가 없지만 훗날 풍성한 결실을 맺을 것이다. 하지만 이 결실은 화자의 미약한 힘으로는 이루기 힘들다. 현실의 두꺼운 벽을 알기에 화자는 풍성한 결실을 맺을 먼 훗날을 기약하며 자신이 뿌릴 씨를 "가난한 노래의 씨"라고 말한다.

냉랭한 현실 속에서 화자는 희망의 끈을 놓지 않는다. 고통과 절망의 시간을 인내하고 기다리면 씨가 결실을 맺듯 이 현실을 구원해 줄 사람이 나타나리라고 확신한다. 지금의 현실은 자신이 어떻게 해볼 수 없다는 것을 알기에 그는 먼 미래의 시간을 기약한다.

5연의 "천고의 뒤"는 언제가 될지 모르는 미지의 시간이 아니라 반드시 도래할 미래의 시간이다. 당장은 어렵지만 고통의 시간을 인내하면 "백마

타고 오는 초인"과 같이 늠름하고 훌륭한 지도자가 나타날 것이다. 초인은 고통의 굴레에서 우리 민족을 구원해 줄 지도자다. 초인이 목 놓아 부를 노래는 희망의 메아리이며, 밝은 미래의 도래에 대한 시인의 신념이다.

이 시는 각 연을 세 행으로 하여 안정된 형태를 취하고 있다. 견고한 형식 속에서 과거, 현재, 미래의 시간 순서로 광야의 역사가 재현된다. 표현 방식에서는 직접적으로 말하지 않고 사물에 뜻을 담아 표현하고 있다. 닭 우는 소리, 강물, 눈, 매화 향기, 노래의 씨, 초인 등은 상징적 의미를 갖는다.

이 작품에서 단연 돋보이는 것은 상상적 표현이다. '광야'라는 광활한 공간과 아득한 시간을 배경으로 하여 시상을 전개한다. 시인이 직면한 현실은 녹록하지가 않다. 그는 눈 내리는 냉담한 현실에서 하늘이 처음 열리던 태초의 시간과 천고 뒤의 먼 미래를 떠올린다. 광야는 시인이 직접 경험하지 못한 두 시간대를 연결하는 고리가 된다. 상상을 통해 광야의 원시성과 신성함을 되찾고, 미래에 대한 기대와 투시로 현실 극복의 의지를 다짐한다.

현대시사에서 이육사의 「광야」만큼 웅장한 스케일을 보여 주는 시는 드물다. 이 시의 호방한 기개는 독자를 압도한다. 산맥들이 바다로 둘러싸인 광활한 광야를 배경으로 하여 시인의 상상은 하늘이 처음 열리는 태초부터 시작해 천고 뒤의 미래까지 나아간다. 일제가 우리나라를 범하던 고통스런 현실 앞에서도 조금도 물러섬이 없이 희망의 노래를 부르며 백마를 타고 올 초인을 기다린다. 시인의 드높은 기개와 강인한 의지는 희망찬 미래의 다짐으로 펼쳐진다.

광야曠野 / 이육사

이육사(1944~1944년)는 신념을 행동으로 보여 준 대표적인 지식인이다. 본명은 이원록이다. 시인은 1927년 조선은행 대구지점 폭파사건에 연루되어 대구형무소에 수감되었는데, 이때의 수인 번호 '264번'에서 호를 가져와 이육사라 지었다고 한다. 식민지 현실에 절망하지 않고, 죽는 그날까지 독립에 대한 소망과 의지로 일제에 항거하다가 1944년 베이징 감옥에서 옥사하였다.

「광야」는 1946년에 출간된 유고시집 『육사시집』에 수록된 작품이다. 이 시와 같이 미래에 대한 희망과 소망이 담겨 있는 작품에는 이육사의 「한 개의 별을 노래하자」, 박두진의 「어서 너는 오너라」, 신석정의 「들길에 서서」, 조지훈의 「산상의 노래」, 이성부의 「봄」, 신동엽의 「봄은」, 김종길의 「바다에서」 등이 있다.

절정

이육사

매운 계절의 채찍에 갈겨
마침내 북방北方으로 휩쓸려 오다

하늘도 그만 지쳐 끝난 고원高原
서릿발 칼날 진 그 위에 서다

어데다 무릎을 꿇어야 하나
한 발 재겨디딜 곳조차 없다

이러매 눈 감아 생각해 볼 밖에
겨울은 강철로 된 무지갠가 보다

이육사의 「절정」은 이육사의 대표시로서 고등학교 교과서에 빠짐없이 수록되고 있다. 이 시는 일제 강점기라는 억압적인 상황에서 굽힘이 없는 시인의 비범한 정신적 경지를 보여 준다. 그래서 이 작품을 읽을 때에는 시인이 처한 상황을 떠올려 보고 그의 정신세계를 이해하는 것이 중요하다. 시행 한 줄 한 줄이 깊은 의미를 담고 있는데, 특히 3연의 "어데다 무릎을 꿇어야 하나"와 4연의 "겨울은 강철로 된 무지갠가 보다"에서 시인이 처한 절박한 상황과 고결한 정신세계가 압축되어 표현되고 있다.

이 시에서 '절정(絶頂)'은 산의 정상이 아닌 고통의 최고조 또는 각성을 통한 정신적 환희를 뜻한다. 시인은 극한 상황에 몰리면서도 정신만은 잃지 않으려 하며, 강한 정신력으로 이를 극복하려 한다. 자신이 처한 극한 상황을 "강철로 된 무지개"로 인식하며 암담한 현실을 초극하고자 한다. 고통을 감내하는 비장한 인간의 모습은 "겨울은 강철로 된 무지갠가 보다"라는 구절에서 절정을 이룬다.

화자는 본래 자신이 살던 곳을 떠나 '북방'으로 쫓겨 간다. 그를 북방으로 내몰게 한 "매운 계절의 채찍"은 혹독한 추위를 나타내면서 외부에서 가해지는 시련을 뜻한다. 북방으로 쫓겨감은 화자가 이미 짐작했던 일이다. 외부의 탄압이 극심해져 언젠가는 자신이 북방으로 쫓겨 가게 될 것이라고 생각하고 있었는데 이것이 현실화된다. "마침내 북방으로 휩쓸려 오다"에서 "마침내"는 이러한 정황을 일러 준다.

화자는 극심한 시련으로 북방까지 쫓기고, 급기야 고지대의 벌판에 이르게 된다. "고원"은 북방의 극점으로 더 이상 나아갈 수 없는 수직적 극한이다. 그는 북방에서 고원으로, 고원에서 "서릿발 칼날 진 그 위"에 서게 된다. 고원에서 내다보는 하늘은 마치 지쳐 끝난 것처럼 와닿으며, 자신의 발에 밟히는 차가운 서리는 칼날이 선 것처럼 날카롭게 느껴진다.

화자는 지금의 절박한 상황에서 벗어나려 한다. 무릎을 꿇고 어떤 초월적인 힘에 기대어 보려 하지만 그 어디에도 그가 의지하거나 쉴 만한 곳은 없다. 무릎을 꿇는 행위는 굴복이나 패배의 의미가 아니라 구원을 통해서라도 극한 상황을 타개하려는 화자의 간절한 염원으로 볼 수 있다. 그러나 가파른 벼랑에 서 있는 것처럼 그에게는 한 발 디딜 곳조차 없다.

비켜설 수도 없는 절망적 현실에서 구원을 바라는 것이 불가능하다는 것을 알고 화자는 조용히 눈을 감고 생각에 잠긴다. 사색을 통한 관조(觀照)는 생존이 위협받는 위기의 상황에서 화자가 할 수 있는 최선의 선택이었다. 북방까지 휩쓸려 오며 끝까지 맞서 온 그의 자존심과 신념은 자포자기를 허락하지 않는다. 죽음의 문턱에서 결코 물러서지 않겠다는 강한 의지는 지금의 고통을 아름답고 황홀한 것으로 전이시킨다.

"강철로 된 무지개"는 절망의 어둠 속에서 화자가 찾은 희망의 빛이다. 아름다운 빛깔의 "무지개"는 희망이나 꿈, 환희 등을 암시한다. "무지개"는 아름답지만 순간 사라지는 성질이 있다. "강철"의 변함없는 강인함은 이러한 순간성과 소멸성을 차단한다. 겨울의 무지개가 강철로 되어 있다는 것은 절망 속에서도 사라지지 않는 강한 희망이 있다는 것을 함축한다. 곧 희망이나 꿈은 강철처럼 견고하고 지속된다는 것이다. 화자는 겨울을 강철로 된 무지개로 인식하면서 지금의 절망이 희망으로 전환될 것이라 믿는다. 이로써 그는 비극적 현실을 초월한다.

김종길은 이 구절을 '비극적 황홀'로 해석한다. 한 발짝의 후퇴나 양보조차 없는 한계 상황에서 화자는 고통을 황홀한 것으로 받아들이는 결단에 도달했다는 것이다. 이때의 황홀은 강철과 같은 차가운 비정과 날카로운 결의를 내포한 황홀이다.[5] 오세영은 "강철로 된 무지개"를 비극적 초월을 통한 시인의 정신적 완성으로 본다. 그의 분석에 따르면, "겨울"의 이미지는 시인을 죽음으로 몰고 가는 상황의 표상이며, "강철"은 죽음 혹은 축소된 삶, 무지개는 생성 혹은 확대된 삶을 의미한다. 그래서 「절정」은 시인의 의식 공간과 삶의 영역이 축소 무화(無化)되는 과정을 통해 오히려 삶을 확대시키는 비극적 초월을 보여 준다.[6] '비극적 황홀'이든 '비극적 초월'이든 두 해석은 화자가 고통의 끝자락에서 눈을 감는 행위를 통해 정신적 변혁을 시도하고 있음을 함축한다.

그런데 이와 다르게 보는 입장도 있다. 고통의 극한 상황이나 겨울이라는 계절이 주는 부정적 이미지를 강조하는 입장이다. 이 시각에서는 '무지개'가 꿈이나 희망의 긍정적 의미를 갖지 않는다. 무지개는 아주 차가운 강철로 되어 있기 때문에 아름다운 빛을 내지 못한다. 굳어 버린 무지개는 하나의 허상일 뿐이라는 것이다. 화자는 한 발 디딜 곳조차 없는 절박한 상황에서 희망이란 찾아볼 수 없다는 것을 자각하고, 절망적인 현실에 좌절하고 만다. 이러한 해석에서는 절망적 현실에 대한 좌절의식이 작품의 전체적 의미가 된다.

그러나 「절정」을 이렇게 보는 것은 온당하지 않다. 이 시가 보이는 절제된 형식과 응축된 표현에는 화자의 결연한 의지가 엿보이기 때문이다. 비슷한 길이의 시행을 두 행씩 배열하여 정돈된 형식을 취하고 있으며, 생략과 압축을 통해 긴장감을 더하고 있다. 이 시에서는 절망이나 슬픔이라는 감정은 표출되지 않는다. 화자는 절체절명의 위기 상황에서도 자신을 잃지 않으려고 의연한 태도를 보인다. "오다", "서다", "없다", "보다" 등과 같이

5 김종길, 「한국시에 있어서의 비극적 황홀」, 『시에 대하여』, 민음사, 1986, 409~415쪽.

6 오세영, 「이육사의 '절정'—비극적 초월과 세계인식」, 『한국현대시 작품론』, 문장, 1996, 268~274쪽.

감정이 최대한 절제된 현재형 어미를 사용하여 상황에 동요되지 않는 냉정함을 보인다.

화자의 상황과 정서를 중심으로 보면, 이 작품은 극한의 시련을 나타내고 있는 1~3연과 이를 의지적으로 이겨 내려는 4연으로 나누어 볼 수 있다. 이 시의 구조에 대해 기승전결(起承轉結)의 4단 구성으로 보기도 한다. 1연과 2연에서 순차적으로 전개된 시상이 3연에 와서 전환되고, 4연에서 마무리된다는 것이다. 이 작품이 4연으로 되어 있고, 3연에서 시상이 전환된다는 것이 작품을 기승전결의 구성으로 보는 결정적인 단서가 된다.

하지만 3연에서 시상이 뒤바뀐다고 보기는 어렵다. 3연은 앞서 전개된 시상이 심화된 것으로 볼 수 있기 때문이다. 일부의 의견처럼 무릎을 꿇는 행위를 극한 상황에서 화자가 갖는 좌절감을 나타낸 것으로 보더라도 3연의 내용은 1, 2연과 밀접한 관련이 있다. "한 발 제겨디딜 곳조차 없다"는 것에 대한 인식은 북방으로 쫓겨와 서릿발 칼날 진 고원에 서야 하는 상황에서 이루어진 것이다. 이 시에서 공간은 '북방 → 고원 → 서릿발 칼날 진 곳'과 같이 이동하는데, 공간을 이동할수록 화자의 상황은 더 열악해지고 고통이 가중된다.

엄밀한 의미에서 시상의 전환은 3연이 아니라 4연에서 나타나고 있다. 화자는 사색과 명상을 통해 극한 상황을 극복하려 한다. "겨울은 강철로 된 무지개"는 화자가 사유의 행위를 통해 깨달은 것이며, 이것은 극한 상황을 견디게 하는 힘이 된다. 제목이 표방하는 '절정'은 화자가 처한 상황의 절정이기도 하지만, 극한 상황에 대응하는 화자의 대결의지 또한 최고조에 이르고 있다는 뜻으로도 볼 수 있다.

「절정」은 표현상 비유와 상징을 구사하고 있는 것이 특징이다. "매운 계절의 채찍", "하늘도 그만 지쳐 끝난 고원", "서릿발 칼날 진 그 위", '겨울은 강철로 된 무지개' 등은 비유가 사용된 구절들이다. 겨울의 계절이 주는 고통을 "매운 계절의 채찍"으로 표현하고 있다. "채찍"은 외부에서 가해지는 고통이나 시련을 나타낸다. "하늘도 그만 지쳐 끝난 고원"은 화자가 겪는 고통의 정도를 나타낸다. 화자는 자신이 겪는 시련이 너무나 가혹해 하늘마저도 지쳐 끝날 것이라는 극단적 인식에 이른다. 끝남은 종말이나 사라짐을 뜻한다. 하늘의 종말은 희망이나 생명력의 상실로 이해될 수 있다. 화자가 도달한 고원은 화자가 더 이상 나아갈 수 없는 곳에 이르렀음을 말해 주며, 동시에 희망이라곤 찾을 수 없는 절체절명의 위기에 처해 있음을 암시한다.

"서릿발 칼날 진"에서는 고원에 서린 서리가 칼날에 비유되고 있다. "칼날"이 갖는 날카로운 이미지는 화자의 목숨이 위태로운 상황에 있음을 알려 준다. 매운 계절의 채찍, 하늘도 지쳐 끝난 고원, 서릿발 칼날 진 등은 모두 겨울이라는 계절이 갖는 부정적인 의미와 연관되어 있다.

그런데 "겨울은 강철로 된 무지갠가 보다"에서 "겨울"은 앞에 제시된 말들과는 의미상 차이가 있다. 이 구절은 A는 B라는 전형적인 은유의 방식으로 "겨울"이 "무지개"에 비유되고 있다. '겨울'이 고통, 시련, 절망, 어둠 등의 의미를 담고 있다면, "무지개"는 삶의 환희, 미래의 꿈, 아름다움 등을 상징한다. 부정적 의미의 겨울이 아름다운 무지개에 연결됨으로써 겨울의 가혹한 고통이 무지개처럼 아름답고 황홀한 것이 될 수 있다는 전망을 가능하게 한다. 이러한 역설적 인식을 통해 화자는 비극적 현실을 초월한다.

교육 현장에서는 흔히 "강철로 된 무지개"를 역설로 본다. 함께 올 수 없는 모순된 시어들이 서로 충돌하고 있다는 것이 그 근거가 된다. 하지만 "강철로 된 무지개"를 시어들이 모순 관계에 있는 역설적 표현으로 본다면,

시에 사용된 예술적 기법은 모두 역설로 설명할 수 있다. 가령 "매운 계절"이나 "하늘도 그만 지쳐 끝난 고원"은 상식적으로 말이 되지 않아 역설이 된다. 과학의 세계에서 '강철로 된 무지개'는 이치에 맞지 않는 불합리한 진술이다. 시 언어를 과학적 진술에 반하는 사이비 진술로 보면 비유나 역설은 이에 대한 하위 요소가 된다. 그래서 이질적 성질을 지닌 말들의 단순 결합이 역설인지 비유인지 모호해진다.

굳이 역설로 보자면 이 시에서는 '구조적 역설'을 엿볼 수 있다. 이 역설은 진술 그 자체가 어긋난 것이 아니라 진술과 이것이 가리키는 상황 사이에 모순이 생긴다. 북방으로 쫓기어 서릿발 칼날진 곳에 서 있어야 하는 상황에서 환희의 무지개를 본다는 것은 그 자체가 모순이다.

이육사의 「절정」은 근본적으로 개인의 관념을 구체화하지 못한 결점이 있다. 이 시는 북방, 고원 등의 공간으로 화자의 처지를 제시하지만, 구체적 상황은 제거되어 있다. 공간의 익명성이 갖는 추상성은 "매운 계절의 채찍", "하늘도 그만 지쳐 끝난 고원", "서릿발 칼날 진" 등의 비유로 보완된다. 하지만 이들 표현은 그 의미를 고스란히 전해 주어 비유로서 기능을 다하지 못하고 있다. 비유는 연결되는 두 대상 간에 의미의 간격이 클수록 긴장이 생기며 참신한 비유가 된다. 이 시에 쓰인 비유적 표현은 한 대상의 의미를 다른 대상에 전이시켜 새로운 의미를 형성하는 언어적 과정에서 치열함을 보이지 못했다.

이 시는 이남호 교수가 지적한 것과 같이, 비유가 서툴고 추상적인 심경을 간단히 제시하는 면이 있으나[7] 절제된 표현을 통해 시상을 집약하고 있다. 한 연을 2행씩 짧게 구성하고, 감정을 최대한 절제하여 긴장감을 얻고 있다.

---

7 이남호, 『한심한 영혼아』, 민음사, 1986, 198~199쪽.

넓게 읽기

절정 / 이육사

이상과 현실 간의 괴리로 삶이 힘들다고 느낄 때 "겨울은 강철로 된 무지갠가 보다"를 고래고래 외치던 시절이 있었다. 인간은 결코 나약하지 않다. 강한 의지와 삶의 통찰로 운명의 굴레나 고통의 극한을 이겨내기도 한다. 시인은 절망을 희망으로 바꾸어 버리기도 한다. 이육사의 「꽃」, 「교목」, 유치환의 「생명의 서」, 「바위」, 조정권의 「산정묘지1」, 「산정묘지5」, 「산정묘지11」, 임영조의 「고도(孤島)를 위하여」, 김종길의 「고고」 등은 높은 정신세계를 담아내고 있다.

서시

윤동주

죽는 날까지 하늘을 우러러
한 점 부끄럼이 없기를,
잎새에 이는 바람에도
나는 괴로워했다.
별을 노래하는 마음으로
모든 죽어가는 것을 사랑해야지
그리고 나한테 주어진 길을
걸어가야겠다.

오늘 밤에도 별이 바람에 스치운다.

_1941. 11. 20.

「서시」는 윤동주 시인의 대표시로 그의 작품 세계를 집약해 보여 준다. 본래 '서시(序詩)'란 시집의 권두에 서문 대신 쓴 시 혹은 서문 비슷하게 첫머리에 다른 장을 마련하여 쓴 시를 말한다. 윤동주는 연희전문학교 졸업을 앞두고 자신이 쓴 시 중에서 18편을 고른 다음, 마지막으로 1941년 11월 20일에 「서시」를 완성하였다.

9행의 짧은 표현에는 시인의 순결한 마음이 담겨 있다. 독자가 이 시에서 읽어야 할 부분은 시인의 마음이다. 시인은 자신의 과오를 깊이 반성하며 나아갈 삶의 방향을 진지하게 모색하고 있다. 「서시」는 결코 평이한 내용의 시가 아니다.

시 해석에서 범하기 쉬운 잘못된 습성이 있다. 고정된 시각에서 단순하게 의미를 부여하는 것이다. 가령 "밤"은 암울한 시대를 나타내고, "바람"은 무조건적으로 외부의 시련이나 고난을 나타낸다고 보는 것이다. "오늘 밤에도 별이 바람에 스치운다."라는 구절은 일반적으로 시련이 계속되는 암담한 현실의 상황을 나타내는 것으로 본다. 그러나 이렇게만 해석되지 않는다. 독자는 시상의 흐름과 시인의 마음을 살피면서 시어에 담긴 함축적 의미를 꼼꼼히 되짚어 봐야 한다.

「서시」는 자신의 삶과 비춰 읽을 수 있는 좋은 시다. 이 시에는 암울한 시대를 살아가는 지식인의 고뇌와 아픔이 배어 있다. 한 점의 부끄럼도 없이 살기는 어렵다. 인간은 완벽한 존재가 아니므로 실수를 하며 잘못을 저지르기도 한다. 구체적인 내용은 알 수 없지만 윤동주 시인은 자신의 부끄러운 삶에 대해 괴로워하며 뼈저리게 반성한다. 시인의 진지한 성찰과 고결한 삶의 자세가 우리에게 감동을 주고 있다.

시인은 밤하늘의 별을 바라보면서 자신의 삶을 성찰한다.

이 시는 1~4행의 과거, 5~8행의 미래, 9행의 현재로 구분되어 작품의 내용이 세 단락으로 나뉜다. 첫 단락은 지금까지 화자가 살아온 삶에 대한 고백이고, 둘째 단락은 미래의 삶에 대한 화자의 신념의 표명이다. 셋째 단락인 2연은 현재의 시적 상황을 제시한다.

이 작품은 표면상 과거, 미래, 현재의 시제로 구분되지만, 전체의 시상은 현재의 시점에 서술되고 있다. 화자인 '나'는 현재의 시점에서 과거의 삶을 성찰하고, 미래의 삶을 다짐하고 있다. 화자가 처한 현재의 상황을 추리해 보면, 그는 별이 빛나는 밤의 시간에 나무가 있는 공간에 있다. 나뭇잎 사이로 바람이 일렁이고, 화자는 그 너머로 혹은 그 위로 반짝 빛나는 별을 바라보고 있다. 이런 상황에서 '나'는 자신의 삶을 살피며 반성한다.

1~4행은 '나'의 순결한 삶의 지향을 보여 준다. '나'는 드높고 맑은 하늘을 보며 자신의 삶을 되돌아본다. 이는 「자화상」의 '나'가 우물을 들여다보며 자신을 성찰하는 모습과 유사하다. 우물 속에는 달이 밝고 구름이 흐르고 하늘이 펼치고 파란 바람이 불고 가을이 있다. '나'는 우물 속의 맑고 아름다운 세계와 어울리지 못한다는 생각에 자괴감을 느낀다. 이때 갖는 자기연민과 미움은 「서시」에서 말하는 부끄러움과 관련 있다. 시인에게 "하늘"은 우물과 마찬가지로 삶의 기준으로서 자신의 모습을 비춰 보는 거울이 되고 있다. 「서시」의 '나'는 하늘에 비춰 자신의 부족함을 느끼며 부끄러워한다.

시인은 한 치의 오점조차 용납하지 않으며 순수하고 떳떳하게 살기를 바랐지만 그렇게 하지 못해 괴로운 것이다. 곧 '나'의 괴로움은 자신이 부끄럼 없는 순결한 삶을 살지 못했다는 자책감에서 생긴 것이다. 이런 점에서 1~4행의 진술은 과거의 소망이면서 현재의 반성이 된다.

'나'를 괴롭게 한 것은 잎새에 이는 바람이었지만, 그것이 근본적인 원인이었다고 볼 수 없다. "바람에도"에서 보조사 '도'는 화자가 잎새에 이는 바람과 같이 사소한 것에도 괴로워했음을 말해 준다. 바람이 심리적 동요를 일으킨 것은 화자의 마음이 그러한 상태에 있었기 때문이다. 시인의 예민한 정서와 섬세한 성격이 작용했다고 하나, 그가 괴로워한 데는 또 다른 이유가 있었을 것이다.

시인은 우선적으로 모든 죽어 가는 것을 사랑하고 그리고 자신에게 주어진 길을 걸어가려 한다. 이런 시인의 다짐은 그가 무엇 때문에 괴로워했는지를 짐작케 한다. 시인은 개인의 자아실현에 몰입하여 모든 죽어 가는 것에 관심을 갖고 사랑하는 마음을 갖지 못했다. "모든 죽어가는 것"은 바람에 시달리는 잎새를 비롯해 이 지상에서 고통스러워하며 힘들게 살아가는 자신과 이웃을 아우른다. 원만하지 못한 현실의 세계는 부끄럼 없는 삶을 소망했던 시인의 마음을 아프게 한다.

이런 시각에서 보면 "잎새에 이는 바람"은 그가 무관심했던 주변의 일이 된다. 현실은 연약하고 작은 잎새가 바람에 흔들리듯 평화롭지 못하다. 완전무결한 삶의 추구로 자아완성을 성취하려는 시인에게 파탄되어 있는 현실은 번민을 일으키는 원인이 된다. 자아에 몰입하여 주변의 현실을 방관한 것이 그 자신을 괴롭혔던 것이다. 개인적으로 순수하고 아름다운 삶을 추구하면서도 현실을 제대로 직시하지 못했다는 것에 대한 자성과 아픔이 5~8행에 내재되어 있다.

시인은 주변의 현실을 도외시하고는 자신의 이상을 실현할 수 없다고 생각한다. 현실을 방관하는 것은 자신의 이상과 배치되는, 부끄럽고도 괴로운 일이기 때문이다. 4행의 "괴로워했다."라는 말은 화자가 겪는 정신적 고통과 내적 갈등을 보여 준다. 그는 자신이 늘 마음으로 동경하던 별을 바라보며 이 상황을 극복하려 한다. 시인은 자신의 살고 있는 현실을 직시하고,

자신의 길을 걸어가고자 한다. 윤동주는 별을 노래하는 마음으로 모든 죽어 가는 것을 사랑하고, 자신에게 주어진 길을 걸어가겠다고 한다.

"별을 노래하는 마음"은 아름다운 세계를 바라는 순수한 마음이며, 흔들리며 살아가는 존재 모두를 사랑하는 마음이다. '나'는 잎새가 바람으로 흔들리는 것을 보고 괴로워하였다. 바람에 흔들리는 나뭇잎은 시들어 갈 것이고, 나무 또한 죽게 될 것이다. 자신을 비롯해 인간 모두는 지상의 나무와 마찬가지로 사라질 것이다. 시인은 가엾은 지상의 모든 생명체를 사랑의 마음으로 포용하고, 자신에게 주어진 길을 걸어가고자 한다. 그가 소명의식으로 받아들인 자신의 길은 한 치의 부끄럼 없이 순수하고 정직하게 사는 것이다.

"오늘 밤에도 별이 바람에 스치운다."는 시인이 동경하는 별에 대한 의미부여이자 자신이 선택한 삶의 방식에 대한 자기 긍정이다. 그는 잎새에 이는 바람이 자신이 동경하는 별에도 불 것이라고 상상한다. 하지만 별을 스치는 바람은 괴로움을 안겨 주는 바람이 아니다. 3행의 "바람"은 잎새를 흔들지만, 9행의 "바람"은 별을 어떻게 하지 못하고 스치며 지나간다. 잎새는 바람에 흔들리며 소멸할 대상이지만, 별은 바람에 흔들리지 않으며 사라지지도 않는다. 천상에서의 바람은 별을 깨끗하게 하고, 별의 빛남과 아름다움을 부각시킨다. 별과 바람의 조우는 잎새와 바람의 만남과는 달리 아름다운 조화의 세계를 보여 준다.

교육현장에서는 바람을 별과 대립적 관계에 있는 것으로 보고 시련이나 고난으로 해석한다. 이것은 "오늘 밤에도 별이 바람에 스치운다."라는 2연의 의미를 어떻게 바라보느냐와 관련된다. "오늘 밤"을 시인이 살았던 식민지 현실로 보면, "바람"은 식민지 상황에서 인간이 겪어야 하는 가혹한 시련을 상징한다. 별은 암담한 현실에서도 변함없이 간직하고 싶은 순수하고 결백한 양심과 관계되며, 바람은 이와 같은 도덕적 순결성을 파괴하려는 현실의 부정적인 요소다. 이러한 관점에서는 현재 시제로 되어 있는 행을 따로 한 연으로 처리한 것에 대해 가혹한 현실 상황을 강조하려는 것으로 받아들인다.

'나'는 과거의 자신의 삶을 반성하고, 앞으로는 그런 삶을 살지 않겠다고 다짐한다. 죽어 가는 모든 것을 사랑하면서 자신에게 주어진 길을 걸어가려 한다. 이렇게 준엄한 성찰의 자리에서 자신이 처한 시대적 상황이 가혹하다고 역설한다는 것은 이 작품에서 시인이 보여 준 고결한 정신세계와는 거리가 있다. 시인은 하늘을 우러러 한 점의 부끄럼조차 허용하지 않을 만치 도덕적 정직성을 지니고 있으며, 신념과 양심에 따라 행동하려 한다. 투철한 소명 의식으로 미래를 개척하려 한 그가 자신의 부끄러운 과오를 반성하면서 현실이 그러했다고 덧붙인다는 것은 어딘지 어색해 보인다.

시인은 하늘, 별과 같은 천상의 자연물에 집중하고 있다. 드넓고 맑은 하늘에 비춰 자신의 삶을 되돌아보고 있으며, 별을 노래하는 마음으로 세상을 살아가고자 한다. 천상의 지향을 통해 사랑과 조화의 삶을 추구하며, 고통스러운 현실 세계에서 벗어나려 한다. 별은 화자가 이르고자 하는 이상 세계로 미래에 대한 소망, 순수하고 깨끗한 영혼, 희망 등을 표상한다. 지상의 잎새와 대응시켜 보면, 별은 시들거나 사라지지 않는 영원의 세계를 함축한다. 밤이라는 시간에 비춰 보면, 별은 어둠을 밝히는 희망의 존재다.

시인은 조화롭고 아름다운 천상의 세계를 지향함으로써 평정심을 되찾고 자신이 갈 길을 분명히 한다. 이러한 실천의 의지에는 바람의 작용이 한몫한다. 바람은 화자에게 고통을 안겨 주기도 하였지만, 천상으로 향하는 마음을 갖게 해 주었다는 점에서 이중적 역할을 한다. 바람은 지상에서만 불지 않는다. '나'와 잎새에 불던 바람은 천상에서도 분다. 바람은 지상과 천상을 이어 주면서 갈등 관계에 있는 현실적 자아와 본질적 자아를 통합시키는 계기가 된다. 천상에서 스치는 바람은 별을 흔들지 못하고, 어둠 속에서 빛나는 별과 조화롭게 어울린다. 밤하늘에 별과 바람이 어우러져 있는, 아름다운 조화의 세계는 시인이 꿈꾸는 궁극적 이상이다.

이 시의 내용은 크게 내면적 세계를 표현한 1연과 외면적 세계를 묘사한 2연으로 구분된다. 1연에서는 과거의 삶을 되돌아보면서 자신의 소망, 심정, 의지 등 시인의 내면을 나타내고 있다. 2연은 주관적 진술로 고백하고 있는 1연과는 달리 시인이 상상한 장면을 객관적으로 묘사하고 있다. 이 시는 1연의 내면 세계와 2연의 외면 세계가 대비되어 있는 것처럼 보이나, 2연이 1연의 정서를 자연의 정경으로 나타낸 것이라 보면 두 연은 의미적으로 관련되어 있다고 볼 수 있다.

2연의 "오늘밤에도 별이 바람에 스치운다."에는 시인의 주관적 심리가 투영되어 있다. 잎새에 이는 바람에도 괴로워했던 예민한 정서는 사랑의 실천을 다짐한 후에 흔들림 없는 지고한 정신의 상태에 도달한 것으로 보인다. 현재형의 객관적 묘사는 감정의 동요를 벗어나 현실을 응시할 수 있는 평정한 의식의 상태를 입증한다.[8]

평정의 마음은 "오늘밤에도"에서도 엿보인다. 이 어휘에 사용된 '도'는 시간의 연속을 뜻하여 잎새에 바람이 일던 과거의 시간에도 바람이 별을 스쳐 지나갔다는 사실을 상기시킨다. 물론 미래의 시간에도 이와 같을 것이다. 시인은 진지한 자기 응시와 사색을 통해 시간의 흐름에도 변함없이

8 이혜원, 「윤동주 시의 운율과 의미」, 『현대시 깊이 읽기』, 도서출판 월인, 2002, 108쪽.

별이 바람에 스친다는 사실을 깨닫는다. 이 깨달음의 환희로 바람에 대한 부정적 인식을 전환하고, 시인은 사랑과 희망의 마음으로 자아와 현실을 새롭게 바라보게 된다.

윤동주의 「서시」는 아름답고 평화로운 세계를 추구하는 순수한 마음을 간결하고 함축적인 언어로 형상화한 작품이다. 이 시는 공간적 측면에서 천상과 지상으로 이원화되어 있고, 갈등 관계에서 보면 지상의 현실 세계에서 괴로워하는 현실적 자아와 천상의 아름답고 평화로운 세계를 소망하는 본질적 자아가 분리·통합되는 과정을 보여 준다. 현실적 자아는 이상과 현실의 괴리로 갈등하고 괴로워하지만, 천상 세계의 지향을 통해 본질적 자아를 회복하고 그가 마음속으로 동경하던 평화와 순수의 세계를 추구한다.

넓게 읽기

서시 / 윤동주

어떤 삶을 살고 있는가. 나뭇잎이 바람에 흔들리는 것을 보며 괴로워한 적이 있는가. 하늘의 별을 노래한 적이 있는가. 윤동주의 「서시」만큼 순결한 삶의 자세를 보여 주는 시는 흔치 않다. 윤동주는 1917년 중국 연변 북간도 명동촌에서 기독교 장로의 맏손자로 태어났다. 1936년 평양 숭실중학교를 다니다가 신사참배 강요에 대한 항의로 자퇴하였고, 광명중학교로 옮겨 졸업한 후 지금의 연세대학교인 연희전문학교에 입학하였다. 대학의 『문우』지에 「자화상」, 「새로운 길」을 발표하고, 그 후 「십자가」, 「또 다른 고향」, 「길」, 「별 헤는 밤」, 「서시」, 「간」 등을 썼다. 일본 유학을 위해 '히라누마'로 창씨개명하고 도일하기 전 고향집에서 「참회록」을 창작하였다. 일본의 릿쿄(立教)대학교에 입학했다가 다시 교토(京都) 도시샤(同志社)대학교 영문학과에 편입하였다. 1943년 귀향 직전에 고향 동문인 송일규와 함께 사상범으로 체포되어 일본 큐슈의 후쿠오카 형무소에서 복역하던 중 1945년 2월 16일 스물아홉의 젊은 나이로 옥사하였다. 1948년 유고시집 『하늘과 바람과 별과 시』가 출간되었고, 1968년 모교인 연세대학교에 윤동주 시비가 세워졌다.

간

윤동주

바닷가 햇빛 바른 바위 위에
습한 간을 펴서 말리우자.

코카서스 산중에서 도망해온 토끼처럼
둘러리를 빙빙 돌며 간을 지키자.

내가 오래 기르던 여윈 독수리야!
와서 뜯어 먹어라, 시름없이

너는 살지고
나는 여위어야지, 그러나,

거북이야!
다시는 용궁龍宮의 유혹에 안 떨어진다.

프로메테우스 불쌍한 프로메테우스
불 도적한 죄로 목에 맷돌을 달고
끝없이 침전沈澱하는 프로메테우스.

_1941. 11. 29.

이 시를 처음 대면하는 독자는 혼란스러울 것이다. 토끼, 독수리, 거북 등 여러 동물이 나오고, 프로메테우스라는 신화적 존재가 등장한다. '간'이라는 제목에서 이들 등장인물이 간이라는 사물과 관련되어 있음을 짐작할 수 있다. 시상은 한국의 구토 설화와 서양의 프로메테우스 신화를 토대로 전개되고 있다. 토끼는 거북의 꾐에 빠져 간을 내놓아야 하는 위기에 처하고, 프로메테우스는 인간에게 불을 주었다는 이유로 독수리에게 간을 쪼아 먹히는 형벌을 받는다. 이 작품은 간을 매개로 하여 동서양의 설화를 연관지어 시인의 내면을 표현하고 있다. 두 고전의 인물은 시인의 의도와 상상에 의해 재구성된다.

「간」을 읽으려면 기본적으로 두 고전이 시인의 의도와 상상에 의해 혼용되어 재구성되고 있음을 알아야 한다. 독자는 시인이 어떤 의도로 토끼, 독수리, 거북, 프로메테우스 등의 등장인물을 가져왔는지 이해해야 한다. 또한 이 작품에서는 화자와 청자를 제대로 파악해야 한다. '너'로 지칭되는 독수리뿐만 아니라 거북도 청자로 제시되고 있다. 화자는 '나'다. 그런데 작품 속의 나는 구토지설의 토끼가 되기도 하고, 신화 속의 프로메테우스가 되기도 한다.

원전에 나오는 등장인물과 청자를 고려해 보면, "습한 간"을 말려 지키겠다는 1, 2연의 화자는 토끼가 된다. 독수리에게 간을 뜯어 먹으라고 말하는 3, 4연의 화자는 프로메테우스라고 볼 수 있다. 5연에서는 화자가 다시 토끼로 변하고, 토끼는 용궁의 유혹에 떨어지지 않을 것이라 말한다. 6연에서 프로메테우스를 불쌍히 여기는 나의 마음이 진술된다. 이렇게 보면 이 시는 화자가 토끼, 프로메테우스, 나 등으로 나뉘고, 청자도 일정하지 않은 매우 복잡한 작품이라 할 수 있다.

「간」은 화자가 여럿으로 나뉨으로써 작품의 내용이 산만해질 수 있는데,

시인은 간을 매개로 두 고전의 이야기를 혼합하여 쓰거나 접속어를 사용하는 방법으로 시상의 유기성을 확보한다. 1, 2연의 화자인 토끼가 3, 4연에서는 프로메테우스로 바뀌는데, 2연의 "코카서스 산중에서 도망해온 토끼"는 구토지설을 프로메테우스의 신화와 연결 지어 독수리의 등장을 예고한다. 3, 4연에서 5연으로 넘어가면서 "그러나"를 사용하여 다시 화자를 토끼로 바꿔 놓는다. 6연에서는 끝없는 고통을 감내하는 프로메테우스의 모습이 제시되면서 시상이 종결된다.

이 시의 실질적 화자는 토끼의 탈과 프로메테우스의 탈을 쓴 '나'다. 이 작품에서 시인은 가상적 화자와 가상적 청자를 내세워 자신의 얼굴을 감추고 내면을 표현한다. 여러 화자가 여러 상대에게 말을 건네는 방식을 취하고 있으나, 가상적인 대상을 청자로 두고 말하는 나의 이야기이기 때문에 이 시는 1인칭 화자의 독백으로 볼 수 있다. 다중 화자의 목소리를 통해 시인은 자신에 대한 혐오와 연민이 교차하는 괴로운 심경을 나타내고 있다. 따라서 이 시의 독자는 여러 장치 속에 가려져 있는 시인의 마음을 깊이 헤아려야 한다.

나는 습한 간을 펴서 말리려 한다. 이런 엉뚱한 생각은 토끼의 몸에서 간을 적출한다는 토끼의 이야기와 관련된다. 시인은 몸속의 중요한 장기인 간을 끄집어내려 한다. 훼손되어서는 안 되는 간이 습해졌기 때문이다. 자라의 꾐에 빠져 용궁으로 따라나선 토끼처럼 '나' 또한 세속의 유혹을 물리치지 못했다는 것을 자각한다. 우리 신체에서 간은 생명의 유지에 중요한 역할을 하는 장기로서 이것이 훼손되면 생명을 잃게 된다.

이 작품에서 간은 신체의 일부로서가 아니라 시인의 내면을 이루고 있는 정신적 요소로 쓰이고 있다. 자신의 마음이 순수함과 건강함을 잃고 더럽혀졌다는 생각에 화자는 이를 깨끗이 하려 한다. '나'가 지키려 한 간은 훼손되어서는 안 되는 영혼이나 어떤 유혹에도 흔들리지 않은 바른 정신을 의미한다. 이런 맥락에서 보면 "습한 간"은 훼손되었거나 오염된 정신, 나약한 마음 등으로 해석된다.

'나'의 괴로움은 "습한 간"에서 연유한다. '나'는 탁해진 정신을 정화하기 위해 바른 바위 위에 습한 간을 펴 말리려 한다. 그리고 "코카서스 산중에서 도망해온 토끼처럼/둘러리를 빙빙 돌며" 간을 지키고자 한다. '나'는 간이 잘 마르도록 주변을 경계하는데, 이것은 간을 노리는 거북이와 같은 세력을 차단하고 자신의 독수리에게 간을 먹이로 주기 위해서다. 그런데 '나'가 독수리에게 먹이는 간은 싱싱한 생간이 아니라 햇빛에 말린 간이다. 독수리는 살아 있는 짐승을 그대로 잡아먹는 맹금류로 마른 간은 잘 먹지 않는다. 말하자면 독수리는 시인이 마음속으로 품고 있는 관념의 대상인 것이다.

2연에서 비유된 "코카서스 산중에서 도망해온 토끼"는 독수리의 등장을 예고한다. '도망'은 뜻한 바가 있어 탈출을 시도했다는 것이다. 설화 속의 토끼는 자라를 따라 용궁으로 갔다가 자신의 간을 내놓아야 하는 위태로운 상황에 이른다. 하지만 임기응변의 지혜로 죽음 직전의 상황을 모면하고 용궁에서 탈출한다.

그런데 시에서는 '용궁으로부터의 탈출'이 아니라 '코카서스 산에서의 탈출'로 제시되고 있다. 코카서스 산은 프로메테우스가 형벌을 받던 곳으로 그는 이곳에서 매일 독수리에게 자신의 간을 쪼인다. 2연에서 "코카서스 산"의 언급은 토끼 이야기와 프로메테우스 신화를 연결해 주며, 간을 쪼아 먹는 독수리의 등장을 합리화한다. 토끼가 용궁에서 탈출을 꾀한 것은 생존권과 관련한 문제로 오로지 살아남기 위해서지만, "코카서스 산중에서 도망해온 토끼"는 독수리에게 온전한 간을 내놓으려는 목적으로 탈출을 시도하는 것이다.

독수리에게 간을 쪼아 먹힌 프로메테우스처럼 '나'는 자신의 간을 독수리에게 쪼아 먹히는 고통을 감수하려 한다. 화자는 스스로 엄청난 고통을 겪으려 하는데, 여기에는 자신에 대한 자책과 반성이 담겨 있다. 독수리는 '내'가 늘 마음속으로 바라고 의지하던 내면의 또 다른 자아로 "습한 간"을 지닌 '나'를 질책하며 일깨워 준다. 이 시에서 독수리는 프로메테우스를 공격하던 독수리가 아니라 "내가 오래 기르던 여윈 독수리"로서 '나'의 영혼을 살찌게 한다. 독수리는 곧 '나'를 지탱하는 정신적 자아이자, 부정한 현실에 동조하지 않게 하는 양심적 자아이다.

'나'는 '너'로 지칭되는 독수리에게 시름없이 와서 뜯어 먹으라고 이른다. 문맥으로 보면 독수리가 여윈 것은 시름이 많아 제대로 먹지 못해서다. 하지만 이것은 근본적인 이유가 되지 않는다. 독수리는 시인이 마음속으로 생각하는 또 다른 자아다. 독수리는 상징의 새로서 화자의 밖에 있는 존재가 아니라, 자기 생명(간)을 쪼아 내며 스스로에게 아픔을 주는 자아의 예리한 의식이다.[9] 독수리가 여위었다는 것은 현실적 자아인 '내'가 오랫동안 정신적으로 결핍 상태에 있었음을 말해 준다. "내가 오래 기르던 여윈 독수리"에는 이상적 자아 혹은 본래적 자아에서 멀어져 가는 자신에 대한 반성이 담겨 있다.

시인은 본래의 참된 자아를 찾고 싶어 한다. '나'는 독수리에게 고민이나 근심일랑 말고 마음껏 뜯어 먹으라고 한다. 그럼으로써 '너'는 살찌고, '나'는 여위어 가겠다는 것이다. 이는 육체가 희생되더라도 '나'의 정신만은 잃

9 김흥규, 「윤동주론」, 『윤동주 시론집』, 바른글방, 1989, 87쪽.

지 않겠다는 의지의 표명이다. 그러나 유혹의 손길이 많은 현실에서 정신을 바르게 하는 일이란 쉽지 않다. 시인은 "너는 살찌고/나는 여위어야지." 라는 구절 다음에 "그러나"를 써 어떤 고통이 따를지라도 현실의 유혹에 결코 넘어가지 않겠다는 의지를 보여 준다.

설화 속의 토끼는 거북의 언변에 말려들기도 했지만, 현실에 대한 회의와 안락한 세계에 대한 갈망으로 자라를 따라나섰다. 고통스러운 현실에서 벗어나고자 하는 마음과 새로운 세계에 대한 동경은 '나'에게도 있었다. 부정한 현실에 적극 맞서지 못하고 안주하려 함은 하늘을 우러러 한 점 부끄럼조차 허용하지 않으려 했던 시인에게는 씻어 낼 수 없는 크나큰 죄악이었다. 이런 '나'를 쉽사리 수용할 수 없기에 시인은 독수리를 내세워 안이한 자신을 벌하며 반성한다. "다시는 용궁의 유혹에 안 떨어진다."라는 5연의 진술은 신념과 양심을 지키며 정의롭게 살겠다는 진지한 고백이다.

강한 어조로 자신의 의지를 토로하는 이때 '나'는 프로메테우스를 떠올린다. 마치 상대에게 말을 건네듯 화자는 불쌍한 프로메테우스를 부른다. 신화에서 프로메테우스는 제우스의 명을 어기고 불을 훔쳐 인간에게 준 죄로 바위에 묶여 매일같이 간을 쪼아 먹히는 고통을 당한다. 이 시에서는 이런 원전의 내용이 윤색되어 재구성되고 있다. 프로메테우스는 목에 맷돌을 달고 바닷속으로 내던져진다. 목에 맷돌을 달고 바다에 잠기는 형벌은 시인이 성경에서 가져왔다는 견해가 있으나 이것의 출처가 어디냐 하는 것은 그리 중요하지 않다. 바위에 묶여 간을 쪼아 먹히든 목에 맷돌을 달고 바다에 잠기든 이것들은 가혹한 징벌이라는 공통된 의미를 갖는다. 시인은 5연의 "용궁의 유혹"에서 '바닷속'을 떠올리고, 이미지의 유기적인 연결을 위해 바닷속으로 침전하는 프로메테우스를 상상한 것으로 보인다.

그러면 작품에서 프로메테우스는 '나'가 선망하는 존재인가? 아니면 시인과 동일시되는 인물인가? '나'는 세속의 유혹에 빠져 허덕인 인간으로 스스로를 단죄하려 한다. 시인은 자신의 과오를 괴로워하며 뼈저리게 반성하는 태도를 보인다. "불쌍한 프로메테우스"를 시인과 동일한 인물로 간주한다면 6연의 진술은 자신에 대한 연민을 나타내는 것이 된다. 이렇게 되면 앞서 보여 준 결연한 의지와 다짐은 불쌍하다는 자기 연민으로 약화된다. 따라서 이 시에 나오는 프로메테우스는 시인 자신을 가리킨다기보다는 '나'가 경외하는 인물로 볼 수 있다.

그러나 한편으로 생각하면 프로메테우스는 시인의 자아상으로도 볼 수 있다. 이 작품의 토끼가 설화 속에 나오는 토끼가 아니고 시인의 탈을 쓴 상상의 토끼이듯, 프로메테우스는 이미 신화상의 존재가 아니다. 토끼와 프로메테우스가 시인의 생각을 표현하기 위해 꾸며진 존재라고 본다면 "목에 맷돌을 달고/끝없이 침전하는 프로메테우스"는 끝없이 반성하고 속죄하는 시인의 얼굴로 읽힌다.

시인은 지켜야 할 간을 잘 보존하지 못했다. 작품 속의 '나'는 양심을 지키지 못했다는 자책감으로 괴로워하고 있다. 거북이와 같은 부정 세력의 유혹에 마음이 흔들렸다는 것을 반성하며, 이 반성의 의미로 프로메테우스가 당한 것과 같이 독수리에게 자신의 간을 쪼이는 고통을 받으려 한다. 그래서 이 시에서 프로메테우스는 신화 속의 인물이 아니라 '나'와 동일시되는 시인이다. 목에 맷돌을 달고 침전하는 프로메테우스의 비극은 죽음을 각오하는 시인의 삶을 암시한다.

시인은 이야기 속에 나오는 구체적 인물을 가져와 시적 상황을 구체적으로 제시하고, 자신의 내면을 구체적 상황과 구체적 인물을 통해 드러낸다. 설화에 나오는 토끼와 독수리를 청자로 설정하여 내용을 호소력 있게 전달하고 있다. 또한 프로메테우스라는 신적 존재를 등장시켜 화자의 내면을 효과적으로 표현하고 있다.

"습한 간"은 시인의 내면을 이루고 있는 정신적 요소로 시인은 이 때문에 괴로워하며 심한 갈등을 겪는다. "습한 간"과 "독수리"는 성찰의 산물이다. "습한 간"이 현실적 자아의 일면이라면 독수리는 '나'가 되찾고자 하는 아름다운 혼이다. 이 작품에서는 현실적 자아와 본질적 자아 간의 갈등상을 보여 주는데, 현실적 자아인 '나'는 "아름다운 혼"의 상실과 결핍을 뼈아프게 반성하며, 본래의 참된 자아를 회복하고자 한다.

본질적 자아를 되찾기 위한 한 방법으로 '나'는 고행을 선택한다. '나'는 습한 간을 잘 말려 독수리에게 이것을 뜯어먹게 한다. 독수리에게 쪼임을 당하는 것은 속죄의 행위로 화자 스스로 선택한 형벌이다. '나'는 이 속죄를 통해 자신을 반성하며, 두 번 다시 용궁의 유혹에 빠지지 않겠다고 굳게 다짐한다. 그리고 목에 맷돌을 달고 바다 속으로 침전하는 프로메테우스를 통해 자기희생의 각오를 밝힌다. 이는 물론 상상이지만, 이 상상은 죽음의 선까지 넘나들고 있어 비극적인 분위기를 고조시킨다.

넓게 읽기

간 / 윤동주

윤동주의 「간」과 같이 설화의 내용을 가져와 시로 창조하는 경우가 있다. 짧은 옛이야기는 단순하지만 재미와 교훈으로 보편적 공감을 얻는다. 이러한 문학성이 시와의 만남을 가능하게 한다. 김소월의 「접동새」, 조지훈의 「석문」, 서정주의 「귀촉도」, 「견우의 노래」, 「꽃밭의 독백-사소 단장」, 「질마재 신화」, 김춘수의 「처용 단장」, 조용미의 「어비산」, 최두석의 「김통정」, 문정희의 「처용 아내의 노래」 등의 시는 설화를 모티브로 하고 있다.

또 다른 고향

윤동주

고향에 돌아온 날 밤에
내 백골白骨이 따라와 한 방에 누웠다.

어둔 방은 우주로 통하고
하늘에선가 소리처럼 바람이 불어온다.

어둠 속에 곱게 풍화 작용하는
백골을 들여다보며
눈물짓는 것이 내가 우는 것이냐
백골이 우는 것이냐
아름다운 혼魂이 우는 것이냐

지조志操 높은 개는
밤을 새워 어둠을 짖는다.

어둠을 짖는 개는
나를 쫓는 것일 게다.

가자 가자
쫓기우는 사람처럼 가자
백골 몰래
아름다운 또 다른 고향에 가자.

_1941. 9.

윤동주의 「또 다른 고향」은 자신의 내면을 응시하고 있는 성찰의 시다. "백골"이나 "아름다운 혼", "지조 높은 개", "아름다운 또 다른 고향" 등의 소재들은 정직한 성찰의 산물이다. 시인은 자신을 부정적으로 바라보며 죽은 존재를 떠올린다. 백골은 산 자의 것이 아니다. 아름다운 혼은 죽은 자의 영혼이다. 사람이 죽으면 시신은 땅속에 묻히지만 그 영혼은 살아 있다는 점을 의식하며, 시인은 "백골"과 대응되는 말로 "아름다운 혼"을 상상한다.

이 시를 이해하려면 화자의 마음에 공감할 수 있어야 한다. 완전한 서사 형식의 이야기는 아니지만, 상상력에 의해 하나의 이야기를 만들어 내고 있다. 이 시의 상상은 고향에 돌아온 날 밤에 일어난다. '나'는 고향 방에 눕는데, 옆에 백골이 따라와 눕는다. 어두운 방 밖에서는 신이 무엇을 계시하듯 바람이 불어온다. 이 바람으로 백골은 어둠 속에서 풍화되고, '나'는 백골을 들여다보며 눈물을 흘린다. 눈물은 '내'가 흘리지만 백골이 우는 것인지, '나'의 아름다운 혼이 우는 것인지 화자는 분간하지 못한다.

'나'는 어둠에 갇혀 백골의 상태로 있는데, 개가 '나'를 향해 짖는다. '나'는 백골이 따라붙는 지금의 고향과는 다른 아름다운 세계를 꿈꾼다. 백골 몰래 아름다운 또 다른 고향에 가려 한다.

윤동주의 고향은 북간도 명동촌인데, 이곳이 아닌 또 다른 고향을 꿈꾼다는 것은 그가 자신의 고향에 대해 불만족스러워하거나 자신을 못마땅하게 여기고 있음을 말해 준다. 그래서 그는 고향을 두고 또 다른 고향으로 가려 한다.

이 시는 시간의 흐름에 따라 사건이 전개된다. 백골이 나오고, 바람이 불고, 아름다운 혼이 나오고, 지조 높은 개가 짖는데, 이런 일련의 과정은 기승전결(起承轉結)의 구조를 보여 준다.

기 (1연)	고향에서 백골과의 대면
승 (2·3연)	바람에 의한 백골의 풍화
전 (4·5연)	어둠을 짖는 개의 질타
결 (6연)	또 다른 고향에 대한 갈망

1연에서 '나'를 따라와 눕는 백골이 등장하고, 이 백골은 2, 3연에서 바람에 의해 풍화된다. 화자는 사라질 백골을 들여다보며 눈물을 짓는데, 이 슬픔은 "지조 있는 개"의 등장으로 전환된다. '나'는 어둠을 향해 짖는 개에게 자극을 받고, 아름다운 혼과 함께할 "또 다른 고향"을 갈구한다.

문면상 파악되는 객관적 상황은 화자가 고향에 돌아온 날 밤에 방에 누웠고, 방 밖으로 개가 짖는 소리를 들었다는 것이다. 이런 상황에서 화자가 느끼고 상상한 것이 작품의 내용을 이룬다. 상상의 중심에는 "백골"이 있다. 백골은 죽은 육신으로 사람이 죽어 살이 썩고 뼈만 남은 것이다. 이 시는 어둠 속에서 출현하는 백골에 대한 상상으로 시상이 전개된다.

시인은 왜 백골을 떠올린 것일까? '나'는 객지에 나가 있다가 모처럼 고향에 돌아온다. 어두운 밤 쉬고 싶은 마음으로 방에 눕지만, 백골이 따라와 눕는다. 백골이 따라와 눕는다는 것은 자기 몰입과 상상이 빚은 환각이다. 심신이 지쳐 있는 상태에서 맞이한 어두운 밤은 '나'의 의식을 더욱 침울하게 만든다. 윤동주는 고향에 돌아왔지만 마음의 안식을 얻지 못하고 우울한 기분으로 백골을 떠올린다. "백골"은 부정적인 자아상에 대한 극단적 표현이다. 이 시어는 죽은 타자의 모습이 아니라 시인 자신의 현재의 얼굴이다.

이 작품에서 백골은 시인의 의도에 따라 선택되어 특별한 기능을 한다.

백골은 어둠 속에서 곱게 풍화되어 간다. '곱다'라는 말에는 백골의 풍화에 대한 긍정적 인식이 내포되어 있다. '나'는 풍화 작용을 통해 백골의 상태에서 벗어나려 한다. 이때의 백골은 우울하고 괴로운 자아의 표상이다. 화자는 고통스럽고 답답한 지금의 상황에서 탈피하려 하며, 우울하고 무력한 자신을 떨쳐 내려 한다. 풍화 작용에 대한 상상은 이와 관련된다.

'나'는 어두운 방에 누워 저 밖의 우주 공간 또한 어두울 것이라 생각하며, 방 밖에서 바람이 부는 것을 느낀다. 바람은 나의 의식을 일깨워 준다. 바람은 "소리처럼" 불어온다. 나는 바람이 부는 소리를 누군가가 자신에게 이르는 소리로 인식한다. 하늘에서 나는 소리는 신이 이르는 계시다. 신이 '나'에게 이르는 소리의 내용은 3연에서 해명의 실마리를 찾을 수 있다. 여기에서 어둠 속에서 곱게 풍화하는 백골의 모습이 제시된다. 백골의 풍화에서 짐작되는 신의 계시는 현재의 상태에서 벗어나 백골이 없는 새로운 세계로 가라는 것으로 볼 수 있다. 6연의 "아름다운 또 다른 고향"에 대한 촉구는 이를 암시한다.

자아성찰과 각성에도 불구하고 '나'는 백골을 들여다보며 눈물짓는다. '나'는 왜 백골을 들여다보며 우는 것일까? 화자는 바람에 떠맡긴 채 잠식되어 가는 백골을 안쓰럽게 여긴다. 바람에 의해 사라질 백골은 다름 아닌 자신의 모습이기 때문이다. 백골을 바람에 떠맡긴 것은 신의 계시에 따른 것이기는 하지만, 이에 대한 인식은 화자의 주체적인 자각에 의한 것이다. '나'는 풍화 작용을 통해 어두운 자아의 음영을 지우려 몸부림치지만, 이런 자신의 처지가 안쓰럽고 슬프게 느껴진다.

풍화되는 백골을 들여다보며 '나'는 눈물을 흘린다. 눈물 흘리는 실체는 '나'이지만, 눈물의 원인이 된 것은 '나'를 따라와 누운 백골이다. '나'는 자신의 분신이 백골과 완전히 분리되지 않은 상태에서 '내'가 우는 것인지,

백골이 우는 것인지 몰라 한다. 이는 시인의 강박관념을 보여 주는 것으로 '나'의 정신적인 괴로움이 얼마나 극심했는지를 말해 준다. 시인은 백골에 대한 연민의 마음이 아름다운 혼 때문이 아닐까 생각한다. 백골에 몰입함으로써 '나'는 사람이 죽으면 육신과 분리된다는 "혼"을 떠올리고, 지금의 눈물이 "아름다운 혼"이 우는 것일 수 있다는 상상에 이른다.

아름다운 혼은 '나'가 추구하는 본질적 자아로 내면의 어두운 자아를 떨쳐 내려는 정신이다. '나'는 이 아름다운 혼에 대한 자각으로 우울하고 무력한 백골의 상태에서 벗어나 "아름다운 또 다른 고향"을 갈망하게 된다. 결국 "백골"과 "아름다운 혼"은 시인의 내면에 자리하고 있는 두 자아의 모습인 것이다. '나'는 아름다운 혼에 이끌려 백골의 고향을 떠나 또 다른 고향을 찾아 나서려 한다. 눈물만 흘리고 있을 수는 없는 것이다. 계속 운다는 것은 백골의 풍화에 대한 감상적인 연민과 자신의 행동에 대한 불확실함으로 오인될 수 있다. 때마침 어둠을 짖는 개가 '나'의 눈물을 멈추게 한다. 우연에 의한 사실이든 시인의 상상이든 어둠을 짖는 "지조 높은 개"의 등장은 1~3연의 분위기를 전환시키고, '나'의 의식을 일깨워 준다.

"개"와 "지조"의 어색한 결합은 시인의 성찰에 나온 것이다. "지조"는 신념과 양심에 따른 강직한 삶을 뜻하는 말이다. 자신의 본모습을 찾지 못한 채 어둠 속에서 백골의 모습을 한 '나'와는 달리, 개는 일관되게 어둠 속에서도 짖는다.[10] 그래서 "어둠을 짖는 개"는 "지조 높은 개"가 되며, "나를 쫓는 개"가 된다.

'나'는 개에게 쫓기는 사람처럼 백골이 따라붙는 이 고향을 벗어나려 한

10 이 시는 1연과 6연을 제외하고 매 연에서 "어둠"이 제시되고 있다. 화자의 행위는 어두운 밤에 이루어지고 있고, 화자는 "지조 높은 개"가 어둠을 짖고 '나'를 쫓는다고 생각한다. 컴컴한 밤이 주는 "어둠"은 백골의 출현을 가능하게 할 뿐만 아니라 '나'에게 갈등을 조장하는 배경이 된다.

다. 화자가 동경하는 고향은 백골이 따라올 수 없는 새로운 세계로, "아름다운 또 다른 고향"이다. 본래의 고향을 두고 또 다른 고향은 꿈꾼다는 것은 고향의 현실이 아름답지 못하고 고통스럽다는 것을 반증한다. '현재의 고향'이 백골이 따르는 어둠의 세계이고, 자아 분열이 일어나는 갈등의 세계라면 "또 다른 고향"은 아름다운 혼이 갈구하는 밝음의 세계이며, 갈등이 없는 평화의 세계다.

'나'는 고향에서 "아름다운 또 다른 고향"을 꿈꾸며 백골 몰래 이곳으로 가려 한다. 여기서 시인은 개에게 쫓기는 입장에서 자신의 분신인 백골이 또 따라붙을지 모른다는 강박관념과 불안감을 보인다. '나'는 자신에게 "가자 가자/쫓기우는 사람처럼 가자/백골 몰래/아름다운 또 다른 고향에 가자."라고 외친다. 이 외침에는 백골의 상태에서 벗어나려는 의지와 아름답고 평화로운 세계에 대한 열망이 담겨 있다.

윤동주의 「또 다른 고향」은 자아의 갈등 구조를 통해 시상을 전개하며, 백골, 바람, 아름다운 혼, 개, 또 다른 고향 등의 상징적 시어로 화자의 내면을 표현하고 있다.

(백골) ⟶ (아름다운 혼)

바람/개

(고향) ⟶ (또 다른 고향)

이 시는 시인의 상상이 백골에서 아름다운 혼으로, 고향에서 또 다른 고향으로 이행하는 모습을 보여 주고 있다. 이 이행 과정에서 "바람"과 "개"가 중요한 역할을 한다. 바람으로 백골은 풍화되고 '나'는 아름다운 혼의 존재를 인식하게 된다. "바람"이 백골의 풍화를 도와 아름다운 혼을 '나'와 상면하게 했다면, "개"는 '내'가 또 다른 고향으로 가도록 자극한다. '나'는 개의 질타로 눈물을 거두고 고향에서 또 다른 고향으로 발걸음을 옮기게 된다. 이 모두는 상상의 차원에서 이루어지고 있는데, 이때 개입하는 상상력은 내면을 투시하는 성찰적 상상력으로, 현실에서 이상으로의 이행을 가능하게 한다.

이 작품에 작용하는 상상은 제목에서 엿볼 수 있듯 새로운 세계에 대한 동경에 집중되어 있다. 동경은 현실과 이상이 괴리되어 있음을 전제한다. 현실 공간에 있는 '나'는 무력하고 우울한 상태에서 벗어나기 위해 몸부림치며, 현재의 고향이 아닌 또 다른 고향을 갈망한다. 현실과 이상의 괴리는 '나'에게 정신적 고통을 안겨 주며, 자아분열을 일으킨다. '나'는 "백골"과 "아름다운 혼"으로 분리되고, "아름다운 혼"의 이끌림에 의해 아름다운 또 다른 고향을 갈망한다.

그런데 이 작품에서는 '나'가 추구하는 또 다른 고향의 모습이 구체적으로 제시되어 있지 않다. 시인이 말하는 "아름다운 또 다른 고향"은 현실에 존재하지 않는 관념상의 이데아다. 새로운 세계에 대한 동경은 기존의 세계를 거부하려는 의지와 미래에 대한 확신이 있을 때 실현될 수 있다. 하지만 '나'는 현실을 변혁시킬 만한 의지를 갖지 못하고, 자기연민과 강박관념 속에서 개에게 쫓긴다. "지조 높은 개"와 "쫓기는 사람"에 대한 인식은 '나'가 백골이 있는 어둠의 세계에서 완전히 벗어나지 못하고 있음을 말해 준다. 이런 점에서 「또 다른 고향」의 성찰적 상상력은 비극적 환상을 보여 준다고 할 수 있다.

넓게 읽기

또 다른 고향 / 윤동주

윤동주의 「또 다른 고향」은 내용으로 보면 섬뜩한 시다. '나'는 고향에 돌아온 날 밤에 백골이 따라와 눕는 기괴한 체험을 한다. 어두운 방 안에 갑자기 하늘의 소리처럼 바람이 불어온다. '나'는 바람에 풍화되는 백골을 들여다보며 눈물을 흘리고 아름다운 혼이 우는 것을 느낀다. 밖에서는 자신을 쫓는 양 개가 밤새도록 짖는다. 무서움일까. 강박관념일까. '나'는 백골 몰래 빠져 나와 아름다운 또 다른 고향을 찾아가려 한다.

무엇이 시인으로 하여금 백골을 떠올리게 했을까? 「자화상」에서 고백하듯 시인은 식민지 현실에서 참된 자아를 찾지 못한 자신이 미웠던 것이다. 순결한 삶에 대한 갈망과 이에 반하는 자신의 모습이 "백골", "아름다운 혼"을 떠올리게 했을 것이다. 자아에 대한 진지한 응시와 참된 자아에 대한 갈망은 윤동주 시의 중심을 이루고 있다. 자신을 들여다보며 참된 자아를 갈망하는 윤동주의 작품에는 「서시」, 「참회록」, 「간」, 「십자가」, 「쉽게 씌어진 시」, 「길」 등이 있다.

참회록

윤동주

파란 녹이 낀 구리 거울 속에
내 얼굴이 남아 있는 것은
어느 왕조의 유물이기에
이다지도 욕될까

나는 나의 참회의 글을 한 줄에 줄이자
—만 이십사 년 일 개월을
  무슨 기쁨을 바라 살아왔던가

내일이나 모레나 그 어느 즐거운 날에
나는 또 한 줄의 참회록을 써야 한다.
—그때 그 젊은 나이에
  왜 그런 부끄런 고백을 했던가

밤이면 밤마다 나의 거울을
손바닥으로 발바닥으로 닦아 보자

그러면 어느 운석隕石 밑으로 홀로 걸어가는
슬픈 사람의 뒷모양이
거울 속에 나타나온다.

_1. 24.

「참회록」은 윤동주 시인이 남긴 대표시 중 하나다. 시인은 1917년 12월 30일 북간도에서 태어나 1945년 2월 16일 일본 형무소에서 짧은 생을 마감하였다. 시인의 유고시집인 『하늘과 바람과 별과 시』에 실린 작품들은 시 원문 끝에 시를 쓴 날짜가 기록되어 있는데, 「참회록」에는 '1942. 1. 24.'라고 적혀 있다. 이 시는 2연에서 알 수 있듯 시인이 만 24세 때 쓴 작품이다. 이 무렵은 식민지 일제의 통치가 극심할 때로 시인이 일본 땅으로 건너가기 전이다. 시인은 조국을 등지고 적국으로 떠나기 전, 자신의 삶을 되돌아보며 미래의 운명을 예견한다.

이 작품은 제목이 말하는 것과 같이 참회의 시다. 자신의 과오를 깊이 뉘우치고 성찰한 내용을 시화하고 있다. 시인은 거울 속에서 욕된 자아를 발견하고 참회한다. 지나온 삶에 대해 반성하기도 하고, 부끄러운 고백을 하고 있는 현재의 모습을 참회하기도 한다. 부끄러운 삶에 대한 반성으로 밤마다 온몸으로 거울을 닦으며 자신이 나아갈 바를 찾는다. 윤동주는 자기에게 주어진 운명의 길을 묵묵히 걸어가고자 한다.

이 작품은 녹이 낀 구리 거울을 매개로 하여 치열한 자기 성찰의 과정을 보여 주는데, 몇 가지 의문이 있다. 시인은 무슨 연유로 자신을 어느 왕조의 유물로 보았을까, 현재 참회하면서 왜 미래에 또 참회하려고 하는가, 손바닥과 발바닥으로 거울을 닦으려 한 것은 어떤 의미일까, 왜 홀로 운석 밑으로 걸어가려 하는 것일까. 이런 여러 의문점을 해결하는 과정에서 우리는 시인의 마음에 공감하게 된다.

시의 시상은 화자가 구리거울을 보는 데서 시작된다. '나'는 오래된 구리거울을 들여다본다. 이 거울은 오랫동안 방치되어 파란 녹이 껴 있다. 화자는 낡은 거울 속에 비친 자신의 모습을 유물과 관련지으며 욕되다고 느낀다. '나'는 거울에 비친 자기 얼굴을 어느 왕조의 유물로 여기는데, 여기서 화자가 시대의 문제로 괴로워하고 있음을 엿볼 수 있다. 이때의 왕조는 일제의 침략으로 망해 버린 조선의 왕조다.

식민지하에서 망국민으로 살아가야 하는 현실은 치욕적일 수밖에 없는데, 구리거울에 낀 녹은 '나'의 마음을 더욱 아프게 한다. 거울에 녹이 끼어 있어 '나'는 자신의 얼굴을 제대로 보지도 못하고 거울 속에 형상만 남아 있음을 느낀다. 구리거울에 낀 "녹"은 넓게 보면 우리 민족이 나라를 잃고 관리를 제대로 하지 못해 생긴 역사의 치욕이다. 나라를 잃은 상황에서 거울에 자신의 얼굴이 남아 있다는 것 자체가 화자에게는 이율배반이다. 이런 의미에서 보면 1연은 식민지 지식인으로서 느끼는 자괴감을 표현한 것이라 할 수 있다. '나'는 녹이 낀 낡은 구리거울을 보며 주권을 상실한 백성으로서 울분을 삼킨다.

화자는 거울을 보며 지난날의 자신의 삶을 되돌아보고, 지금까지 무엇을 바라며 살아왔는지를 묻는다. 식민지 현실에서 '나'는 조국과 민족을 위해 무엇을 했는지, 그리고 그 동안 무슨 기쁨으로 살아왔는지 반성한다. '나'는 장황하게 변명하지 않고 단 한 줄의 말로 지난 삶을 참회한다. 2연의 "만 이십사 년 일 개월을/무슨 기쁨을 바라 살아왔던가"는 망국민으로서 살아온 삶에 대한 현재의 참회다.

참회는 한 번으로 끝나지 않는다. '나'의 참회는 현재에 그치지 않고 미래까지 연결된다. '나'는 미래에 오늘 자신이 참회한 것에 대해 다시 참회해야 한다고 말한다. 화자는 훗날 지금의 고통스러운 현실이 극복될 것이라 믿으며 그 즐거운 날에 다시 한 번 참회의 글을 쓰려 한다. 스물넷의 젊은 나이에 참회의 고백이나 하고 있는 자신의 모습이 부끄러운 것이다. 3연은 미래에 쓰게 될 참회록이자 현재의 참회에 대한 반성이기도 하다.

'나'는 말로만 참회하는 자신을 질책하며 참회의 행동으로 녹이 낀 거울을 닦으려 한다. "손바닥으로, 발바닥으로" 거울을 닦으려는 행위는 온 정성을 들여 온몸으로 거울을 닦겠다는 의지의 표명이다. '나'는 밤이면 밤마다 거울을 닦으면서 녹을 제거하고, 욕되고 무기력한 자아를 지우려 한다. 어두운 밤은 고요함 속에서 자기 내면을 들여다보며 스스로를 반성하기에 좋은 시간이다. 이 반성의 시간을 택해 화자는 녹이 낀 거울을 매일 밤 온몸으로 닦으려 한다. 이는 녹이 낀 거울 속에 남아 있는 욕된 자아를 멀리하고, 부끄럼 없는 참된 자아를 정립하기 위한 성찰의 행동이다.

'나'는 온몸으로 거울을 닦으며 자신이 나아갈 길을 헤아린다. 하지만 참회하면서도 밝은 미래를 전망하지 못한다. 비극적인 최후에 대한 예견이 마지막 연에 나타나 있다. 밤마다 거울을 손바닥과 발바닥으로 닦으면 운석 밑으로 홀로 걸어가는 슬픈 사람의 뒷모양이 거울 속에 나타난다고 한다. 거울 속에 나타날 "슬픈 사람의 뒷모양"은 다름 아닌 화자 자신이다. "뒷모양"이란 표현에서 알 수 있듯 '나'는 자신과 당당히 마주하지 못한다. 이것은 삶에 대한 절망적인 비관이나 체념으로 인한 것이 아니다. 화자의 슬픔은 삶의 정직함과 준열한 성찰의 결과다. 녹이 낀 거울에 비친 자신의 모습은 욕되고 부끄럽다. 욕됨과 부끄러움 속에서 '나'는 슬픔을 느낀다.

화자는 한 점의 오점 없이 자신의 영혼이 순결할 때 진정으로 참된 자아의 모습을 찾을 수 있을 것이라 믿는다. 하지만 미래에도 참회해야 하는 욕된 현실에서 자신이 추구하는 도덕적 이상을 성취할 수 없음을 자각한다. "운석"은 이를 암시한다. "별"은 화자에게 삶의 희망이며 드높은 이상이다. 별의 떨어짐은 죽음, 소멸 등의 의미를 함축한다. 화자는 삶을 마감하는 최후까지 자신의 양심을 지키려 한다. '나'는 부끄럼 없는 순결한 삶의 실천을 위해 기꺼이 자신을 희생할 것임을 각오하며 비극적인 운명을 예감한다.

마지막 연에는 별이 떨어지는 것처럼 자신의 임무를 다하고 조용히 사라질 것이라는 비극적 인식이 내포되어 있다. 운석 밑으로 홀로 걸어가려는 화자의 고독한 자화상은 작품의 분위기를 더욱 무겁고 비장하게 만든다.

윤동주의 「참회록」은 1인칭 화자의 고백이 작품의 내용을 이룬다. 시인은 거울이라는 사물을 통해 진지한 자기 응시와 치열한 성찰의 자세를 보여 주고 있다. 녹이 낀 거울을 보면서 느끼고 생각한 바를 논리정연하게 서술한다. 이것은 시인의 성찰의 태도가 그만큼 진지하며 진실하다는 것을 말해 준다. 시인은 거울을 보며 욕된 자아를 발견하고, 자신의 삶을 참회한다. 이어 거울을 손바닥과 발바닥으로 닦는 참회의 행동을 보이고, 자신이 나아갈 바를 정한다. 이 작품은 참회의 과정이 '거울 보기'와 '거울 닦기'라는 행위로 나타나고 있는 것이 특징이다. 내용을 살펴보면 세 부분으로 나뉜다.

1연 구리거울 속 욕된 자아의 발견
2, 3연 과거 삶과 현재 삶에 대한 참회
4, 5연 참회의 행동과 미래 삶에 대한 예견

거울을 들여다보며 시작된 참회의 과정은 참된 자아를 찾는 과정으로 이해된다. 나는 거울 속에서 참된 자아를 찾으려 한다. 거울을 보지만 녹이 끼어 있어 자신을 제대로 보지 못한다. 녹이 낀 거울 속에서는 참된 자아를 찾을 수가 없다. 일제에 나라를 빼앗긴 현실에서 살고 있는 자신이 치욕스럽게 여겨진다. 조국과 민족을 위해 한 것도 없고, 자신이 추구하는 높은 이상마저 실천하지 못한 시인은 자신을 용납하지 못한다. 이런 상황에서 할 수 있는 일이란 깊이 참회하며 녹을 제거하는 것이다.

시인은 거울을 열심히 닦아 녹을 없애면 자신을 찾을 수 있으리라고 믿는다. 매일 밤 손바닥과 발바닥으로 거울을 닦겠다는 다짐 속에서 미래에 자신이 할 일을 찾는다. 그가 선택한 길은 부끄럽지 않은 순결한 삶을 살다 죽는 것이다. 시인은 깊은 성찰과 자각을 통해 욕되고 부끄러운 자신을 반성하고 참된 자아상을 발견한다.

넓게 읽기

참회록 / 윤동주

윤동주의 「참회록」은 양심적 지식인의 고뇌와 아픔을 표현하고 있다. 순결한 삶을 위해 죽음까지 생각한 시인의 고결한 삶의 자세는 오늘의 독자에게 잔잔한 감동을 주고 있다. 이 작품과 같이 자신의 삶을 되돌아보며 반성하고 있는 시에는 김수영의 「어느 날 고궁을 나오면서」, 기형도의 「질투는 나의 힘」, 박재삼의 「홍시를 보며」, 허형만의 「녹을 닦으며—공초14」, 오세영의 「자화상2」, 유안진의 「키」, 안도현의 「화엄사, 내 사랑」, 나희덕의 「탱자 꽃잎보다 얇은」 등이 있다.

내면의 성찰은 좋은 문학이 갖는 자질 중 하나다. 깊고 진지한 사유가 외부 세계가 아닌 자신에게로 향할 때 성찰이 이루어진다. 인간은 완전하지 못한 존재이기에 남들과의 관계나 일상생활에서 결점이나 잘못이 있을 수밖에 없다. 그래서 자신이 무엇을 하고 있는지, 무엇을 잘못하고 있는지 조용히 자신을 들여다봐야 한다. 인간의 내면이 황폐해질 때 화나 분노를 다스리지 못하고 폭력을 일삼고, 마음대로 행동하게 된다. 성찰은 자신의 내면을 들여다볼 수 있는 질 좋은 현미경이다. 우리는 이 현미경으로 자신의 삶을 진지하게 되돌아본다.

청노루

박목월

머언 산 청운사靑雲寺
낡은 기와집

산은 자하산紫霞山
봄눈 녹으면

느릅나무
속잎 피어 가는 열두 구비를

청노루
맑은 눈에

도는
구름

이 작품은 소리 내어 읽기도 좋고, 상상하며 읽기도 좋은 명시다. 시인은 봄날의 산속 풍경을 그려내고 있다. "자하산"이라는 먼 산이 있다. 이 산에 청운사라는 낡은 기와집이 있고, 절 근방에는 열두 굽이의 굽은 길이 나 있다. 봄눈이 녹으면서 열두 굽이 곳곳에 느릅나무의 속잎이 피어난다. 이 길을 따라 청노루 한 마리가 내려온다. 하늘을 바라보는 청노루의 맑은 눈에는 구름이 돈다.

「청노루」는 상상의 세계다. 상상을 통해 평화로운 자연의 아름다움을 보여 주고 있다. 다른 영역의 예술과 마찬가지로 시에서의 상상은 자유롭고 신선하다. 시는 압축된 언어의 형식으로 상상의 세계를 보여 주는 특징이 있다. 사진이나 영상이 아닌 시적 언어로 자연의 아름다움을 담아낼 수 있는 것은 시인의 능력이며 시의 위력이다.

시인이 그려 내는 상상의 자연은 맑고 고요하다. 깊은 산, 낡은 기와집, 봄눈, 느릅나무, 열두 굽이, 청노루, 맑은 눈, 구름 등으로 이어지는 상상의 경로를 따르면 독자는 봄날 산굽이를 내려온 청노루를 만나게 된다. 그리고 흰 구름을 응시하고 있는 청노루의 눈과 마주하며 마음이 평온해지는 경험을 하게 된다. 시적 언어를 통한 정서적 효과는 이 작품이 갖는 가치다.

작품의 공간으로 제시된 자하산(紫霞山)은 보랏빛 노을이 드리워진다는 의미의 산이다. 이 산은 인간 세상과 멀리 떨어져 있고, 이곳에 푸른 구름을 머금고 있다는 청운사(青雲寺)가 있다. 자하산과 청운사는 더러움과 잡스러움이 없는 탈속의 세계다. 이 세계에 봄기운이 완연하다. 엊그제 내린 눈이 녹고 나무에 새 잎이 돋아나기 시작한다. 봄의 태동과 함께 그간 움츠려 지내던 청노루가 기지개를 펴고 길을 나선다. 청노루가 열두 굽이의 산길을 따라 내려오다가 걸음을 멈추고 티 없이 맑은 구름을 바라본다. 그의 눈에는 구름이 비친다.

「청노루」가 그려 내고 있는 세계는 현실의 세계가 아니다. 시인이 상상한 가상의 세계다. 푸른색의 노루는 존재하지 않는다. 박목월이 자신의 수필집에서 밝혔듯 자하산, 청운사는 상상의 산이고 절이다. 청노루는 노루의 꺼뭇한 동물적인 빛깔에 푸른 빛을 주어서 만든 정신화된 노루다. 시인은 상상의 소재로 신비로운 자연의 아름다움을 연출한다.

이 작품에서 사용된 눈[雪], 속잎, 청노루, 구름, 눈[眼] 등의 소재는 하나같이 청결한 이미지의 사물들이다. 특히 청노루의 "맑은 눈"이 전체 시상을 지배하는 핵심적 역할을 한다. 각 연은 하나의 사물을 담고 있다. 화자의 시선은 청운사(1연), 자하산(2연), 느릅나무(3연), 청노루(4연)의 순으로 옮겨 간다. 시상은 5연의 청노루의 맑은 눈에서 멈춘다. 청노루의 맑은 동공에 구름이 맺힌다. 청노루의 눈 속에는 구름이 그냥 있지 않고 돈다. 구름은 이쪽에서 저쪽으로 흘러갈 수는 있어도 돌지는 않는다. 여기에는 시인의 의도가 담겨 있다.

노루의 맑은 눈에 구름이 돈다는 4, 5연의 내용은 화자가 노루를 아주 가까이에서 바라보고 있다는 것을 말해 준다. 가까이 대면하지 않고서는 청노루의 눈에 비친 구름을 발견할 수 없다. 이것은 화자뿐만 독자에게도 마찬가지다. 화자가 경험한 것을 독자가 다시 체험하기 위해서 청노루의 눈에 바짝 다가설 수밖에 없다.

마지막 연은 청노루의 눈동자에 구름이 맺혀 있는 것을 초점화하여 시상을 집약한다. 눈의 동그란 각막 안에 또 작은 원 모양의 동공이 있다. 시인은 이중의 원 속에 구름을 놓고 있는 것이다. "도는/구름"은 독자의 눈을 청노루의 맑은 동공으로 이끈다. 이 시의 독자는 카메라 렌즈에 비친 자신의 눈을 보는 것처럼 청노루의 눈을 응시하며 그 눈에 비친 구름에 집중한다. 물론 이것은 상상의 힘에 의존한다. 시인이 그러한 것처럼 독자는 상상을 통해 청노루의 눈에 박힌 구름을 떠올리게 된다.

이 시는 전형적인 묘사시로 대상을 객관적으로 묘사하고 있다. 화자는 대상과 일정한 거리를 두고 대상에 집중한다. 이로써 화자의 주관적 감정은 철저히 배제된다. 감정의 절제는 문장의 사용 방식에서도 엿볼 수 있다. 2연과 3연의 두 번째 행을 제외한 모든 행은 명사형으로 끝난다. 명사형 종결은 절제된 작품 분위기를 조성하며 잔잔한 여운을 준다.

사실 2연과 3연은 연결이 매끄럽지 못하다. "봄눈이 녹으면"이라는 조건형의 문장을 앞세우고 바로 뒤에서는 "느릅나무/속잎 피어나는 열두 구비를"이라는 목적격 대상을 제시한다. 행과 행 사이에는 할 말이 생략되어 있다. 시인은 행과 행 사이의 빈 공간을 두어 여백의 아름다움을 살려 낸다. 여백이 그림의 한 부분을 이루듯 말의 생략은 시의 한 부분을 이룬다.

시에서 행간 또는 연 사이의 빈 공간은 운율의 장치다. 행이나 연 다음에 쉼[休止]을 둠으로써 호흡을 조율하고 함축된 의미나 정서를 환기한다. 「청노루」는 휴지뿐만 아니라 행의 길이를 적절히 조절하여 운율의 효과를 얻고 있다.

1연과 2연만 놓고 보면 1연의 1행에서 조금 차이가 있을 뿐, 두 연은 2·3조의 음수율과 2음보의 율격을 지닌다. 그런데 3연은 이런 율격에서 많이 벗어난다. 한 행이 5, 6음절을 갖는 두 연에 비하면 3연의 2행은 11자로 음절수가 지나치게 길다. 3연은 "느릅나무"가 1음보, "속잎/피어나는/열두 구비를"이 3음보가 되면서 운율에 변화가 생긴다.

4연과 5연의 경우 두 글자 혹은 세 글자의 어휘로 한 음보를 이루고 있다. 두 연은 "청노루/맑은 눈에//도는/구름"과 같이 네 토막의 단위로 읽하지만 외형적으로는 두 개의 독립된 연으로 구분되어 있다.

「청노루」는 이렇게 각 연의 음절 수나 음보가 일정하지 않아 규칙적인 운율은 발견되지 않는다. 하지만 의미와 조응하여 운율을 살펴보면 하나의 규칙을 찾을 수 있다. 1연과 2연 그리고 4연과 5연은 율격이 비슷할 뿐만 아니라 의미상 한 무리로 묶을 수 있다. 1, 2연은 산의 정경을 묘사하고 있으며, 2음절이나 3음절의 어휘로 2음보를 구성한다. 청노루의 눈을 초점화하고 있는 4연과 5연은 "맑은 눈에"를 제외하고는 2음절이나 3음절의 한 단어로 한 행을 이루고 있다. 4연과 5연은 앞의 1, 2연에 비해 음절 수가 짧다. 그래서 1연과 2연은 느린 호흡으로 천천히, 그리고 4연과 5연은 이보다 더 천천히 읽힌다. 음절 수로 보면 3연의 두 번째 행이 가장 길어 시 전체에서 다소 이질적인 느낌을 준다.

화자의 시각에 볼 때 1, 2연은 원경이고, 4, 5연은 근경이다. 특히 5연은 청노루 눈에 구름이 도는 정경을 클로즈업하고 있어 화자와 대상 간의 물리적 거리가 아주 가깝다. 원경에서 근경으로 넘어오는 데에는 어떤 이음새가 있어야 한다. 그 구실을 하는 것이 3연이다. 3연은 4, 5연을 1, 2연의 내용과 연결 지으며 동시에 4, 5연의 내용을 받쳐 주는 중간 다리 역할을 한다. 3연의 "속잎 피어 가는 열두 구비를"이라는 긴 행은 산문 문장을 읽듯 읽힌다. 이에 따라 빠른 템포가 형성되고, 이것이 말뜻에 영향을 주어 청노루가 열두 굽이를 급히 내려오는 듯한 인상을 준다.

4연과 5연은 한 행을 1음보로 구성함으로써 호흡이 다시 느려지고, 움직이던 청노루가 다시 멈춰 서서 하늘을 쳐다보는 듯한 인상을 준다. 5연의 "도는/구름"은 2음절의 짧은 행으로 나눠져 느린 템포를 형성하며, 실제 청노루의 눈에 구름이 비쳐 돌고 있음을 느끼게 한다.

박목월의 「청노루」는 시상의 흐름이나 운율의 형성을 볼 때, '1, 2연-3

연-4, 5연'의 구조로 살필 수 있다. 이러한 3단 구조는 4연과 5연에 시상이 집중되도록 하는 효과가 있다. 1, 2연에서는 느린 템포로 읽히다가 청노루가 급히 내려오는 3연에서는 호흡이 빨라진다. 동작을 멈춘 청노루의 모습을 담고 있는 4, 5연에서 다시 호흡이 느려진다. 이 시는 시적 상상으로 아름다운 자연 세계를 창조하고, 의미와 리듬의 유기적 조응으로 예술적 완결성을 성취하고 있다.

넓게 읽기

청노루 / 박목월

경주가 낳은 두 문인이 있다. 소설가 김동리와 시인 박목월은 경주가 고향이다. 경주 불국사 근방에 두 문인의 문학관이 있다. 박목월(1916~1978년)은 1933년 대구 계성중학교 2학년 때 투고한 동시가 당선되어 동요 시인으로 문단에 첫발을 내디뎠고, 1939년 『문장』에 「길처럼」, 「연륜」 등이 추천되어 시인으로 등단하였다. 해방 후 대구 계성중학교와 서울의 이화여자고등학교에서 국어교사로 근무했고, 한양대학교 교수를 역임했다. 1955년 첫 번째 개인 시집 『산도화』를 출간하였고, 1978년 작고할 때까지 활발한 창작활동으로 많은 시집을 냈다. 「청노루」, 「산도화」, 「나그네」, 「달」, 「박꽃」 등의 초기 시에서는 자연에 바탕을 둔 독특한 미학을 절제된 언어로 표현하였다. 1960년대 이후에는 「가정」, 「이별가」, 「하관」, 「소찬」, 「일상사」 등과 같이 현실적인 생활문제를 다룬 작품을 많이 창작하였다. 박목월 시인은 한국 현대시사에서 미당 서정주와 함께 폭넓은 시 세계를 구축한 시인으로 평가받고 있다.

승무

조지훈

얇은 사 하이얀 고깔은
고이 접어서 나빌네라

파르라니 깎은 머리
박사薄紗 고깔에 감추오고

두 볼에 흐르는 빛이
정작으로 고와서 서러워라

빈 대에 황촉불이 말없이 녹는 밤에
오동잎 잎새마다 달이 지는데

소매는 길어서 하늘은 넓고
돌아설 듯 날아가며 사뿐이 접어 올린 외씨보선이여

까만 눈동자 살포시 들어
먼 하늘 한 개 별빛에 모도우고

복사꽂 고운 뺨에 아롱질 듯 두 방울이야
세사에 시달려도 번뇌는 별빛이라

휘여져 감기우고 다시 접어 뻗는 손이
깊은 마음속 거룩한 합장인 양하고

이밤사 귀뚜리도 지새우는 삼경인데
얇은 사 하이얀 고깔은 고이 접어서 나빌네라

이 시는 1939년 『문장』에 정지용의 추천으로 발표된 작품으로 여승이 승무를 춤추는 애절하고도 아름다운 자태를 표현하고 있다. 고전적 소재의 시적 승화, 정중동의 미감, 시어의 창의적 사용, 리듬의 완급 조절 등이 매우 우수하여 정전(正典)으로서의 가치를 보여 준다.

시인은 승무를 추는 여승의 움직임을 포착하여 재현하고 있다. 춤사위가 시작되기 전부터 끝날 때까지 각각의 장면이 파노라마처럼 이어진다. 이 때문에 독자는 동영상을 보듯 동적인 흐름을 느낄 수 있다. 이 점은 이 시가 다른 작품과 변별되는 개성이자 가치다. 따라서 이 시의 독자는 언어로 표현하고 있는 장면들을 상상하면서 화자의 마음을 읽어야 한다.

「승무」의 주제를 '인간 고뇌의 종교적 승화'로 보는 견해가 있다. 7연의 "번뇌는 별빛이라"는 구절을 대표적 근거로 든다. 춤을 추는 여승이 별빛을 바라보며 속세의 번뇌를 떨쳐 낸다는 것이다. 하지만 이렇게 단정하기에는 그 근거가 미약하다. 이 작품은 심오한 내용을 담고 있지 않다. 고요한 밤에 승무를 추는 여인의 모습을 그려 내고 있다. 시인은 섬세한 관찰력으로 여승의 움직임을 담아내면서도 그녀에 대한 연민의 마음을 나타낸다.

시인의 말을 빌리면 「승무」는 "나의 시 세계의 처녀지(處女地)를 개척하려고" 한 야심작으로, 구상에 11개월, 집필에 7개월이라는 긴 시간이 소요되었고, 사흘 동안의 퇴고를 거쳐 간신히 완성하였다고 한다. 다음은 시인이 시작 노트에 밝힌 것이다.

먼저 초고(草稿)에 무대묘사를 뒤로 미루고 직접적으로 춤추려는 찰나의 모습을 그릴 것, 그 다음 무대를 약간 보이고 다시 이어서 휘도는 춤의 곡절(曲折)로 들어갈 것, 그 다음 움직이는 듯 정지하는 찰나의 명상의 정서를 그릴 것, 관능의 샘솟는 노출을 정화(淨化)시킬 것, 그 다음 유장한 취타(吹打)에 따르는 의상의 선을 그리고, 마지막으로 춤과 음악이 그친 뒤 교교한 달빛과 동터 오는 빛으로 끝맺을 것[11]

시인의 자작 해설에서도 알 수 있듯 「승무」는 한 동작을 한 시점에서 표현하고 있지 않다. 승무가 시작될 무렵부터 끝날 때까지를 시간의 흐름에 따라 다루고 있다. 이야기되는 중심 대상은 젊은 여승이다. 1~3연까지는 춤추려는 찰나에 포착된 여승의 외양을 그리고 있다. 4연에서는 오동잎이 지는 가을밤과 빈 무대를 제시하여 여승이 춤추는 배경을 보여 주고 있다. 이 작품에서 승무의 춤 동작은 5~8연에 나타난다.

5연 소매는 길어서 하늘은 넓고
돌아설 듯 날아가며 사뿐이 접어 올린 외씨보선이여

6연 까만 눈동자 살포시 들어
먼 하늘 한 개 별빛에 모도우고

7연 복사꽃 고운 뺨에 아롱질 듯 두 방울이야
세사에 시달려도 번뇌는 별빛이라

8연 휘여져 감기우고 다시 접어 뻗는 손이
깊은 마음속 거룩한 합장인 양하고

---

11 한국시인협회, 『나의 시 나의 시론』(신흥출판사, 1960), 조지훈, 『조지훈 전집2-시의 원리』(나남출판, 1996), 183쪽.

춤동작의 움직임을 구분해 보면, 5연이 움직임의 보폭이 제일 크게 나타나고, 6연에서 8연까지는 춤동작이 느리고 완만하다. 5연은 손과 발을 비롯해 몸 전체의 움직임을 담아 날렵하고 경쾌한 춤동작을 보여 준다. 6연은 눈을 들어 별을 바라보는 모습을 묘사하여 시인이 지적한 것과 같이 '움직이는 듯 정지하는 순간'의 모습을 연출한다. 뺨에 눈물이 흐르는 여승의 얼굴에 시선을 두고 있는 7연은 6연의 연장선에 있다. 8연에서는 거룩한 합장인 양 느린 가락에 맞춰 천천히 손을 뻗는 모습을 그리고 있다.

승무의 춤은 삼경의 깊은 밤이 되어서야 종료된다. 마지막 연에서, 귀뚜라미의 울음소리도 멎은 고요한 밤을 배경으로 얇은 비단에 하얀 고깔을 쓴 여승의 외양을 묘사함으로써 춤의 여운을 남기고 고즈넉한 분위기를 조성한다.

시인은 이렇게 승무를 추는 여승의 모습을 섬세하게 표현하고 있는데, 이 작품의 주제에 대해서는 의견이 갈린다. 승무라는 춤을 통해 고뇌하는 여승의 내면을 보여 주고 있다고 해석하는가 하면, 여기서 한 발 더 나아가 여승의 춤을 단순히 춤으로 보지 않고 세속적인 번민을 떨쳐 내고 진리에 도달하고자 하는 처절한 몸부림으로 보는 시각도 있다. 후자의 관점에서는 7연의 "번뇌는 별빛이라"라는 구절에 종교적인 의미를 부여하며, '인간 번뇌의 종교적 승화'나 '삶의 번뇌와 그로부터의 해탈'이라는 심오한 주제를 도출한다. 이 두 시각은 여승이 세속적 번뇌를 초탈했느냐 아니면 초탈하지 못했느냐는 문제로 집약되는데, 문학 교육 현장에선 후자의 해석에 따르고 있다.

학습서나 시 해설서에서는 천편일률적으로 이 시의 주제를 '세속적인 번뇌의 초극', '인간 번뇌의 종교적 승화'라고 제시하고 있다. 결론적으로 말하면, 이 시는 김홍규 교수의 지적처럼 승무라는 춤을 통해 삶의 고뇌를 이겨 내려는 모습을 노래한 것[12]이지, 불교적 깨달음이나 해탈과 같은 거대한 주제의식을 표방하지 않는다. 작품 전체에 흐르는 애상적인 정조나 연민의 감정으로 바라보는 화자의 태도는 이러한 사실을 뒷받침해 준다.

「승무」의 전체적 의미와 관련하여 간과해서는 안 되는 중요한 사실이 있다. 이 시가 적막한 밤에 절터에서 춤을 추는 여승에 대한 묘사이고, 그것이 화자의 주관적 인식에 따라 이루어지고 있다는 점이다. 화자는 여승의 얼굴을 주시한다. 그가 본 여인은 복사꽃처럼 곱고 젊으며, 짧게 깎은 머리를 고깔에 감추고 있다.

화자는 여인의 모습에서 서러움을 느낀다. 3연의 "두 볼에 흐르는 빛이/정작으로 고와서 서러워라"는 그녀의 얼굴을 바라보며 느낀 감정이다. 사연은 알 수 없지만 꽃다운 나이에 속세를 등지고 승려가 된 여인을 화자는 안타까운 마음으로 바라본다. "두 볼에 흐르는 빛"은 흘러내리는 눈물의 이미지를 담고 있는데, 이런 애상적인 정감은 7연의 "아롱질 듯 두 방울"에서도 드러난다.

화자는 여승이 흘린 눈물에 대해 의미를 부여한다. 여인이 눈물을 흘린 시점은 승무가 끝나갈 무렵에서이다. 여승의 승무는 오랜 시간 동안 이어졌다. 황촉불이 녹고 달이 지는데도 그녀의 춤은 계속되었다. 여인은 하늘로 손을 뻗고 돌아설 듯 뛰었다. 춤의 절정을 지나서야 여인은 고개를 들어 한 개의 별빛을 지그시 응시하며 눈물을 흘린다.

여승의 시선이 "먼 하늘 한 개 별빛"에 향한 것은 그녀가 세속적 번뇌를 떨쳐 버리려는 간절한 소망을 가지고 있음을 말해 준다. 간절한 염원과 몸부림에도 불구하고 그녀는 번뇌를 완전히 해소하지 못한다. 여승이 지닌

---

12 김홍규, 『한국 현대시를 찾아서』, 푸른나무, 1999, 99쪽.

고뇌는 아롱질 듯 흘러내리는 두 방울의 눈물로 표현된다.

7연의 "세사에 시달려도 번뇌는 별빛이라."라는 구절에는, 내면의 번뇌를 떨쳐 버리려고 몸부림치는 여인에 대해 화자가 갖는 마음이 반영되어 있다. 오늘의 춤사위처럼 내면의 번뇌를 이기려 끊임없이 노력한다면 고뇌에서 벗어날 수 있을 것이라는 희망적인 메시지가 "번뇌는 별빛"이라는 말에 내포되어 있다. 그래서 휘어져 감기우고 다시 접어 뻗는 손이 화자에게는 "깊은 마음속 거룩한 합장"인 것처럼 보이는 것이다. "거룩한 합장"은 속세의 번뇌를 극복하려는 여승의 소망을 화자의 시선을 통해 나타낸 것이다.

이 작품은 승무를 추는 한 여승의 내면적 고뇌에 초점이 맞춰져 있고, 그 바탕에는 화자가 젊은 여승에게 느끼는 연민의 마음이 깔려 있다. 이 시의 화자는 시종일관 여승을 안쓰러운 마음으로 바라본다. 이러한 화자의 태도는 이 작품의 주제와 분위기에 영향을 미치고 있다. 승무를 추는 젊은 여승에게 집착한 나머지 감정을 완전히 떨쳐 내지 못한다. "정작으로 고와서 서러워라", "외씨보선이여", "두 방울이야", "별빛이라" 등과 같이 감탄형 종결어미와 호격조사를 사용하여 여승에 대한 주관적인 인상과 느낌을 드러낸다. 또 눈물의 이미지를 지닌 말들을 사용하여 애상적인 정조를 형성한다. "두 볼에 흐르는 빛", "황촉불이 말없이 녹는 밤", "아롱질 듯 두 방울이야" 등이 그 예다.

「승무」는 서정적 표현이 감정에 치우쳐 자칫 감상에 기울어질 위험성을 안고 있는 것이 사실이다. 하지만 언어의 조직과 조탁(彫琢)으로 대상에 밀착된 거리를 극복하고 예술성을 획득한다. 각 연은 2행으로 통일하여 안정된 형식을 갖추고, 승무라는 정적인 춤에 맞게 유장한 가락을 구사한다. 춤 직전에는 행을 짧게 배열하여 느린 호흡을 이끌고, 춤이 이루어지는 부분에서는 긴 행의 배치로 춤의 율동미를 살려 낸다.

언어의 선택에서도 세심한 주의를 기울여 우리말을 잘 다듬어 사용하고 있다. 이 시에서는 "하이얀", "감추오고", "나빌레라", "모도우고" 등의 시어에서 시적 허용이 나타나고 있다. "하이얀"과 "감추오고", "모도우고"는 음절을 의도적으로 늘어뜨려 호흡을 느리게 하고, 그윽한 분위기를 조성한다. "나빌네라"는 시인이 창의적으로 만들어 쓴 시어로서, '나비이어라'라는 5음절의 말을 4음절의 부드러운 어감의 말로 바꿔 쓴 것이다.

1~3연에서는 "나빌네라"를 비롯해 "파르라니", "흐르는", "서러워라" 등과 같이 부드러운 음질의 유음(ㄹ)과 모음을 지닌 시어가 많이 사용되고 있다. 울림소리의 조직은 의도적인 선택으로 볼 수 있는데, 이것은 시상의 흐름을 유연하게 만들고 애잔한 느낌을 돋운다. 또한 이 시는 "이밤사", "귀뚜리" 등의 옛말을 가려 쓸 뿐만 아니라 "얇은 사", "박사(薄紗) 고깔", "황촉불", "삼경" 등과 같이 한자어를 사용하여 고풍스러운 멋을 더하고 있다.

넓게 읽기

승무 / 조지훈

경북 영양에 가면 조지훈 생가와 조지훈 문학관이 있다. 조지훈(1920~1968년)은 조부에게 한학을 배웠고, 독학으로 공부하여 서울의 혜화전문학교에 입학하였다. 19세 되던 해인 1939년 정지용의 추천으로 『문장』 3호에 「고풍 의상」과 「승무」를 발표하면서 문단에 등단하였다. 이때 함께 추천된 박목월, 박두진과 『청록집』을 발간하여 청록파 시인으로 불렸다. 경기여자고등학교 교사를 거쳐 고려대학교 국어국문학과에서 후진을 양성했다. 현재 서울 남산 중턱에 「파초우」를 새긴 시비가 있고, 고려대학교 학내에 「승무」를 새긴 시비가 있다.

개인 시집에는 『풀잎단장(斷章)』(1952), 『조지훈시선』(1956), 『여운(餘韻)』(1964) 등이 있다. 초기에는 전통지향적 시 세계를 보였으나 한국전쟁 이후 현실에 대응하는 시편들이 주류를 이루었다. 대표시에는 「승무」를 비롯해 「봉황수」, 「풀잎단장」, 「산상의 노래」, 「마음의 태양」, 「고사(古寺)1」, 「낙화」, 「역사 앞에서」, 「다부원에서」 등이 있다.

청산도 青山道

박두진

205

산아, 우뚝 솟은 푸른 산아. 철철철 흐르듯 짙푸른 산아. 숱한 나무들, 무성히 무성히 우거진 산마루에, 금빛 기름진 햇살은 내려오고, 둥둥 산을 넘어, 흰 구름 건넌 자리 씻기는 하늘. 사슴도 안 오고 바람도 안 불고, 너멋 골 골짜기서 울어 오는 뻐꾸기……

산아, 푸른 산아. 네 가슴 향기로운 풀밭에 엎드리면, 나는 가슴이 울어라. 흐르는 골짜기 스며드는 물소리에, 내사 줄줄줄 가슴이 울어라. 아득히 가버린 것 잊어버린 하늘과, 아른아른 오지 않는 보고 싶은 하늘에, 어쩌면 만나도질 볼이 고운 사람이, 난 혼자 그리워라. 가슴으로 그리워라.

티끌 부는 세상에도 벌레 같은 세상에도 눈 맑은, 가슴 맑은, 보고지운 나의 사람. 달밤이나 새벽녘, 홀로 서서 눈물 어린 볼이 고운 나의 사람. 달 가고, 밤 가고, 눈물도 가고, 틔어 올 밝은 하늘 빛난 아침 이르면, 향기로운 이슬 밭 푸른 언덕을, 총총총 달려도 와 줄 볼이 고운 나의 사람.

푸른 산 한나절 구름은 가고, 골 넘어, 골 넘어, 뻐꾸기는 우는데, 눈에 어려 흘러가는 물결 같은 사람 속, 아우성쳐 흘러가는 물결 같은 사람 속에, 난 그리노라. 너만 그리노라. 혼자서 철도 없이 난 너만 그리노라.

'청산도(靑山道)'라는 독특한 제목을 지니고 있는 이 시는 그리움의 감정을 표출하고 있다. "울어라", "그리워라", "그리노라" 등에서 화자의 애타는 마음이 잘 드러난다. 화자는 작품 속의 '나'이며, 청자는 '산'이다. '나'는 의인화되어 있는 청산에 말을 건네며 볼이 고운 임을 혼자서 가슴으로 그리워한다고 고백한다.

산문의 형식으로 되어 있지만, 화자가 말하고자 하는 것은 분명하다. 그는 사랑하는 사람에 대한 그리움을 청산에 하소연하고 있다. 그리워하는 임은 볼이 곱고, 눈과 가슴이 맑은 사람이다. 화자는 사랑하는 사람과 떨어져 힘든 나날을 외롭게 보내고 있다. 외롭고 고통스러운 상황에서 뻗쳐오르는 그리움의 감정은 "난 그리노라. 너만 그리노라. 혼자서 철도 없이 난 너만 그리노라."라는 말로 표출되고 있다. 이 시에서는 사랑의 감정을 공감하며 읽는 것이 무엇보다 중요하다.

1연은 청산에 대한 묘사다. 나무가 우거진 짙푸른 산에 햇살이 내리쬐고, 흰 구름은 산을 넘어 흘러가 하늘은 더없이 맑다. 사슴도 바람도 없고, 저 너머 골짜기에선 뻐꾸기만 울어댄다. 화자는 청산에서 양면적 모습을 느낀다. 산은 싱그럽고 풍요로운 곳이기도 하지만, 사슴과 바람이 없어 공허하고 적막하기도 하다. 화자는 '산아'를 반복하며 산을 향해 말문을 연다.

2연에서 화자인 '나'가 등장한다. '나'는 청산에게 슬픈 마음을 털어놓는다. 향기로운 풀밭에서 흐르는 물소리를 듣고 있으니 가슴이 울컥한다. 화자는 아득히 가 버린 것과 자신이 잊어버린 하늘을 떠올리며, 볼이 고운 사람을 그리워한다. 하늘은 임이 곁에 있던 시절의 하늘이 아니다. 임의 부재에서 갖는 공허감과 그리움이 "아른아른 오지 않는 보고 싶은 하늘"로 나타나고 있다.

3연에서 화자는 그리워하는 임이 밝은 아침에 와 주기를 고대한다. 티끌이 불고 벌레 같은 혼탁한 세상에서 임은 삶의 희망이 된다. '나'의 임은 고요한 달밤이나 새벽녘에 홀로 눈물을 흘릴 정도로 눈과 가슴이 맑은 사람이다. 화자는 눈물로 지새는 어두운 밤이 지나가고 하늘이 빛나는 아침이 오면 그 사람이 향기로운 이슬밭과 푸른 언덕의 청산으로 달려올 것이라 믿는다.

4연에서는 임에 대한 간절한 그리움과 변함없는 사랑을 나타낸다. '나'는 아우성쳐 흘러가는 물결 같은 사람 속에서도 임에 대한 마음이 변함없음을 보여 준다. 자신을 가리켜 철이 없다고 한 것은 세상 물정을 모르고 사리를 분별할 줄 모른다는 뜻으로 한 말이다. 세상은 혼란스럽고 시끄러운데, 이를 외면하고 사랑에 빠지는 일은 철없는 행동일 수 있다. 그럼에도 화자는 너만 그리워하겠다고 말한다.

박두진의 「청산도」는 임을 간절히 그리워하는 연가(戀歌)다. 화자의 간절한 마음은 표현에서도 나타난다. 행을 구분하지 않고 산문처럼 말을 이어 가고 있으나, 쉼표를 자주 사용하여 화자의 격정적인 감정 상태를 효과적으로 표현한다. 또한 어구의 반복과 대상의 나열, 음성상징어의 구사, 영탄적 어법 등으로 유장한 산문조에서 벗어나 급박한 호흡을 조성한다. 이 시는 개성적 리듬을 통해 아름다운 청산에서 임을 만나고자 하는 화자의 열망을 나타낸다.

그런데 이 작품은 개인적 연애담에 그치지 않는다. 짙푸른 색채가 흘러넘치는 푸른 산은 화자가 꿈꾸는 이상적 세계로 볼 수 있다. 이 청산은 숱한 나무로 무성하고, 금빛 기름진 햇살이 내려온다. 풀밭은 향기롭고, 골짜기에는 맑은 물이 스며든다. 화자는 생명력이 넘치는 아름다운 이곳에서 볼이 고운 나의 임을 만나고 싶어 한다. 청산은 화자가 맞이하고자 하는 아름다운 이상 세계다.

해야, 고운 해야. 늬가 오면 늬가사 오면, 나는 나는 청산이 좋아라. 훨훨훨 깃을 치는 청산이 좋아라. 청산이 있으면 홀로라도 좋아라.

사슴을 따라, 사슴을 따라, 양지로 양지로 사슴을 따라 사슴을 만나면 사슴과 놀고,

칡범을 따라 칡범을 따라, 칡범을 만나면 칡범과 놀고……

-「해」(『상아탑』 6호, 1946)에서

시인은 「해」라는 작품에서도 청산을 노래한다. 이 시의 화자는 청산에서 고운 해를 맞이하고자 한다. 해에 대한 동경은 현실이 어둡다는 것을 말해준다. 약자인 사슴과 강자인 칡범이 공존할 수 없는 암담하고 무서운 현실에서 시인은 강자와 약자가 화합하는 평화로운 세계를 꿈꾼다. 이 작품과 마찬가지로 「청산도」에서도 청산은 화자가 염원하는 이상 세계로 그려지고 있다.

「청산도」의 현실은 결코 밝지 않다. 현실은 티끌이 부는 세상이고 벌레 같은 세상이다. 화자는 부정한 현실에서 고독과 슬픔으로 살아간다. 1연에서 "사슴도 안 오고 바람도 안 불고"라는 표현은 당대의 현실이 있어야 할 것이 없는 부정적인 현실임을 암시한다. 2연에서 시인은 "아득히 가버린 것 잊어버린 하늘"이라고 이르는데, "아득히 가버린 것"은 구름 한 점 없는 하늘과 관련지어 보면 구름일 수도 있고, 1연의 사슴, 바람일 수 있다. "하늘"을 우리가 사는 세상으로 본다면 평화로운 옛 시절이 아득히 가 버린 것이 된다. 있어야 할 것이 없는 부재의 현실이지만, 화자는 미래에 대한 희망을 버리지 않는다. 그는 홀로 볼이 고운 사람을 그리워하며, 밝은 하늘이 빛나는 아침을 기다린다.

그리워하는 임의 고운 볼은 현실에 더럽혀지지 않은 순수함을 나타낸다. 화자는 먼지 가득하고 벌레가 우글거리는 더러운 현실이 정화되기를 바란다. 생명력이 넘치고 풍요로운 세상에서 '나'는 달, 밤, 눈물 등 부정한 것을 떨치고, 맑은 하늘과 빛난 아침의 희망찬 미래를 염원한다.

이 시가 해방 직후에 씌어진 것을 감안하면, 그 당시를 배경으로 하고 있다고 볼 수 있다. "티끌 부는 세상", "벌레 같은 세상", "아우성쳐 흘러가는 물결 같은 사람 속" 등은 해방 후의 혼탁하고 어두운 현실을 나타낸다. 현실과 대비되는 순수하고 아름다운 청산은 시인이 동경하는 새로운 세계다. 청산이 청산다워지기 위해서는 사슴도 뛰놀고, 시원한 바람도 불어야 한다. 있어야 할 것이 없는 공허한 청산은 조국이 해방되었으나 아직 진정한 해방이 도래하지 않았음을 암시한다.

시인은 어둠의 세계가 가고 맑은 하늘의 빛나는 아침이 오듯, 슬픔과 고통으로 가득한 눈물의 시절이 가고 새로운 미래가 올 것이라 기대한다. 밝고 건강한 사회의 도래가 쉬운 일이 아니지만, 시인은 확고한 의지로 그러한 세상이 오기를 기다린다.

넓게 읽기

청산도 靑山道 / 박두진

경기도 안성 출신의 박두진(1916~1998년)은 1939년 정지용의 추천으로 『문장』에 「향현」, 「묘지송」을 발표하여 등단했다. 1949년 첫 개인 시집 『해』를 발간했다. 초기 시는 산문조의 호흡으로 자연을 노래하였고, 한국전쟁 이후부터는 사회의 부조리에 비판하는 시를 썼다. 대표작에는 「해」, 「어서 너는 오너라」, 「도봉」, 「꽃」, 「돌의 노래」 등이 있다.

박두진의 「청산도」와 같이 산을 소재로 의미를 부여하고 있는 시에는 김광섭의 「산」, 신경림의 「산에 대하여」, 이기철의 「청산행」, 김광규의 「크낙산의 마음」, 조정권의 「산정묘지」, 천양희의 「최고봉」, 황지우의 「무등」 등이 있다.

동천 冬天

서정주

내 마음속 우리 님의 고은 눈섭을
즈믄 밤의 꿈으로 맑게 씻어서
하늘에다 옮기어 심어 놨더니
동지섣달 날으는 매서운 새가
그걸 알고 시늉하며 비끼어 가네

서정주의 「동천」은 군더더기 없는 작품이다. 짧지만 기발한 상상력과 명징한 이미지로 아름다운 사랑의 마음을 형상화하고 있다. 문학의 중요한 가치 중 하나는 현실 속에 숨겨져 있는 삶의 진실을 보여 주는 데 있다. 시는 과학적으로 증명되지 않거나 허위일지라도 상상과 정서 표현을 통해 진실에 도달한다. 새가 사람의 눈썹을 하늘에 옮겨 심어 놓은 정황을 안다는 것은 분명 과학적 사실과 어긋난다. 시가 나타내고자 하는 것은 틀림없는 과학적 사실이 아니라 상상과 정서를 통해 얻어지는 시적 진실이다. '동지섣달 날으는 매서운 새가 그걸 알고 시늉한다'는 것은 시인의 주관적 상상이다. 이 시는 시인의 상상을 따르며 거기에 담긴 함축적 의미를 이해하는 것이 중요하다.

이 작품의 주제를 '절대적 가치의 영원성에 대한 외경(畏敬)과 인간의 숙명적 한계'로 보는 견해가 있다. 이 관점에서는 초승달의 형상을 한 "고은 눈섭"은 인간이 꿈꾸는 어떤 절대적 가치를 상징한다. 미완성의 초승달이 완성의 존재인 만월(滿月)을 지향하듯, 인간은 영원하고 완전한 것을 갈망하며, 무한한 절대적인 세계를 동경한다. "매서운 새"는 영원과 무한을 동경하는 인간의 모습이다. 새는 동천에 걸린 달이 절대적 가치를 지닌 존재라는 사실을 알고는 감히 범접하지 못하고 비끼어 간다. 비끼어 가는 것이 절대 세계에 도달할 수 없는 인간적 한계를 나타낸다고 보면, 매서운 새는 영원을 동경하지만 숙명적 한계를 지닌 인간을 가리킨다.

이 같은 해석이 터무니없다고 볼 수는 없지만, 지나치게 확장해 나간 감이 있다. "우리 님의 고은 눈섭"을 화자가 "즈믄 밤의 꿈"으로 "맑게 씻어서" 하늘에 심어 놓았기 때문에 초승달은 단순한 자연물이 아닌 절대적 가치를 지닌 것으로 볼 수 있다. 하지만 "매서운 새"가 절대적 가치를 추구하는 인간을 의미한다고 단정하기 어렵다. 이를 인정한다면 정성을 다해 눈썹을 옮겨 심는 화자나 겨울 하늘을 나는 매서운 새 모두 인간의 행위나 인간의 모습을 나타내는 것이 된다. 한쪽에서는 정성을 다해 눈썹을 하늘에 심어 놓고, 다른 한쪽에서는 이를 알고 그냥 지나간다는 것이다. 말하자면 한 인간에게서 두 가지의 다른 행위가 연출되는 것이다. 이런 자가당착의 모순은 해석의 논리성을 보장하지 못한다. 시 읽기에서 논리를 확보하려면 결론을 도출하는 추론의 과정이 타당해야 하며, 결론에 대한 근거가 참이어야 한다. 근거로 제시되는 전제가 참일 때 결론이 참일 개연성이 높다. 바르지 못한 근거로는 타당한 해석에 이르지 못한다.

「동천」은 눈썹과 새의 창조적 변용을 통해 시간과 공간을 초월하는 숭고한 사랑을 보여 주고 있다. 화자는 겨울밤 하늘에 밝게 빛나는 초승달을 바라보며 꿈속에 그리워하던 임을 떠올린다. 오랜 세월을 뜻하는 "즈믄 밤의 꿈"은 임과 만나지 못하는 상황에서 화자가 임을 애타게 그리워하고 있음을 암시한다. 임에 대한 애타는 그리움과 순결한 사랑의 감정은 초승달을 "눈섭"으로 변모시킨다. 화자는 임으로 표상되는 눈썹을 정성 어린 사랑의 마음으로 겨울 하늘에 심어 놓는다. 비록 상상이지만 화자는 천 년 밤의 꿈으로 눈썹을 맑게 씻어 하늘에 옮겨 심는다. 여기서 임을 향한 화자의 지극한 정성과 사랑을 엿볼 수 있다.

겨울밤의 사랑 심기는 아무도 모르는 나만의 비밀인 것이다. 그런데 "매서운 새"가 초승달에 담긴 사랑의 의미를 감지하고는 하늘의 고운 눈썹을 못 본 채 조용히 지나간다. 동지섣달 하늘을 나는 새는 길고 긴 겨울밤의 추위도, 외로움도 모르는 "매서운 새"다. 천상의 존재인 이 새는 화자의 숭고한 사랑을 부각하는 구실을 한다.

이 시에서 '나'라는 화자는 말도 안 되는 소리를 태연스럽게 말하고 있다. 임의 눈썹을 즈믄 밤의 꿈으로 깨끗이 씻어서 하늘에 옮겨 놓았다는 것이다. 화자는 통상적으로는 해야 할 말을 과감히 생략하고 자신의 생각을 사물에 빗대어 돌려 말한다. '나'는 임에 대한 그리움으로 추운 겨울 하늘에 떠 있는 그믐달을 유심히 바라보다가 달 주변으로 새가 지나가는 것을 본다. 이러한 정황을 화자는 에둘러 말한다.

화자는 사랑의 간곡한 마음을 "우리 님의 고은 눈섭", "즈믄 밤의 꿈", "동지섣달", "매서운 새" 등의 시구에 응축하여 표현한다. 이것들은 화자의 고결한 사랑의 마음을 도드라지게 나타낸다. "우리 님의 고은 눈섭"은 눈썹 모양을 한 초승달의 은유이며, 화자가 애타게 그리워하는 임의 눈썹이다. "즈믄 밤의 꿈"은 임에 대한 사랑의 깊이를 보여 준다.

「동천」은 임에 대한 연모의 정과 사랑의 절대성을 나타내고 있지만, 이를 직접적으로 발설하지 않는다. 세 마디의 말이 규칙적으로 반복하는 안정된 형태를 갖추고, 인물 행위와 정경을 객관적으로 묘사한다. 또한 시각적 이미지로 그림을 보는 듯한 회화적 영상미를 연출한다. 이러한 예술적 기법은 독자의 관습화된 의식을 자극하여 사랑의 의미를 새롭게 인식하게 한다.

넓게 읽기

동천冬天 / 서정주

서정주의 「동천」과 같이 열 줄이 채 안 되는 짧은 시행으로 상상의 꽃을 피우는 시가 있다. 김기림의 「봄」, 백석의 「비」, 이시영의 「새벽」, 황동규의 「더욱더 조그만 사랑 노래」, 오규원의 「서산과 해」, 복효근의 「토란잎에 궁그는 물방울 같이는」, 나희덕의 「천장호에서」, 반칠환의 「새해 첫 기적」, 「봄」, 송찬호의 「나비」, 「동백이 활짝」, 안도현의 「깃털 하나」, 최동호의 「몽당연필」, 함민복의 「나를 위로하며」, 「그늘 학습」, 「그림자」 등은 시적 상상력의 매력을 보여 준다.

미당 서정주(1915~2000년)에 대해서는 학계의 평가가 극과 극으로 갈린다. 그는 한국 현대시사에서 가장 뛰어난 시인으로 칭송되며, '단군 이래 최대의 시인'이라는 칭호까지 얻고 있다. 1936년에 출간한 첫 시집인 『화사집』부터 83세에 펴낸 마지막 시집인 『80소년 떠돌이의 시』(1997)에 이르기까지 수많은 시와 여러 편의 시집을 냈다. 생을 마감할 때까지 그는 왕성한 창작 활동으로 한국시의 큰 산맥을 이루며 시단을 이끌어 왔다.

고등학생들이 배우는 시 중에는 서정주 시가 많다. 「귀촉도」, 「국화 옆에서」, 「추천사-춘향의 말1」, 「춘향유문-춘향의 말3」, 「무등을 보며」, 「신부」, 「외할머니의 뒤안 툇마루」, 「해일」, 「신선 재곤이」 등의 시가 교육현장에서 다뤄지고 있다. 한때는 서정주 시가 교과서에서 사라진 적도 있었다. 이유는 친일 행적 때문이었다. 그의 고향인 전북 고창군 부안에 '미당시문학관'이 있는데, 여기에 서정주의 친일 자료도 함께 전시되고 있다. 서정주는 생전에 일본 제국주의를 찬미하는 시를 썼을 뿐만 아니라 제5공화국 독재정권을 찬양하는 시를 쓰기도 했다.

서정주는 도덕적으로 흠이 있는 시인임은 분명하다. 미당에 대한 평가는 관점에 따라 차이가 있지만 우리 시사에서 매우 중요한 인물임을 부정할 수 없다. 시를 공부하는 학생이라면 반드시 만나야 할 시인이다.

추천사 鞦韆詞

— 춘향의 말 1

서정주

향단아 그넷줄을 밀어라
머언 바다로
배를 내어 밀듯이,
향단아

이 다수굿이 흔들리는 수양버들 나무와
벼갯모에 뇌이듯한 풀꽃데미로부터,
자잘한 나비새끼 꾀꼬리들로부터
아조 내어밀듯이, 향단아

산호도 섬도 없는 저 하늘로
나를 밀어 올려다오.
채색한 구름같이 나를 밀어 올려다오
이 울렁이는 가슴을 밀어 올려다오!

서으로 가는 달 같이는
나는 아무래도 갈수가 없다.

바람이 파도를 밀어 올리듯이
그렇게 나를 밀어 올려다오
향단아.

서정주의 「추천사」는 '춘향의 말'이라는 부제에서 알 수 있듯 고전소설 『춘향전』을 모티브로 하고 있다. 화자인 '나'는 이 도령과 이별한 후 그를 그리워하는 춘향이다. 그래서 이 시는 그리움의 고통을 표현한 작품으로 이해된다. 그런데 교육현장에서는 이 작품을 초월적 세계에 대한 갈망을 노래한 작품으로 규정한다. 향단에게 그네를 밀어 올려 달라는 춘향의 말이 유한적인 현실 세계로부터 영원한 초월적 세계로 향하려는 인간의 보편적인 욕구를 대변한다는 것이다. 이때의 "그네"는 괴로움과 고통, 번민의 현실 세계로부터 벗어나 이상 세계에 도달하기 위한 매개체가 된다.

그러나 이와 같이 현실과 이상 간의 대립 구도에서 작품의 주제를 찾는 시각에서 보면 화자가 처한 현실이 어떠한지, 그가 추구하는 이상 세계는 어떤 곳인지, 화자가 왜 이상 세계를 지향하려 하는지를 명료하게 밝히기 어렵다. 춘향의 심정에서 인간의 보편적인 심리를 유추할 수 있으나, 작품의 실질적이고 기본적인 의미를 무시한 채 무턱대고 의미를 확장하여 해석하는 것은 시의 바른 감상 태도라 볼 수 없다. 시의 해석은 작품 내 문맥에서 이탈할 때 논리성을 잃게 된다. 시에 대한 다양한 접근과 이해는 작품의 내적 맥락을 토대로 하지 않으면 자의적 해석이 될 가능성이 크다.

그네를 타면서 바다로, 하늘로 향하고자 하는 춘향의 열망은 사랑의 괴로움에 빠진 한 여인의 모습으로 다가온다. 1연에서 춘향은 향단에게 그넷줄을 밀라고 하지만, 3연에서는 '나'를 밀어 올려 달라고, "울렁이는 가슴"을 밀어 올려 달라고 말한다.

향단에게 계속해서 밀어 올려 달라는 춘향의 호소에는 괴로운 심경이 함축되어 있다. 그네를 타는 주변에는 수양버들 나무가 서 있고, 풀꽃 사이로 작은 나비들이 날고, 꾀꼬리들이 지저귄다. 그녀는 봄의 정취가 물씬 풍기는 이곳으로부터 벗어나려 한다. 소설의 이야기로 본다면 이곳은 이몽룡이 춘향을 처음 만났던 장소다. 둘 사이의 사랑을 이어 주던 추억의 공간에서 춘향은 현재 자신의 곁에 없는 임을 그리워한다. 이 도령에 대한 그리움으로 수심이 깊어 가는 춘향은 그네를 타면서 마음을 진정시켜 보려 하지만, 베갯모에 수놓은 듯한 풀꽃은 그리움의 고통을 가중시킨다.

그래서 춘향은 자기가 있는 곳으로부터 배를 내어 밀듯 그네를 천천히 밀라고 말한다. 그녀는 정신적 고통이 없는 평온한 세계로 바다를 그려 본다. 하지만 바다도 자신의 고통을 완전히 해소해 주지 못한다. 바다에는 섬이 있고, 그 밑으로는 산호가 있어 완전무결하지 못하다. 이에 춘향은 바다보다 더 나은 세계로 하늘을 꿈꾼다. 하늘은 장애물이 없고 무한히 넓고 맑다. 하늘에는 편안하게 떠 있는 하얀 구름만 있을 뿐이다. "채색한 구름같이 나를 밀어 올려다오"라는 구절에는 번민에서 벗어나 마음이 편안해지기를 바라는 춘향의 간절한 소망이 담겨 있다.

하늘로 향한 열망에는 자신의 의지로는 제어할 수 없는 그리움의 감정이 자리하고 있다. "울렁이는 가슴"은 임에 대한 춘향의 애타는 그리움과 하늘을 향한 벅찬 마음을 잘 보여 준다. 그네를 타면서 정신적 고통을 떨쳐 버리려 하지만 걷잡을 수 없는 그리움의 감정은 좀처럼 가시지 않는다. 그러기에 춘향은 향단에게 애원에 가까울 정도로 "밀어 올려 다오"라는 말을 되풀이한다. 말의 반복과 급박한 호흡은 그네를 더 세게 밀어 달라는 뜻을 나타내는 동시에 춘향의 격정적인 마음의 상태를 암시한다. 더 세게 높이 밀어 달라는 것은 그만큼 이 도령에 대한 연모의 정이 깊다는 것을 뜻한다. 또한 이것은 사랑의 고통에서 벗어나고자 하는 마음이 강렬하다는 것을 말해 준다.

춘향은 향단에게 그네를 밀어 올려 달라고 거듭 요구한다. 이것은 4연을 제외한 모든 연에 공통적으로 나타난다. 시상의 유기적인 흐름을 고려해 볼 때 4연은 3연에 대한 부연이 된다. 춘향은 울렁이는 마음을 주체할 수 없어 산호도 섬도 없는 저 하늘로 밀어 올려 달라고 한다. 3연에서 화자는 "밀어 올려다오."라는 말을 세 번이나 반복하며 의미를 강조하는데, 특히 세 번째 되풀이할 때는 느낌표를 쓰며 괴로운 내면을 간접적으로 드러낸다. 춘향은 어떻게든 현재의 상황에서 벗어나고 싶어 한다.

밀어 달라는 반복적인 요청은 그리움의 고통을 잠시라도 잊을 수 있도록 힘껏 높이 밀어 달라는 뜻을 함축한다. 춘향은 서쪽으로 가는 달같이 천천히 가서는 하늘에 이를 수도 없고, 지금의 괴로움을 덜어 낼 수도 없을 것이라고 생각한다. 바다에서 섬과 호수를 떠올리듯 '하늘'에서 구름과 달을 연상한다. 하늘의 달은 어떤 얽매임도 없이 서쪽으로 천천히 자연스럽게 흘러간다. "나는 아무래도 갈수가 없다."는 것은 그러한 달의 움직임처럼 갈 수 없다는 것이다.

4연은 그 의미가 모호한 부분이 있다. "서으로 가는 달"은 문맥에 따라 부정 혹은 선망의 대상으로 해석된다. 3연과의 의미를 고려한다면 4연은 천천히 서쪽으로 가는 달같이 가서는 임이 계신 곳 또는 화자 자신이 꿈꾸는 세계로 갈 수 없다는 뜻으로 볼 수 있다. 이때 달은 화자가 거부하는 부정의 대상이 된다.

하지만 그넷줄에 묶어 더 이상 나아가지 못하고 원래의 상태로 돌아오고 마는 그네나 사랑의 끈에 묶여 고통스러워하는 화자 자신에 비하면, 달은 자신이 가고자 하는 방향으로 유유히 흘러간다. 이러한 속성을 고려해 보면 4연은 달처럼 자유롭게 유유히 가고 싶은데, 자신은 그렇게 할 수 없다는 뜻으로 이해할 수 있다. 뒤이어 나오는 "나는 아무래도 갈 수 없다"는 문맥은 이 같은 해석의 가능성을 열어 놓고 있다.

춘향은 서로 가는 달같이는 아무래도 갈 수 없다는 것을 자각하면서도 향단에게 바람이 파도를 밀어 올리듯 계속 밀어 올려 달라고 한다. 파도는 한 방향으로 밀려갔다가 밀려 나오는 것을 수없이 반복한다. 파도의 움직임은 앞으로 뒤로 왔다 갔다 하는 그네의 움직임과 흡사하다. 바람은 단박에 파도를 밀어 올리지 못하며 계속해서 같은 행위를 되풀이한다. 5연에서 바람과 파도의 설정은 춘향 그 자신이 사랑의 고통에서 결코 벗어날 수 없다는 것을 암시한다.

5연은 1연과 비슷한 문장 형식으로 시상을 종결하고 있다. 1연에서는 배를 밀듯이 그네를 밀어 달라고 하지만, 5연에서는 "바람이 파도를 밀어 올리듯이" 밀어 달라고 한다. 배를 미는 행위나 파도를 미는 바람의 작용은 느리게 진행된다. 이러한 느린 움직임은 그네의 움직임과 관련이 있다. 1연에서 그네가 서서히 움직이기 시작해 5연에서 그 움직임이 약해지고 하늘과 바다로 향하고자 하는 그네 타기는 끝이 난다. 바람이 파도를 밀어 올리는 것은 일회로 끝나지 않는다. 바람과 파도의 움직임은 끊임없이 반복될 수밖에 없다. 바람이 파도를 밀어 올려도 파도는 하늘로 향할 수 없다. 춘향은 마음 한편으로는 어디론가 멀리 떠나가고 싶어 하지만, 현재 상황에서 더 이상 나아갈 수 없다는 것을 인식한다.

이 작품은 『춘향전』의 인물을 인용하여 내용을 재창조하고 있다. 화자는 '나'이고, 청자는 향단이다. 화자인 춘향은 그녀의 하녀인 향단에게 반복적으로 그네를 밀어 올려 달라고 부탁하고 이러한 반복적 표현은 춘향이 겪는 사랑의 고통과 이에서 벗어나려는 간절한 마음을 전달한다.

이 시에서는 직유의 기법이 두루 사용되고 있다. "배를 내어 밀 듯이", "채색한 구름같이", "서으로 가는 달 같이", "바람이 파도를 밀어 올리듯이" 등이 그 예다. 이들 보조관념으로 의미를 효과적으로 나타내고 있다.

「추천사」의 우수성은 내용과 형식의 조화에서 찾아볼 수 있다. 그네 타기의 완급 조절과 시의 호흡이 조응하고 있다. 내용상 1연에서 배를 밀듯이 그네 타기가 서서히 시작되고 3연에서 최고조를 이룬다. 그리고 4, 5연에서 그네 타기의 속도가 느려진다.

시행의 배열과 어조는 이러한 그네 타기의 완급과 맞물린다. 전체 연 중에서 1연의 행이 가장 짧은데, 이 짧은 행의 배열은 느린 호흡을 이끈다. 3연에서 "밀어 올려다오"의 반복과 느낌표의 사용으로 급박한 호흡을 갖는다. 4, 5연은 네 행으로 되어 있는 앞의 연들과 달리 두 행과 세 행으로 행을 짧게 구성하여 느린 호흡을 갖는다.

이러한 변화는 한계를 인식하는 화자의 심리와 관련이 있다. 춘향의 고조된 감정은 4, 5연에서 완화되는 양상을 보인다. 춘향은 하늘을 향해 밀어 올려 달라고 거듭 말하지만, 고통스러운 상황에서 벗어날 수 없음을 스스로 인식한다. 계속해서 파도를 밀어 올리는 바람의 작용은 이를 함축한다.

넓게 읽기

추천사鞦韆詞 – 춘향의 말 1 / 서정주

우리 삶이 항상 즐겁지 않은 것과 마찬가지로 사랑에도 시련과 고통이 따른다. 서정주의 「추천사–춘향의 말1」은 『춘향전』의 내용에 시인의 상상력을 가미하여 이 도령을 떠나보낸 뒤 춘향이 갖는 사랑의 괴로움을 잘 보여 주고 있다. 최영미의 「선운사에서」, 나희덕의 「푸른 밤」, 오세영의 「어제 반짝이던 별들이」, 허수경의 「혼자 가는 먼 집」, 도종환의 「봉숭아」, 장석남의 「배를 밀며」, 조정권의 「벼랑 끝」 등의 시는 사랑의 고통을 진솔하게 표현하고 있다.

폭포

김수영

폭포는 곧은 절벽을 무서운 기색도 없이 떨어진다

규정할 수 없는 물결이
무엇을 향하여 떨어진다는 의미도 없이
계절과 주야를 가리지 않고
고매한 정신처럼 쉴 사이 없이 떨어진다

금잔화도 인가도 보이지 않는 밤이 되면
폭포는 곧은 소리를 내며 떨어진다

곧은 소리는 소리이다
곧은 소리는 곧은
소리를 부른다

번개와 같이 떨어지는 물방울은
취할 순간조차 마음에 주지 않고
나타懶惰와 안정을 뒤집어놓은 듯이
높이도 폭도 없이
떨어진다

이 시는 「풀」, 「눈」 등과 함께 김수영의 대표시로 일컫는 작품이다. '폭포'를 소재로 하고 있으나 폭포 그 자체를 이야기하지 않는다. 폭포라는 자연물에서 정신적 의미를 발견하고 있다. 수직으로 쉼 없이 떨어지는 폭포의 속성에서 인간이 지향해야 할 바람직한 삶의 자세를 추구한다.

독자가 이 작품에서 눈여겨봐야 할 것은 폭포가 지닌 고매한 정신이다. 폭포가 지닌 정신에 초점을 두고 있기 때문에 내용으로 보면 이 시는 단조로우나, 정돈된 어조 속에서 메시지가 전하는 간곡함이 있다. 화자는 감정의 기복 없이 일관된 태도를 유지하며 폭포의 곧은 소리에 주목한다. 밤이 되면 폭포는 곧은 소리를 내며 떨어진다. 일반 상식으로는 "곧은 소리"가 용인되지 않는다. 소리가 곧을 수는 없는 것이다. 소리의 곧음은 수직 하강하는 폭포수에서 착상한 것으로 볼 수 있다.

4연의 "곧은 소리는 소리이다"는 의미심장하다. 화자는 곧은 소리를 소리라고 굳이 말할 필요가 없는데, 이를 소리라고 이른다. 이것은 정의를 굳이 정의라고 말할 필요가 없는 것과 같은 이치다. 당연한 사실에 대한 강조는 그것이 현실적으로 받아들이지 않고 있음을 역으로 나타낸다. 불의한 현실은 정의를 억압하고 진실을 왜곡한다. 그렇다 해서 본질이나 진실이 변하지는 않는다. 정의가 정의이듯 곧은 소리는 소리일 수밖에 없다. 불의한 현실일지라도 정의의 불씨가 살아 있다면 정의는 죽지 않고 확산될 것이다. "곧은 소리는 곧은/소리를 부른다"는 말에는 어깨에 내리치는 죽비와 같은 엄한 가르침이 있다.

1연은 절벽에서 힘차게 떨어지는 폭포의 외경을 포착하고 있다. 높은 곳의 벼랑에서 떨어지는 것은 무섭고도 두려운 일이다. 그러나 폭포는 무서운 기색 없이 절벽에서 떨어진다. "무서운 기색"에 대한 언급은 화자가 처한 현실이 결코 원만하지 못함을 암시한다. 폭포는 어려운 상황에서도 용기와 신념을 가지고 적극 대응한다. 이런 의미에서 보면, 1연은 무서움으로 적극적으로 행동하지 못하는 '인간'과 무서운 기색도 없이 행동하는 '폭포'가 대비되어 있다고 볼 수 있다.

2연은 폭포의 고매한 정신을 보여 준다. 폭포는 자유로움을 추구하며, 쉬지 않고 계속 떨어진다. 뭐라고 딱 잘라 말할 수 없는 폭포의 물결은 그 무엇을 향한다는 의미도 갖지 않는다. 이것은 폭포의 절대적인 자유로움을 나타낸다. 추위가 찾아오든 적막한 밤이 오든 폭포는 계절과 낮밤을 가리지 않고 계속 떨어진다. 어떤 얽매임이나 구속도 없이 자신의 의지에 따라 일관되게 행동한다. 일관된 신념과 자유 의지는 폭포가 지닌 높고 훌륭한 정신이다.

1, 2연이 폭포의 시각적 모습에 치중하고 있다면, 3, 4연은 폭포의 청각적 측면에 주목하고 있다. 3연은 폭포의 소리에 의미를 부여하고 있다. 주야를 가리지 않고 떨어지는 폭포는 밤에도 제 소리를 내며 떨어진다. "금잔화도 인가도 보이지 않는 밤"은 아름다운 꽃도 사람도 어둠에 덮여 있는 암흑의 현실을 말한다. 암담한 현실에서도 곧은 절벽을 떨어지는 폭포는 곧은 소리를 낸다. 1연의 "곧은 절벽"에서 "곧은"은 굽힘이 없는 직선의 상태를 말하지만, 3연의 "곧은 소리"에서 "곧은"은 정신이 곧음을 나타낸다. 폭포가 내는 "곧은 소리"는 정의롭고 진실한 양심의 소리다.

4연은 폭포의 울림을 담아내고 있다. 폭포의 곧은 소리는 울려 퍼진다. "곧은 소리는 소리이다"는 전언은 곧은 소리만이 소리이고, 곧지 못한 소리는 소리가 아니라는 뜻을 내포한다. "곧은 소리는 곧은/소리를 부른다"는 것은 곧은 소리가 갖는 위력을 보여 준다. 정의로움이 정의를 불러일으키고, 다른 사람을 각성시킨다는 것이다. 화자는 곧은 소리로 울려 퍼지는 폭포의 소리에서 옳은 일에 앞장서서 행동하는 선구자의 모습을 읽는다. 선

구자적 삶에 대한 인식에는, 정의가 말살되는 시대에 지식인들이 정의를 부르짖으며 다른 사람들을 일깨워 주기를 바라는 마음이 담겨 있다.

5연은 당찬 기세로 부숴 버릴 듯 떨어지는 폭포를 통해 부정한 현실에 타협하지 않는 올곧은 정신을 보여 준다. 번개처럼 일시에 세차게 떨어지는 물방울은 "취할 순간"조차 주지 않는다. "취할 순간"은 부정한 현실과의 타협을 의미한다. 폭포는 나타와 안정을 뒤집어 놓은 듯이 매섭게 떨어진다. 화자는 실천적 행동이 없는 나태함과 현실에 안주하는 안이한 삶의 태도를 질타한다. 고매한 정신의 폭포는 어떤 불의한 것도 용납하지 않으며 부정한 현실에 대항한다.

이 작품에서 두드러지는 표현 기법은 반복이다. "곧은 소리"를 반복하는 4연을 제외한 모든 연은 "떨어진다"라는 말을 되풀이한다. 각 연을 "떨어진다"로 끝맺어 리듬을 형성하고, 물이 위에서 아래로 떨어지는 폭포의 수직적 하강을 시각적으로 재현한다. 또한 시어의 반복은 각 연에서 보여 주는 폭포의 정신을 부각하는 효과를 갖는다.

이 시는 구체적 자연 현상을 통해 인간의 내면세계를 드러내고 있는 것이 특징이다. 화자는 폭포의 모습에서 자신이 지향하고자 하는 가치를 구현한다. 이 작품에서 폭포는 "고매한 정신"이나 "곧은 소리"를 상징한다. 폭포는 곧은 절벽을 무서운 기색도 없이 계속 떨어지고, 캄캄한 밤에도 변함없이 소리를 낸다.

폭포의 올곧은 정신의 일면은 3연과 5연에서 구체적으로 제시된다. 칠흑(漆黑)과 같은 어둠으로 뒤덮이는 산속의 밤에는 어떤 사물도 잘 보이지 않는다. 어두운 밤의 이미지는 "금잔화도 인가도 보이지 않는 밤"으로 나타낸다. 꽃 중에서 왜 하필이면 금잔화냐 하는 것은 그다지 중요하지 않다.

"금잔화"는 폭포 주변의 꽃일 수 있고, "인가"는 폭포와 멀리 떨어져 있는 산골의 마을일 수 있다. 시인이 강조하는 것은 밤이 되자 이 꽃과 사람들이 보이지 않는다는 것이다. 가치 있는 것들이 어둠으로 은폐되는데도 폭포는 제 소리를 낸다. "금잔화도 인가도 보이지 않는 밤"은 진실을 가리고 제 소리를 내지 못하게 하는 당시의 현실을 상징적으로 보여 준다.

곧은 정신을 지닌 폭포는 부정한 현실과 안이한 삶의 태도를 거부한다. 5연은 거침없이 떨어지는 폭포의 역동적 이미지를 통해 현실과 타협하지 않는 폭포의 정신을 나타낸다. 무수한 물방울로 이루어진 폭포는 순간을 포착할 수 없을 정도로 빠르게 힘차게 떨어진다. 번개와 같이 떨어지는 물방울은 나타와 안정을 뒤집어 놓은 듯이 높이도 폭도 없이 떨어진다. 모든 폭포는 높이와 폭이 있다. 그런데도 높이와 폭이 없다고 한다. 시인은 이런 모순된 표현을 통해 폭포의 빠르고 세찬 모습을 나타낸다. 동시에 나태와 안정을 멀리하고 자유와 정의를 추구하려는 열망을 전한다.

넓게 읽기

폭포 / 김수영

김수영(1934~1968년) 시인은 서울 출생으로, 1941년에 도쿄 상업대학교에 입학했다가 광복이 되자 귀국하여 연희전문학교 영문과에서 수학하였다. 초기에는 모더니스트로서 도시생활을 비판적으로 노래하였으나, 1960년 4·19 혁명을 기점으로 현실비판의식과 저항정신을 바탕으로 하는 시적 세계를 추구하였다. 1968년 교통사고로 생을 마감하기까지 「폭포」를 비롯해 「눈」, 「풀」, 「사령」, 「푸른 하늘을」, 「어느 날 고궁을 나오면서」, 「파밭가에서」 등의 시를 남겼다.

김수영의 「폭포」는 암담한 시대를 배경으로 하고 있다. "금잔화도 인가도 보이지 않는 밤"이 이를 암시한다. 부정한 현실에 대한 저항 정신을 보여 주는 시에는 박남수의 「종소리」, 김지하의 「타는 목마름으로」, 정희성의 「쇠를 치면서」, 이수익의 「장작 패기」, 조태일의 「겨울새」, 문정희의 「도끼」, 최승호의 「때밀이 수건」 등이 있다.

풀

김수영

풀이 눕는다
비를 몰아오는 동풍에 나부껴
풀은 눕고
드디어 울었다
날이 흐려서 더 울다가
다시 누웠다

풀이 눕는다
바람보다도 더 빨리 눕는다
바람보다도 더 빨리 울고
바람보다 먼저 일어난다

날이 흐리고 풀이 눕는다
발목까지
발밑까지 눕는다
바람보다 늦게 누워도
바람보다 먼저 일어나고
바람보다 늦게 울어도
바람보다 먼저 웃는다
날이 흐리고 풀뿌리가 눕는다

———— 이 시는 풀과 바람의 관계를 통해 의미를 나타내고 있다. 풀은 민중이고, 비나 바람은 그것을 억압하는 세력이며, 눕고 일어서는 행위와 울고 웃는 행위는 억압하는 것에 대한 끈질긴 저항을 뜻하는 것으로 보는 것이 기존의 일반적 해석이다. 이때 이 작품은 단일한 의미로 파악되어 '풀'이 가지는 상징성은 사라진다.

유종호는 지적한다. 문학이란, 특히 시란 B를 의미하기 위해서 A를 표면에 내세우는 속성이 있다. 따라서 표면상으로 A를 사용했다고 해서 A만을 분석할 경우 작가가 의도한 B는 끝내 포착되지 못할 수도 있다. 말하자면 A는 B를 위한 단서에 불과하다. 어떤 해석들은 A의 부분적 분석에만 전념한 나머지 심리적 섬세함으로써 포착되어야 할 B를 놓치기도 한다.[13]

우리가 「풀」에서 읽어야 할 것은 A가 아니라 B이다. B의 의미심장함을 읽어 낼 수 있을 때 독자는 시를 온전하게 이해하게 된다.

———— 이 시의 화자는 바람에 흔들리는 풀의 여러 모습들을 관찰하고 있다. 화자의 눈에 들어온 풀은 바람이 불면 심하게 흔들리기도 하고 땅 밑까지 휘어지기도 한다. 그러다가 잠시 바람이 잠잠해지면 다시 일어서서 가볍게 살랑대기도 한다. 이런 반복적인 풀의 움직임이 포착되고 있다. 그런데 문제는 2연과 3연의 모순이다. 2연에서는 풀이 바람보다 빨리 눕고, 빨리 운다고 했는데, 3연에서는 풀이 바람보다 늦게 눕고 또 늦게 운다고 했다. 시인은 풀의 움직임이 바람보다 먼저라고 하기도 하고, 또 바람의 움직임이 풀의 움직임보다 먼저라고 한다. 이는 풀과 바람 사이에서 목격될 수 있는 일반적인 자연 현상이 아니다.

13 유종호, 『유종호 전집1–비순수의 선언』, 민음사, 1995, 204~205쪽.

바람이 불 때 풀은 흔들리며 눕기도 하지만, 바람이 잠잠해지면 풀은 원래대로 일어난다. 그러다가 바람이 다시 풀면 풀은 또 다시 눕는다. 이러한 정경을 한참 쳐다보면 바람보다도 먼저 풀이 눕고, 바람보다 먼저 풀이 일어난다는 느낌을 받을 수 있다. 특정한 곳으로 계속 부는 바람이 아니라면 풀은 눕고 일어나는 것을 반복할 것이다. 이때 풀을 바라보게 되면 풀이 바람보다 먼저인 것처럼 느낄 수도 있다.

그러나 이 시는 단순히 바람 부는 풀밭의 풍경을 묘사하고 있다고 보기는 어렵다. 설사 시인의 의도가 그랬다고 하더라도 이 작품을 접한 독자는 바람에 눕고 일어서는 풀의 모습을 떠올리기가 만만치 않다. 바람보다 먼저 눕고 일어서는 풀의 모습을 연상하기가 쉽지 않다. 특히 3연의 "날이 흐리고 풀뿌리가 눕는다"는 진술은 자연 현상으로는 도저히 설명할 수가 없다. 이것이 「풀」이라는 작품을 단순히 외연적으로 해석할 수 없는 이유가 된다.

우리는 이 작품에서 풀이라는 대상이 지나치게 인간화되어 있다는 사실을 간과해서는 안 된다. 눕고 일어서고 울고 웃는 행위는 풀의 행위가 아니라 모두 인간의 행위다. 인간의 행위를 반복하는 이 시는 인간의 모습을 나타내고자 한 것일 수 있다. 이런 맥락을 수용한다면 이 시는 풀에 대한 자연의 인식을 내포하면서도 인간의 삶의 모습에 대한 상징적인 표현이 된다.

풀이 인간의 형상이라면 바람은 인간을 억압하는 외부의 자극이다. 인간은 시련을 되풀이하기도 하고, 때로는 감당하기 힘든 고통으로 흔들리며 울기도 한다. 그러면서도 삶을 포기하지 않고 시련을 딛고 일어나기도 한다. 1연이 시련에 흔들리는 인간의 모습이라면 2, 3연은 그 시련에 대응하는 인간의 모습을 나타낸다.

1연은 눕고 우는 풀을 통해 인간의 고뇌와 연약함을 나타낸다. 풀의 누움이 비바람에 나부끼는 모습을 시각적 측면에서 제시한 것이라면, 풀의 울음은 풀이 비바람에 흔들리며 나는 소리를 비유적으로 나타낸 것이다. 화자는 외부의 자극으로 흔들리는 풀의 외면에서 그것의 내면을 포착한다. "비를 몰아오는 동풍에 풀은 눕고 드디어 울었다"라는 구절에서 "드디어"는 쓰러져도 결단코 울지 않으려 했으나 끝까지 버티지 못했다는 것을 나타낸다. 바람에 의해 눕고 울었던 풀은 날이 어둡게 흐려지면서 더 울다가 다시 누웠다. 반복되는 풀의 울음과 누움은 고통스러운 현실에서 무기력할 수밖에 없는 인간의 나약함과 아픔을 상징적으로 보여 준다.

2연에서는 풀의 생명력이 발견되면서 화자의 인식이 전환되고 있다. 바람에 의해 눕고 울기만 하던 풀이 바람의 지배에서 벗어나 스스로 일어난다. 수동적이고 소극적이던 풀이 주체성을 가진 존재로 변모하면서 적극적이고 능동적으로 행동한다. 상식적으로 풀이 바람보다 먼저 누울 수도, 바람보다도 먼저 일어날 수 있다. 2연은 과학적 논리로 해명할 수 없는 심층적 의미를 담고 있다.

이전에 풀에게 가해진 고통은 현재까지도 영향을 미친다. 현재 외압은 없지만 1연에서 받은 깊은 상처와 치욕으로 풀은 스스로 괴로워하고 마음 아파한다. '바람보다도 더 빨리 눕고, 바람보다 더 빨리 우는' 풀은 내적 번민의 상태를 보여 준다. 1연에서 풀이 '동풍'과 '흐린 날'이라는 외부의 압박으로 누웠다면, 2연에서 풀은 그 고통에서 벗어나지 못한 채 신음하고 있다. 그러나 안팎으로 겪는 고난은 풀을 다시 일어서게 하는 힘이 된다. 그래서 어떤 시련이 오기도 전에 먼저 일어난다.

3연에서 풀은 또 다시 시련을 겪는다. 날이 흐려지면서 풀은 눕는다. 날이 흐린 상황은 곧 비바람을 몰아올 암담한 상황으로 풀에게 고통이 가중됨을 암시한다. 극심한 고통으로 풀은 발밑까지 눕는다. 이때의 발은 풀숲에 서 있는 화자의 발 혹은 의인화된 풀의 발로 해석된다. 누구의 발이든 간에 풀이 눕는 형상은 암담한 현실에서 고통을 겪는 인간의 모습과 연결된다. 그는 계속되는 고난에도 삶을 포기하거나 절망하지 않는다. 앞서 시련을 겪으면서 한층 성숙해진 풀은 어떤 외압에도 굴하지 않는다. 버티다가 쓰러져도 다시 일어나고, 참았던 울음을 터뜨려도 결코 웃음을 잃지 않는다.

"날이 흐리고 풀뿌리가 눕는다"라는 마지막 행은 3연의 내용과 관련지어 보면 다소 이질적이다. 앞서 풀이 늦게 누워도 먼저 일어나고, 늦게 울어도 먼저 웃는다고 말하면서 풀뿌리가 눕는다고 하는 것은 말의 앞뒤가 맞지 않다. 그 자체로 보면 풀뿌리째 뽑히는 극한 시련을 나타낸다. 하지만 이 풀은 누워도 다시 일어나고, 울어도 다시 웃을 것이다. 그렇기에 "날이 흐리고 풀뿌리가 눕는다"라는 표현에는 풀이 절망과 좌절을 딛고 일어설 것이라는 사실이 내포되어 있다. 이 시는 이렇게 쓰러지면서도 다시 일어나는 풀의 생명력을 통해 나약하면서도 강인한 인간의 삶을 보여 주고 있다.

표현상 이 시는 풀이 눕고 일어나는 움직임을 단순히 반복하는 형태로 되어 있다. 서로 대립된 뜻을 지닌 '눕는다/일어난다', '울다/웃는다'를 반복하면서 시상을 전개한다. 1연은 바람으로 인해 풀이 눕고 울고, 더 울다가 다시 눕는 풀의 약한 모습을 보여 준다. 2연에서는 풀의 나약함과 함께 바람보다 먼저 일어나는 풀의 생명력이 부각된다. 3연에서는 바람보다 먼저 일어나고, 먼저 웃는 풀을 통해 숱한 시련을 겪으면서 더욱 강해진 풀의 모습을 보여 준다.

전체적으로 보면 「풀」은 시간의 변화에 따라 그 의미가 심화되는 점층적 구조를 보인다. 1연은 "울었다"와 "누웠다"라는 말에서 알 수 있듯 과거에 일어난 일을 보여 준다. 과거에 "비를 몰아오는 동풍"에 나부껴 눕고 울었고,

그리고 "날이 흐려"지는 상황이 되면서 더 울다가 다시 누웠다는 것이다.

2연과 3연은 과거형으로 문장을 종결짓는 1연과 달리, 풀의 행위가 현재의 시점에서 이루어지고 있다. 2연은 바람의 시련이 없는 현재의 상황을 제시하고 있다. 현재는 바람이 불지 않지만 1연에서 겪은 시련과 수모로 풀은 무력감에 빠지고 괴로워한다. 하지만 풀에게 가해진 육체적·정신적 고통은 자신을 강하게 만들고 다시 일어나게 한다.

3연에서는 1연의 상황이 반복된다. 날이 다시 흐려진다. 그러나 상황은 이전보다 좋지 않다. 날이 흐려지면서 풀은 발목에서 발밑까지 누울 뿐만 아니라 급기야 풀뿌리까지 눕는다. 여기서도 풀의 고난이 현재형으로 제시되고 있다. 2연과 3연은 공통적으로 현재의 시제로 되어 있지만, 각 연에서 풀이 처한 상황이나 대응 방식에는 차이가 있다. 2연에서 풀은 바람보다 더 빨리 눕고 우는 데 반해, 3연에서는 바람보다도 늦게 눕고 늦게 운다. 풀에게 닥친 시련으로 보면, 3연은 고통이 점점 더해지면서 풀뿌리가 눕는 극한 상황을 보여 준다. 따라서 2연과 3연은 한 시점에서 어떤 일이 동시에 진행되고 있다고 보기 어렵다.

3연은 다른 연과 달리 화자의 주관이 강하게 작용하고 있다. "발목까지/발밑까지 눕는다"라든가 "날이 흐리고 풀뿌리가 눕는다"라는 것은 관찰자로서 화자가 취한 객관적 태도와는 거리가 있다. 풀이 발밑까지 누울지는 몰라도 "풀뿌리가 눕는다"는 것은 말이 되지 않는다. 풀에게서 뿌리가 뽑히는 것은 생의 종말 곧 죽음을 의미한다. 하지만 이 시에서 풀은 어떤 상황에서든 죽지 않고 강인한 의지로 소생한다. 뿌리가 뽑힐 정도로 생명이 위협받는 시련이 있을지라도 풀은 이에 맞서 힘차게 일어설 것이다. "바람보다 늦게 누워도/바람보다 먼저 일어나고/바람보다 늦게 울어도/바람보다 먼저 웃는다"라는 시행은 어떤 시련과 억압에도 좌절하거나 절망하지 않겠다는 강한 의지의 표현이다.

이 시에서 풀은 의인화된 대상이면서 상징적 의미를 갖는다. 바람에 흔들리며 일어서는 풀은 나약하면서도 강인한 민중뿐만 아니라 시인 자신을 포함한 인간 전체로 확대할 수 있다. 3연은 억압적인 현실에 대한 화자의 의지와 신념으로 읽을 수 있다. 화자는 지금의 현실이 예전보다 나아질 것이라고 보지 않는다. 전과 같이 날이 흐리기 때문이다. 날이 흐리면 바람이 세차게 불고 곧 비가 몰아칠 것임을 경험적으로 인식하고 있다. 그에게는 날이 흐려서 더 울다가 다시 누웠던 아픈 과거가 있다. 화자는 이 같은 과거의 전철을 밟지 않으려고 굳게 다짐한다. 비바람에 무력하게 굴복하지 않을 것이며, 날이 흐리고 풀뿌리가 누울지라도 또 다시 일어나 웃을 것이다.

넓게 읽기

풀 / 김수영

말은 어디에 어떻게 놓느냐에 따라 그 뜻이 달라진다. 「풀」은 "눕는다", "웃는다", "운다"는 시어를 반복하며, "늦게", "먼저"라는 말을 통해 "풀"과 "바람"을 비교함으로써 풀의 움직임과 내면을 나타낸다. 이 작품은 언어의 정교한 배열을 통해 풀의 강인함을 보여 주고 있다.

강한 생명력을 보여 주는 시에는 이성부의 「벼」, 이동순의 「개밥풀」, 강은교의 「일어서라 풀아」, 황지우의 「겨울-나무로부터 봄-나무에로」, 이성복의 「그 여름의 끝」 등이 있다.

수정가

박재삼

집을 치면, 정화수 잔잔한 위에 아침마다 새로 생기는 물방울의 선선한 우물 집이었을레. 또한 윤이 나는 마루의, 그 끝에 평상의, 갈앉은 뜨락의, 물냄새 창창한 그런 집이었을레. 서방님은 바람 같단들 어느 때고 바람은 어려올 따름, 그 옆에 순순順順한 스러지는 물방울의 찬란한 춘향이 마음이 아니었을레.

하루에 몇 번쯤 푸른 산 언덕들을 눈 아래 보았을까나. 그러면 그때마다 일렁여 오는 푸른 그리움에 어울려 흐느껴 물살짓는 어깨가 얼마쯤 하였을까나. 진실로, 우리가 받들 산신령은 그 어디 있을까마는, 산과 언덕들의 만리萬里 같은 물살을 굽어보는, 춘향은 바람에 어울린 수정빛 임자가 아니었을까나.

1962년에 출간된 박재삼의 첫 시집 『춘향이 마음』에 수록된 작품이다. 이 시집에는 「수정가」를 비롯해 「울음이 타는 가을 강」, 「추억에서」, 「매미 울음에」, 「자연」, 「한」, 「봄 바다에서」, 「밤바다에서」 등의 작품이 실려 있다. 이 시는 고전소설 『춘향전』을 모티브로 하여 임에 대한 사랑의 마음을 나타내고 있다. 따라서 『춘향전』의 내용과 관련지어 시적 상황을 이해할 필요가 있다. 『춘향전』은 주인공 성춘향과 이몽룡의 사랑 이야기로 그 내용을 간추리면 다음과 같다.

사또 자제인 이몽룡은 광한루에서 그네를 타는 춘향을 보고 첫눈에 반해 그날 밤 춘향의 집에 찾아간다. 기생 월매의 딸인 춘향은 이 도령과 백년가약을 맺고 사랑을 나눈다. 이몽룡의 아버지가 한양으로 올라감에 따라 이몽룡은 춘향과 다시 만날 것을 기약하고 그 또한 서울로 떠난다. 춘향은 새로 부임한 변 사또의 수청을 거절하여 감옥에 갇힌다. 장원급제하여 어사가 된 이몽룡은 변학도의 생일 잔칫날 출두하여 그를 봉고파직하고 춘향과 극적으로 상봉한다.

「수정가」는 이 도령과 헤어진 뒤의 춘향의 마음을 시인이 상상력을 발휘하여 재구성한 것이다. 시인은 이 도령을 향한 춘향의 마음을 상상하여 표현한다. 이 시는 산문적 진술로 되어 있을 뿐만 아니라 비유적 표현과 독특한 어미를 사용하고 있어 읽기가 만만치 않다. 독자는 한 문장 한 문장 꼼꼼히 읽으며 상상이 어떻게 전개되는지 살펴야 한다.

박재삼의 「수정가」는 6개의 문장으로 구성되어 있다. 문장별로 그 의미를 살펴보면 다음과 같다.

(1) 집을 치면, 정화수 잔잔한 위에 아침마다 새로 생기는 물방울의 선선한 우물집이었을레.

정화수, 물방울, 우물집 등은 시인이 머릿속으로 상상한 것이다. 집으로 말하면, 춘향의 마음은 정화수 잔잔한 물 위에 아침마다 새로 물방울이 생기는 선선한 우물집이다. 이 도령에 대한 춘향의 마음이 우물집에 비유되고 있다. 이 우물집은 매일 아침 물방울이 새로 생겨나고, 여기서 길어 올린 우물물은 임의 안녕과 재회를 기원하는 정화수로 사용된다. 맑고 깨끗한 물의 이미지는 춘향의 순수한 마음을 나타낸다.

(2) 또한 윤이 나는 마루의, 그 끝에 평상의, 갈앉은 뜨락의, 물냄새 창창한 그런 집이었을레.

앞의 우물집에 대한 상상은 춘향이 사는 집으로 확대된다. 춘향의 마음은 윤기 나는 마루와 평상이 있고, 뜰에 싱그러운 물 냄새가 나는 집에 비유된다. 여기서 보여 주는 정갈한 이미지는 춘향의 맑고 순수한 마음을 부각하는 구실을 한다.

(3) 서방님은 바람 같단들 어느 때고 바람은 어려올 따름, 그 옆에 순순順順한 스러지는 물방울의 찬란한 춘향이 마음이 아니었을레.

(3)에서도 춘향의 마음에 대한 추측과 상상이 이어진다. 화자는 춘향의 마음이 바람 따라 순순히 스러지는 물방울이 아니었을까 생각한다. 정화수 위로 생기는 선선한 물방울은 바람에 자극을 받으며 흔들린다. 이 여린 물

방울이 춘향이라면, 이곳저곳으로 마음대로 부는 바람은 서방님이다.

서방님은 잠시 나타났다가 금방 사라지는 바람과 같다. 바람은 춘향에게 순간 어리어 올 따름이다. 바람에 따라 순순히 스러지는 물방울이 춘향의 마음이다. 임은 바람같이 떠돌지만 춘향은 한결같은 마음으로 정성을 다하며 임을 기다린다. 춘향의 애타는 심정과 맑은 마음이 "찬란한 춘향이 마음"으로 표현되고 있다.

(4) 하루에 몇 번쯤 푸른 산 언덕들을 눈 아래 보았을까나.

춘향은 행여나 임이 올까, 임의 소식을 전해 주는 사람이 올까 하루에 몇 번이고 산에 올라 저 멀리 푸른 산과 언덕을 내려다본다. 시인은 이런 상황을 떠올리며 춘향의 마음이 어떠했을지를 헤아린다.

(5) 그러면 그때마다 일렁여 오는 푸른 그리움에 어울려 흐느껴 물살짓는 어깨가 얼마쯤 하였을까나.

이 문장은 '그때마다 가슴에 일렁이는 그리움에 어깨를 들썩이며 흐느꼈을 마음이 얼마쯤 하였을까' 하는 시인의 추측을 나타내고 있다. 보고 싶은 사람을 볼 수 없는 춘향은 고통과 기다림이 좌절되는 데서 오는 슬픔으로 흐느껴 운다.

"흐느껴 물살 짓는 어깨"라는 표현은 슬퍼서 어깨를 들썩이는 행동을 연상케 한다. 과장된 면이 없지 않지만, "물살"은 춘향의 마음을 비유한 "바람에 순순히 스러지는 물방울"과 연관된다. (1)~(3)에 제시된 "물방울"이 조용하고 정적인 상태를 보여 주는 반면, (5)의 "물살"은 동적인 흐름을 내포하여 북받치는 춘향의 감정과 조응한다. 화자는, 흐느끼며 어깨를 물살짓는 춘향의 행동을 "푸른 그리움"에 어울리는 것으로 본다.

(6) 진실로, 우리가 받들 산신령은 그 어디 있을까마는, 산과 언덕들의 만리萬里 같은 물살을 굽어보는, 춘향은 바람에 어울린 수정빛 임자가 아니었을까나.

(6)에서 시인은 이 도령을 향한 춘향의 마음을 되짚어 본다. 춘향은 이 도령의 아름다운 짝이지 않을까 하는 화자의 짐작으로 시상이 마무리된다. "우리"라는 말에서 알 수 있듯 화자는 춘향의 마음에 동조하며 작품에 직접 개입한다. 진실로 우리의 마음을 알아 주고 소원을 들어주는 산신령이 어디에 있을까마는, 춘향은 하루에도 몇 번이고 산과 언덕들의 만 리 물살을 굽어본다.

"산과 언덕들의 만리 같은 물살"은 여러 의미로 풀이된다. 이때의 "만리"는 산마루에 올라 굽어보는 산과 언덕이 저 멀리에 있다는 뜻으로 혹은 저 멀리 있는 산과 언덕만치 물살이 길게 뻗어 있다는 뜻으로 볼 수 있다. 이 둘의 의미를 모두 포함시켜 볼 수 있는데, 이 구절에서 중요한 의미를 갖는 것은 "물살"이다. 춘향은 매일 집 밖으로 나가 산마루로, 산마루에서 다시 집 안으로 하루에도 몇 번이고 오갔을 것이다. 그리움과 기다림으로 산 언덕 곳곳을 살피는 춘향의 마음이 "물살"로 표현되고 있다.

시인은 이렇게 지극한 마음을 보이는 춘향이 "바람에 어울린 수정빛 임자"가 아닐까 생각한다. 광물의 하나인 수정은 노랑, 빨강, 자주색, 흑색 등의 색채를 지닌 것이 있는데, 보통 '수정빛'이라 할 때는 크리스털이 갖는 무색의 투명한 빛을 말한다. 수정의 맑은 빛은 이 도령에 대한 춘향의 아름

다운 사랑과 대응한다.[14]

이 작품은 제목으로 보면 수정(水晶)을 제재로 한 노래로 볼 수 있다. 수정은 육각기둥 모양을 한 투명한 광물을 가리키는 말인데, 이 명칭을 풀면 '물이 결정(結晶)을 이룬 것'이라는 뜻을 지닌다. 시에서 춘향의 지고지순한 사랑의 마음이 물의 이미지로 표현되고 있다. 1연은 물방울의 신선한 우물집, 바람에 순순히 스러지는 물방울로 이 도령을 향하는 춘향의 맑고 순수한 마음을 나타낸다.

2연에서는 물방울이 물살의 이미지로 변주된다. 물방울에서 물살로 나아감은 잔잔하고 정적인 춘향의 심리 상태가 동적인 상태로 바뀜을 보여 준다. 물방울이 모여 물살이 이루듯 춘향의 그리움은 깊어 가고, 감정도 증폭된다. 매일 집 밖으로 나가 임이 올까 산과 언덕을 굽어보지만 임은 오지 않는다. 만날 수 있으리라 하는 기대감이 매번 무너지고, 그리움은 깊어만 간다. 억제할 수 없는 "푸른 그리움"으로 춘향은 어깨를 들썩이며 흐느낀다. "흐느껴 물살 짓는 어깨", "산과 언덕들의 만리 같은 물살"은 춘향이 겪는 사랑과 그리움의 고통을 말해 준다.

이처럼 사랑의 고통이 따르지만, 춘향은 바람 같은 서방님을 한결같은 마음으로 사랑하며 기다린다. 이러한 아름다운 사랑의 마음이 있기에 춘향

---

14 북송 대의 유명한 시인이자 당송팔대가의 한 사람인 왕안석이 만년에 지은 「즉사(卽事)」를 보면, "강은 남원으로 흘러 언덕 서쪽으로 기우는데(河流南苑岸西斜, 하류남원안서사), 바람엔 수정빛이 있고 이슬에는 꽃이 있네(風有晶光露有華, 풍유정광로유화)."라는 시구가 있다. 바람은 색으로 나타낼 수 없는 것이지만, 시인은 무색투명한 수정빛으로 바람의 맑고 시원함을 나타낸다. 이 한시 구절과 연관지어 보면, 「수정가」에서 수정빛은 바람의 빛, 곧 이 도령을 두고 이른 것이라 볼 수도 있다. 춘향에게는 이 도령은 수정빛에 값할 만큼 절대적이고 소중한 존재이다. 수정빛같이 빛나는 그에게 어울리는 임자는 춘향이다.

은 "바람에 어울리는 수정빛 임자"가 된다. 물의 결정체인 수정(水晶)은 다름 아닌 춘향의 마음이다.

「수정가」는 표현상 독특한 점이 있다. 산문시지만, 쉼표의 사용과 특정한 종결어미의 반복으로 내재적 리듬을 갖는다. '-다'로 끝맺는 종결어미를 피하고 '-을레'나 '-을까나'라는 어미를 사용하여 개성을 살리고 있다. 1연의 "우물집이었을레", "집이었을레"에서 사용된 '-을레'는 '-으리'나 '-겠네'와 같은 추측의 의미를 갖는다. 2연의 "보았을까나", "하였을까나"에서는 '-을까'라는 의문형 어미에 '-나'를 더하여 함축된 의미와 정서를 심화한다. 「수정가」는 '-을레'나 '-을까나'와 같은 독특한 종결 어미를 사용하여 의미를 유보하는 어투를 형성하고, 감정을 절제하는 효과를 얻고 있다.

수정가 / 박재삼

박재삼(1933~1997년)은 가난한 집안의 아들로 일본 도쿄에서 태어나 해방 후 어머니의 고향인 경남 삼천포에서 성장하였다. 아버지는 지게 품팔이를 했고, 어머니는 시장에서 생선을 파는 행상으로 근근이 생계를 이어 갔다. 가난으로 중학교를 진학하지 못하고, 어린 나이에 삼천포여자중학교 사환으로 일하였다. 그 뒤 삼천포고등학교를 수석으로 졸업하고 고려대학교 국어국문과에 입학했으나 학비를 댈 여력이 없어 중퇴하였다.

1962년 첫 시집 『춘향이 마음』을 출간한 이래 『햇빛 속에서』, 『천 년의 바람』, 『추억에서』, 『사랑이여』, 『울음이 타는 가을 강』 등 다수의 시집을 냈다. 대표시에는 「울음이 타는 강」, 「수정가」, 「매미 울음에」, 「추억에서」, 「흥부 부부상」, 「자연」, 「한」 등이 있다. 이들 작품은 소박한 일상생활과 삶의 애환을 애련하고 섬세한 가락으로 노래하고 있다. 박재삼은 김소월, 서정주로 내려오는 한국 서정시의 계보를 잇는 시인으로, 그의 시는 고전적 정서와 향토적 감각으로 서정시의 영역을 확대했다는 평가를 받고 있다.

추억에서

박재삼

진주 장터 생어물전에는
바다 밑이 깔리는 해 다 진 어스름을,

울엄매의 장사 끝에 남은 고기 몇 마리의
빛 발하는 눈깔들이 속절없이
은전만큼 손 안 닿는 한恨이던가
울엄매야 울엄매,

별밭은 또 그리 멀리
우리 오누이의 머리 맞댄 골방안 되어
손 시리게 떨던가 손 시리게 떨던가.

진주 남강 맑다 해도
신새벽이나 밤빛에 보는 것을,
울엄매의 마음은 어떠했을꼬,
달빛 받은 옹기전의 옹기들같이
말없이 글썽이고 반짝이던 것인가.

어머니를 추억하고 있는 시다. 시인은 가난했던 어린 시절을 회상하며 자식들을 위해 고생하던 어머니의 삶을 담아내고 있다. 과거에 어머니는 진주 장터에서 생선을 팔았는데, 늘 새벽에 나가 밤늦게 돌아오곤 하셨다. 추운 겨울밤, 나와 누이는 골방에서 어머니가 오시기만을 기다렸다. 시인은 가난했던 지난날을 떠올리며 어머니의 고달픈 삶과 한스러운 마음을 표현하고 있다. 독자는 작품에 나오는 "울엄매"의 마음과 함께 어린 시절을 떠올리며 어머니를 그리워하는 화자의 마음을 헤아리며 읽는다.

1연에는 "바다 밑이 깔리는 해 다 진" 시간을 배경으로 어머니의 삶의 현장이던 진주 장터 생어물전이 제시되고 있다. 저물 무렵의 배경 설정은 어둡고 우울한 분위기를 자아내면서 어머니의 고단한 삶을 부각한다. "바다 밑이 깔리는"이라는 구절은 바닷물이 쓸려 나가는 저녁 무렵의 썰물 시간으로, 혹은 해가 바다 밑까지 깔릴 정도로 많이 어두워졌다는 뜻으로 볼 수 있다.

사람들이 다 돌아간 늦은 시간이지만, 어머니는 몇 마리라도 더 팔기 위해 자리를 뜨지 않는다. 고기 몇 마리만 덩그러니 남아 있고, 생선의 하얀 눈깔은 빛난다. 화자는 고기의 반짝이는 눈빛에서 어머니가 느꼈을 삶의 한을 떠올린다. 어머니에게 가난의 한은 끝이 없으며 풀릴 길이 없어, 팔다 남은 생선은 "은전만큼 손 안 닿는 한"이 된다. "은전"은 생선 장사하는 어머니가 만져 볼 수 없는 것이다.

화자는 어머니의 슬픔을 공유하며 "울엄매야 울엄매" 하고 어머니를 불러 본다. 어머니에게 별밭은 저 멀리 있다. 별은 무리 지어 총총히 빛나기 때문에 별밭을 이룬다. "별밭은 또 그리 멀리"에서 "별밭"은 금전이나 삶의 윤택함, 삶의 희망 등으로 읽을 수 있다. 또 "별밭"은 멀리 나와 장사를 하지만 늘 가슴에 새겨지는 자식들이나 가족이 누리는 행복으로 살필 수 있다.

3연에서 "손 시리게 떨던가 손 시리게 떨던가"는 그 주체가 모호하다. 시린 손을 떠는 주체를 오누이로 보는 시각이 있다. 오누이는 추운 겨울 밤 잠들지 못하고 골방에서 머리를 맞대고 좁은 창으로 어머니가 오는지 밖을 내다본다. 어머니의 모습은 보이지 않고 별만 반짝인다. 오누이에게 엄마는 별처럼 빛나는 존재다. 늦은 밤이 되어도 어머니는 오지 않는다. "별밭은 또 그리 멀리"에는 손을 떨며 어머니를 애타게 기다리는 오누이의 마음이 담겨 있다.

한편 이 시의 중심 대상이 어머니라는 사실을 감안한다면 손을 떠는 주체는 어머니로 볼 수 있다. 전체의 내용과 "울엄매야 울엄매"로 끝나는 2연과의 자연스런 연결을 고려한다면 "손 시리게 떨던가 손 시리게 떨던가"의 주체는 어머니가 된다. 이런 시각에서 보면 3연은 추운 겨울날 자식을 위해 고생하시는 어머니의 마음을 그려 본 것이라 할 수 있다. 자식을 두고 밖에 나와 손을 떨면서 장사하지만, 마음은 오누이가 머리를 맞대고 있는 골방 안으로 향한다.

어머니의 마음은 4연에서 구체적으로 나타난다. 어머니는 동이 트는 이른 새벽에 일 나가 달이 환한 밤이 되어서야 집으로 돌아오신다. 이 때문에 늘 오가는 길임에도 남강은 신새벽이나 별이 빛나는 밤에나 볼 수 있다. 남들은 맑다고 하는 남강이지만 어머니에게는 강을 지나는 길은 노동의 시작과 끝인 길이다.

시인은 어머니의 사랑과 정성으로 자신이 성장함을 느끼며 어머니가 남모르게 흘렸을 눈물을 생각한다. "말없이 글썽이고 반짝이던 것"은 어머니의 눈물이다. 이 눈물에는 어머니의 고달픔과 자식을 위하는 헌신적 마음이 응결되어 있다. 고된 삶에 짓눌리는 서러움과 고통이 있지만, 어머니의 눈물은 달빛을 받아 반사되는 옹기전의 옹기와 같이 빛난다. 홀로 말없이 아픔을 삼키는 어머니의 눈물에는 자식들에 대한 지극한 사랑이 담겨 있어 아름답게 빛난다.

「추억에서」는 성인이 된 시인이 과거 어머니의 마음을 헤아려 본 것이다. 그런데 이 시에서는 어머니에 대한 그리움이라든가 연민의 마음이 직접적으로 표출되지 않는다. 명확하게 말하지 않고 스스로 묻는 방식을 통해 어머니의 삶을 되돌아본다. "은전만큼 손 안 닿는 한이던가", "손 시리게 떨던가", "울엄매의 마음은 어떠했을꼬", "말없이 글썽이고 반짝이던 것인가" 등이 그 예다. 이 같은 의문형의 문장 종결은 사실 상황을 단순히 기술하는 데서 벗어나 어머니의 삶과 내면을 효과적으로 나타낸다.

이 시는 말의 반복을 통해 리듬감을 형성하고 있다. 말의 반복은 의문형 종결 어미의 반복도 나타나지만 "울엄매야 울엄매", "손 시리게 떨던가 손 시리게 떨던가"에서는 단어가 반복되고, "오명 가명"에서는 별 다른 의미를 갖지 않는 울림소리인 'ㅇ'을 받침으로 활용하여 시적 효과를 얻고 있다. 특히 경상도 사투리인 "울엄매"의 반복은 어머니에 대한 애틋한 그리움을 자아낸다. 시인이 의도했든 의도하지 않았든 "울엄매"에서 첫 음절의 '울'의 반복은 작품의 정서와 부합하여 '울음'을 연상시킨다.

이 작품의 두드러지는 특징 중 하나는 빛의 시각 이미지를 활용하여 정서를 환기한다는 점이다. "해 다 진 어스름", "빛 발하는 눈깔", "별밭", "밤빛", "달빛 받은 옹기전의 옹기" 등은 모두 빛의 이미지를 보여 준다. 이 빛의 이미지들은 밝은 분위기나 긍정적인 정서를 나타내기보다는 삶의 고달픔이나 슬픔의 정서를 나타내고 있다. 어스름이 주는 어둠이 가난과 추위와 맞물리면서 전체적으로 어둡고 무거운 분위기를 조성한다. "밤빛"은 어두운 밤길을 밝혀 주며 맑은 강을 볼 수 있게 해 주지만, 이것은 어머니가 일 나가는 이른 새벽이나 고달픈 몸을 이끌고 귀가하는 밤 시간에 한정된다. 어머니가 말없이 글썽이는 눈물은 달빛을 받은 옹기처럼 반짝 빛나는 눈물이다.

이 시는 빛의 이미지를 통해 삶의 어둠을 지니고 살아가는 어머니의 모습을 조명하고 있다. 빛의 이미지는 팔다 남은 생선의 눈깔에서 빛나는 빛, 소유하지 못하는 은전에서 나는 빛, 저 멀리서 빛나는 별빛, 달빛 받은 옹기처럼 반짝이는 눈물 등으로 나타나고 있다. 이 빛의 이미지들은 '연상'의 상상력에 의해 '저물녘 어스름 → 생선 눈깔의 빛 → 은전의 빛 → 별빛 → 달빛 → 옹기의 빛'으로 확장되고 있다.

바다 밑이 깔리는 해 다 진 어스름으로 전체 분위기를 조성하고, 빛을 발하는 생선의 눈과 은전을 연관 짓는다. 생선의 눈깔과 은전은 동그랗다는 형태적 유사성이 있고, 빛이 난다는 공통점이 있다. 시인은 눈깔과 은전에 이어 별을 떠올린다. 눈깔과 은전에서 나는 빛은 삶의 어둠을 밝혀 주지 못한다. 이에 반해 별빛은 삶의 희망과 행복을 전해 준다. 하지만 어머니에게는 별밭은 저 멀리 있고, 귀가하는 길에 잠시 볼 뿐이다.

추운 겨울 먼 거리를 오가며 고생하는 어머니의 삶에서 시인은 말없이 흘리는 어머니의 눈물을 떠올리며, 이를 달빛 받은 옹기전의 옹기에 빗댄다. 짙은 갈색의 옹기는 달빛을 받아 반짝인다. 달빛에 조응되어 빛나는 옹기의 빛은 어머니의 눈물로 연결되어 어머니의 내면적인 아픔과 자식을 위하는 헌신적인 사랑을 나타낸다. 어머니의 눈물은 고통을 삼키며 말없이 흘리는 눈물이지만 이것은 자식을 위하는 사랑의 눈물이기에 어둠 속에서 빛난다. 옹기에 반사되어 빛나는 빛은 어머니의 숭고한 사랑을 보여 준다.

박재삼의 「추억에서」는 삶의 어둠에서 삶의 빛을 노래하고 있는 작품이다. 삶의 어둠은 화자의 기억 속에 각인되어 있는 어머니의 고단한 삶과 현실이다. 고난과 역경 속에서도 자식을 위해 헌신하는 어머니의 사랑은 삶의 빛이다. 어머니의 사랑은 윤이 나는 옹기에 달빛을 받은 것과 같이 빛난다.

넓게 읽기

추억에서 / 박재삼

예전에 〈우정의 무대〉라는 TV 프로그램이 있었다. 무대 뒤편에 어머니 한 분을 모셔 놓고, 국군 장병 몇 명이 사회자와 이야기를 주고받으며 자기 어머니를 찾는 형식이었다. 군인들이 한목소리로 '어머니'라고 크게 외치면 어머니가 무대 앞으로 나온다. 이때 진짜 아들이 뛰쳐나와 어머니를 껴안는다. 자기의 어머니가 아닌데도 자리에 함께 한 군인들은 눈물을 글썽인다.

가슴에 새겨진 '어머니'라는 말에는 그리움, 사랑, 미안함이 담겨 있나 보다. 시에도 어머니를 다룬 시가 많다. 박목월의 「어머니의 향기」, 박재삼의 「어떤 귀로」, 이성복의 「어머니1」, 기형도의 「바람의 집-겨울판화1」, 정한모의 「어머니」, 조태일의 「어머니」, 김초혜의 「어머니」, 문정희의 「찬밥」, 박형준의 「어머니」, 「해당화」, 이대흠의 「동그라미」, 이준관의 「어머니의 지붕」, 함민복의 「눈물은 왜 짠가」 등의 시는 어머니의 사랑을 다시 한 번 일깨워 준다.

울음이 타는 가을 강

박재삼

마음도 한자리 못 앉아 있는 마음일 때,
친구의 서러운 사랑 이야기를
가을 햇볕으로나 동무삼아 따라가면,
어느 새 등성이에 이르러 눈물 나고나.

제삿날 큰집에 모이는 불빛도 불빛이지만
해질녘 울음이 타는 가을 강을 보겠네.

저것 봐, 저것 봐,
네보담도 내보담도
그 기쁜 첫사랑 산골 물소리가 사라지고
그 다음 사랑 끝에 생긴 울음까지 녹아나고,
이제는 미칠 일 하나로 바다에 다 와 가는,
소리 죽은 가을 강을 처음 보겠네.

1962년에 발표된 박재삼 시인의 대표작이다. 시는 내용상 자연을 노래한 시, 인생을 다룬 시, 이상을 추구하는 시, 현실을 반영한 시 등으로 나눠 볼 수 있다. 이 작품의 중심소재는 가을 강이다. 자연을 소재로 하고 있지만 이것이 중심에 있지는 않다. 시인은 해 질 무렵 노을 진 가을 강을 보며 인생의 의미를 새겨 본다.

「울음이 타는 가을 강」은 의미를 직접적으로 말하지 않고, 생략해 말하거나 돌려 말하기 때문에 읽기가 만만치 않다. 먼저 독자는 1, 2연에서 시적 상황을 중심으로 화자의 정서를 파악해야 한다. 2연의 "제삿날 큰집에 모이는 불빛도 불빛이지만"이라는 행을 근거로 화자가 제삿날 고향으로 내려와 있는 것으로 보기도 하는데, 꼭 그렇게 볼 필요는 없다. 이 연에서는 제삿날 밝힌 불빛과 가을강의 노을빛이 비교되고 있을 뿐이다.

이 시의 첫 행이 말하듯 화자는 마음이 한자리에 있지 못할 만치 편하지 않다. 그래서 산책에 나서 가을 햇살을 받으며 산등성이에 오른다. 그는 친구의 서러운 사랑 이야기를 떠올리며 슬픔에 잠긴다. 시간이 흘러 날이 저물고 화자는 노을이 든 가을 강을 바라본다. 붉게 물든 가을 강을 바라보며 화자는 삶의 의미를 깨닫는다. 2연의 '울음이 타는 강'이 3연에서는 '소리 죽은 강'으로 바뀐다. 독자는 시상의 유기적인 흐름을 헤아리며 여기에 담긴 의미를 유심히 살펴야 한다.

이 작품의 시상은 "마음도 한자리 못 앉아 있는 마음"으로 시작된다. 화자는 갈피를 못 잡는 울적한 마음을 다스리려 산길로 산책에 나선다. 가을 햇볕을 받으며 산책하는 도중 친구의 서러운 사랑 이야기를 떠올린다. 나의 서글픈 마음에 친구의 서러운 이야기가 더해지면서 화자는 슬픔을 느끼며 눈물을 흘린다.

어느새 날이 저물고, 화자는 노을로 물든 가을 강을 바라본다. 해 질 무렵의 가을 강은 붉은빛으로 장관을 이룬다. 화자는 어둠 속에서 찬란히 빛나는 강을 바라보며, 어릴 적 큰집에서 보았던 불빛을 떠올린다. 전기가 들어오지 않던 시절 제사가 있는 날이면 친지들이 등불을 들고 큰집으로 모였는데, 이때 보았던 불빛이 화자에게는 추억의 한 장면으로 강하게 각인되었다. 화자는 이 불빛보다도 지금 바라보는 가을 강의 풍경이 더 아름답고 황홀하다고 느낀다. 그만큼 가을 강에서 받은 화자의 감응이 컸던 것이다.

이 시에서 노을로 물든 강은 "울음이 타는 가을 강"으로 제시된다. 여기서 울음은 저녁노을에서 느낀 화자의 정서적 반응이다. '붉게 물든 노을이 불타는 듯하다'라는 일반적인 표현이 이 시에서는 울음이 타는 것으로 제시되고 있다. 가을 강이 머금고 있는 울음은 화자의 울음이면서 동시에 가을 강의 울음이기도 하다. 화자는 눈물 어린 시선으로 강을 보고, 이 강을 울음을 지닌 인격체로 대한다. 강은 첫사랑의 산골 물소리를 지나서 사랑 끝에 생긴 울음까지 다 겪고 미칠 일 하나로 바다로 나아간다. 강은 첫사랑의 기쁨과 사랑의 아픔을 겪으면서 원숙한 삶을 이루는 존재이다. 253

넓혀 해석하면 강물의 흐름은 인생의 여정으로 해석할 수 있다. 강은 산골의 계곡에서 발원하여 점차 넓은 바다에 이른다. 강물의 발원지가 되는 산골 시내가 첫사랑의 기쁨을 누리는 젊은 시절에 해당한다면, 바다는 젊은 시절의 아픔과 방황을 겪고 이른 중년, 노년의 시기로 볼 수 있다. 상류인 산골짜기에서 시작해 강을 거쳐 하류인 바다로 흘러가는 물의 흐름은 청년기를 거쳐 중년, 노년으로 접어드는 인생의 과정과 대응된다.

그러나 꼭 이렇게 확대하여 해석할 필요는 없다. 이 시의 중심 소재는 '강'이고 시인은 노을로 물든 가을 강을 바라보며 새롭게 깨달은 사실을 표현하고 있다. 이 작품에서 나, 너(친구), 강은 모두 울음을 안고 사는 서러운 존재들이다. 화자인 '나'는 한 자리에 못 앉는 마음으로 안정을 찾지 못하고 방황하고 있으며, '너(친구)'는 이루지 못한 사랑의 아픔을 지니고 있다. 가을 강 또한 울음을 안고 있다.

그런데 가을 강은 우리와 다른 아름다운 모습을 보여 준다. '나'와 '너'는 삶에서 느끼는 서러움으로 힘들어하지만, 가을 강은 온갖 서러움을 경험하고, 슬픔을 조용히 포용하는 성숙함을 보인다. 화자가 이런 차이를 인식하고 있음은 "네보담도 내보담도"라는 구절에서 엿볼 수 있다. 너보다도 나보다도 서러움이 크지만 가을 강은 삶의 서러움과 슬픔을 내면으로 삭이고 담담하게 살아간다는 것이다. "소리 죽은 가을 강"은 이런 시각에서 살필 수 있다.

화자는 노을이 물든 가을 강을 보며 느낀 사랑의 아픔과 인생의 깨달음을 말하고 있다. '네(너)'라는 상대를 두고 말을 건네는 어법을 취하고 있지만, 독백의 어조를 띠고 있다. 이 작품은 화자 개인의 독백이 '-고나'와 '-것네'라는 독특한 종결 어미에 의해 전달되고 있다. "눈물나고나"와 "보것네"에 사용된 이들 어미는 주관적인 정서를 환기하며 작품의 분위기를 형성한다.

1연에서 '눈물나구나'를 피하고 "눈물나고나"를 택해 씀으로써 음성 표현의 효과를 살리고 슬픔의 정서를 도드라지게 나타낸다. 그런데 2연에서 화자의 어조에 변화가 보인다. 1연에서의 슬픔의 정조는 '보것네'라는 시어를 통해 제어된다. 2연에서는 화자가 노을 진 강을 보며 느끼는 놀라움이 함축되어 있다. 화자의 관심 대상이 "친구의 서러운 사랑 이야기"에서 "해질녘 울음이 타는 가을 강"으로 옮겨 간다. "해질녘 울음이 타는 가을 강"은 공감각적 표현으로 붉은빛의 시각적 심상이 울음이라는 청각으로 전이되고 있다. 화자는 제삿날 큰집에 본 불빛보다 더 환한 빛으로 아름답게 물든 강에서 울음이 타는 것을 느낀다. 울적한 마음으로 바라본 해질 녘의 가을 강은 나에게 설움과 슬픔의 극치로 와닿는다.

노을로 물든 가을 강을 보며 느낀 경이로움과 깨달음은 3연에서 제시된다. "저것 봐, 저것 봐"는 화자가 감정이 고조된 상태로 친구에게 이른 말이다. 가을 강이 우리가 겪는 사랑의 슬픔보다 더한 슬픔으로 불타고 있다는 것을 생각한 화자는 친구에게 가을 강을 보라고 말한다.

화자는 자신이 가을 강에서 확인한 아름다움의 실체를 강의 노정을 통해 나타낸다. 그는 산 계곡물이 강물을 이루는 것에서 첫사랑의 기쁨과 사랑의 좌절로 생긴 울음을 떠올린다. 그리고 이 강이 아픔을 딛고 바다로 나아갈 것이라고 생각한다. 사랑 끝에 생긴 울음까지 녹아나면서 '울음이 타는 강'은 바다로 다 와 가는 '소리 죽은 강'이 된다. '소리 죽은 강'은 울음을 삭이고 슬픔을 내면화한 상태를 형상화한 것으로 이는 화자가 울음이 타는 가을 강을 응시하면서 발견한 사실이다. 울음이 타서 그 소리가 사라진 것이기 때문에 '울음이 타는 강'은 '소리 죽은 강'에 이르기 위한 과정이 된다고 볼 수 있다.

이 시의 화자는 강물의 흐름과 과정이 인생의 긴 여정과 다를 바 없고, 슬픔을 겪으면서 보다 성숙한 아름다운 삶을 이룬다는 사실을 깨닫는다. 이러한 깨달음의 마음은 3연의 "처음 보겄네"에 잘 나타나고 있다. 「울음이 타는 가을 강」은 인생에서 겪는 아주 큰 슬픔도 시간이 지나면 차츰 가라앉고 정신적 성장의 토양이 된다는 삶의 이치를 바다로 나아가는 강의 흐름을 통해 보여 주고 있다.

넓게 읽기

울음이 타는 가을 강 / 박재삼

살다 보면 슬플 때가 있다. 아이부터 백발의 노인에 이르기까지 누구나 슬픔에 직면한다. 꿈꾸는 이상이 좌절되었을 때, 사랑하는 사람과 헤어졌을 때, 가난이 삶을 조여올 때, 육체적 고통이나 정신적 고통을 이겨 내지 못할 때 우리는 슬픔을 느낀다. 누구나 겪을 수 있는 삶의 슬픔은 시의 내용이 되기도 한다.

삶의 비애가 나타나는 시에는 이용악의 「다리 위에서」, 「오랑캐꽃」, 김기림의 「유리창」, 오장환의 「The Last Train」, 「양」, 박목월의 「길처럼」, 박남수의 「거리」, 이형기의 「폭포」, 정희성의 「물구나무서기」, 김남주의 「이 가을에 나는」, 이건청의 「말」, 황인숙의 「슬픔이 나를 깨운다」 등이 있다.

월훈月暈

박용래

첩첩 산중에도 없는 마을이 여긴 있습니다. 잎 진 사잇길, 저 모래뚝, 그 너머 강기슭에서도 보이진 않습니다. 허방다리 들어내면 보이는 마을.

갱 속 같은 마을. 꼴깍, 해가, 노루꼬리 해가 지면 집집마다 봉당에 불을 켜지요. 콩깍지, 콩깍지처럼 후미진 외딴집, 외딴집에도 불빛은 앉아 이 슥토록 창문은 모과빛입니다.

기인 밤입니다. 외딴 집 노인은 홀로 잠이 깨어 출출한 나머지 무우를 깎기도 하고 고구마를 깎다, 문득 바람도 없는데 시나브로 풀려 풀려내리는 짚단, 짚오라기의 설레임을 듣습니다. 귀를 모으고 듣지요. 후루룩 후루룩 처마깃에 나래 묻는 이름 모를 새, 새들의 온기를 생각합니다. 숨을 죽이고 생각하지요.

참 오래오래, 노인의 자리맡에 밭은 기침소리도 없을 양이면 벽 속에서 겨울 귀뚜라미는 울지요. 떼를 지어 웁니다. 벽이 무너지라고 웁니다.

어느덧 밖에는 눈발이라도 치는지, 펄펄 함박눈이라도 흩날리는지, 창호지 문살에 돋는 월훈月暈.

어느 시골 노인에 관한 시다. 달무리라는 뜻을 지닌 '월훈'을 제목으로 하고 있지만, 시인이 주목하고 있는 대상은 깊은 산속 외딴집에서 홀로 살아가는 노인이다. 그런데 작품에서는 산촌의 적막함이나 노인의 고독감이 직접적으로 드러나지 않는다. 화자의 감정을 배제한 채 구체적 장면만 부각하고 있다. '모과빛의 창문', '짚오라기의 설레임', '새들의 온기', '월훈' 등의 배경은 적막함을 넘어 평온한 느낌을 준다.

「월훈」은 요즘 학생들이 감상하기는 쉽지 않다. 갱, 월훈 같은 한자어나 허방다리, 콩깍지, 모과, 창호지 문살 등의 토속적인 어휘들이 낯설 것이다. 더구나 산문 형식으로 독립적인 장면들을 이어 나가고 있기 때문에 시의 속을 살피기가 만만치 않다. 이 작품을 감상할 때에는 어휘가 갖는 의미를 파악해야 할 뿐만 아니라 시상의 흐름도 잘 살펴야 한다. 또한 감각적 이미지를 동원해 그려 내고 있는 장면들을 상상하여 읽을 필요가 있다. 공을 들인 감상이 있을 때 이 시가 주는 아름다움을 체득할 수 있다.

박용래의 「월훈」은 외딴 산골에 홀로 살아가는 노인의 고독감과 산촌의 적막함을 잘 묘사하고 있다. 공간은 갱 속과 같이 깊은 산골 마을의 후미진 외딴 집이다. 마을 전체는 마치 짐승을 잡기 위해 파 놓은 구덩이 같아 이를 들어내면 보일까 좀처럼 외부 사람들의 눈에 띄지 않는다. 시인은 산간벽지의 마을에서 홀로 사는 노인의 고독한 삶에 집중한다.

깊어 가는 겨울밤에 잠에서 깬 노인은 시장기를 느끼고 무나 고구마를 깎다 문득 밖에서 나는 소리를 듣게 된다. 노인은 작은 소리도 예민하게 듣는다. 그는 지붕을 덮고 있는 짚단의 지푸라기가 조끔씩 풀려 내리는 소리일 것이라 생각한다. "짚오라기의 설레임"에는 누군가 찾아오기 바라는 마음이 함축되어 있다. 노인은 자신이 엿들은 소리가 사람의 인기척이 아닌

가 하는 마음에 설레기도 한다. 귀를 모으고 들으니 그것은 처마깃에 후루룩 후루룩 날개를 묻는 이름 모를 새의 기척에서 나는 소리 같다. 노인은 자신이 들은 미세한 소리가 새들의 기척임을 짐작하고, 새들의 온기를 숨죽이고 생각한다.

'숨죽이고' 듣는 행위는 주변 환경이 고요하다는 것을 나타내는 동시에 노인이 갖는 외로움의 깊이를 일러 준다. 어미 새가 새끼를 껴안듯 새들은 서로 온기를 나누지만 노인은 이 밤에 온기를 나눌 사람이 없다. 그래서 외로움과 사람에 대한 그리움은 깊어 간다. 이 겨울밤에 깊은 산골까지 자신을 찾아올 사람이 없다는 사실을 새삼 되새기고 노인은 당장이라도 울음을 터뜨릴 것만 같은 고독감을 느낀다.

만성이 되어 버린 기침이 멈출 때 노인은 벽 속에서 떼 지어 벽이 무너져라 울어대는 귀뚜라미 소리를 듣는다. 겨울밤의 적막함과 고독감으로 귀뚜라미 울음소리는 유난히도 크게 들린다. 벽 속에서 울어대는 귀뚜라미는 산속에 갇혀 외롭게 사는 노인의 처지로 연결되면서 그의 고독한 삶이 부각된다. 그래서 이 시에서 벽을 향한 귀뚜라미의 절규는 가족도 없이 홀로 지내는 노인의 정신적 아픔으로 읽힌다.

이 시는 화자의 시선이 원경에서 근경으로 옮겨 가면서 시상이 전개된다. 깊은 산속의 '마을'에서 시작해서 시상은 점차 마을의 '외딴집', 잠을 이루지 못하는 외딴집 '노인', 노인이 듣는 '겨울 귀뚜라미의 소리', 방의 창호지 문살에 돋는 '월훈'으로 좁혀진다. 시의 말미에 제목이기도 한 '월훈'이라는 시어가 제시된다. 전체적으로 보면, 멀리서 바라보이는 마을에서 외딴집의 노인으로, 노인에서 창호지 문살에 비친 월훈으로 중심 대상이 바뀌고 있다.

월훈에 의한 시상의 마무리는 여운을 남기면서 산촌의 적막감을 고조시킨다. 시간이 흘러 어느덧 귀뚜라미의 울음소리도 잦아들고, 노인은 창호지 문살에 비치는 희미한 그림자를 보며 함박눈을 떠올린다. 하지만 노인의 생각대로 눈이 날리는 것인지 알 수 없다. "눈발이라도 치는지, 펄펄 함박눈이라도 흩날리는지"라는 분명하지 못한 추측은 시의 의미를 모호하게 한다. 이러한 모호성은 고독한 노인의 삶을 위로하고 감싸려는 시인의 태도로 볼 수 있다.

박용래의 「월훈」은 고형진 교수가 평한 바, 우리말을 잘 살려 언어 표현이 이룰 수 있는 높은 경지를 보여 주고 있다. 이 시는 경어체의 구문, 명사형의 종결, 쉼표의 적절한 활용, '-ㅂ니다'라는 경어체의 구문, 감각적 이미지와 음성상징어의 구사, 반복과 연쇄에 의한 소재의 나열 등 다양한 방법으로 예술적 효과를 얻고 있다.

산문시의 형식을 취하고 있으나, 다채로운 문장 사용 방식으로 시적 효과를 얻고 있다. 짧은 문장과 쉼표를 적절히 활용해 호흡을 조절하고, 현재형 표현으로 현장감을 살리고 있다. 경어체 구문을 쓰면서도 '-요'로 끝맺는 해요체를 구사하여 정겹고 부드러운 어감을 자아낸다. 시의 시작과 끝부분에서 "마을", "월훈" 등과 같이 명사형으로 문장을 끝맺어 여운을 형성하고 있다. 또한 이 시는 시각, 청각 등의 감각적 심상을 구사한다. 감각적 이미지를 통해 대상의 모습과 이에 대한 인상을 생생하게 표현하며 정서를 환기하고 있다.

- 외딴집에도 불빛은 앉아 이슥토록 창문은 모과빛입니다. - 시각
- 후루룩 후루룩 처마깃에 나래 묻는 이름 모를 새 - 청각
- 떼를 지어 웁니다. 벽이 무너지라고 웁니다. - 청각
- 창호지 문살에 돋는 월훈 - 시각

이 작품은 시어 사용에서도 뛰어나다. 한자어를 쓰기도 하지만, 토박이 말을 가려 사용하고 있다. "콩깍지", "짚단", "지푸라기", "봉당", "모과" 등과 같이 시골의 정취를 풍기는 토속어뿐만 아니라 "허방다리", "꼴깍", "노루꼬리", "이슥토록", "시나브로", "후루룩" 등의 순수 우리말을 적재적소에 구사하여 정감의 깊이를 더한다.

넓게 읽기

월훈月暈 / 박용래

박용래는 1925년 충청남도 논산에서 태어나 1980년 취중에 당한 교통사고로 건강이 악화되어 타계하였다. 그의 대표시에는 「월훈」을 비롯해 「겨울밤」, 「저녁 눈」, 「먼 바다」, 「연시」, 「그 봄비」, 「구절초」, 「점묘」 등이 있다. 시집에는 『싸락눈』(1969), 『강아지풀』(1975), 『백발의 꽃대궁』(1980) 등이 있다.

대표시와 시집 제목에서도 알 수 있듯 시인은 시골이나 자연의 풍경에 관심을 갖고 보잘것없고 사소한 것을 정밀하게 그려 내었다. 박용래는 간결한 시어로 향토적 서정을 아름답게 표현한 시인으로 평가받고 있다. 시인의 문학 정신을 기리기 위해 1999년 '박용래문학상'이 제정된 바 있다.

북치는 소년

김종삼

내용 없는 아름다움처럼

가난한 아희에게 온
서양 나라에서 온
아름다운 크리스마스 카드처럼

어린 양羊들의 등성이에 반짝이는
진눈깨비처럼

시 읽기는 작품을 이해하면서 즐기는 일이다. T. S. 엘리엇은 시 감상과 관련하여 '시를 이해하지 못하면 시를 충분히 즐길 수 없다. 역으로 한 편의 시를 즐기지 않고서는 그것을 충분히 이해할 수 없는 것도 사실이다.'라고 말한 바 있다.

김종삼의 「북 치는 소년」은 정서를 직접적으로 드러내지 않는다. 묘사된 장면을 통해 의미를 함축하고 있다. 시의 내용은 동화 속의 한 장면처럼 순수하다. 화자는 작품에서 물러나 서양의 크리스마스 카드, 산등성이의 어린 양, 진눈깨비 등의 소재를 내세우고 있다. 그런데 시의 내용에는 '북 치는 소년'이 등장하지 않는다. 그래서 독자는 제목과 원문의 연관성을 찾아 읽을 필요가 있다. 또한 이 시의 지배적 이미지로 작용하고 있는 "내용 없는 아름다움"이 어떤 의미를 지니는지 살펴야 한다.

시를 읽어 보면 쉽사리 이해가 가지 않는다. 서양의 크리스마스 카드, 어린 양 등의 시어에서 이국적인 정취가 느껴지지만, 제목에 해당되는 '북 치는 소년'은 시의 내용에서 발견되지 않는다. 내용보다는 먼저 시의 서정적인 분위기에 매료된다.

온전한 시 이해를 위해 하나의 가설을 세워 본다. 북 치는 소년이 카드에 그려져 있는 아이라는 가정이다. 북 치는 소년은 서양에서 온 크리스마스 카드 속의 주인공이다. 배경은 진눈깨비 날리는 산등성이다. 소년은 북을 치면서 양을 돌보고 있다. 그러나 이러한 가정은 시를 찬찬히 읽어 보면 틀렸다는 것을 금방 알 수 있다.

이 시는 각 연에 '처럼'이라는 직유의 연결어를 사용한다. 직유는 빗대어 말하는 비유 방식의 하나로 '처럼', '같이' 등을 사용하여 어떤 대상(A)을 다른 대상(B)에 직접적으로 연결 짓는 기법이다. A는 원래 대상인 원관념이고, B는 A를 드러내기 위한 보조관념이다. 이 시는 'A는 B처럼'이라는 구도에서 "내용 없는 아름다움(B1)", "서양 나라에서 온 아름다운 크리스마스 카드(B2)", "어린 양들의 등성이에 반짝이는 진눈깨비(B3)" 등 3개의 보조관념을 제시한다. 문제는 원관념이다. 의미에 대한 단서가 작품의 문맥에서 충족되는 것이라면 이 시의 원관념은 제목인 '북 치는 소년'이 된다. 곧 북 치는 소년이 B처럼 보인다는 해석이 성립된다.

이런 전제에서 시적 상황을 추정해 본다. 시인은 현재 '북 치는 소년'을 보고 있고, 그 소년이 내용 없는 아름다움처럼, 서양나라에서 온 크리스마스 카드처럼, 어린 양들의 등성에 반짝이는 진눈깨비처럼 느껴진다. 서양에 온 크리스마스 카드에 산등성이에서 눈을 맞고 있는 양들의 모습이 그려져 있다.

그럼 이 시에서 "내용 없는 아름다움"이란 과연 뭘까. 그것은 우선 가난한 어린아이가 먼 나라의 카드를 받으며 느꼈을 아름다움으로 볼 수 있다. 하지만 2연에서 말하는 "가난한 아희"가 누군지 명확히 알기 어렵다. 가난한 아이는 과거의 시인일 수도 있지만, 시인이 아닌 제 삼자의 가난한 아이일 수 있다. 양의 모습이 그려져 있는 서양의 크리스마스 카드는 가난한 어린 시절 시인이 받은 카드일 수 있지만, 가난한 어떤 아이가 받은 카드일 수도 있다. 또한 가난한 아이로부터 시인이 건네받은 카드로 해석할 수도 있다.

어떻게 보든 '아름답다'라는 말을 공통분모로 가진다. 가난한 아이가 서양의 카드를 처음 보았을 때의 느낌, 그리고 가난하고 순진한 아이로부터 카드를 건네받았을 때의 그 느낌, 그것은 모두 아름다움으로 다가온다.

이 작품에서 강조되는 것이 '아름다움'이라면 독자는 시인이 느낀 아름다움에 공감할 필요가 있다. 일단 '북 치는 소년'이라는 제목을 제외한 시의 전문을 시인이 겪은 과거의 체험으로 보자. 시 속의 가난한 아이는 작품 전체의 분위기나 정조를 고려해서 어린 시절 자신을 좋아한 여자 아이로 설정해 보자.

시인이 보고 있는 북 치는 소년이 실제의 대상이냐 아니냐 하는 것은 중요하지 않다. 북 치는 소년이 시인이 실제로 눈으로 본 아이일 수도 있겠지만, 그림일 수도 있고, 영화의 한 장면일 수도 있다. 중요한 것은 북 치는 소년에게서 느낀 감정 그 자체이다. 특별한 단서가 없는 만큼 북 치는 소년을 실제 시인이 본 대상으로 볼 수도 있다. 여기서는 구체적인 실감을 위해 소년을 서커스단에서 북을 치는 아이로 설정해 본다.

이렇게 되면 작품의 얼개가 잡힌다. 시인은 길을 가는 중에 우연히 북을 치는 소년을 보게 된다. 소년은 가난한 가정 형편으로 학교에도 가지 못하고, 서커스단에서 북을 치며 사람을 모으는 호객 행위를 하고 있다. 시인은 그 소년을 안쓰럽게 여기며, 지난 날 자신의 소년 시절을 떠올린다. 가난한 어린 시절, 자신을 좋아한 여자 아이가 서양에서 온 크리스마스 카드를 말없이 건네고 간다. 카드 표지에 산, 양, 진눈깨비가 그려져 있을 뿐 속지에는 아무런 내용이 없다.

이런 상상으로 보면, 1연의 "내용 없는 아름다움"은 백지 상태로 카드를 전한 소녀의 마음과 관련된다는 것을 알 수 있다. 소녀는 구하기도 어려운 서양의 카드를 간직하고 있다가 소년에게 전해 준다. 시인이 북 치는 소년에게서 진실로 발견한 것은 소녀의 순수한 마음이다. 소녀에게 서양의 크리스마스 카드는 자기가 아끼던 소중한 물건이었을 것이고, 소년에게 줄 최고의 선물이었을 것이다. 그래서 뭐라고 쓰지도 못하고 카드만 전하던 소녀의 수줍은 마음이 시인에게는 새삼 아름답게 와닿는다.

누구에게나 순수했던 어린 시절이 있다. 마음 졸이며 누구를 좋아했거나 이성으로부터 관심을 받은 일이 있을 것이다. 하지만 각박한 현실의 삶 속에서 그 추억은 쉽게 망각된다. 김종삼의 「북 치는 소년」은 잊혀 간 시간 속으로 우리를 회귀시키고, 잠시나마 순정한 동심의 세계에 젖어 들게 해 준다는 점에서 시를 읽는 즐거움을 준다.

시는 축약된 발화의 양식으로 압축성과 간결성을 요한다. 산문은 '축적의 원리'에 의한 설명이지만 시는 '압축의 원리'에 의한 암시성을 본질로 한다. 그래서 시의 장르는 산문보다 조직이 긴밀할 수밖에 없고 세부의 첨예한 선택과 배열을 중시하며 암시성을 강조하게 된다. 김종삼의 「북 치는 소년」은 이러한 시의 본질에 있는 작품이다.

이 작품은 고도의 생략과 압축으로 시상이 응축되어 있다. 화자는 작품 밖으로 물러나 대상과 일정한 거리를 두고 감정 노출을 차단한다. 직유의 수사를 사용하면서도 원관념을 암시하는 수법으로 함축적 의미를 표현한다.

북 치는 소년 / 김종삼

김종삼(1921~1984년)은 그의 시적 역량에 비해 저평가된 시인이다. 1921년 황해도 은율에서 태어난 그는 1954년 「돌각담」이라는 시를 발표하면서 등단하였다. 『십이음계』(1969), 『시인학교』(1977), 『북 치는 소년』(1979), 『누군가 나에게 물었다』(1982) 등의 여러 시집을 냈고 1984년에 작고하였다. 대표시에 「북 치는 소년」, 「민간인」, 「묵화」, 「누군가 나에게 물었다」, 「어부」, 「장편2」, 「물통」 등이 있다. 그의 시는 간결하지만 긴장미가 있다. 시상을 응축하여 표현하고 있는 것이 특징이다.

시인이 말하는 "내용 없는 아름다움"은 절대적 순수의 세계다. 인위적으로 치장하거나 꾸미는 일이 없이 그 자체로 아름다운 것이다. 백석의 「하답(夏畓)」, 「박각시 오는 저녁」, 윤동주의 「소년」, 조지훈의 「아침2」, 박남수의 「종달새」, 이기철의 「아름답고 푸른 하루」, 정현종의 「빛-꽃망울」, 오규원의 「하늘과 두께」 등은 아름다운 순수의 세계를 보여 주고 있다.

우리가 물이 되어

강은교

우리가 물이 되어 만난다면
가문 어느 집에선들 좋아하지 않으랴.
우리가 키 큰 나무와 함께 서서
우르르 우르르 비 오는 소리로 흐른다면.

흐르고 흘러서 저물녘엔
저 혼자 깊어지는 강물에 누워
죽은 나무 뿌리를 적시기도 한다면
아아, 아직 처녀인
부끄러운 바다에 닿는다면.

그러나 지금 우리는
불로 만나려 한다.
벌써 숯이 된 뼈 하나가
세상에 불타는 것들을 쓰다듬고 있나니

만 리 밖에서 기다리는 그대여
저 불 지난 뒤에
흐르는 물로 만나자.
푸시시 푸시시 불 꺼지는 소리로 말하면서
올 때는 인적 그친
넓고 깨끗한 하늘로 오라.

시에서는 시적 상황의 파악이 중요한데, 이 시적 상황은 둘로 나누어 생각해 볼 수 있다. 흔히 언급되는 시적 상황은 사건이나 어떤 일이 실제로 일어나는 '객관적 상황'이다. 이 상황에서는 누가 언제 어디서 무엇을 하는지 보여 줌으로써 화자가 겪었거나 겪고 있는 상황을 제시한다. 시에서는 이와 다르게 '주관적 상황'이 설정되기도 한다. 이 상황은 객관적으로 재현될 수 있는 상황이 아니라 시인의 주관에 의해 재구성된다. 이때는 어떤 사건 내막이 일관된 줄거리처럼 명료하게 나타나지 않는다. 이런 경우 제시되고 있는 소재 간의 관계를 유심히 살피며 나타내고자 하는 의미를 파악해야 한다.

「우리가 물이 되어」에서는 주관적 상황이 제시되고 있다. 빗물이 키 큰 나무를 적시며 강물을 이루고, 이 강물은 죽은 나무 뿌리를 적시며 바다로 흘러간다. 시인은 불을 지난 뒤에 흐르는 물로 만나 넓고 깨끗한 하늘로 이르기를 바란다. 이 시에서 "아직 처녀인/부끄러운 바다"와 "인적 그친/넓고 깨끗한 하늘"은 시인이 꿈꾸는 동경의 대상이 되고 있다. 시인은 왜 이토록 물, 바다, 하늘을 꿈꾸는 것일까?

교육 현장에서 이 시는 물과 불의 이미지를 통해 '완전한 합일과 생명력이 충만한 세계에 대한 소망'을 주제로 한 작품으로 학습되고 있다. 중심 소재가 되는 "물"은 '나'와 '그대'라는 고립된 객체를 합일시키는 매개체가 된다. 화자는 "물"로 상징되는 조화로운 합일을 이루기 위해서는 먼저 세상의 온갖 더러운 것들을 깨끗이 태워 버릴 필요가 있음을 인식하고, 3연에서 "불"로 만나야 한다는 당위성을 역설한다. 하지만 이 시는 꼭 이런 의미로만 읽히지 않는다. "불"은 부정적 관점에서도 해석이 가능하다.

「우리가 물이 되어」는 물과 불이 갖는 상징성으로 다양하게 해석된다. 특히 3, 4연의 "불"을 어떻게 보느냐에 따라 전체적 의미가 달라진다. 불의 의미를 긍정적으로 보는 견해가 있다. 1연에서 화자는 물이 되어 만나기를 소망하는데, 이것은 쉽게 이루어지지 않는다. 화자는 4연에서 "저 불 지난 뒤에 / 흐르는 물로 만나자."라고 말한다. 불을 지난 다음에야 비로소 물의 세계에 이를 수 있다. 여기서 불은 파괴나 소멸과 같은 부정적 의미를 갖지 않는다. 불은 불순한 것을 제거하고 물과 마찬가지로 세상을 정화하는 기능을 한다.

화자는 물이 바다에 이르기 위해서는 '불'의 정화 과정을 거쳐야 한다고 생각한다. 먼 미래의 진정한 만남을 위해서는 부정한 모든 것을 불태워 버려야 한다는 것이다. 화자는 불이 지나가고 난 후 모든 사람들이 만 리 밖의 "넓고 깨끗한 하늘"에서 마침내 "흐르는 물"로 만날 것을 확신한다. "넓고 깨끗한 하늘"은 완전한 합일과 충만한 생명을 맛볼 수 있는 곳으로 새로운 창조적 만남의 공간을 상징한다.

이와 같이 불을 긍정적으로 보는 시각에서는 우리가 물이 되어 만나기 위해서는 불의 정화의 과정을 거쳐야 함을 강조한다. 불은 세상의 온갖 부조화와 욕망을 정화하여 생명력이 충만한 물의 세계에 이르게 한다. 그러나 이러한 기존의 해석은 전체적 문맥을 일관되게 수렴하지 못하는 결점이 있다.

4연의 "저 불 지난 뒤에 / 흐르는 물로 만나자"는 구절을 과정의 측면에서 살피면, "불"은 "물"에 이르기 위한 선행 조건이 된다. 조화와 합일의 세계에 이르기 위해서는 불의 과정을 거쳐야 한다고 하지만, 작품에서는 불로 만나고 있는 현실이 제시되고 있다. 불로 만나고 있는 상황에서 불로 만나야 한다는 당위성을 역설한다는 것은 자연스럽지 못하다.

더욱이 화자가 직면하고 있는 현실은 불에 타서 뼈 하나가 숯이 되어 버린 상황이다. 3연의 "벌써 숯이 된 뼈 하나가/세상에 불타는 것들을 쓰다듬고" 있다는 표현은 그 의미가 모호하다. "숯이 된 뼈"를 불에 의해 먼저 정화된 순수한 결정체로 보아 이것이 아직 타 버리지 않은 것들을 보듬고 있는 것으로 볼 수도 있지만, 이 해석에는 한계가 있다. 깨끗해지기 위해 불에 타서 다른 것을 보듬고 쓰다듬어야 한다는 것은 말이 되지 않는다. 물에 이르기 위해 이러한 정화의 과정을 거쳐야 한다는 것 또한 어색하다.

물로 만나기를 바라는데 지금은 불로 만나고 있다. 따라서 불이 지난 다음에 흐르는 물로 만나야 한다. 이러한 논리가 합당하게 성립하려면 '불'과 '물'의 관계가 먼저 해명되어야 한다. 불은 땅을 가물게 하고, 나무를 죽음에 이르게 한다. 물은 가뭄을 해소하며 생명을 소생시킨다. 불은 온갖 것을 모조리 불태워 버리지만, 물은 불을 꺼트린다. 그 성질상 물과 불은 공존할 수 없지만, 화자는 불의 현실을 인식하며 물의 긍정성으로 불의 부정성을 극복하려 한다. 불이 불화의 현실 세계라면, 물은 만남의 소망의 세계다. 화자는 현실의 세계를 직시하며 소망의 세계를 추구한다.

현재 우리는 불로 만나려고 하는 부정적 상황에 있다. "우리가 물이 되어 만난다면"이라는 가정의 어법은 우리가 물로 만나지 못하고 있는 상황임을 말해 준다. 1연의 "가문 어느 집", 그리고 3연의 "지금 우리는/불로 만나려 한다."는 구절은 현재의 상황을 그대로 보여 준다. "가문" 상태는 물이 고갈된 상태로 메마른 인간의 삶과 관련지으면 삶의 삭막함과 고독감, 이기심과 무관심, 욕망 등의 의미를 지닌다. 1연에서 "가문 어느 집"은 인간적 정이 메말라 있는 현대 사회를 암시한다. 인간 사회가 생명력을 잃고 메말라 있기 때문에 물을 바라는 것이다.

화자는 물에 대한 갈망을 나무, 강물, 바다 등의 소재를 통해 표현하고 있다. 잎이 무성하고 곧게 뻗어 있는 "키 큰 나무" 또한 물이 필요하다. 나무가 물을 공급받지 못하면 생명력을 상실한다. 빗물은 나무를 스쳐 큰 강물을 이루며 도도하게 흘러갈 것이다. 비로 부푼 강물은 죽은 나무의 뿌리를 적시며 "아직 처녀인/부끄러운 바다"에 다다를 것이다.

하지만 우리는 현재 물로 만날 수 없다. 가뭄의 상태가 심화되어 불로 만나려 하기 때문이다. 불은 물과 대립하는 존재로 충돌과 마찰, 갈등과 대립, 파괴와 소멸 등의 상징적 의미를 갖는다. 불은 다른 것과의 상생을 거부하고 모든 것을 태워 소멸시킨다. 불로 만나려 하여 세상은 온통 불로 타며, 그 잔해들이 서로를 쓰다듬고 있다.

3연은 화자의 소망과 대비되는 현실 상황을 부각하고 있다. 우리는 물로 만나지 못하고 불의 극한으로 치닫고 있다. 불에 타 뼈 하나만 남아 있고, 세상에는 불타는 것들로 가득하다. "숯이 된 뼈 하나"가 세상에 불타는 것을 쓰다듬고 있다는 것은 화자의 믿음과 기대를 표현한 것이다. 세상이 불타고 있지만, 불로 완전히 소멸된 것은 아니다. 숯이 된 뼈 하나가 남아 희망과 소생의 끈을 놓지 않고 있다.

우리는 불로 인해 파멸을 맞고 있지만 만남을 소망한다. "만 리 밖에서 기다리는 그대"는 갈등과 대립으로 서로 화합하지 못하는 '나'와 '너'다. 먼저 다가서지 못하고 그냥 기다리기만 하는 수동적인 존재로 "불"의 상태에 머물고 있어 물로 만나지 못한다. 우리는 흐르지 못한 채 정체되어 있다. 상대를 이해하고 다가서려는 움직임이 없다. 이기심과 몰인정으로 상대를 배려하지 못하고 냉대한다. 화자는 이런 상태를 극복하고 "흐르는 물로 만나자."라고 말한다.

화자는 불타고 있는 현실에서 "흐르는 물"로 만나기를 간절히 바란다. 우리가 "흐르는 물"로 만나기 위해서는 불을 잠재워야 한다. 갈등과 불화와 같은 불의 상태를 해소하려면 흐르는 물과 같이 마음의 흐름이 있어야 한다. 이 시는 "비 오는 소리로 흐른다면."(1연), "흐르고 흘러서"(2연), "바다에 닿는다면."(2연), "흐르는 물로 만나자."(4연) 등에서 보듯 물의 흐름이 강조된다.

"저 불 지난 뒤에/흐르는 물로 만나자.", "푸시시 푸시시 불 꺼지는 소리로 말하면서"는 지난날의 갈등과 반목에서 벗어나 새롭게 시작하는 의미를 함축하고 있다. 새로운 시작과 순수한 만남을 위해서는 마음의 움직임이나 변화가 있어야 한다. 욕망이나 이기심 같은 불순한 마음을 떨쳐 낸 다음에야 온전한 만남이나 순수한 참된 삶에 이를 수 있다.

새로운 시작과 만남을 위해서는 악한 마음을 버리고 상대를 포용할 수 있는 넓고 깨끗한 마음을 지녀야 한다. "올 때는 인적이 그친/넓고 깨끗한 하늘로 오라."는 청정한 삶과 새로운 만남에 대한 희구의 목소리다. 불이 꺼지면서 생긴 수증기는 인간의 혼탁한 마음이 근접할 수 없는 맑은 하늘로 오를 것이다. 그리고 넓고 깨끗한 하늘에서 비가 내리면 키 큰 나무를 적시고, 물은 강물을 거쳐 이제껏 이루지 못한 아름다운 바다를 수놓을 것이다. "처녀인/부끄러운 바다"는 시인이 꿈꾸는 아름다운 세상이다.

「우리가 물이 되어」는 특이하게 '우리'라는 복수 화자를 쓰고 있으며, '그대'를 청자로 하고 있다. 이때의 '그대'는 특정한 인물을 가리키지 않는다. '불'로 만나려 하는 우리 모두가 그대가 될 수 있다. 곧 '우리'는 화자는 물론 청자인 '그대'를 통칭한다. 넓게는 이 시대를 살아가는 현대인 모두를 지칭한다고 볼 수 있다. '우리'라는 화자가 내포하듯 이 시는 의미의 폭이 넓다.

이 작품에서 가뭄이나 불은 비정한 현실, 물질적 가치에 물든 현대인의 삶, 이기적인 인간관계 등을 상징한다. 이와 달리 물이나 바다는 순수, 정화, 포용, 참된 인간관계 등을 상징한다. 현대 사회가 안고 있는 병폐와 부조리는 결국 인간의 마음의 문제다. 황폐해진 마음을 정화하고 순수함을 회복할 때 평화롭고 아름다운 세상을 열어 갈 수 있다. 이런 점에서 보면 이 작품은 참된 인간성의 회복을 소망하는 시로 볼 수 있다.

참된 인간성을 회복하려면 빗물이 강물을 이루고 바다에 이르는 도도한 과정처럼 오랜 시간의 내적 성장이 필요하다. 시인이 추구하는 인간상은 "키 큰 나무", "저 혼자 깊어지는 강물", "아직 처녀인/부끄러운 바다", "넓고 깨끗한 하늘" 등과 관련지어 볼 수 있다. 키 큰 나무는 생명력이 넘치고 굳건한 의지를 지닌 존재다. 그는 "저물녘에/저 혼자 깊어지는 강물"처럼 조용히 자신을 되돌아보며, 삶에 대해 깊이 사유하고 성찰한다. 따뜻한 시선으로 살아 있는 것뿐만 아니라 소멸해 가는 것에 관심을 갖고 포용한다. 또한 그는 넓고 깨끗한 마음으로 많은 사람들이 생각하지 못하는 새로운 이상을 추구한다. 순수함, 포용력, 생명력, 사랑, 이상 등은 성숙한 사람이 갖추어야 할 것인 동시에 아름다운 세상을 창조하기 위한 요건이다.

넓게 읽기

우리가 물이 되어 / 강은교

시에는 '상징(Symbol)'이라는 기법이 있다. 문학적 용법으로서의 상징은 사물과 관념을 연상적으로 결합시켜 다의적 의미를 전달한다. 「공무도하가」라는 고대시가에도 '물'이 나온다. "임이여, 물을 건너지 마오. 임은 마침내 물에 건너시네. 물에 빠져 돌아가시니, 가신 임은 어이할까." 배경설화에 따르면 백발의 어떤 사람이 강물로 뛰어들자, 그의 아내가 제지하지만 물에 빠져 죽고 만다. 이에 그의 아내가 이 노래를 부른 뒤 따라 죽었다고 한다. 이 작품에서 '물'은 충만한 사랑, 이별, 죽음 등을 상징한다.

「우리가 물이 되어」에서 물은 시인이 염원하는 대상이다. 이 시는 물, 불, 하늘, 바다 등의 상징적 소재를 통해 조화롭고 아름다운 세상에 대한 염원을 나타내고 있다. 타인과의 조화로운 관계와 소통을 갈망하는 시에는 김춘수의 「꽃」, 박남준의 「아름다운 관계」, 김혜순의 「고층 빌딩 유리창닦이의 편지」, 최영철의 「지금도 지금도」, 장석남의 「수묵 정원9—번짐」 등이 있다.

우리가 물이 되어

등 너머로 훔쳐 듣는 대숲바람 소리

나태주

등 너머로 훔쳐 듣는 남의 집 대숲바람 소리 속에는
밤 사이 내려와 놀던 초록별들의
퍼렇게 멍든 날갯죽지가 떨어져 있다.
어린 날 뒤울안에서
매 맞고 혼자 숨어 울던 눈물의 찌꺼기가
비칠비칠 아직도 거기
남아 빛나고 있다.

심청이네 집 심청이
빌어먹으러 나가고
심봉사 혼자 앉아
날무처럼 끄들끄들 졸고 있는 툇마루 끝에
개다리소반 위 비인 상사발에
마음만 부자로 쌓여 주던 그 햇살이
다시 눈트고 있다. 다시 눈트고 있다.
장 승상네 참대밭의 우레 소리도
다시 무너져서 내게로 달려오고 있다.
등 너머로 훔쳐 듣는

남의 집 대숲바람 소리 속에는
내 어린 날 여름 냇가에서
손바닥 벌려 잡다 놓쳐 버린
발가벗은 햇살의 그 반쪽이
앞질러 달려와서 기다리며
저 혼자 심심해 반짝이고 있다.
저 혼자 심심해 물구나무서 보이고 있다.

제목부터가 독특한 작품이다. 대숲바람 소리를 등 너머로 훔쳐 듣는다고 한다. 시인은 대숲바람 속에서 어린 시절을 떠올린다. 우리의 삶이 그러하듯 여기에는 어둠과 밝음이 공존한다. 시인은 과거를 더듬는 과정에서 눈물의 찌꺼기가 남아 있음을 느낀다. 자신의 가난했던 어린 시절과 관련지어 심청이네의 삶을 상상한다. 그러면서 어린 시절 냇가에 즐겁게 놀던 일을 떠올리며 가슴에 응어리진 상처를 치유한다.

이 작품의 시적 동력은 기억과 상상력이다. 과거 경험에 대한 재생은 기억력에 의존하지만, 독특한 표현들은 상상력에 기대고 있다. "밤 사이 내려와 놀던 초록별들의 퍼렇게 멍든 날개죽지가 떨어져 있다", "발가벗은 햇살의 그 반쪽이~저 혼자 심심해 물구나무서 보이고 있다" 등의 상상적 표현은 순수한 동심의 세계를 보여 준다. 이 시에서는 화자의 감정이나 직접적인 의사 표현은 자제된다. 상상적 표현을 통해 어린 시절의 아픔과 행복을 간접적으로 나타내고 있다. 이 시의 독자는 상상의 경로를 따르며 타자의 마음을 살펴야 한다.

이 시는 성인이 된 화자가 '대숲바람 소리'를 통해 어린 시절을 떠올리며 이에 대한 그리움을 노래하고 있다. 화자는 대나무 숲에 있다. 대숲에 이는 바람 소리를 들으며 어린 시절을 회상한다. 그런데 화자는 바람 소리를 그냥 듣지 않고 등 너머로 훔쳐 듣는다고 말한다. 대숲바람 소리에는 화자의 마음을 울리는 특별한 무엇이 있기 때문이다. 화자의 표현대로라면 대숲바람 속에는 "밤 사이 내려와 놀던 초록별들의 퍼렇게 멍든 날갯죽지"가 떨어져 있고, "어린 날 뒤울안에서 매 맞고 혼자 숨어 울던 눈물의 찌꺼기"가 아직도 남아 빛나고 있다.

화자는 어린 시절을 이야기하면서도 구체적으로 명확하게 말하지 않는다. 그는 어린 시절 매를 맞고 울타리 뒤에서 혼자 숨어서 서럽게 울던 때를 떠올린다. 성인이 된 지금까지도 남아 있는 어린 시절의 아픔과 상처를 "눈물의 찌꺼기"로 표현하고 있다. 그때 받은 정신적 상처는 "밤사이 내려와 놀던 초록별들의 퍼렇게 멍든 날갯죽지"에서도 엿보인다. 화자는 땅에 떨어져 있는 푸른 댓잎을 "초록별"과 "퍼렇게 멍든 날갯죽지"에 빗대고 있다. 이 비유적 표현은 색채의 유사성을 지닌다. 심하게 맞아서 퍼렇게 멍이 든 것과 '초록의 별'이 연결되고 있다. 별은 꿈 많은 어린 시절의 순수함을 함축한다. 땅에 떨어져 있는 초록별들의 잔해가 퍼렇게 멍든 날갯죽지로 표현되고 있다.

화자는 떨어져 있는 푸른 댓잎을 바라보면서 어린 시절의 아픈 과거를 상기한다. '나'는 유년 시절에 누구로부터 어떤 이유로 매를 심하게 맞았는지, 왜 울타리에 혼자 숨어서 울었는지 소상히 말하지 않는다. 자신이 한 행동이 부끄러워서 혹은 억울하게 맞아서 울었는지 분명히 알 수는 없다. 이것은 남들에게 터놓고 이야기하고 싶지 않는 비밀스러운 것일 수 있다. 눈으로는 땅에 떨어져 있는 푸른 댓잎을 보고, 귀로는 대숲에서 이는 바람 소리를 들으면서 화자는 매 맞아 울던 지난날을 회상한다. 대숲에서 이는 바람 소리에서 울음소리가 연상되어 매 맞아 울던 자신의 모습을 떠올렸는지도 모른다.

화자는 등 너머로 대숲바람 소리를 들으며 마음 한편에 묻어 둔 어린 시절을 떠올린다. "등 너머로"라는 말은 화자의 기억 속의 일이 아주 오래전의 경험이었음을 말해 준다. 화자가 대숲바람 소리를 통해 기억하는 것은 두 번 다시 올 수 없는 유년 시절이다. "등 너머로 훔쳐 듣는 대숲바람 소리"에는 추억을 소중히 여기며 어린 시절을 그리워하는 화자의 마음이 배어 있다.

화자에게 어린 시절이 아픈 기억만으로 점철되어 있는 것은 아니다. 2연과 3연에 나오는 "햇살"이 이를 말해 준다. 나는 햇살이라는 밝고 따뜻한 이미지를 통해 어린 시절에 대한 기억을 드러낸다. 제대로 먹지 못할 만큼 가난했지만 마음만은 부자로 쌓여 주던 햇살이 다시 눈트고, 여름 냇가에서 손바닥 벌려 잡던 놓쳐 버린 햇살 반쪽이 앞질러 달려와 반짝인다.

2연은 고전소설인 『심청전』에 나오는 인물을 등장시켜 궁핍했던 어린 시절을 환기하고 있다. 심청은 봉사인 아버지를 위해 빌어먹으러 나가고, 심 봉사는 딸을 기다리다가 마루에서 앉아 말린 무처럼 끄들끄들 존다. "툇마루 끝에/개다리소반 위 비인 상사발"은 가난하고 초라한 심 봉사의 살림을 말해 준다. 동시에 이것은 제대로 먹지 못했을 정도로 가난했던 화자의 어린 시절을 암시한다. 그 시절에는 물질적으로 빈곤했지만, 정신적으로 빈곤하지는 않았다. 화자는 어린 시절을 회상하며 텅 비어 있는 사발에 마음만 부자로 쌓여 주던 그 햇살이 다시 눈트고 있다고 말한다. 빈 사발을 가득 채워 주는 햇살은 정신적인 충족감이나 행복을 나타낸다.

이 시에서 장 승상네는 『심청전』에서 마음씨가 곱고 효심이 깊은 심청을 양녀로 삼으려 한 정승집이다. 심청은 인당수의 제물이 되었지만 구원의 손길이 있었다. 다시 무너져 내게 달려오는 "장 승상네 참대밭의 우레 소리"를 통해 화자는 삶의 희망이나 풍요로움을 나타낸다. 화자는 빈 사발을 가득 채워 주는 햇살과 다시 무너져 내게 달려오는 장 승상네 참대밭 우레 소리를 통해 자신의 어린 시절이 가난했지만 삶의 희망과 행복이 있었음을 드러낸다.

어린 시절의 행복은 3연에서 잘 나타난다. 화자는 햇볕이 내리쬐던 여름날 냇가에서 발가벗고 물고기를 잡으며 즐겁게 놀았다. 아이들만 발가벗은 것이 아니라 햇살도 발가벗고 아이들의 놀이에 동참하였다. "발가벗은 햇살"은 천진난만했던 어린 시절의 순수함을 대변한다. "손바닥 벌려 잡다 놓쳐 버린/발가벗은 햇살의 반쪽"에는 그때의 아쉬움이 담겨 있다. 하지만 이 아쉬움은 화자에게는 어린 시절의 아름다운 추억으로 각인되고 있다.

3연에서 햇살의 반쪽이 "저 혼자 심심해 반짝이고 있다"는 구절은 화자가 오랫동안 어린 시절을 잊고 있었음을 나타낸다. 햇살의 반쪽은 화자가 놓치고 있었던 어린 시절의 반쪽이다. 어린 시절에 아픔만이 아니라 희망과 즐거움도 있었음을 떠올리며 순수했던 그 시절을 동경한다. 동무가 되어 함께 놓아 주었던 그 햇살의 반쪽이 저 혼자 심심해 반짝이고 있고, 물구나무서 보이고 있다는 것은 화자가 어린 시절의 소중한 추억을 되찾고 정신적 상처를 치유했음을 보여 준다.

이 시는 상상력이 돋보인다. 초록별에 대한 상상, 장 승상네 참대밭의 우레 소리에 대한 상상, 물구나무 서는 햇살에 대한 상상 등 상상으로 가득하다. 시인은 자연에서 또는 고전소설에서 상상의 재료를 얻고 있다. 상상의 출발점은 "대숲바람 소리"이다. 대숲바람 소리를 들으며 화자는 어린 시절을 회상한다. 그 회상 속에서 그는 초록별, 퍼렇게 멍든 날갯죽지, 장 승상네 참대밭 우레 소리, 햇살의 반쪽 등을 찾아낸다.

1연에서 "초록별들의 퍼렇게 멍든 날갯죽지"에 대한 상상은 매 맞고 멍이 들었던 어린 시절의 아픈 과거와 관련 있다. 실제로 대숲에 새의 날갯죽지가 떨어져 있었는지는 모르나, 화자는 떨어진 별의 잔해를 날갯죽지로 치환하고 있다. 초록별의 잔해를 통해 현재까지 여전히 남아 있는 유년 시절의 상처를 효과적으로 전달하고 있다.

2연에서 갑작스럽게 고전소설에 나오는 심청이 등장하는데, 이것은 어린 시절 화자가 겪은 가난을 암시한다. 심청은 아버지 봉양을 위해 밥 동냥에 나서고, 심 봉사는 툇마루 끝에서 딸을 기다리다가 지쳐 졸고 있다. 먹을 것이 없어 상 위에는 빈 사발이 놓여 있다. 심 봉사나 심청이 겪는 가난은 화자가 에둘러 말하는 어린 시절의 궁핍함일 것이다.

2연의 독특한 점은 고전소설에 없던 '장 승상네 참대밭 우레 소리'가 언급된 점이다. 그것이 누구의 참대밭이냐 하는 것을 떠나, 참대밭에서 나는 소리가 우레 소리처럼 크다는 것은 다소 과장적이다. 화자는 여기서 즐거웠던 유년의 기억을 부각하고자 한다. 어린 시절이 힘들고 고통스럽지만 않았다는 것을 참대밭의 우레 소리라는 청각적 심상을 통해 나타낸다.

참대밭의 우레 소리는 "햇살"과 같이 긍정적 의미를 갖는다. "마음만 부자로 쌓여 주던 그 햇살"은 유년 시절의 아픈 기억을 즐거운 기억으로 전환케 한다. 대숲바람 소리를 들으며 화자는 비칠비칠 남아 있는 슬픈 기억으로 마음 아파하지만, 대숲 사이로 내비치는 햇살로 마음의 평온을 찾는다. 햇살에 대한 인식으로 화자는 유년기에 대한 재발견이 이루어진다. "다시 눈트고 있다"는 구절의 반복된 진술은 화자가 새롭게 깨달은 것이 있음을 말해 준다.

"햇살"은 그가 놓치고 있던 유년 시절의 소중한 추억이다. 화자에게는 어린 시절 햇살이 내리쬐던 여름날 냇가에서 발가벗고 물고기를 잡던 추억이 있다. 3연에서 말하는 "햇살의 반쪽"은 기억의 저편에 있는 추억의 반쪽이다. 그 반쪽이 앞질러 달려와 심심해서 반짝이고 있다는 것은 화자가 어린 시절의 순수함이나 행복을 잊고 있음을 말해 준다. 유년 시절의 아름다움, 희망, 행복 등을 뜻하는 "햇살"이 작품의 지배적 이미지로서 중추적 역할을 하고 있다.

이 시는 감각적 표현이 두드러진다. 1연의 "밤사이 내려와 놀던 초록별들의/퍼렇게 멍든 날갯죽지가 떨어져 있다."는 색채의 시각성이 두드러진다. 2연의 "장 승상네 참대밭의 우레소리도/다시 무너져서 내게로 달려오고 있다."는 구절은 청각의 대상을 시각화하는 공감각적 표현이다. 햇살이 "저 혼자 심심해 물구나무서 보이고 있다."는 3연의 마지막 행은 대상을 주관적으로 변용하여 시각화하고 있다. 이러한 감각적 표현은 모두 상상력에 의해 표현된 것이며, 대상을 구체적으로 형상화하는 기능을 한다.

「등 너머로 훔쳐 듣는 대숲바람 소리」는 유년 시절의 기억을 감각적 표현을 통해 생생하게 나타내고 있다. 추억의 내용에 대해서는 구체적으로 제시하고 있지 않지만 화자는 순수했던 유년 시절을 그리워한다. 상처와 아픔을 갖고 보낸 가난한 시절이었지만, 삶의 희망과 순수한 아름다움이 있던 때였다. 시인은 대숲바람 소리를 들으며 떠올린 기억을 현재의 일처럼 생생하게 그려 낸다.

넓게 읽기

등 너머로 훔쳐 듣는 대숲바람 소리 / 나태주

풀꽃 시인으로 알려져 있는 나태주 시인은 1971년 『서울신문』 신춘문예에 사랑하는 사람에 대한 그리움을 표현한 「대숲 아래서」가 당선되어 등단하였다. 충청남도 서천군이 고향인 그는 오랫동안 초등학교 선생님으로 재직하다가 2007년 공주 장기초등학교 교장을 끝으로 정년퇴임하였다.

시인이 밝힌 바에 따르면 평생 잘한 것으로 생각하는 것이 초등학교 선생님을 한 일과 시골을 떠나지 않고 시를 계속 쓴 일이라고 한다. 나태주의 시는 어렵지 않고 쉽게 읽힌다. 평이하면서도 울림이 있다. 대중에게 많이 알려진 「풀꽃」이 그러하다. 최근에 출판된 시집에는 『꽃 장엄』(천년의시작, 2016)과 시선집인 『시, 마당을 쓸었습니다』(푸른길, 2016)가 있다.

조그만 사랑 노래

황동규

어제를 동여맨 편지를 받았다.
늘 그대 뒤를 따르던
길 문득 사라지고
길 아닌 것들도 사라지고
여기저기서 어린 날
우리와 놀아주던 돌들이
얼굴을 가리고 박혀 있다.
사랑한다 사랑한다, 추위 환한 저녁 하늘에
찬찬히 깨어진 금들이 보인다.
성긴 눈 날린다.
땅 어디에 내려앉지 못하고
눈뜨고 떨며 한없이 떠다니는
몇 송이 눈.

이 사랑의 노래는 한 개인에게 전하는 것이라기보다는 사회와 국가와 같은 공동체를 대상으로 한다는 점에 특징이 있다. 사회, 국가와 같은 공동체에 대한 사랑을 토로하고 있는 이 작품에서 서정적 자아는 짙은 안타까움과 슬픔을 느끼고 있다. 이러한 정서를 느끼는 것은 1972년 무렵의 우리 공동체가 바람직한 방향과 어긋난 방향으로 움직여 나갔다는 사실과 관련되어 있다.[15]

한 인터넷 사이트에서 가져온 것이다. 문학이 현실을 반영한다는 관점에서 당시의 정치적 상황과 관련지어 작품을 해석하고 있다. 독재자의 야망으로 개인의 존엄성이 심하게 침해받던 현실이 작품의 음울한 분위기를 형성한다는 것이다. 그런데 시인의 해설은 이와는 다르다.

"성긴 눈"은 내 초중기 시에 자주 등장하는 눈, 주로 따스함이 깃들여 있는 눈(6·25 전쟁 직후의 폐허를 하루아침에 아름다운 정경으로 바꾸던 눈)이 성겨진 상태, 즉 따스함과 아름다움을 잃어가는 상태의 표현일지도 모른다. 그 따스함과 아름다움을 잃은 세계 속에서 화자와 애인은 "땅 어디에도 내려앉지 못하고/눈뜨고 떨며 한없이 떠다니는/몇 송이 눈"이 된다. 진정한 것이라면 사랑이든 종교든 세상 어디에 쉽게 받아들여지기 힘들 것이라는 생각은 지금도 이따금 마음을 아프게 하고 있다. 원죄라는 게 있다면 바로 이 괴로움일 것이다. 이 시의 화자와 그의 상대는 지금 이루기 힘든 사랑을 하고 있는 것이다. 이 시에는 전

15 www.woorimal.net.

> 통적인 사랑 노래와는 달리 떠나는 애인과 뒤에 남아 기다리는 화자가 없다. 둘 다 정착을 못하고 마냥 떠도는 존재인 것이다.[16]

시인의 자작 해설에서 보듯, 「조그만 사랑 노래」는 당대의 현실을 그다지 고려한 것 같지는 않다. 이 작품은 사랑에 대한 시인의 관념이 투영된 하나의 가상 세계를 묘사하고 있다. "이 시에는 전통적인 사랑 노래와는 달리 떠나는 애인과 뒤에 남아 기다리는 화자가 없다."는 발언은 이 작품이 시인의 의도에 의해 꾸며진 것임을 알려 준다. 여러 사랑의 형태 중에서 남녀가 사랑을 이루지 못하고 서로 아파하는 모습을 그려 본 것이다.

이 시를 대하는 독자는 시인의 의도나 생각과는 관계없이 객관적 실체로 있는 작품을 대면한다. 창작 연대를 참조할 수 있겠으나, 당시의 시대 상황에 애써 대응시켜 읽을 필요는 없다. 시의 상황은 한 개인이 경험한 이별의 상황이며, 이 작품에는 이별의 슬픔이라는 개인적 정서가 표현되고 있다. '조그만 사랑 노래'라는 제목이 함축하는 것과 같이 이 시는 사랑의 노래다. "어제를 동여맨 편지를 받았다."든가 "사랑한다 사랑한다, 추위 환한 저녁 하늘에 / 찬찬히 깨어진 금들이 보인다."는 구절은 이 작품이 이루지 못한 사랑을 내용으로 하고 있음을 말해 준다.

———— 이 시는 "어제를 동여맨 편지를 받았다."는 과거형의 진술로 시작한다. 화자는 자신이 받았던 편지를 떠올린다. 그가 사랑하던 사람으로부터 받은 편지는 "어제를 동여맨 편지"다. "어제"는 그대와 함께 보냈던 과거의 시간이다. 과거와 현재는 연속선상에 있는 것이지만, 이 작품에

---

16 황동규, 『시가 태어나는 자리』, 문학동네, 2001, 44쪽.

서 과거의 시간은 현재에 이어지지 못하고 단절된다. 화자가 받은 편지는 작품의 내용으로 보아 이별을 통보하는 편지로 볼 수 있다.

그는 실연의 충격으로 시간은 물론 공간마저 잃는 아픔을 겪는다. "그대 뒤를 따르던 길"은 과거에 그대와 함께 걸었던 실제의 길 혹은 그대에게 가는 방법상의 길로 해석된다. "길 아닌 것들"은 그대와 함께 걷지 않았던 길 혹은 그대에게 도달하는 다른 방법으로 볼 수 있다. 화자는 그대와의 이별로 "길"과 "길 아닌 것들"이 모두 사라지는, 세상의 모든 것들을 잃어버린 듯한 상실감에 빠진다. 급기야 길가에 있는 돌조차 자신을 버리는 것 같은 느낌을 받는다. 화자는 돌에서 어린 날 그대와 함께 놀았던 추억을 떠올린다. 하지만 돌은 즐거웠던 추억과의 단절을 고하듯 얼굴을 가리고 박혀 있다.

지난날의 사랑의 추억마저 단절됨으로써 화자는 더 이상 예전의 행복했던 시간으로 돌아가지 못한다. 그는 그대를 잊지 못하고 그리워하며 "사랑한다 사랑한다"고 외친다. 차마 말하지 못한 화자의 심정이 막혔던 물이 터지듯 표출된다. 화자의 독백은 임을 향해 외치는 사랑의 부르짖음이다. 그런데 화자는 임을 향한 사랑의 메시지를 "사랑한다 사랑한다, 추위 환한 저녁 하늘에"라는 다소 긴 행으로 전한다. 이 구절은 긴 행의 배열로 템포를 빠르게 하여 뜸을 들이지 않고 사랑을 고백하는 효과를 갖는다. 사랑하지만 화자는 미련의 마음은 없다. 그는 이별을 받아들이며 그 아픔을 자연 배경을 통해 나타낸다.

화자는 이별의 상황을 직시하고 그대와의 사랑이 지속될 수 없음을 분명히 자각한다. "추위 환한 저녁 하늘"에서 발견한 "깨어진 금들"은 성글게 내리는 눈의 형상으로 볼 수 있으나, 이것은 하나의 암시물로 둘 사이의 관계가 파탄 났음을 말해 주며, 동시에 가슴에 금이 간 것 같은 화자의 통증을 암시한다.

땅 어디에 내려앉지 못하고
눈뜨고 떨며 한없이 떠다니는
몇 송이 눈.

화자가 바라보고 자각한 눈은 땅에 내려앉지 못하고 공중에서 한없이 떠다니는 몇 송이 눈이다. 이 눈에는 화자의 주관적 심정이 배어 있다. 그가 목격한 "성긴 눈"은 땅에 닿아서 쌓이는 그런 눈이 아니라 땅에 닿자마자 녹아 버리는 눈이다. 바람에 흩날리다가 사라지는 몇 송이의 눈은 하루살이의 삶마냥 그 존재감조차 인정받지 못하고 소멸한다.

그는 '한없이 떠다니는 눈'처럼 마음의 안정을 찾지 못하고 방황한다. "눈뜨고 떨며"는 내면의 아픔을 절실하게 나타낸다. 이 구절에는 이별의 충격으로 고통스러워하는 화자의 심리적 상태가 투영되어 있다. 화자는 마음 편히 눈을 감고 안식을 취하지 못한다. '성긴 눈'과 '떠다니는 눈'이 함축하고 있는 것과 같이 이 시에는 안식에 대한 갈망도, 사랑에 대한 어떤 기대도 없다. 이 작품에서 '눈'은 사랑하는 사람과의 이별이 준 젊은 날의 방황과 고통을 상징적으로 보여 준다.

걸어서 항구에 도착했다.
길게 부는 한지寒地의 바람
바다 앞의 집들을 흔들고
긴 눈 내릴 듯
낮게 낮게 비치는 불빛
지전紙錢에 그려진 반듯한 그림을
주머니에 구겨 넣고

반쯤 탄 담배를 그림자처럼 꺼버리고
조용한 마음으로
배 있는 데로 내려간다.
정박碇泊 중의 어두운 용골龍骨들이
모두 고개를 들고
항구의 안을 들여다보고 있었다.
어두운 하늘에는 수삼개數三個의 눈송이
하늘의 새들이 따르고 있었다.

– 황동규, 「기항지(寄港地)」, 『현대문학』(1967)

이 시도 「조그만 사랑 노래」와 마찬가지로 눈을 소재로 하여 화자의 내면을 암시하고 있다. 그런데 대상을 바라보는 화자의 인식에는 차이가 있다. 화자는 바람 부는 추운 겨울날 어느 항구에 닿는다. 겨울 여행 중에 맞닿은 항구의 모습은 쓸쓸하고 을씨년스럽다. 싸늘한 겨울바람은 바다 앞의 집들을 흔들고, 눈 내릴 듯한 날씨에 불빛은 낮게 비친다. 착잡하고 우울한 마음에 지전을 주머니에 구겨 넣고, 담배도 피다 말고 배가 있는 곳으로 걸음을 옮긴다. 화자는 그곳에서 정박 중인 배들이 모두 항구 쪽으로 뱃머리를 향하고 있는 모습을 발견한다. 눈을 들어 바라본 어두운 하늘에는 내릴 듯 말 듯한 눈이 수삼 개 떨어지고, 그 사이로 새들이 날아간다.

여기서 "수삼개의 눈송이"는 일반적으로 눈이 내포하는 순수, 깨끗함 등의 이미지와는 거리가 있다. 항구 안을 들여다보는 배의 형상이 편안히 정착하고자 하는 화자의 마음을 반영하고 있는 것이라면, 지상에 떨어지는 눈 또한 이런 맥락에서 해석할 수 있다. 항해를 끝내고 항구로 돌아와 편히 안식을 취하고 있는 배처럼 화자도 자신의 방랑을 끝내고 현실에 안주하고 싶어 한다. 이런 갈망의 심정으로 바라본 새는 삶에 대한 비상과 새로운 출발을 의미한다.

싸늘한 바닷바람이 집들을 흔드는 항구의 밤 풍경은 화자의 마음을 더 우울하게 한다. 화자의 어둡고 암울한 의식은 편안히 항구의 안을 들여다 보고 있는 "배"를 매개로 전환되고, 안식과 자유에 대한 무의식적 욕망이 "눈"과 "새"의 이미지로 표현된다. 화자는 겨울 하늘을 유유히 나는 새를 통해 비로소 우울한 마음을 정화하고, 정신적 방황을 끝낼 여지를 마련한다.

「조그만 사랑 노래」는 "사랑한다 사랑한다"는 구절을 제외하고 감정을 직접적으로 드러내지 않는다. 직설적 화법을 피하고 편지, 돌, 금, 눈 등의 소재를 통해 상황과 정서를 암시한다. 이 작품에선 "동여맨", "사라지고", "박혀 있다", "깨어진", "떠다니는" 등의 부정적 이미지의 시어들이 많이 사용되고 있다. 또 마침표를 비롯한 쉼표 등의 구두점 사용을 자제하며, 곳곳에서 조사를 생략하고 있다. 마지막 행에서는 명사로 끝맺어 여운을 주고 있다.

이 작품은 전체적으로 분위기가 어둡다. 화자가 기댈 만한 것이나 마음에 위로가 될 만한 것이 전혀 없다. 이별이 가져다준 것은 정신적 충격과 상처뿐이다. "동여맨 편지"는 과거의 시간과의 단절을 알려 주고, 우리와 놀아 주던 돌들이 얼굴을 가리듯 행복했던 둘만의 추억은 은폐된다. 하늘의 눈도 땅에 내려앉지 못하고 떠다닌다. 이 시에서 편지, 돌, 눈 등의 소재는 깨어진 사랑의 아픔을 전달하는 매체로 기능하며, 특히 떠다니는 성긴 눈은 화자의 방황과 절망을 나타낸다.

시인은 짧은 몇 줄로 이별의 고통을 말하고 있다. 이별은 추억의 시간도 함께 걸었던 길도 모두 사라지게 한다. 이별로 가슴에 금이 나서 깨지는 듯한 통증을 느끼며, 하늘에 흩날리는 눈처럼 한없이 떠돈다. 죽도록 사랑하지만 그대에게 갈 수도 없고, 이별을 받아들여야 한다. 어찌할 수 없는 운명과 같은 사랑도 있는 것이다. 조그만 사랑 노래지만 그 울림은 너무나 크다.

넓게 읽기

조그만 사랑 노래 / 황동규

슬픈 사랑을 다룬 영화가 한 편 있다. 1997년 겨울에 최진실과 박신양이 주연한 〈편지〉가 개봉되었다. 악성뇌종양에 걸린 남편은 시집을 읽어 주는 아내의 목소리를 들으며 눈을 감는다. 그가 죽은 뒤에 아내는 하루하루 죽은 것 같은 삶 속에 의욕을 잃어가는데, 자신 앞으로 날아든 남편의 편지를 보고는 삶의 희망을 찾는다.

이 영화에서 황동규 시인이 쓴 「즐거운 편지」가 나온다. 황동규는 서울에서 태어나 서울대학교를 나왔고, 이 대학에서 영어영문학과 교수를 지냈다. 그는 소설 「소나기」로 유명한 황순원의 아들이기도 하다. 시인이 쓴 사랑의 시에는 「조그만 사랑 노래」 외에 「더 조그만 사랑 노래」, 「더욱더 조그만 사랑 노래」, 「쨍한 사랑 노래」 등이 있다.

사랑하는 사람과의 이별은 죽음을 생각하게 할 만큼 고통스럽다. 결국은 시간이 해결해 주지만 그 고통은 감당하기 쉽지 않다. 기형도의 「빈집」, 문정희의 「겨울일기」, 「찔레」, 최승자의 「길이 없어」, 허수경의 「불취불귀」, 채호기의 「사랑은」, 박주택의 「무인도」, 이문재의 「달밤」, 이윤학의 「휘어진 길」 등은 이별의 아픔을 노래하고 있다.

슬픔이 기쁨에게

정호승

나는 이제 너에게도 슬픔을 주겠다.
사랑보다 소중한 슬픔을 주겠다.
겨울밤 거리에서 귤 몇 개 놓고
살아온 추위와 떨고 있는 할머니에게
귤 값을 깎으면서 기뻐하던 너를 위하여
나는 슬픔의 평등한 얼굴을 보여 주겠다.
내가 어둠 속에서 너를 부를 때
단 한번도 평등하게 웃어 주질 않은
가마니에 덮인 동사자가 다시 얼어 죽을 때
가마니 한 장조차 덮어 주지 않은
무관심한 너의 사랑을 위해
흘릴 줄 모르는 너의 눈물을 위해
나는 이제 너에게도 기다림을 주겠다.
이 세상에 내리던 함박눈을 멈추겠다.
보리밭에 내리던 봄눈들을 데리고
추워 떠는 사람들의 슬픔에게 다녀와서
눈 그친 눈길을 너와 함께 걷겠다.
슬픔의 힘에 대한 이야기를 하며
기다림의 슬픔까지 걸어가겠다.

이 시의 제목은 시인이 출간한 첫 시집인 『슬픔이 기쁨에게』(1979, 창작과비평사)의 제목이기도 하다. 이 작품은 우리 주변의 일상을 소재로 하여 '너'라는 청자에게 메시지를 전하고 있다. 제목과 관련지어 보면 '너'는 기쁨, 곧 기뻐하는 사람이다. 그리고 화자인 '나'는 슬픔, 곧 슬퍼하는 사람이다. '나'는 슬픔의 평등한 얼굴을 보여 주겠다고, '너'에게도 기다림을 주겠다고, '너'와 함께 눈 그친 눈길을 기다림의 슬픔까지 걸어가겠다고 한다. 이 시를 읽을 때는 "슬픔"과 "기다림"의 의미에 대해서 이해해야 한다. 또한 '-겠다'라는 종결어미에서 보여 주는 화자의 태도를 살펴야 한다.

화자인 '나'는 '너'에게 슬픔을 주겠다고 한다. '너'는 겨울밤 거리에서 추위에 떨면서 귤을 파는 할머니께 귤 값을 깎으면서 기뻐한다. 할머니는 세상에서 소외된 자로 우리 주변의 가난한 이웃이다. 이 작품에서 '너'는 자신만의 이익과 안락을 추구하는 사람이다. '너'는 이기적인 현대인의 표상으로 소외된 이웃의 고통이나 아픔을 잘 알지 못하거나 이를 방관하는 인물이다. '나'는 이런 사람에게 "사랑보다 소중한 슬픔"을 주려 한다. 이때의 슬픔은 통상적 의미의 아픔이나 눈물과는 거리가 있다.

'나'는 자신만의 기쁨을 알 뿐 타인의 슬픔을 알지 못하는 사람에게 슬픔의 평등함을 알게 해 주겠다고 한다. '내'가 어려운 상황에 처해 '너'의 도움을 청할 때 '너'는 단 한 번도 평등하게 웃어 주지 않았다. 슬픔인 화자 입장에서 보면 기쁨만을 누리는 '너'는 불평등이다. 타인의 고통을 외면하는 것은 평등일 수 없다. 평등은 누구 할 것이 없이 차별을 받지 않고 존중되어야 한다는 인간의 기본적 가치다. 인간을 차별하고 방관하는 무관심과 소외는 불평등이다. '나'는 기쁨만을 만끽하는 '너'에게 슬픔을 인식하게 하여 "슬픔의 평등한 얼굴"을 보여 주려 한다.

'너'는 다른 사람의 아픔을 헤아리지 못한다. '너'의 마음은 가난한 이웃에게 향하지 않는다. 가마니에 덮인 동사자(凍死者)가 방치되어 다시 얼어 죽더라도 관심이 없다. 타인에게 관심이 없으며 타인의 아픔에 눈물을 흘릴 줄 모르는 '너'에게 화자는 기다림을 주겠다고 한다.

타인에 대한 관심이나 애정은 그냥 생기지 않는다. 진심이 아니라면 그것은 가식이다. 타인에게 무관심한 사람이 남을 이해하고 이웃의 아픔을 헤아리기까지는 기다림이 필요하다. '기다림'은 고통받는 이웃을 이해하고 그의 아픔을 함께하고자 하는 마음이다. '나'는 '너'에게 타인의 슬픔을 공유할 수 있는 길을 안내한다. 그것은 이웃에게 다가가 그 사람의 삶의 현장을 살펴보고, 그의 입장에서 아픔을 공감하는 것이다.

이 세상에 내리던 함박눈을 멈추겠다.
보리밭에 내리던 봄눈들을 데리고
추워 떠는 사람들의 슬픔에게 다녀와서
눈 그친 눈길을 너와 함께 걷겠다.
슬픔의 힘에 대한 이야기를 하며
기다림의 슬픔까지 걸어가겠다.

화자는 "이 세상에 내리던 함박눈"을 거부한다. 함박눈은 추위에 떠는 사람들에게 어떤 아름다움도, 낭만도 되지 못한다. 겨울에 줄기차게 내리는 함박눈은 하루하루 고달프게 살아가는 서민에게 고통의 짐이 된다. "봄눈"은 "함박눈"과는 대비되는 소재로 "보리밭"과 함께 희망, 생명력, 따뜻함 등과 같은 봄의 이미지를 함축하고 있다. '나'는 '너'와 함께 "보리밭에 내리던 봄눈들"을 데리고 추위에 떠는 사람들의 슬픔에 다녀오고자 한다. "추위 떠는 사람들의 슬픔"은 '너'가 외면하는 서민들의 삶의 현장이다. '너'는 '나'와 함께 이들의 삶을 체험하고 "눈 그친 눈길"을 걸을 것이다.

눈 그친 눈길은 '너'로 하여금 인식 전환을 꾀하게 하는 깨달음의 장이며, 이웃의 아픔을 공감하게 하는 장이다. '너'는 타인의 슬픔을 방관하지만, 화자는 '너'를 배척하지 않는다. 이웃에게 관심을 갖고 정을 베풀듯 슬픔을 알지 못한 '너'를 너그러이 받아들인다. '너'와 함께 눈길을 걸으며 "슬픔의 힘"에 대해 이야기를 나누고 "기다림의 슬픔"을 공유하려 한다. 이때의 기다림은 슬픔의 의미와 크게 다르지 않다. 슬픔은 타인에 관심을 갖게 하며, 이기적이고 개인적인 사랑에서 벗어나 보다 큰 사랑을 이루게 한다. 자신을 변화시키고 이웃을 진정으로 사랑하는 "슬픔의 힘"은 기쁨이 슬픔에게 전하고 싶은 말이다.

정호승의 「슬픔이 기쁨에게」는 발상이 특이한 시다. 제목이 '누가 누구에게'라는 편지의 양식을 쓰고 있는데, 메시지의 발신자와 수신자가 슬픔과 기쁨이라는 추상어로 되어 있다. 슬픔이라는 화자가 기쁨이라는 청자에게 이르는 형식을 취하고 있다. 화자인 '나'가 슬픔이라고 한다면, '나'는 의인화된 대상으로 볼 수 있다. 하지만 슬픔이나 기쁨이 어떠한 사람인지를 표명하고 있어 의인의 기교를 구사하고 있다고 보기는 어렵다. 슬픔이나 기쁨이라는 말을 쓰고 있지만, 작품 속의 화자인 '나'와 청자인 '너'는 어떤 특성을 지닌 사람을 지칭하고 있다.

'나'는 이웃에 관심을 갖고 이들의 아픔을 이해하는 사람이고, '너'는 이웃에 무관심하며 자신의 기쁨과 사랑만을 아는 사람이다. '나'는 슬픔을 알지 못하는 기쁨에게 일상의 구체적인 상황을 들어 이웃에 대한 무관심한 태도를 일깨우려 한다. 추운 겨울 밤 거리에서 귤 몇 개를 놓고 살아온 할머니에게 귤값을 깎으면서 기뻐하던 '너'의 모습에서 '너'는 우리 자신일 수 있다. 화자는 주변에서 흔히 볼 수 있는 일상 장면을 통해 소외받는 이웃에 대한 관심과 사랑을 강조한다.

이 시는 유사한 의미를 반복하는 구조로 되어 있다. "사랑보다 소중한 슬픔", "슬픔의 평등한 얼굴", "추위에 떠는 사람들의 슬픔", "슬픔의 힘", "기다림의 슬픔" 등의 구절에서 '슬픔'이 반복된다. 화자는 어휘뿐만 아니라 '-겠다'라는 어미를 반복한다. 되풀이되는 '-겠다'는 화자의 태도와 의지가 단호함을 보여 준다. 화자는 반복을 통해 슬픔의 의미를 강조하며, 슬픔과 기다림을 주겠다는 의사를 너에게 분명하게 전달한다.

그러나 슬픔을 주겠다는 의미의 반복은 화자와 청자 관계를 대립의 관계로 몰지 않는다. 화자가 강조하는 슬픔은 고통이나 아픔의 의미를 갖지 않는다. 사람에 대한 이해와 관심을 뜻한다. 고압적인 태도로 단호하게 이르지만, 화자의 단호한 의지에는 상대를 타도하거나 훈계하려는 의도는 없다.

'나'는 타인을 생각할 줄 아는 따뜻한 마음을 '너'와 공유하려 한다. '나'는 '너'와 함께 눈 그친 눈길을 함께 걸으며 기다림의 슬픔까지 걸어가겠다고 한다. '너'와 함께하겠다는 동참의 태도에는 상대방을 포용하려는 마음이 깃들어 있다. 이런 마음은 대비되는 배경을 통해서도 나타난다.

이 시는 계절 감각의 대비를 통해 의미를 효과적으로 전달하고 있다. 전반부에서는 추운 겨울의 이미지를 통해 냉혹한 현실의 모습을 그려 내고 있다. 추운 겨울밤에 노상에서 할머니가 귤을 팔고 있다든지 길가에서 사람이 얼어 죽었다든지 하는 장면은 '너'가 외면하는 이웃의 어두운 삶의 현장이다. 그런데 후반부에서는 "보리밭에 내리던 봄눈"과 "눈 그친 눈길"과 같은 자연배경으로 밝고 따뜻한 분위기를 조성하고 있다. '보리밭에 내린 봄눈들을 데리고 눈 그친 눈 그친 눈길을 함께 걷겠다'는 구절에서 드러나듯 시인은 상대를 배척하지 않고 포용하며 길을 인도하고자 한다. 타인에 대한 관심과 사랑의 실천은 이 작품에서 간과해서는 안 될 중요한 메시지다.

넓게 읽기

슬픔이 기쁨에게 / 정호승

세상에는 잘사는 사람보다 못사는 사람이 더 많다. 노숙자, 독거노인, 식당 종업원, 신체 불구의 장애인, 아파트 경비원, 행상꾼 등은 우리의 관심과 사랑의 손길이 필요한 사람들이다. 가난과 절망의 늪에서 헤어나지 못하고 죽음을 선택한 비극이 종종 뉴스에 보도되기도 한다. 월세는 물론 수도세와 전기세를 제대로 내지 못하던 한 어머니가 우울증 증상이 있는 다 큰 딸과 함께 죽음을 선택하였다. 새해 첫날 차를 몰고 깊은 바다 속으로 뛰어든 청년도 있었다.

정호승의 「슬픔이 기쁨에게」는 소외된 이웃에 대한 무관심을 비판적 시각에서 다루고 있다. 소외된 존재에 대해 관심을 촉구하는 작품에는 김기택의 「벽」, 「다리 저는 사람」, 「사무원」, 정일근의 「점심, 후회스러운」 등이 있다.

사평역에서

곽재구

막차는 좀처럼 오지 않았다
대합실 밖에는 밤새 송이눈이 쌓이고
흰 보라 수수꽃 눈시린 유리창마다
톱밥 난로가 지펴지고 있었다
그믐처럼 몇은 졸고
몇은 감기에 쿨럭이고
그리웠던 순간들을 생각하며 나는
한 줌의 톱밥을 불빛 속에 던져 주었다
내면 깊숙이 할 말들은 가득해도
청색의 손바닥을 불빛 속에 적셔 두고
모두들 아무 말도 하지 않았다
산다는 것이 때론 술에 취한 듯
한 두름의 굴비 한 광주리의 사과를
만지작거리며 귀향하는 기분으로
침묵해야 한다는 것을
모두들 알고 있었다

오래 앓은 기침 소리와
쓴 약 같은 입술 담배 연기 속에서
싸륵싸륵 눈꽃은 쌓이고
그래 지금은 모두들
눈꽃의 화음에 귀를 적신다
자정 넘으면
낯설음도 뼈아픔도 다 설원인데
단풍잎 같은 몇 잎의 차창을 달고
밤 열차는 또 어디로 흘러가는지
그리웠던 순간을 호명하며 나는
한 줌의 눈물을 불빛 속에 던져 주었다.

이 시는 사평역이라는 시골 간이역을 배경으로 하여 막차를 기다리는 사람들의 삶의 애환을 보여 주고 있다. 시간은 눈 내리는 밤이고, 화자가 있는 곳은 대합실이다. 그는 톱밥 난로 주변에 있는 사람들을 관심 깊게 바라본다. 이들 곁에서 화자는 한 줌의 톱밥을 난로에 던져 넣고, 나중에는 눈물을 흘리기도 한다. 이러한 정경을 상상을 동원하여 묘사하고 있다. 이 작품을 읽는 독자는 시적 상황을 떠올리면서 화자의 마음을 이해해야 한다.

화자가 포착하고 있는 것은 대합실에 모여 막차를 기다리고 있는 사람들의 모습이다. 창밖으로는 눈이 쌓이고 막차는 좀처럼 오지 않지만, 사람들은 이를 대수롭지 않게 생각하며 말없이 열차를 기다린다. 화자는 그리웠던 순간을 떠올리며 톱밥 난로에 톱밥을 붓는다. "한 줌의 눈물을 불빛 속에 던져 주었다"라는 마지막 행에서 보듯, "톱밥"은 작품 끝에 가서 "눈물"로 표현된다. 독자는 이 부분을 눈여겨보고 "눈물"에 어떤 마음이 내포되어 있는지 살펴야 한다.

「사평역에서」는 대상을 묘사하는데, 사실 상황만을 그대로 제시하지는 않는다. 어떤 부분에서는 화자가 관찰한 것을 그대로 나타내기도 하지만, 어떤 부분에서는 화자의 생각과 감정이 앞서기도 한다. "산다는 것이 때론 술에 취한 듯/한 두름의 굴비 한 광주리의 사과를/만지작거리며 귀향하는 기분으로/침묵해야 한다는 것을/모두들 알고 있었다"라는 것은 화자의 주관적 판단이다. "그믐처럼 몇은 졸고", "낯설음도 뼈아픔도 다 설원인데", "단풍잎 같은 몇 잎의 차창" 등은 표현의 창의성을 보여 준다. 화자의 주관적 생각과 창의적 표현을 살피는 것 또한 독자의 몫이다.

내용상 이 작품은 전반부(막차는~하지 않았다)와 후반부(산다는 것이~던져 주었다)로 구분된다. 앞부분에서는 대합실의 정경과 화자의 행동을 보여 주고 있다. 밖으로는 눈이 쌓이고, 유리창에는 수수꽃과 같이 눈이 붙어 있고, 대합실에는 톱밥 난로가 지펴지고 있다. 막차를 기다리던 사람들은 졸거나 쿨럭이며 아무 말도 하지 않는다. 화자는 그리운 순간을 추억하며 한 줌의 톱밥을 난로에 붓는다.

전반부에서 "흰 보라 수수꽃 눈시린 유리창마다", "그믐처럼 몇은 졸고"와 같은 비유적 표현은 한 사물을 다른 대상과 관련지어 그 인상과 느낌을 구체적으로 나타내고 있다. 눈보라가 들이쳐 유리창에 수놓은 눈의 모습을 하얀 수수꽃으로 표현하고, 조는 사람의 형상을 그믐달과 연결 짓고 있다.

상상에 의한 다른 두 사물의 연결은 "청색의 손바닥을 불빛 속에 적셔 두고"에서도 나타난다. 사람들의 시려 보이는 손에서 청색의 손바닥을 떠올리고 이 둘을 연결하고 있다. "내면 깊숙이 할 말들은 가득해도/청색의 손바닥을 불빛 속에 적셔 두고/모두들 아무 말도 하지 않았다"는 진술은 화자가 대합실의 사람들을 보며 떠올린 연상의 내용이다.

후반부에서는 고단한 삶을 살아가는 사람들에 대한 연민이 상상적 표현에 의해 나타나고 있다. 상상은 그것의 개방성과 자유로움으로 인해 시의 의미를 확장하기 때문에 독자는 여러 시각에서 상상에 담긴 의미를 살펴야 한다. "산다는 것이 때론 술에 취한 듯/한 두릅의 굴비 한 광주리의 사과를/만지작거리며 귀향하는 기분으로/침묵해야 한다"는 것은 화자가 대합실의 사람들을 보고 주관적으로 판단한 내용이다. 여기에도 상상이 작용하고 있다. 특정 사물을 들어 상당히 구체적으로 표현하고 있으나, 이 시행이 담고 있는 의미는 명확히 잡히지 않는다. 따라서 독자는 술에 취한 듯 혹은 고향에 귀향하는 기분으로 침묵해야 하는 것이 어떤 심리적 상태인지 이해할 필요가 있다.

대합실에는 술에 취해 졸고 있거나 선물을 마련해 고향에 가려는 사람이 있다. 이들은 모두 말없이 막차를 기다리고 있다. 술에 취했지만 떠들지 않는다. 한 두릅의 굴비와 한 광주리의 사과를 사 가지고 귀향하는 사람은 설렘과 홍겨움으로 할 말이 많을 텐데도 침묵한다. 화자에겐 이러한 광경이 낯설게 느껴진다. 이들 모두는 마치 침묵해야 한다는 것을 잘 알고 있는 것처럼 입을 열지 않는다.

"모두들 아무 말도 하지 않았다", "침묵해야 한다는 것을/모두들 알고 있었다", "그래 지금은 모두들/눈꽃의 화음에 귀를 적신다" 등의 구절은 침묵해야 하는 상황을 강조한다. 침묵에 대한 강조는 화자가 직면한 현실이 침묵할 수밖에 없는 현실임을 역으로 드러낸다. 사태가 심각한데도 사람들은 이를 방관하듯 모두들 입을 다물고 있다. 술로 고통을 달래듯 혹은 고향에 갈 때의 들뜬 마음을 가라앉히듯 그렇게 조용히 사는 것이 삶의 생존법임을 모두들 알고 있는 것이다.

이들의 고단한 삶 속에서 눈꽃은 싸륵싸륵 쌓인다. 화자의 시선은 대합실 안에서 밖으로 향한다. 대합실 밖으로 쌓이는 눈은 이들의 침묵 상태를 부각한다. 할 말이 많을 정도로 힘들고 고통스럽지만 그 고통을 속으로 삼키며 조용히 살아간다는 것을 고요히 쌓이는 눈을 통해 나타낸다. "그래 지금은 모두들/눈꽃의 화음에 귀를 적신다"는 삶의 애환을 침묵으로 삭이는 이들에 대한 공감과 애정의 표현이다. 천상의 하얀 눈꽃은 서로 어울리면서 소리 없는 아름다움을 연출한다. 자연의 조화는 아름다운 선율의 음악이 울리는 것처럼 느껴진다. 사람들은 "눈꽃의 화음"에 귀를 적시며 잠시 평온을 누린다. "눈꽃의 화음"에 대한 상상에는 침묵의 현실을 긍정적으로 수용하려는 태도뿐만 아니라 서민의 고달픈 삶을 감싸 안으려는 시인의 따뜻한 마음이 담겨 있다.

이 작품에서 모호한 부분은 "설원(雪原)"이 제시된 부분이다. "자정 넘으면/낯설음도 뼈아픔도 다 설원인데/단풍잎 같은 몇 잎의 차창을 달고/밤 열차는 또 어디로 흘러가는지"는 '설원'의 함축성으로 다양하게 해석된다. 우선 부정적 시각에서 설원을 낯설고 고달픈 현실의 삶으로 볼 수 있다. 기차는 눈이 덮인 벌판일지라도 달려간다. 설원을 달리는 기차의 모습은 고통스러운 현실을 묵묵히 살아가는 우리의 인생과 다를 바 없다. 이 같은 해석은 일면 공감되는 점이 있으나, 세부 문맥에 충실하지 못하는 맹점이 있다.

앞뒤의 문맥을 고려한다면 설원은 눈이 덮인 고요한 상태로 해석할 수 있다. 시간이 지나면 내가 경험한 낯선 광경도, 뼈아픔도 모두 눈으로 덮이거나 눈 덮인 설원처럼 고요한 상태를 이룰 텐데 우리는 밤 열차처럼 또 어디론가 흘러가야 한다는 것이다.

"단풍잎 같은 몇 잎의 차창"과 같은 표현은 "단풍잎"와 "차창"의 연결고리를 찾기가 만만치 않다. 이 둘 사이에는 형태적 유사성도 없으며 어떤 공통된 특질도 발견하기 어렵다. 화자가 주시하는 대상은 단풍잎과 같은 차창을 달고 있는 밤 열차다. 곧 단풍잎은 열차의 속성을 나타내기 위해 가져온 사물로 볼 수 있다. 이 열차는 어두운 밤의 시간에도, 설원에도 아랑곳없이 내달린다. 이런 문맥에서 사용된 단풍잎은 부정적 의미를 지닌다. 낱낱의 떨어진 단풍잎은 작고 초라하며, 시간이 흐르면 사그라들고 소멸한다. 이런 점에서 단풍잎은 쓸쓸함이나 삶의 무상감을 나타내기 위해 가져온 소재로 볼 수 있다. 그리고 어디론가 계속 달려가야 하는 밤 열차의 여정은 고단한 인생 역정과 관련지을 수 있다.

곽재구의 「사평역에서」는 개성적인 비유를 구사하며, 감각적 이미지를 살려 고단하고 쓸쓸한 서민들의 삶의 현장을 잘 형상화하고 있다. 전반적으로 시각 심상에 의존하고 있으나, "톱밥난로가 지펴지고 있었다", "청색의 손바닥을 불꽃에 적셔 두고" 등에서 촉각 심상이, "몇은 감기에 쿨럭이고"에서는 청각 심상이 나타난다.

시의 상상은 문맥에 이탈됨이 없이 유기적으로 연결되고 있다. 대합실의 사람들을 조명하면서도 시의 상상은 침묵의 현실에 초점이 맞춰져 있다. 외부 현실에 대한 충실은 화자의 감상적 태도에서도 드러난다. "청색의 손바닥을 불빛에 적셔 두고", "산다는 것이 때론 술에 취한 듯", "쓴 약 같은 입술 담배 연기", "눈꽃의 화음에 귀를 적신다", "그리웠던 순간들을 호명하며" 등의 구절들은 감상적이고 애상적인 분위기를 자아낸다. 이런 표현들은 이 시가 감상성에서 완전히 탈피하지 못하고 있음을 말해 준다. 역으로 말하면 이 시가 감정에 충실하고 있다고 볼 수 있다.

「사평역에서」의 최대 장점은 진실성에 있다. 화자의 마음이 거짓됨이 없이 진실하다. 작품 속의 주변 인물처럼 화자 또한 밤늦게 막차를 타야 하는 사람이다. 이들 모두는 한결같이 헐벗고 소외된 자들이다. 화자가 대합실에 있는 사람들과 다른 점은 인생의 이치를 자각하지 못한 미명의 상태에서 깨어난다는 것이다. 그는 고달픈 삶에서 안식을 얻지 못하고 과거의 그리웠던 순간들을 떠올리며 한 줌의 톱밥을 난로에 던진다. 톱밥난로 주변에서 졸거나 쿨럭이는 사람들을 보며 연민의 정을 느끼면서도 화자는 이들에게서 한 가지 분명한 사실을 발견한다. 저들도 자신처럼 사연이 있지만 몸을 난로에 맡긴 채 조용히 침묵을 지키고 있다는 것이다.

고통을 감내하면서 묵묵히 살아가야 하는 것이 인생이라는 사실을 화자는 깨닫는다. 시간이 흐르면 낯선 경험과 뼈아픈 고통도 눈에 덮이듯 감추어질 것인데, 설원을 달리는 밤 열차처럼 어디론가 또 흘러가야 하는 우리네 삶이 안쓰럽기까지 하다. 미래에 대한 막막함과 침묵으로 살아가야 하는 지금의 현실에서 화자는 그리웠던 순간들을 호명한다. 그리웠던 순간은 현실 저 멀리에 있고 추억 속에서만 존재하기에 눈물이 흐른다.

넓게 읽기

사평역에서 / 곽재구

「사평역에서」는 곽재구 시인의 대표작이다. 이 작품이 발표될 무렵은 새 군부 정권이 들어서던 정치적 격동기였다. 1979년 박정희 대통령이 암살된 후, 전두환과 신군부 세력은 쿠데타를 일으키며 계엄령을 선포하였다. 1980년 5월 18일 전남대학교 학생들이 휴교령이 내려진 학교로 진입하려다 계엄군과 투석전을 벌였다. 부상당한 학생들을 본 시민들도 시위에 합세하였으나 계엄군의 진압으로 많은 사람들이 희생되었다.

「사평역에서」는 1981년 『중앙일보』 신춘문예에서 당선된 작품이다. 시인은 고향이 광주이고, 전남대학교 국어국문학과를 졸업하였다. 물론 이 작품에는 5·18 민주화 운동에 대한 언급이 없지만, 그렇다고 해서 이 작품이 정치적 사건과 무관한 것은 아니다. 곽재구의 「사평역에서」는 어두운 시대에 대한 진실한 고백이다. 심사위원의 평처럼 이 시는 언어를 다루는 뛰어난 기량으로 삶의 진실을 보여 주고 있다.

사회 현실을 배경으로 하고 있는 시에는 임화의 「우리 오빠와 화로」, 이용악의 「낡은 집」, 박인환의 「검은 강」, 이성복의 「그날」, 이성부 「난지도1979」, 곽재구의 「절망을 위하여」, 최승호의 「대설주의보」, 이시영의 「공사장 끝에」, 홍윤숙의 「꿈을 찍는 소녀들-구로공단에서」 등이 있다.

기념식수

이문재

형수가 죽었다
나는 그 아이들을 데리고 감자를 구워 소풍을 간다
며칠 전에 내린 비로 개구리들은 땅의 얇은
천정을 열고 작년의 땅 위를 지나고 있다
아이들은 아직 그 사실을 모르고 있으므로
교외선 유리창에 좋아라고 매달려 있다
나무들이 가지마다 가장 넓은 나뭇잎을 준비하러
분주하게 오르내린다
영혼은 온몸을 떠나 모래내 하늘을
출렁이고 출렁거리고 그 맑은 영혼의 갈피
갈피에서 삼월의 햇빛은 굴러 떨어진다
아이들과 감자를 구워 먹으며 나는 일부러
어린 왕자의 이야기며 안델센의 추운 바다며
모래사막에 사는 들개의 한살이를 말해 주었지만
너희들이 이 산자락 그 뿌리까지 뒤져 본다 하여도
이 오후의 보물찾기는
또한 저문 강물을 건너야 하는 귀갓길은
무슨 음악으로 어루만져 주어야 하는가

형수가 죽었다
아이들은 너무 크다고 마다했지만
나는 너희 엄마를 닮은 은수원사시나무 한 그루를
너희들이 노래부르며
파놓은 푸른 구덩이에 묻는다
교외선의 끝 철길은 햇빛
철철 흘러넘치는 구릉지대를 지나 노을로 이어지고
내 눈물 반대쪽으로
날개도 흔들지 않고 날아가는 것은
무한정 날아가고 있는 것은

이 시는 제목이 말하듯 나무를 심는 것을 소재로 하고 있다. 나무를 심는 행위를 통해 행사나 의식의 의미를 되새기는 것이 '기념식수'다. 이때 나무를 심는 사람과 이에 동참하는 사람들은 기념의 뜻을 같이 한다. 이 작품에서 나무를 심는 사람은 화자인 '나'로 나타나는 시인이고, 이에 동참하는 사람은 시인의 어린 조카들이다. 그런데 어린 조카들은 나무를 심는 의미나 의도를 알지 못한다. 시인에게만 기념식수인 셈이다. 시인은 무엇을 기념하고자 했을까.

「기념식수」는 어린 조카를 대하는 시인의 마음이 잔잔한 감동을 준다. 어린 자식들을 두고 죽은 형수와, 엄마 없이 살아야 하는 아이들의 삶은 비극이다. 그런데 이 시는 슬프지만은 않다. 봄날의 자연의 모습과 섬세한 언어 표현이 슬픔을 제어한다. 개구리의 약동, 물이 오르는 나무, 삼월의 햇빛 등은 생명력 넘치는 봄날의 모습을 보여 준다. 시인은 봄날의 싱그러운 자연을 담아 비극을 승화시킨다.

독자는 이 시의 중심적 역할을 하는 은수원사시나무 한 그루, 영혼, 햇빛 등의 소재를 유심히 살피며 읽어야 한다. 특정한 명칭의 나무는 죽은 형수를 대신한다. 온몸을 떠나 모래내 하늘을 출렁이는 "영혼"과 영혼의 갈피에서 굴러떨어진 삼월의 "햇빛"은 죽은 형수와 연관된 표현이다. 시인은 영혼의 존재를 가시화하여 죽음에 대한 새로운 인식을 보여 준다.

시인은 작품의 첫머리에 형수가 죽었다는 것을 공표한다. 이 짧은 말로 비극적 상황을 전달한다. 어린 조카들은 엄마의 죽음을 알지 못한다. '나'는 어린 자식을 두고 숨을 거둔 형수의 삶을 아이들에게 어떻게 전해야 할지 난감해한다. 이런 난감함과 안타까움에 천진난만한 조카들을 데리고 봄나들이에 나선다.

며칠 전에 봄을 재촉하는 비가 내렸다. 개구리들이 동면에서 깨어나 땅의 얇은 천장을 열고 나오려 하고, 나무들이 수맥을 따라 분주하게 오르내린다. 시인은 이 좋은 날을 택해 아이들을 데리고 소풍을 가려 한다. 조카들을 위해 삶은 감자를 준비하고, 보물찾기에 쓸 몇 가지 물건을 챙긴다. 또 얼마 전에 사둔 은수원사시나무 한 그루를 챙긴다.

시인이 계획한 이 봄 소풍은 목적이 있다. 그는 조카들과 모처럼 즐거운 시간을 보내며 행복한 추억을 만들어 주고자 한다. 조카들은 교외선 철도를 따라 나서는 길이 마냥 좋은지 밖을 내다보며 유리창에 매달린다. 엄마가 죽은지도 모르고 즐거워하는 아이들을 바라보는 삼촌의 마음은 편치가 않다. 앞으로 엄마 없이 험난한 인생길을 헤쳐가야 하는 조카들이 안쓰럽기만 하다.

그래서 아이들에게 재미있는 이야기를 들려준다. 어린 왕자의 이야기며, 안데르센의 인어공주 이야기며, 모래사막에 사는 들개의 한살이를 들려준다. 이 이야기를 통해 아이들에게 삶의 고통에 대해, 삶과 공존하는 죽음에 대해 알려 주려 한다. 하지만 이것으로는 아이들의 마음을 위로하지 못한다. 그들에게 보물 같은 존재인 엄마가 사라졌기 때문이다.

시인에게 봄나들이의 진짜 목적은 딴 데 있다. 형수를 닮은 은수원사시나무를 심는 것이다. 그는 조카들과 함께 이 나무를 심으며 아이들의 가슴에 돌아가신 어머니의 존재를 심어 주고자 한다. 이 시에서 은수원사시나무는 형수의 표상물이 되고 있다.

시인은 형수와 동일시되는 나무를 심으면서 형수의 죽음을 추모한다. 이 추모의 자리에 어린 조카들에게 전하고 싶은 시인의 메시지가 있다. '엄마가 죽었지만 엄마가 너희들 곁을 영원히 떠난 건 아니야. 엄마의 영혼이 언제나 너희들을 지켜볼 거야.' 이런 뜻이 기념식수에 담겨 있다. 시인은 형수가 죽었지만 그의 영혼이 은하수를 출렁이며 햇살로 빛나고 있다고 생각한다.

이문재의 「기념식수」는 언어 구사가 뛰어나다. 내면의 진실한 마음을 절제된 구성력으로 섬세하게 표현하고 있다. 형수의 죽음을 알리고 봄날 생동하는 자연의 모습을 담아낸다. '형수가 죽었다'는 비극적 상황과 달리 시 안에 묘사된 봄날의 자연은 싱그럽고 생명감이 넘친다. 개구리가 뛰어다니고 나무마다 물이 오르고 햇빛이 쏟아진다. 시인은 약동하는 봄의 생명감을 시적 상상력을 통해 나타내고 있다.

촉촉이 내린 봄비로 굳은 땅이 풀리자 개구리들이 얇은 천장 같은 땅을 뚫고 나온다. "며칠 전에 내린 비로 개구리들은 땅의 얇은/천정을 열고 작년의 땅 위를 지나고 있다"는 표현에서 "작년의 땅 위"는 넓혀 해석하면 형수, 곧 아이의 엄마가 죽은 과거의 시간과 관련지어 볼 수 있다. "개구리들"은 엄마를 잃은 어린 조카들과 연관 지을 수 있다. 아픈 과거의 시간은 지나가고 새봄이 돌아온다는 사실을 통해 시인은 어린 조카들에게 삶의 희망을 불어넣어 주려 한다.

삶의 희망에 대한 메시지는 "나무들이 가지마다 가장 넓은 나뭇잎을 준비하러/분주하게 오르내린다"에서도 엿보인다. 이 구절은 나무가 수액을 끌어올려 잎으로 전달하는 모습을 시각적으로 형상화한 것이다. 비극적 상황과 대비되는 자연의 생명감과 역동성은 삶의 비극이 주는 슬픔을 덜어 낸다.

시인은 죽음을 절망이나 슬픔과 직결시키지 않는데, 이러한 태도는 죽은 자의 영혼이 햇빛으로 빛난다는 표현에서 엿볼 수 있다. 죽은 자의 영혼은 온몸을 떠난 것이어서 볼 수도 없고 그 실체를 알 수도 없는데 시인은 영혼을 은하수 하늘로 띄워 뚜렷하게 재현한다. 하늘을 출렁거리던 영혼의 갈피갈피가 햇살이 되어 지상으로 굴러 떨어진다. 맑은 영혼의 움직임과 햇빛의 빛남은 생명의 순환이며 생명의 부활을 의미한다.

생명의 부활에 대한 소망은 나무를 심는 행위에서 나타난다. 시인은 나무를 심는다고 말하지 않고 '묻는다'고 말한다. 나무를 심는 것이 죽은 자를 묻는 하관의 의식으로 거행되고, "너희 엄마를 닮은 은수원사시나무 한 그루"는 존귀한 생명으로 다루어진다. 생명의 죽음이 끝이 아님은 "푸른 구덩이", "교외선의 끝 철길은 햇빛"이라는 구절에서 암시된다. 푸른 구덩이에 나무를 묻지만 이 나무는 싱싱하게 자라날 것이고, 형수의 영혼이 햇빛으로 철철 흘러넘칠 것이라는 믿음이 있다.

날이 어두워지면서 햇빛은 노을로 바뀌고 자취를 감춘다. "내 눈물 반대쪽으로/날개도 흔들지 않고 날아가는 것은/무한정 날아가고 있는 것은"에는 날아가는 주체가 생략되어 있다. 생략된 주체는 시의 앞부분에서 언급한 형수의 영혼이다. 형수의 영혼은 나의 슬픔을 뒤로 하고 조용히 날아간다. 영혼은 날개도 흔들지 않고 무한정 날아가지만 내일이면 다시 햇빛으로 빛날 것이다.

넓게 읽기

기념식수 / 이문재

이문재는 1959년 경기도 김포에서 태어나 경희대학교 국문학과에서 수학하였고, 현재 이 대학의 교수로 재직하고 있다. 「기념식수」를 비롯해 「농업박물관 소식」, 「소금창고」, 「푸른 곰팡이-산책시1」, 「농담」, 「광화문, 겨울, 불꽃, 나무」, 「물의 결가부좌」 등의 시를 발표하였고, 김달진문학상, 소월시문학상, 지훈문학상, 노작문학상 등을 수상하였다. 시집에는 『내 젖은 구두 벗어 해에게 보여줄 때』(1988), 『마음의 오지』(1999), 『제국호텔』(2004), 『지금 여기가 맨 앞』(2014) 등이 있다.

그릇 1

오세영

깨진 그릇은
칼날이 된다.

절제節制와 균형均衡의 중심에서
빗나간 힘,
부서진 원은 모를 세우고
이성의 차가운
눈을 뜨게 한다.

맹목盲目의 사랑을 노리는
사금파리여,
지금 나는 맨발이다.
베어지기를 기다리는
살이다.
상처 깊숙이서 성숙하는 혼魂

깨진 그릇은
칼날이 된다.
무엇이나 깨진 것은
칼이 된다.

시적 사유가 돋보이는 작품이다. 이 시는 그릇에 대한 상상과 관념이 시의 내용을 이루고 있다. "절제와 균형", "이성의 차가운/눈", "맹목의 사랑", "성숙하는 혼" 등에서 알 수 있듯 그릇이라는 사물을 인간의 삶과 관련시켜 관념적 세계를 표현하고 있다. 깨지기 전의 온전한 그릇과 깨진 그릇을 대비시켜 함축적 의미를 나타내는데, "깨진 그릇"을 어떻게 보느냐에 따라 작품의 전체적 의미가 달라진다. 깨진 그릇은 문맥상 긍정적으로 혹은 부정적으로 해석할 수 있다. 독자는 이 점을 유념하고 읽어야 한다.

깨진 그릇은 칼날이 되어 살을 베어 버리므로 부정적 대상이 된다. 작품에는 '나'라는 1인칭 화자가 등장한다. '나'는 맨발이고, 깨진 그릇을 바라보고 있다. 깨지기 전의 그릇은 "절제와 균형"으로 원의 온전한 모습이지만, "빗나간 힘"에 의해 그릇은 깨지고 절제와 균형을 잃는다. 빗나간 힘은 원의 절제와 균형을 파괴하는 폭력적인 힘이다. 빗나간 힘으로 그릇은 원의 형태를 잃고, "부서진 원"이 된다.

절제와 균형을 상실한 "부서진 원"은 맹목의 사랑을 강요하는 사금파리다. 사고에서 절제와 균형을 잃어버리면 의식에도 변화가 생겨 날카로운 공격성을 갖게 된다. 사금파리는 맹목의 사랑을 노린다. "맹목의 사랑"은 마음이 한쪽으로 쏠려 절제와 균형을 잃는다. 사고나 삶의 방식에서 보면, 깨진 그릇인 사금파리는 편향적이고 획일적인 사고, 비합리적인 이념이나 사상, 조화롭지 못한 모난 삶 등을 의미한다.

절제와 균형을 추구하는 화자의 입장에서 "부서진 원"의 "사금파리"는 적대의 대상이 될 수밖에 없다. 하지만 '나'는 그것에 대적할 만한 힘을 갖고 있지 않다. '나'는 맨발이어서 깨진 그릇에 쉽게 베일 수 있다. 그렇더라도 화자는 칼날 같은 사금파리에 베이는 것을 두려워하지 않는다. 오히려 베어지기를 기다린다. 깊은 상처가 나더라도 정신적으로 성숙할 수 있다는 믿음이 있기 때문이다.

화자에게 외형상의 상처는 문제가 되지 않는다. 베어지기를 기다린 것은 그만큼 절제와 균형을 이룬 삶에 대한 화자의 열망이 강하다는 것을 말해준다. 화자는 자신의 이상을 위해 정신적으로 성숙하기를 바란다. "성숙하는 혼"을 위해서라면 칼에 베이는 아픔은 감당하려 한다.

화자는 마지막 연에서 1연의 진술을 반복한다. 깨진 그릇이 칼날이 되듯 무엇이나 깨어지면 칼이 된다는 것이다. 깨지는 그릇처럼 우리의 삶이 늘 조화롭고 안정된 것만은 아니다. 사고나 삶에서 절제와 균형을 잃으면 편향되고 왜곡된 사고방식에 빠져 위험한 상황에 이른다. 화자는 맹목적인 사랑을 경계하며 절제와 균형을 이룬 조화로운 삶을 추구한다. 이것이 깨진 그릇을 부정적 시각에서 본 중심 내용이다.

"깨진 그릇"은 긍정적 시각에서도 살필 수 있다. 깨지는 것이 나쁜 것만은 아니다. 남녀 간의 헤어짐은 실연의 아픔을 주지만, 상처를 통해 정신적으로 성숙하게 한다. 깨짐이 새로운 변화를 예고한다는 점에서 보면 깨진 그릇을 나타내는 "부서진 원"이나 "사금파리"는 긍정의 대상이 된다.

깨어지기 전의 그릇은 절제와 균형의 상태를 유지한다. 2연의 "절제와 균형"은 "맹목의 사랑"과 함께 부정적 의미를 갖는다. "맹목의 사랑"은 절제와 균형으로서 원의 안정된 상태를 고수하는 것이다. 온전한 원의 상태에서는 어떤 변화, 어떤 발전도 기대할 수 없다. 그릇은 절제와 균형에만 집착하기 때문에 의식의 각성 없이 안일한 삶을 지향한다.

반면 깨진 그릇은 냉철한 이성으로 창조적인 삶을 추구한다. 빗나간 힘에 의해 부서진 원은 이성의 눈을 뜨게 한다. 나태하고 안일한 삶을 거부하며 맹목의 사랑을 노린다. 여기서 맹목의 사랑을 "노리는" 행위는 깨짐 곧

의식의 각성으로 나타나는 긍정적 행위다. 깨짐은 화자를 맹목의 사랑에 빠지지 않게 하며, 성숙한 존재로 거듭나게 한다.

화자는 맨발의 상태임에도 "상처 깊숙이서 성숙하는 혼"을 위해 사금파리에 베어지기를 기다린다. 이 기다림은 성숙한 삶에 대한 '나'의 소망에서 비롯된 것이다. 살을 베이는 듯한 고통이 따르지만 영혼의 성숙을 위해 '나'는 기꺼이 칼에 베이고자 한다. 상처의 아픔 속에서 영혼이 성숙하는 것은 삶의 역설적인 진실이다.

깨진 그릇은 살을 베어 버리기 때문에 날카로운 칼이 된다. 이 시에서 칼은 그릇과 마찬가지로 상징성을 지닌다. 대상을 깨어 버리는 칼은 기존의 상태를 새로운 모습으로 탈바꿈하게 한다. 안일한 삶, 고루한 관습, 부조리한 현실 등은 우리 주변에서 깨어져야 하는 것들이다.

"무엇이나 깨진 것은 칼이 된다"는 구절에서 "무엇"은 화자가 말하고자 하는 바가 그릇 같은 사물에만 한정되지 않음을 보여 준다. 깨어짐은 각성과 변화를 가져다준다. 무자각과 무지의 상태에서 벗어나 사태를 냉정한 시선으로 바라보게 한다. 또한 변화에 따른 고통을 감당하면서 성장을 이룬다. 이것은 개인뿐만 아니라 사회에도 적용된다. 개인의 성장이나 사회의 발전을 위해서는 깨짐이 필요하다.

이 시는 의미가 반복·확장되는 구조로 되어 있다. 깨진 그릇이 칼날이 된다는 1연의 시상은 4연에서 "무엇이나 깨진 것은/칼이 된다"는 것으로 그 의미가 확장된다. 이를 이루게 하는 것은 상상과 연상 작용이다. 깨진 사기 그릇의 파편은 살을 베게 할 만큼 날카롭고 위험하다. 화자는 이러한 그릇의 속성에서 칼날을 떠올린다. 칼날로 변한 그릇은 무엇인가 어긋나 있고 위해를 끼칠 위험성을 안고 있다. 깨진 그릇은 "절제와 균형의 중심에서 벗어난 힘"을 보이며 맹목의 사랑을 노린다. "칼날"은 맨발인 '나'의 살을 베는 위협적 대상이기도 하지만, 성숙한 존재로 거듭나게 하는 힘이 되기도 한다. 화자는 '깨짐' 그 자체에 주목하며 그릇이 아니어도 깨진 것은 모두 위험한 칼이 된다고 인식한다.

「그릇」은 일인칭 화자인 '나'를 작품 표면에 내세우고 있으나, 화자의 감정은 철저하게 배제된다. 어떤 대상을 묘사하거나 정서를 표현하는 데 치중하지 않고 관념적 메시지를 전달하는 데 중점을 둔다. 깨짐을 부정적 시각에서 보면 절제와 균형을 이루지 못한 삶이 중심 내용이 되지만, 긍정적 시각에서 보면 영혼의 성숙을 위한 깨짐이 부각된다.

넓게 읽기

그릇1 / 오세영

앞을 보지 못하는 맹인 세 사람이 코끼리를 만졌다. 어떤 이는 엉덩이를, 어떤 이는 상아를, 또 어떤 이는 코를 만졌다. 이들은 코끼리가 펑퍼짐하다고, 혹은 딱딱하다고, 길쭉하다고 대답했다. 코끼리 형상에 대한 답이 맹인이 만진 곳에 따라 달랐던 것이다.

시도 어떤 시각에서 바라보느냐에 따라 달리 보일 때가 있다. 오세영의 「그릇1」은 긍정적 또는 부정적 시각에서 작품을 해석할 수 있다. 긍정적 시각에서는 "상처 깊숙이서 성숙한 혼"이 강조된다.

서정주의 「국화 옆에서」, 김남조의 「생명」, 오세영의 「모순의 흙」, 고재종의 「면면함에 대하여」, 「성숙」, 정끝별의 「가지가 담을 넘을 때」 등의 시는 '시련을 통한 삶의 성숙'을 보여 준다.

땅끝

나희덕

산너머 고운 노을을 보려고
그네를 힘차게 차고 올라 발을 굴렀지
노을은 끝내 어둠에게 잡아먹혔지
나를 태우고 날아가던 그넷줄이
오랫동안 삐걱삐걱 떨고 있었어

어릴 때는 나비를 쫓듯
아름다움에 취해 땅끝을 찾아갔지
그건 아마도 끝이 아니었을지도 몰라
그러나 살면서 몇 번은 땅끝에 서게도 되지
파도가 끊임없이 땅을 먹어 들어오는 막바지에서
이렇게 뒷걸음질치면서 말야

살기 위해서는 이제
뒷걸음질만이 허락된 것이라고
파도가 아가리를 쳐들고 달려드는 곳
찾아나선 것도 아니었지만
끝내 발 디디며 서 있는 땅의 끝,
그런데 이상하기도 하지
위태로움 속에 아름다움이 스며 있다는 것이
땅끝은 늘 젖어 있다는 것이
그걸 보려고
또 몇 번은 여기에 이르리라는 것이

제목인 '땅끝'은 육지가 바다에 닿을 때 육지의 가장 끝이다. 지리적으로는 우리나라 최남단 전라남도 해남군 땅끝마을을 지칭한다. 이 시에서는 특정 지역명인 땅끝이 삶의 상징적 공간으로 제시되고 있다. 시인은 땅끝을 소재로 인생의 의미를 진지하게 되짚고 있다. 그래서 이 작품을 이해하려면 땅끝을 통해 나타내고자 하는 삶의 의미를 살펴야 한다.

땅의 끝이라는 점에서 '땅끝'은 더 이상 나아갈 수 없는 위험한 공간으로 볼 수 있지만, 한편으로는 우리가 이르고자 하는 삶의 목표가 된다. 어린 시절 경험한 땅끝과 성인이 되어 경험한 땅끝은 그 의미가 다를 수 있다. 꿈 많은 유년 시절에 땅끝은 아름다움에 취해 찾아갔던 환상의 공간이었지만, 어른이 되어 접한 땅끝은 고통이 따르는 위태로운 공간이다. 파도가 아가리를 쳐들고 달려드는 땅의 끝인 곳이다. 시인은 이런 위태로움 속에서 삶의 아름다움을 발견한다.

1연은 어린 시절 체험을 그려 내고 있다. 어린 시절 나는 산 너머 노을을 보려고 그네를 힘차게 차고 올라 발을 굴렀다. 하지만 노을은 금세 어둠으로 덮여 버렸고, 나를 태운 그넷줄이 오랫동안 떨었다. 산 너머에 깔려 있는 고운 노을은 어린 화자가 꿈꾸는 세계로, 현실 저쪽 너머에 있는 것이다. "그네를 힘차게 차고 올라 발을 굴렀지"는 꿈을 향한 나의 열망과 노력을 보여 준다. 나는 노을을 보려고 몸부림치지만, 화려하고 아름다운 세계는 어둠에게 잡아먹히고 만다. 어둠은 삶의 부정적 측면으로 화자의 꿈을 가로막는 장애물이다. 어둠으로 인해 나의 꿈과 동경은 좌절되고 만다. 꿈이 좌절된 후의 상처와 두려움은 "그넷줄이 오랫동안 삐걱삐걱 떨고 있었어"로 나타나고 있다.

2연에서는 성인이 된 화자가 유년 시절의 경험을 회고하며 새롭게 깨달은 사실을 나타내고 있다. 어린 시절에는 나비를 쫓듯 아름다움에 취해 땅끝을 찾아간 것이다. 여기서의 땅끝은 환상 속의 아름다운 곳으로, 현실의 냉혹함을 알지 못하고 막연한 동경으로 찾던 곳이다. 화자는 성인이 되면서 어린 시절에 맹목적으로 찾던 땅끝이 진짜 땅끝이 아니라는 것을 깨닫는다. 살면서 우리는 몇 번이고 땅끝에 서게 된다. 이 땅끝은 현실적인 공간으로 파도가 끊임없이 이는 곳이다. "파도"는 1연의 "어둠"과 같이 현실의 부정적 요소로 삶의 시련, 고통, 갈등 등의 의미를 지닌다. 인생에서 시련은 한 번으로 끝나지 않고 계속해서 밀려오는 파도와 같다.

3연에서는 땅끝에 대한 새로운 인식을 통해 삶에 대한 긍정적인 태도를 보여 준다. 땅끝에서 앞으로 나아가는 것은 무모하다. 파도가 아가리를 쳐들고 달려오므로 살기 위해서는 뒷걸음질 칠 수밖에 없다. 현실적 시련은 원하지 않아도 직면하기 마련이다. "끝내 발 디디며 서 있는 땅의 끝"은 시련과 고통은 피할 수 없으며 이를 겪으며 사는 것이 우리의 인생임을 나타낸다. 파도가 달려드는 위태롭고 절박한 상황을 "땅의 끝"이라는 표현을 통해 강조한다.

삶의 막다른 골목에서 절망감을 느끼기 마련이지만, 화자는 위태로움 속에 삶의 아름다움이 있다는 역설적 인식을 보여 준다. 삶의 절망과 고통 속에 아름다움과 희망이 있음을 통찰한다. 번번이 땅의 끝에 서는 위태로움에는 땅끝이 늘 젖어 있듯 삶의 아름다움이 스며 있다. 좌절을 극복한 삶은 그 자체로 아름다운 것이다.

나희덕의 「땅끝」은 인생의 의미를 담고 있다. 살다 보면 절박한 순간들이 있으며, 삶의 위태로움 속에는 아름다움이 있다는 것을 나타내고 있다. 1연은 어린 시절의 체험을 보여 주고 있으며, 2연과 3연에서는 성인이 된 화자가 어린 시절의 삶을 되돌아보며 땅끝에 의미를 부여하고 있다. 과거에 땅끝은 환상 속의 아름다운 곳이었지만, 현재 인식하는 땅끝은 고통과 좌절이 있는 시련의 공간이다. 그러나 화자는 좌절의 아픔과 고통 속에서 삶의 진실과 아름다움을 깨닫는다.

이 시는 성인 화자가 자신의 어린 시절을 떠올리며 상대에게 이르는 어법으로 되어 있다. 1연과 2연은 과거 시제로 서술되고 있다. 특히 1연에서는 저물 무렵 그네 타던 어린 시절의 체험을 통해 화자가 지난날을 회고하고 있음을 보여 준다. 그런데 "발을 굴렀지", "잡아먹혔지", "떨고 있었어" 등에서 보듯 화자가 상대에게 지난 이야기를 들려주는 어법을 취하고 있다. 2연에서는 "몰라", "말야"로 문장을 끝맺음으로써 과거의 일을 친근한 어법으로 들려주고 있다. 이렇게 이 작품은 상대에게 말을 건네는 친근한 어법으로 화제에 대한 관심을 유도하고 표현의 전달성을 높이고 있다.

또 이 시는 구체적 사물을 동원하여 의미를 효과적으로 표현하고 있는 것이 특징이다. 삶의 의미를 나타내고 있지만, 그것은 설교적이지 않으며 고루하지도 않다. 그 이유는 직접적으로 설파하기보다는 구체적 형상을 통해 의미를 전달하고 있기 때문이다. '그넷줄이 오랫동안 삐걱삐걱 떨고 있었다'나 '파도가 아가리를 쳐들고 달려든다'는 표현이 단적인 예다. 1연에서는 그네, 그넷줄, 노을 등의 사물을 통해 어린 시절의 체험을 나타내고 있다. '그넷줄이 삐걱삐걱 떨고 있다'는 구절은 꿈과 동경이 사라져 버린 것에 대한 좌절감을 실감나게 표현한다.

2연에는 삶에서 겪는 시련이나 고통을 '살면서 땅끝에 서게 된다'는 표현으로 나타내고 있다. "파도가 끊임없이 땅을 먹어 들어오는 막바지"는 땅끝의 모습을 사실적으로 그려 낸 것으로, 이것은 독자의 상상을 자극한다. 독자는 파도가 끊임없이 밀려오는 땅끝을 상상하며, 엄청난 파도가 달려들어 어쩔 수 없이 뒷걸음질 칠 수밖에 없는 인간의 모습을 떠올리게 된다.

이 시는 유기적인 시상 전개로 주제의식을 나타낸다. 3연에서 화자의 경험을 통해 얻은 깨달음이 제시된다. 파도가 아가리를 쳐들고 달려들지만, 땅끝은 파도의 물결로 늘 젖어 있다. 이러한 정황을 묘사함으로써 화자는 위태로움 속에 스며 있는 아름다움을 나타낸다. 위태로움 속의 아름다움은 달리 말하면 삶의 절망에서 갖는 아름다움이다.

「땅끝」은 전달하고자 하는 메시지가 분명하다. 노을의 아름다움을 좇던 어린 시절에는 몰랐는데, 어른이 된 지금 절망의 끝에 서 보니 삶의 위태로움 속에 아름다움이 있다는 것을 알게 되었다는 것이다. 이 시는 교훈적 내용을 전달하는 면이 있어 시인의 주관적 시각은 피할 수 없다. 그럼에도 일정한 시적 성취를 보여 주고 있다. 쉽게 이해할 수 있는 상황에 비춰 '우리의 삶이 결코 절망적이지 않다'는 삶의 이치를 드러낸다.

땅끝 / 나희덕

나희덕은 1966년 충남 논산에서 태어났고 연세대 국문학과에서 수학하였다. 1989년 『중앙일보』 신춘문예에 「뿌리에게」를 발표하며 등단하였고, 『뿌리에게』, 『그 말이 잎을 물들였다』, 『그곳이 멀지 않다』, 『어두워진다는 것』, 『사라진 손바닥』 등의 시집을 냈다. 소월시문학상, 현대문학상, 김수영문학상 등을 수상했으며, 현재 조선대 문예창작학과 교수로 재직하고 있다.

나희덕의 「땅끝」은 자신이 삶의 끝에 있다고 생각될 때 읽기 좋은 시다. 시인은 정밀한 눈으로 사물을 관찰하며 철학자처럼 깊이 사유한다. 깊이 있는 사유로 삶을 통찰하는 시가 있다. 박목월의 「크고 부드러운 손」, 김용택의 「사람들은 왜 모를까」, 정끝별의 「가지가 담을 넘을 때」, 허만하의 「낙동강 하구에서」, 나희덕의 「어떤 출토」, 「그 복숭아나무 곁으로」, 오세영의 「등산」, 김명인의 「그 나무」, 오규원의 「살아 있는 것은 흔들리면서-순례11」 등은 삶에 대한 깨달음을 보여 준다.

뿌리에게

나희덕

깊은 곳에서 네가 나의 뿌리였을 때
나는 막 갈구어진 연한 흙이어서
너를 잘 기억할 수 있다
네 숨결 처음 대이던 그 자리에 더운 김이 오르고
밝은 피 뽑아 네게 흘려보내며 즐거움에 떨던
아, 나의 사랑을

먼우물 앞에서도 목마르던 나의 뿌리여
나를 뚫고 오르렴,
눈부셔 잘 부스러지는 살이니
내 밝은 피에 즐겁게 발 적시며 뻗어 가려무나

척추를 휘어 접고 더 넓게 뻗으면
그때마다 나는 착한 그릇이 되어 너를 감싸고,
불꽃 같은 바람이 가슴을 두드려 세워도
네 뻗어 가는 끝을 하냥 축복하는 나는
어리석고도 은밀한 기쁨을 가졌어라

네가 타고 내려올수록
단단해지는 나의 살을 보아라
이제 거무스레 늙었으니
슬픔만 한 두름 꿰어 있는 껍데기의
마지막 잔을 마셔 다오

깊은 곳에서 네가 나의 뿌리였을 때
내 가슴에 끓어오르던 벌레들,
그러나 지금은 하나의 빈 그릇,
너의 푸른 줄기 솟아 햇살에 반짝이면
나는 어느 산비탈 연한 흙으로 일구어지고 있을 테니

상상력과 삶에 대한 통찰력이 돋보이는 작품이다. 나희덕 시인은 1989년 『중앙일보』 신춘문예에 「뿌리에게」가 당선되어 등단하였다. 이 시는 흙이 뿌리에게 이야기하는 형식으로 뿌리에 대한 아낌없는 사랑을 보여 주고 있다. 흙에 대한 뿌리의 지극한 사랑은 자식에 대한 어머니의 사랑으로, 제자에 대한 스승의 사랑으로 그 의미를 확장할 수 있다. 작품에 나타난 흙의 마음을 이해할 때 독자는 헌신적인 사랑의 마음을 읽게 된다.

이 시의 화자는 흙이고, 청자는 뿌리다. 흙은 뿌리에게 "깊은 곳에서 네가 나의 뿌리였을 때/나는 막 갈구어진 연한 흙이어서/너를 잘 기억할 수 있다"고 말한다. '나'로 표면화되고 있는 흙은 시인의 대리인이다. 시인은 자연의 대상에서 정신적 의미를 끄집어내고 있다. 흙 속에 파묻힌 뿌리는 우리가 캐내지 않는 한 볼 수 없다. 나무의 외관은 물론 나무의 속내를 간파하는 것은 시인의 눈이다. 흙과 뿌리의 성장 과정을 통해 시인은 아낌없는 주는 헌신적인 사랑이라는 의미를 통찰하고 있다.

뿌리는 흙 없이는 자랄 수 없다. 시인이 포착한 것은 뿌리를 향한 흙의 헌신적 삶이다. 뿌리는 연한 흙에 뿌리를 내리고, 흙의 자양분을 받으며 점점 깊이 뿌리를 뻗어 간다. 흙은 오랜 시간 뿌리와 함께하며 뿌리의 성장을 돕는다. 뿌리가 더 이상 성장하지 않고 다 자라면 처음 뿌리내릴 때의 부드러움을 잃는다. 한 나무를 위한 헌신은 끝났지만 다시 누군가에 의해 연한 흙으로 일구어지면 흙은 또 다른 생명의 탄생과 성장을 도울 것이다.

이 시는 '뿌리에게'라는 제목이 표명하듯 흙이 뿌리에게 말을 건네고 있다. 흙은 "깊은 곳에서 네가 나의 뿌리였을 때"를 회고하며 모성의 마음으로 말한다. 흙은 자신의 몸에 뿌리가 처음 내릴 때를 더듬는다. 1연은 뿌리의 탄생과 뿌리를 향한 애정, 기쁨을 보여 준다. 화자는 뿌리의 성장을 엄마의 뱃속에서 아기가 자라나는 것에 비유한다. "깊은 곳"이나 "네 숨결 처음 대이던 그 자리"는 엄마의 자궁과 같은 생명의 보금자리다. 흙은 살아 있는 생명체로서 기능한다. 뿌리에게 주는 자신의 영양분은 태아의 발육을 돕는 "밝은 피"다. "밝은 피 뽑아 네게 흘려보내며 즐거움에 떨던" 흙의 마음은, 태아를 잉태한 여성이 느끼는 설렘이나 기쁨과 크게 다르지 않다.

2, 3연은 뿌리에 대한 흙의 헌신을 보여 주고 있다. 흙은 어린 자식을 대하듯 말하며 그의 성장을 축복한다. '먹을 수 있는 우물물 앞에서도 목마르던 뿌리'는 조금 전에 먹고도 또 먹고 싶어 하는 성장기의 아이를 연상시킨다. 어머니는 자식을 위하는 일이라면 자신의 몸을 아끼지 않고 헌신한다. 흙은 뿌리가 잘 뻗어 나갈 수 있도록 살과 피를 내놓으며, 자신을 뚫고 올라오라고 말한다.

흙은 뿌리가 척추를 휘어잡고 자신의 몸속의 파고들어도 "착한 그릇"이 되어 뿌리를 감싼다. 또 불꽃같은 바람이 가슴을 졸이게 하여도 뻗어 가는 뿌리의 성장을 축복한다. 이것은 지극한 모성애의 발로다. 흙은 "어리석고도 은밀한 기쁨"을 가졌노라고 말한다. 뿌리를 위해 자신을 희생하는 모습이 어리석어 보일 순 있겠지만, 뿌리의 성장을 지켜보는 것은 흙에게는 무한한 기쁨이 된다.

4연은 마지막까지 아낌없이 주는 흙의 끝없는 사랑을 담고 있다. 뿌리가 점점 성장함에 따라 흙도 점점 노쇠해진다. 이것은 자식이 성장하면서 부모는 늙어 가는 것과 같은 이치다. 흙은 뿌리를 받쳐 주고 그것의 성장을 도와주는 토양이 된다. 그래서 흙은 뿌리를 감싸는 "착한 그릇"이다. 하지만 흙은 뿌리가 성장함에 따라 거칠어지고 척박해진다. 시간이 흐르면 뿌리가 흙 속에 깊이 파고들어 안착하지만, 흙은 부드러움을 잃고 더 단단해진다. 흙은 뿌리를 위해 더 이상 어떻게 해 줄 것이 없는 "껍데기"로 전락하고 만다. 흙은 자식과 같은 뿌리를 위해 해 줄 것이 없어 슬프기만 하다. 그럼에도 마지막까지 뿌리를 위해 헌신하고자 한다. '껍데기의 마지막 잔을 마셔 달라'는 부탁은 몸이 부서져도 생을 마감하는 그 순간까지도 뿌리를 위하며 내 모든 것을 주겠다는 사랑의 표현이다.

뿌리를 감싸며 너를 위한 착한 그릇이 되던 흙은 뿌리에게 모든 것을 다 내어 주고는 더 이상 줄 것이 없어 "빈 그릇"이 되고 만다. 뿌리가 한참 성장할 때는 영양분이 넉넉했고 벌레도 많이 모였지만, 지금은 뿌리를 위해 줄 것이 없다. 그렇다 해서 흙이 소멸되거나 쓸모없게 되는 것은 아니다. 탄생과 소멸을 반복하는 것은 자연의 이치다. 흙은 또 다른 생명의 탄생과 성장을 위해 연한 흙으로 일구어질 것이다. 이러한 의미가 5연에 담겨 있다.

이 시에서 화자인 흙과 '너'라고 지칭되는 뿌리는 의인화되면서 사람과 같은 존재로 그려진다. 흙은 생명체처럼 피와 살을 지니고 뿌리에게 헌신한다. 뿌리가 자식이라면, 흙은 자애로운 어머니의 모습이다.

전체적으로 이 작품은 시간의 흐름에 따라 뿌리의 탄생과 성장의 과정을 보여 주고 있다. 뿌리가 흙을 뚫고 성장함에 따라 흙도 변화를 맞는다. "착한 그릇", "껍데기", "빈 그릇" 등은 흙에 대한 비유다. 흙은 "착한 그릇"으로서 뿌리에게 밝은 피를 뽑아 흘려보내고 그의 성장을 돕는다. 뿌리가 흙 속으로 뻗어 내려오면 흙은 모든 것을 뿌리에게 다 바치고 딱딱한 "껍데기"가 된다. 더 이상 줄 것이 없는 "빈 그릇"이 되면서 흙은 다시 "연한 흙"으로 돌아간다. 흙이 착한 그릇에서 껍데기, 빈 그릇, 연한 흙으로 이어지는 과정은 희생의 과정을 거쳐 다시 재생되는 흙의 순환적 삶을 나타낸다.

넓게 읽기

뿌리에게 / 나희덕

나무와 함께 즐겁게 놀던 소년이 성장하여 나무에게 돈이 필요하다고 말한다. 소년을 사랑하는 나무는 그에게 사과를 준다. 소년은 도회지에 팔 목적으로 사과를 따서 가 버린다. 오랜 시간이 흐른 뒤 다시 돌아온 소년은 집을 짓기 위해 나무의 가지를 베어 버린다. 나무는 소년의 행복이 자신의 행복이라 생각하며 기꺼이 내어 준다. 오랜 시간이 지난 뒤 나타난 소년은 나무줄기를 베어 배를 만들고 멀리 떠나 버린다. 더 이상 줄 것이 없게 된 나무는 노인이 되어 돌아온 소년에게 밑둥에 앉아서 편히 쉬라고 한다.

『아낌없이 주는 나무』라는 동화의 내용이다. 나무는 소년이 기쁨과 행복을 느낄 수 있다면 자신을 희생하는 한이 있더라도 아낌없이 준다. 이같이 희생적 사랑을 보여 주는 시에는 이성복의 「꽃 피는 시절」, 김선우의 「감자 먹는 사람들」, 「빌려줄 몸 한 채」, 오세영의 「열매」, 나희덕의 「어떤 출토」, 천양희의 「새가 있던 자리」 등이 있다.

가을 떡갈나무 숲

이준관

떡갈나무 숲을 걷는다. 떡갈나무 잎은 떨어져
너구리나 오소리의 따뜻한 털이 되었다. 아니면,
쐐기집이거나 지난 여름 풀 아래 자지러지게
울어대던 벌레들의 알의 집이 되었다.

이 숲에 그득했던 풍뎅이들의 혼례,
그 눈부신 날갯짓 소리 들릴 듯한데,
텃새만 남아
산 아래 콩밭에 뿌려 둔 노래를 쪼아
아름다운 목청 밑에 갈무리한다.

나는 떡갈나무 잎에서 노루 발자국을 찾아본다.
그러나 벌써 노루는 더 깊은 골짜기를 찾아,
겨울에도 얼지 않는 파릇한 산울림이 떠내려오는
골짜기를 찾아 떠나갔다.

나무 등걸에 앉아 하늘을 본다. 하늘이 깊이 숨을 들이켜
나를 들이마신다. 나는 가볍게, 오늘 밤엔
이 떡갈나무 숲을 온통 차지해 버리는 별이 될 것 같다.

떡갈나무 숲에 남아 있는 열매 하나.
어느 산짐승이 혀로 핥아 보다가, 뒤에 오는
제 새끼를 위해 남겨 놓았을까? 그 순한 산짐승의
젖꼭지처럼 까맣다.

나는 떡갈나무에게 외롭다고 쓸쓸하고
중얼거린다.
그러자 떡갈나무는 슬픔으로 부은 내 발등에
잎을 떨군다. 내 마지막 손이야. 뺨에 대 봐,
조금 따뜻해질 거야, 잎을 떨군다.

마음 편히 읽을 수 있는 따뜻한 시다. 가을날 떡갈나무 숲을 걸으며 상상한 것을 시화하고 있다. 이 시는 떡갈나무 잎(1연), 풍뎅이와 텃새(2연), 노루(3연), 하늘(4연), 열매(5연), 떡갈나무 잎(6연) 등을 소재로 하고 있는데, 이 같은 소재들은 화자가 실제로 숲길을 걷고 있다는 느낌을 준다. 그가 상상한 자연의 세계는 순수하고 평온하다. 시인이 안내하는 숲길을 따르면 자연의 빛과 향기에 마음이 정갈해지는 것을 경험하게 된다.

시인은 땅에 떨어져 있는 떡갈나무 잎에서 야생동물과 벌레들의 보금자리를 떠올리고, 이 잎에서 쓸쓸하고 외로운 자신의 마음을 위로받는다. "내 마지막 손이야. 뺨에 대 봐, 조금 따뜻해질 거야"는 떡갈나무가 화자에게 하는 말이다. 여기서 동화적 상상력을 엿볼 수 있다. 떡갈나무의 말은 화자에게 주는 위로이기도 하지만 독자에게 주는 메시지이기도 하다.

이 시는 가을날의 떡갈나무 숲을 배경으로 시상이 전개된다. 화자는 잎이 떨어져 있는 떡갈나무 숲을 걸으며 상상한다. 떡갈나무 잎이 너구리나 오소리의 따뜻한 털이 되었다고, 혹은 쐐기집이나 벌레들의 알의 집이 되었다고 생각한다. 떡갈나무 숲이 잎을 떨구어 동물과 곤충을 보호한다는 나의 상상에는 자연에 대한 깊은 애정이 깔려 있다.

'나'는 텃새들의 아름다운 노랫소리를 들으면서 무성한 잎으로 뒤덮여 있던 여름날 떡갈나무의 모습을 상상한다. 지난 여름날 짝짓기를 위해 날갯짓을 하던 풍뎅이들의 혼례를 떠올린다. 2연에서 화자는 풍뎅이에 대한 상상을 통해 떡갈나무 숲이 생명력이 넘치는 평화로운 공간임을 드러낸다.

떡갈나무 숲이 많은 생명체들이 자유롭게 살아가는 안식처라고 여기며 화자는 떡갈나무 잎에서 노루 발자국을 찾아본다. 이 숲에서 뛰어놀던 노루는 깊은 산골짜기로 떠나가고 없다. 노루가 찾아간 골짜기는 겨울에도 얼지 않는 "파릇한 산울림"이 떠내려오는 곳이다.

'나'는 떡갈나무 숲에서 사는 동물과 곤충들을 떠올리며 자연이 주는 넉넉함과 순수함에 빠져든다. 나무 등걸에 앉아 하늘을 보며 숨을 들이킨다. 화자가 하늘을 들이마시는 것인데, 화자는 "나를 들이마신다."라고 한다. 4연의 "나를 들이마신다."라는 표현에는 인식 주체인 '나'와 객체인 "하늘"이 뒤바뀌어 있다. 주체와 객체가 전도된 표현을 통해 인간과 자연이 합일된 물아일체의 경지를 보여 준다. "오늘 밤엔 떡갈나무 숲을 온통 차지해버리는 별이 될 것 같다."는 상상은 화자가 자연에 깊이 동화되어 있음을 말해 준다.

자연에 동화된 '나'는 떡갈나무에 남아 있는 열매 하나를 보며 상상한다. 열매는 새의 젖꼭지처럼 까맣다. 화자는 어느 산짐승이 혀로 핥다가 제 새끼를 위해 남겨 놓은 것이 아닐까 생각한다. 5연에서는 열매를 자식을 위하는 어미 새의 마음과 연관 지음으로써 사랑과 배려의 마음을 지닌 떡갈나무 숲의 덕성을 나타낸다.

화자는 자애로운 떡갈나무에게 위로를 받는다. 6연에서 화자의 외로움과 슬픔이 표출된다. 발등에 떨어지는 잎에서 '나'는 상상한다. 떡갈나무가 자신에게 "내 마지막 손이야. 뺨에 대 봐, 조금 따뜻해질 거야"라고 말을 건넨다. 이 연에서는 떡갈나무가 화자에게 하는 말이 그대로 인용되고 있다. 여기서 의인화된 떡갈나무는 사람을 위해 자신이 가지고 있는 마지막 잎까지 남김없이 내놓는 존재로 그려진다.

이 시는 1인칭 화자의 진술로 '나'가 경험한 것을 사실적으로 표현하고 있다. 개인의 일상을 토로하고 있지만, 감각적 이미지, 공감각적 표현, 의인화 등의 기법을 구사하며 표현미를 살리고 있다. "너구리나 오소리의 따뜻한 털"의 촉각 심상과 "자지러지게 울어대던"의 청각 심상은 가을이 주는 쓸쓸함이나 황량한 분위기를 덜어 낸다. "눈부신 날갯짓 소리", "콩밭에 뿌려 둔 노래를 쪼아"는 청각 심상을 시각화한 공감각적 표현이다. 이런 표현들은 대상의 특징을 감각적으로 형상화하여 떡갈나무 숲의 아름다움을 효과적으로 나타낸다. "파릇한 산울림"이라는 공감각적 표현은 자연 공간의 신비로움을 나타내며, 속세와 대비되는 순수함을 부각한다.

가을 숲을 홀로 걷고 있는 화자는 떡갈나무에게 외롭고 쓸쓸하다고 말한다. 그 사연은 알 수 없지만 6연의 "슬픔으로 부은 내 발등"이 말하듯 화자는 고독과 슬픔으로 고통받고 있다. '나'는 자연과의 교감을 통해 위로받으며 아픔을 치유한다.

화자가 찾은 떡갈나무 숲은 안식을 주는 평화로운 곳이며, 현실의 때가 묻지 않은 순수한 공간이다. 배려와 사랑의 마음으로 동물과 벌레뿐만 아니라 사람까지 포용한다. 자신을 희생하면서까지 남을 따뜻하게 감싸 준다. 이 시에서 떡갈나무 숲은 모든 생명들을 포용할 수 있는 낙원으로 그려지고 있다. 이준관의 「가을 떡갈나무 숲」은 풍부한 상상과 따뜻한 감성으로 인간 세상과 대비되는 자연의 아름다운 세계를 그려 냄으로써 시인이 지향하는 삶의 모습을 보여 주고 있다.

넓게 읽기

가을 떡갈나무 숲 / 이준관

이준관은 1949년 전북 정읍에서 출생하였고, 1971년 『서울신문』 신춘문예에 동시를, 1974년 『심상』에 시를 발표하며 등단하였다. 순수한 동심의 세계를 노래하며 『가을 떡갈나무 숲』(1991), 『열 손가락에 달을 달고』(1992), 『부엌의 불빛』(2005), 『천국의 계단』(2014) 등 여러 권의 시집을 냈다. 동시집에는 『내가 채송화꽃처럼 조그마했을 때』(2003), 『쑥쑥』(2010), 『쥐눈이콩은 기죽지 않아』(2017) 등이 있다. 시인은 김달진문학상, 영랑시문학상, 대한민국문학상, 소천아동문학상 등을 수상하였다.

가을 떡갈나무 숲

영화 〈아바타〉에서 남자 주인공은 긴 머리의 꽁지로 나무와 새와 교감을 한다. 가식 없는 원초적인 마음은 사물에 대한 투시와 타자와의 소통을 가능하게 한다. 「가을 떡갈나무 숲」에는 자연과 교감을 나누는 시인의 순수함이 있다. 시인은 인간만이 아닌 자연과 사물의 마음을 읽고 마음을 나눈다.

정지용의 「춘설」, 고재종의 「여름 다저녁 때의 초록 호수」, 오탁번의 「순은이 빛나는 이 아침에」, 최하림의 「아침 시」, 김혜순의 「잘 익은 사과」, 장석주의 「풀밭을 걸어 봐!」 등의 시는 자연과의 교감을 통해 순수한 생명감을 담아내고 있다.

가는 길

김소월

그립다
말을 할까
하니 그리워

그냥 갈까
그래도
다시 더 한 번……

저 산에도 가마귀, 들에 가마귀,
서산에는 해 진다고
지저귑니다.

앞강물, 뒷강물,
흐르는 물은
어서 따라오라고 따라가자고
흘러도 연달아 흐릅디다려.

왕십리 往十里

김소월

비가 온다
오누나
오는 비는
올지라도 한 닷새 왔으면 좋지.

여드레 스무날엔
온다고 하고
초하로 삭망朔望이면 간다고 했지.
가도 가도 왕십리往十里 비가 오네.

웬걸, 저 새야.
울려거든
왕십리 건너가서 울어나다고,
비 맞아 나른해서 벌새가 운다.

천안에 삼거리 실버들도
촉촉이 젖어서 늘어졌다데.
비가 와도 한 닷새 왔으면 좋지.
구름도 산마루에 걸려서 운다.

가는 길

김소월의 「가는 길」은 이별의 노래다. 임을 곁에 두고 떠나야 하는 상황에서 겪는 내면의 갈등을 섬세한 언어로 표현하고 있다. 작품의 배경은 석양이 지는 강가다. 화자는 임과 이별하면서 그립다고 말하고 싶은 강한 충동과 그 충동을 억제하려는 심리 사이에서 괴로워한다. 화자는 임을 사랑하면서도 그리워한다는 말을 하지 못하고, 그냥 가겠다고 발길을 돌리려 하지만 미련이 남아 좀처럼 길을 떠나지 못한다. 까마귀와 강물은 화자에게 어서 떠나라고 얘기하는 듯하다.

이 시는 내용상 1, 2연의 전반부와 3, 4연의 후반부로 구분된다. 1, 2연은 그립지만 말 못 하는 화자의 심정을 나타내고 있으며, 3, 4연은 이러한 심리적 갈등을 자연물에 투영하여 표현한다. 이별을 제재로 하여 전반부에서는 내면적 갈등을 보여 주고, 후반부에서는 외면적 상황을 제시하고 있다.

이 시는 행의 배열에 각별히 주의를 기울이면서 미묘한 내면 심리를 나타내고 있다. 1연의 경우, "그립다 / 말을 할까 / 하니 그리워"라는 전언을 세 행으로 구성하고 있다. "그립다"(1행)에서 끊고, "말을 할까"(2행)에서 끊어 정서적 효과를 얻고 있다. 1연은 "말을 할까"와 "하니 그리워" 사이에서 행이 나뉜다. 통상적으로 하자면 '말을 할까 하니'에서 끊어야 하나, '말을 할까'에서 끊고 있다. 2행에 놓여야 할 "하니"라는 시어를 3행에 내려놓음으로써 이별의 상황에서 갖는 망설임의 감정을 효과적으로 표현한다.

1연과 2연은 한 행에 한 음보씩 배열하여 3음보를 갖지만, 3연과 4연은 두 행 또는 한 행으로 3음보를 구성하고 있다. 행의 길이에서 3연과 4연이 앞의 두 연보다 행의 길이가 긴 편이다. 그래서 3음보를 기준으로 읽으면 짧은 행의 1, 2연은 느린 호흡으로 읽히고, 긴 행의 3, 4연은 빠른 호흡으로 읽힌다. 짧은 행의 전반부는 화자의 내면 갈등으로 인해 다소 느린 리듬을 주는 반면에, 다소 장황하게 정경을 묘사한 후반부의 두 연은 빠른 리듬을 형성한다.

전·후반부의 대비되는 리듬의 양상은 이별하기가 아쉬워서 머뭇거리고 망설이는 화자의 심정과, 이러한 화자에게 빨리 떠나라고 재촉하는 외적 상황이 대응된다. 이 작품에서 리듬은 의미 및 정서와 밀접한 관련을 맺으며 이 시의 중요한 구성 원리가 되고 있다.

리듬에 대한 고려는 소리 조직에서도 엿보인다. 이 작품에선 'ㄴ, ㄹ, ㅁ, ㅇ'과 같은 울림소리를 갖는 시어를 많이 사용하고 있다. 울림소리는 발음 기관의 장애를 받지 않고 부드럽게 낼 수 있는 '호음조(好音調)'이다. 3음보의 반복과 변주 속에서 울림자음들이 반복되면서 시는 물의 흐름처럼 유연하게 읽힌다. 특히 "흘러도 연달아 흐릅디다려."는 흐름소리인 'ㄹ'을 절묘하게 구사하며 화자의 미묘한 심리적 상태를 나타낸다.

왕십리

이 시는 「가는 길」과 마찬가지로 남녀의 이별을 제재로 하고 있다. 「가는 길」이 임과 헤어지는 현재의 상황을 다루고 있다면, 「왕십리」는 이별 후의 상황을 보여 주고 있다. 앞의 시에서 1연의 "그립다"와 2연은 "그냥 갈까"는 모두 화자의 독백으로 임을 두고 떠나는 화자의 심정을 말해 준다. 후자의 시가 이별의 노래라는 단적인 근거는 2연의 "여드레 스무날엔/온다고 하고/초하로 삭망이면 간다고 했지."에서 찾을 수 있다. 이 구절을 과거에 임이 화자에게 한 말로 보면, 4연에 나타난 슬픔의 정조는 이별의 아픔으로 볼 수 있다.

두 작품의 화자를 서로 좋아하는 연인으로 가정해 보자. 작품의 상황이나 정서를 고려할 때, 「가는 길」이 임을 두고 떠나가는 남자의 노래라면 「왕십리」는 임을 기다리는 여자의 노래라 볼 수 있다. 남자는 사랑하는 임을 두고 길을 떠난다. 떠나면서도 임이 그립지만, 그립다고 말을 하면 더 그리워질 것 같아 참는다. 그냥 갈까도 생각하지만, 그래도 다시 한 번 더 보고 가고 싶은 마음은 어쩌지 못한다. 남자는 어떤 결단을 내리지 못하고 길 위에 서서 괴로워한다. 마음 편히 떠나지 못하고 있는데, 날은 저물고 저 산과 들에 까마귀가 지저귄다. 강물은 어서 따라오라고 말하듯 연이어 흘러간다. 남자는 가고자 하는 마음과 머물고 싶은 마음 사이에서 일어나는 갈등을 까마귀와 강물을 통해 나타낸다.

여자는 오지 않는 임이 언제나 올까 기다리는데, 임은 오지 않고 비가 온다. 임에 대한 그리움은 깊어만 간다. 그녀는 28일에 왔다가 1일에 간다고 약조한 임의 말을 떠올린다. 그렇게 약속한 날이 왔지만 임은 오지 않고, 왕십리에는 비가 쏟아져 내린다. 여자는 비 때문에 임이 오지 못하는 것이라 애써 위로하며 한 닷새 비가 왔으면 한다. 임이 온다고 해도 머무는 날은 길어야 5일밖에 되지 않는다. 애타게 기다리던 임이 오지 않아 그녀는 슬픔에 잠긴다. 울적하고 슬픈 마음을 벌새, 실버들, 구름 등의 자연물로 나타낸다.

두 시는 모두 이별의 노래다. 「가는 길」은 까마귀, 강물, 석양 등의 자연물을 이용하여 이별의 순간에 느끼는 아쉬움과 망설임을 나타내고 있다. 「왕십리」는 비, 벌새, 실버들, 구름 등의 자연물로 임에 대한 원망과 기다림을 표현하고 있다. 자연물을 이용해 화자의 감정을 표현한 점, 3음보의 반복과 변조를 갖는 점, 울림 자음을 활용하여 운율을 살리고 있는 점 등은 두 시에서 공통점으로 나타나는 특징이다.

넓게 읽기

가는 길 / 김소월 왕십리 / 김소월

이별을 소재로 한 시에는 김소월의 「진달래꽃」, 「가는 길」, 한용운의 「님의 침묵」, 「알 수 없어요」, 나태주의 「대숲 아래서」, 정호승의 「이별 노래」, 김승희의 「실연을 위한 연가」 등이 있다. 김소월의 「초혼」, 박재삼의 「한(恨)」, 서정주의 「귀촉도」, 이가림의 「유리창에 이마를 대고」, 정호승의 「부치지 않은 편지」 등은 죽은 사람에 대한 사랑과 그리움을 보여 주고 있다.

고향 앞에서

오장환

흙이 풀리는 내음새
강바람은
산짐승의 우는 소릴 불러
다 녹지 않은 얼음장 울멍울멍 떠내려간다.

진종일
나룻가에 서성거리다
행인의 손을 쥐면 따뜻하리라.

고향 가까운 주막에
누구와 함께 지난날의 꿈을 이야기하랴.
양귀비 끓여다 놓고
주인 집 늙은이는 공연히 눈물 지운다.

간간이 잔나비 우는 산기슭에는
아직도 무덤 속에 조상이 잠자고
설레는 바람이 가랑잎을 휩쓸어 간다.

예제로 떠도는 장꾼들이여!
상고하며 오가는 길에
혹여나 보셨나이까.

전나무 우거진 마을
집집마다 누룩을 디디는 소리, 누룩이 뜨는 내음새 ……

고향

정지용

고향에 고향에 돌아와도
그리던 고향은 아니러뇨.

산꿩이 알을 품고
뻐꾸기 제철에 울건만,

마음은 제 고향에 지니지 않고
머언 항구로 떠도는 구름.

오늘도 뫼 끝에 홀로 오르니
흰 점 꽃이 인정스레 웃고,

어린 시절에 불던 풀피리 소리 아니 나고
메마른 입술에 쓰디쓰다.

고향에 고향에 돌아와도
그리던 하늘만이 높푸르구나.

고향 앞에서

오장환의 「고향 앞에서」는 고향에 대한 그리움을 노래한다. 이른 봄, 겨우내 얼었던 흙이 풀리지만 강바람은 여전히 차고 매섭다. 강바람은 산짐승을 부르는 듯하며 덜 녹은 얼음장이 강물에 떠내려간다. 화자는 고향 소식을 전해 줄 행인을 만날 수 있으리라는 기대감으로 나룻가를 서성인다. 행인의 손이라도 쥐면 마음이 따뜻해질 것 같은데, 싸늘한 날씨 탓인지 사람들은 보이지 않는다. 화자는 공허함으로 고향과 가까운 주막에 들른다. 지난날의 추억을 함께 이야기할 사람이 있지 않을까 생각하지만, 여기에도 마음을 나눌 이가 없다. 고향을 멀리 떠나온 주인집 늙은이만 화자를 맞아 준다. 그는 양귀비를 끓여다 놓고 고향 생각이 났는지 공연히 눈물을 흘린다.

화자는 주인집 늙은이의 눈물을 보며 고향 생각에 젖는다. 원숭이가 우는 산기슭에 조상의 무덤이 있고, 바람에 가랑잎이 쓸려 간다. "설레는 바람이 가랑잎을 휩쓸어 간다."는 구절은 고향 생각으로 마음이 설레는 것을 배경 묘사를 통해 보여 준다. 화자는 고향에 대한 그리움으로 여기저기 떠도는 장사꾼들에게 물어 본다. 전나무가 우거져 있고, 집집마다 누룩 냄새가 진동하는 마을을 혹시나 보았는지 묻는다.

이 시는 오랫동안 고향을 떠나 있던 화자가 고향을 그리워하는 작품이다. 고향 가까이 와서도 고향에 가지는 못하는 안타까운 마음과 향수의 감정을 표현하고 있다. 화자의 이러한 마음이 작품에 반영되어 애상적인 분위기를 자아낸다. 1연에서 '산짐승의 우는 소리'와 '울멍울멍 떠내려가는 얼음장'은 울음이 터질 것 같은 화자의 마음을 반영하고 있다. 화자는 고향 가까이 와서 다른 사람을 통해 고향 소식을 전해 들으려 한다.

풍요롭고 평화로운 고향의 모습은 화자의 추억과 기억에 남아 있다. "혹여나 보셨나이까."라는 말은 화자의 기억에 남아 있는 고향의 예전 모습이 사라졌다는 것을 간접적으로 말해 준다. 고향 가까운 주막에서 화자가 떠올리는 고향의 모습에는 적막함과 슬픔이 배어 있다. 고향의 산기슭에는 조상의 무덤이 있고, 간간이 원숭이가 운다. 원숭이의 울음[17]이나 바람에 휩쓸려 가는 가랑잎은 작품의 적막감을 더해 주고 화자의 슬픔을 나타낸다. 고향의 모든 것이 훼손되고 파괴되었는데, 조상이 묻혀 있는 산기슭의 무덤만이 변함없이 그대로이다.

일제 강점기라는 시대 상황과 관련지어 보면, 이 시는 잃어버린 고향에 대한 그리움을 노래한 작품으로 볼 수 있다. 일제의 수탈로 고향은 황폐화되고 많은 사람들이 먹고살기 위해 고향을 떠났다. 이 시에서 화자가 고향 가까이 와서도 고향 사람들을 만나지 못하는 것이나 장사꾼에게 예전의 고향의 모습을 묻는 것은 식민지 현실과 무관하지 않다. 평화롭던 고향의 모습은 지난날의 꿈인 것이다. 화자는 지금의 고향이 옛날의 고향과 달리 많이 변해 있을 것이라는 생각하며, 황폐화된 고향으로 돌아가기를 주저한다.

오장환의 「고향 앞에서」는 감각적 이미지를 사용하여 고향에 대한 그리움과 고향에 가지 못하는 아픔을 효과적으로 표현하고 있다. "산짐승의 우는 소리", "울멍울멍", "잔나비 우는 산기슭" 등의 청각적 심상들은 슬픈 분위기를 조성한다. "흙이 풀리는 내음새", "누룩이 뜨는 내음새" 등의 후각을 통해서는 고향의 정취와 향수의 정감을 불러일으킨다. 마음속 고향을 잃어

17 이 시 4연의 잔나비는 원숭이를 가리킨다. '잔나비가 운다'는 표현은 보통 슬프고 쓸쓸한 분위기를 나타낼 때 쓰는 말이다. 두보의 「등고(登高)」에 "風急天高猿嘯哀(풍급천고원소애: 바람은 빠르며 하늘은 높고 원숭이 울음소리는 슬프다)"라는 구절이 있다. 중국에서 원숭이는 흔한 동물이기에, 중국 시인들은 종종 원숭이의 울음을 시의 소재로 사용하였다. '잔나비가 운다'라는 관습적 표현은 우리나라 사람들이 중국 시의 표현을 본떠 사용한 것으로 보인다. 정철의 「장진주사(將進酒辭)」라는 사설시조에 나오는 "하물며 무덤 위에 잔나비 휘파람 불 제 뉘우친들 어떠리"라는 시구절이 그 한 예다. 잔나비가 휘파람을 분다는 것은 원숭이의 구슬픈 울음소리가 슬픈 휘파람처럼 들린다는 의미다.

버린 자의 상실감과 비애는 정지용의 「고향」에도 나타낸다.

고향

이 시의 화자는 고향에 돌아와 예나 지금이나 변함없는 자연을 마주한다. 산꿩이 알을 품고 뻐꾸기가 제철에 소리 내어 운다. 고향의 자연은 변함없지만, 화자가 마음으로 그리워하던 고향이 아니다. 마음은 제 고향에 있지 않아 편치가 않다. 먼 항구로 떠도는 구름처럼 화자의 마음은 한 곳에 안착하지 못하고 불편하다. 답답한 마음을 떨쳐내려 화자는 오늘도 산에 오른다. 산 정상에 피어 있는 흰 꽃은 인정스레 웃는 듯 반갑게 맞아 준다. 풀을 꺾어 피리를 만들어 불어 보지만 홍이 나지 않는다. 어린 시절의 정겨운 추억은 온데간데없고 씁쓸한 기분만 든다.

화자는 고향에 왔지만 메마른 입술에 쓰디쓴 느낌을 받는다. 이 작품에는 화자의 마음을 아프게 한 것이 무엇인지 구체적으로 제시되어 있지 않다. 화자는 고향에 와서도 마음의 안식을 얻지 못하고 있다. 자연의 질서에 따라 산꿩은 알을 품고, 뻐꾸기는 제철에 운다. 산에는 흰 점처럼 작은 꽃들이 아름답게 피어난다. 이러한 자연과는 달리 화자의 마음은 평온하지가 않다.

화자는 고향을 등지고 방황하며 살아온 자신의 모습에서 실망감을 느꼈을지도 모른다. 식민지 현실에서 갖는 정신적 고통도 있었을 것이다. 고향에서 갖는 씁쓸함의 원인이 개인의 내부에 있든 외부에 있든 허망한 마음으로 바라보는 고향의 모습은 화자가 꿈속으로 그리던 고향이 아니다. "고향에 돌아와도/그리던 하늘만이 높푸르구나."는 구절은 고향의 자연은 그대로지만 마음은 예전 같지 않다는 것을 말해 준다. 1연의 진술이 6연에서 반복되며 고향에 대한 상실감이 강조된다.

두 작품은 마음속의 고향을 찾을 수 없는 데서 오는 상실감과 아픔을 표현하고 있다. 오장환의 시는 행인, 주인집 늙은이, 장꾼 등의 여러 인물을 등장시켜 고향 가까이 와서도 고향에 가지 못하는 안타까운 마음과 그리움을 나타내고 있다. 정지용의 시는 변함없는 자연의 모습과 화자의 현재 마음을 대비시켜 자아의 번민과 고향에 대한 상실감을 나타내고 있다. 두 시는 또한 현재형의 진술과 감각적 이미지를 사용하여 표현의 효과를 높이고 있다.

넓게 읽기

고향 앞에서 / 오장환 고향 / 정지용

사람이나 동물은 왜 자기가 태어난 고향을 그리워하는 것일까. 사람은 나이를 먹으면서 고민도 많아지고 본래 지닌 순수성도 점점 탈색된다. 자신이 태어나고 성장한 고향은 때 묻지 않은 순수성과 가족의 사랑이 보존되어 있어 추억의 공간이다. 인간은 되돌아갈 수 없는 과거의 추억 때문에 본능적으로 고향을 그리워하는 것이 아닐까.

고향을 그리워하는 시인의 작품에는 정지용의 「고향」, 오장환의 「고향 앞에서」, 「오수」, 백석의 「고향」, 노천명의 「고향」, 박용래의 「겨울밤」, 김광섭의 「고향」, 김규동의 「고향」, 전봉건의 「돌24」, 신경림의 「고향길」, 이시영 「마음의 고향6—초설」 등이 있다.

꽃

이육사

동방은 하늘도 다 끝나고
비 한방울 나리잖는 그때에도
오히려 꽃은 빨갛게 피지 않는가
내 목숨을 꾸며 쉬임 없는 날이여

북쪽 쓴드라에도 찬 새벽은
눈속 깊이 꽃 맹아리가 옴자거려
제비떼 까맣게 날아오길 기다리나니
마침내 저바리지 못할 약속이여

한 바다복판 용솟음 치는 곳
바람결 따라 타오르는 꽃성城에는
나비처럼 취하는 회상의 무리들아
오늘 내 여기서 너를 불러 보노라

교목

이육사

푸른 하늘에 닿을 듯이
세월에 불타고 우뚝 남아서서
차라리 봄도 꽃피진 말아라

낡은 거미집 휘두르고
끝없는 꿈길에 혼자 설레이는
마음은 아예 뉘우침 아니라

검은 그림자 쓸쓸하면
마침내 호수 속 깊이 거꾸러져
차마 바람도 흔들진 못해라

꽃 이 시는 꽃이 중심소재가 되고 있다. 이 꽃은 생명이 소생하기 어려운 극한 상황에서 피어나는 꽃이다. 비 한 방울 내리지 않는 상황에도 빨갛게 피어나고, 눈과 얼음으로 덮여 있는 추운 지역에서도 꽃맹아리가 열린다. 시인의 상상은 동방에서 북쪽 툰드라 지역으로, 바다 한복판이 용솟음치는 곳으로 뻗어 나간다.

1연의 "동방"은 우리나리를 가리킨다. 하늘은 끝나고 비 한 방울 내리지 않는다. "하늘"은 자연의 질서를 관장하는 대자연의 상징이다. 하늘이 끝장남으로써 비는 내리지 않는다. 하늘의 끝남은 절망이나 고통, 생명의 부정, 극한 상황 등을 내포한다. 비 한 방울 얻지 못하는 메마른 땅에서도 꽃은 피어난다. 이것은 고통스러운 현실을 살아가는 시인에게 삶의 동력이 된다. 시인은 꽃의 강한 생명성을 들어 삶에 대한 소명과 의지를 나타낸다. "내 목숨을 꾸며 쉬임 없는 날이여"는 목숨을 바쳐 쉼 없이 나아가겠다는 굳은 다짐이다.

꽃은 차가운 눈 속에서도 소생한다. 시인은 얼음과 눈으로 덮여 있는 북극해 연안의 벌판을 떠올린다. 툰드라의 눈 속 깊은 곳에서도 꽃망울을 맺으며 옴작거린다. 불모지에서 생명의 싹틈과 움직임은 시인에게 희망찬 미래에 대한 믿음과 기다림을 가져다준다. 그가 기다리는 "제비떼"는 삶의 희망, 밝은 미래, 생명의 회복 등을 의미한다. 시인은 제비떼 날아드는 봄날이 반드시 올 것이라 믿으며 현실적 고통을 견뎌 낸다. 희망찬 미래에 대한 믿음은 자신과의 약속이며, 시대와의 약속이기도 하다.

시인은 기대와 확신으로 새로운 시대의 모습을 떠올린다. "한 바다복판 용솟음 치는 곳"은 힘찬 기운으로 생명이 약동하는 곳이다. 하늘도 다 끝나고 비 한 방울 내리지 않는 곳과는 다른 곳이다. 이곳에는 숱한 꽃들이 만발하여 "꽃성"을 이룬다. 꽃성은 생명이 충만한 공간으로, 시인이 그려 본 풍요롭고 아름다운 이상 세계다. 바람결 따라 꽃이 흔들리며 나비들이 사방으로 날아다닌다. 이 꽃성에서 시인은 "나비처럼 취하는 회상의 무리들"을 불러 본다.

회상의 무리는 시인이 회상하는 사람들 혹은 회상에 잠긴 사람들로 풀이된다. 전자라면 시인과 같이 신념을 갖고 이상 세계를 꿈꾸었던 사람을 의미하고, 후자라면 미래에 회한에 젖어 고통스러웠던 과거를 떠올리는 사람을 뜻한다. 회상의 무리가 누구인지는 명확하지 않지만 시인과 동시대를 살고 있는 사람인 것은 분명하다.

꽃에 대한 상상과 유토피아에 대한 소망은 시인이 처한 현실이 그만큼 부정적이라는 것을 말해준다. 1연은 "동방은 하늘도 다 끝나고/비 한방울 나리잖는 그때에도"는 당시 현실이 생명이 위협받고 고통이 가중되는 시대임을 단적으로 보여 준다. 이런 상황에서도 시인은 삶의 희망을 버리지 않는다. 눈 속에서 피어나는 꽃처럼 인간은 결코 나약하지 않기에 현재의 고통을 이겨 내면 희망찬 새 시대가 올 것이라 믿는다. 이상 세계에 대한 환상은 시인의 신념과 의지에 따른 것이다.

교목

이 시는 우선 교목 자체를 형상화한 작품으로 살필 수 있다. 나무는 오랜 시간 동안 우뚝 솟아 푸른 하늘을 닿을 듯하다. 봄이어도 꽃은 피지 않지만, 낡은 거미집을 휘두르고 하늘을 향하고자 하는 꿈만은 변함이 없다. 어두운 밤의 그림자가 자신을 가리고 호수 속 깊이 거꾸러지는 한이 있더라도 흔들리지 않는다.

이러한 작품의 외연에는 숨은 의미가 있다. 1연의 "~꽃피진 말아라", 2연의 "~뉘우침 아니라", 3연의 "~흔들지 못해라" 등의 명령형 표현은 시인 자신에게 이른 것이다. 곧 교목은 시인의 마음을 나타나는 대리물인 것이다. 교목이 지향하는 "푸른 하늘"은 시인이 동경하는 이상이다. 그는 이상을 향해 세월을 인내하며 굳건하게 살아가고자 한다. 그가 거부하는 "꽃"은 개인의 영달이나 영화로움을 나타낸다.

시인은 세상에 이름을 떨치거나 출세하는 것을 바라지 않는다. "낡은 거미집"을 휘두르듯 궁핍하고 어렵게 살더라도 자신의 길을 가고자 한다. 자신이 선택한 길에 후회나 뉘우침은 없다. 그는 끝없는 꿈길로 설레지만, 자신이 걷는 길의 험난함을 안다. 외압이나 고통으로 죽을 수도 있다는 것을 "검은 그림자 쓸쓸하면"으로 암시한다. 3연은 죽게 되는 상황이 와도 구차하게 살지 않겠다는 결의를 보여 준다. "차마 바람도 흔들진 못해라"는 죽는 한이 있더라도 외부의 유혹과 압력에 굴복하지 않겠다는 비장한 다짐이다.

이육사의 두 시는 자연물을 소재로 하여 시인의 단호한 의지를 보여 주고 있다. 시를 '자아 지향의 시'와 '타자 지향의 시'로 나눠 보면 이 작품은 전자에 해당한다. 꽃과 나무라는 외부 대상을 소재로 하고 있지만 시의 내용은 자아의 내면에 집중되어 있다. 그래서 두 시의 화자는 시인과 동일시되는 대상이라 할 수 있다.

작품에서 시인이 처한 상황은 평화롭지 못하다. 홀로 우뚝 남아 서서 낡은 집을 휘두르고, 죽음을 각오하면서 끝없이 꿈길을 좇으려 한다. 또한 비 한 방울 내리지 않는 척박한 현실에서 꽃을 피우며 새 봄날이 돌아오기를 고대한다. 시인은 결코 절망하지 않으며 삶에 대한 희망과 신념으로 부정한 현실에 대응한다.

「꽃」과 「교목」은 일정한 행의 배열로 안정된 시 형태를 갖추고 있다. 앞의 시는 각 연을 4행으로, 뒤의 시는 3행으로 구성하고 있다. 두 작품은 또한 각 연을 유사한 표현으로 끝맺는 공통점이 있다. 전자는 "말아라", "아니라", "못해라" 등의 부정어로 끝맺고 있으며, 후자는 "날이여", "약속이여", "보노라" 등과 같은 영탄적 표현으로 적극적인 삶의 태도와 의지를 나타내고 있다.

두 시는 시상이 견고하지 못한 결점이 있다. 교목과 꽃이라는 사물을 가져와 시인의 생각과 의지를 나타내지만, 객관과 주관의 경계가 명확하지 못하다. 작품 곳곳에는 시인의 주관이 많이 작용하여 사물 그 자체로 의미가 온전하게 전달되지 못한다. 명료하지 못한 표현은 시를 관념적·추상적으로 만든다.

넓게 읽기

꽃 / 이육사 　교목 / 이육사

나무를 소재로 한 시가 많다. 박목월의 「나무」, 김현승의 「플라타너스」, 박남수의 「나무」, 이수익의 「겨울나무」, 강은교의 「나무가 말하였네」, 신경림의 「나무1–지리산에서」, 장정일의 「사철나무 그늘 아래 쉴 때는」, 김혜순의 「허공에 뿌리를 내리는 나무」, 고진하의 「감나무」, 박이도의 「나 홀로 상수리나무를 바라볼 때」, 이홍섭의 「버드나무 한 그루」, 권혁웅의 「내게는 느티나무가 있다1」, 이상국의 「물푸레나무에게 쓰는 편지」, 김선우의 「오동나무의 웃음소리」, 문정희의 「나무학교」, 곽재구의 「은행나무」, 김영무의 「겨울나무」, 박라연의 「겨울 사과나무를 위하여」, 정현종의 「사물의 꿈1」, 하종오의 「벌레집과 참새똥」, 고재종의 「백련사 동백숲길에서」 등의 시는 나무를 통해 삶의 의미를 전한다.

생명生命의 서書

유치환

나의 지식이 독한 회의를 구하지 못하고,
내 또한 삶의 애증愛憎을 다 짐지지 못하여
병든 나무처럼 생명이 부대낄 때
저 머나먼 아라비아의 사막으로 나는 가자

거기는 한 번 뜬 백일白日이 불사신같이 작열하고
일체가 모래 속에 사멸한 영겁의 허적虛寂에
오직 알라의 신만이
밤마다 고민하고 방황하는 열사熱砂의 끝

그 열렬한 고독 가운데
옷자락을 나부끼고 호올로 서면
운명처럼 반드시 '나'와 대면케 될지니
하여 '나'란 나의 생명이란
그 원시原始의 본연한 자태를 다시 배우지 못하거든
차라리 나는 어느 사구沙丘에 회한 없는 백골을 쪼이리라

바위

유치환

내 죽으면 한 개 바위가 되리라
아예 애련愛憐에 물들지 않고
희로喜怒에 움직이지 않고
비와 바람에 깎이는 대로
억년 비정의 함묵緘默에
안으로 안으로만 채찍질하여
드디어 생명도 망각하고
흐르는 구름
머언 원뢰遠雷
꿈꾸어도 노래하지 않고
두 쪽으로 깨뜨려져도
소리하지 않는 바위가 되리라

생명의 서

「생명의 서」는 비장한 삶의 노래다. 화자는 자신이 알고 있는 지식만으로 삶의 문제를 해결하지 못하고 방황한다. 사랑과 증오 같은 감정을 감당하지 못하여 괴로워한다. 1연에서 "병든 나무"는 정신적으로 병들어 있는 화자 자신을 가리킨다. 그는 생명력을 소진해 가는 병든 나무처럼 고통스러워하며 살아가는 것에 부대낌을 느낀다. 이런 상황을 타개할 방법으로 화자는 "아라비아의 사막"을 찾는다.

화자가 동경하는 사막이 어떠한 곳인지는 2연에 잘 나타나 있다. 사막에서는 한 번 뜬 태양이 불사신과 같이 매일 뜨겁게 타오르고, 모든 것이 모래 속에서 사라진다. 태양의 열로 달구어진 열사(熱砂)에는 허무와 적막만이 영원할 뿐이다. 살아 숨 쉬는 생명체라곤 볼 수 없는 이곳에서는 인간이 살지 못한다. 백일이 잠잠해지는 밤이면 오직 신만이 고민하고 방황한다. 사막은 신만이 존재하는 절대 고독의 공간으로 인간이 쉽게 근접할 수 있는 곳이 아니다.

화자는 극한상황으로 자신을 내몬다. '나'는 절대 고독 속에서 본연의 자아를 찾고 삶의 본질에 대한 의문을 해소하려 한다. '나'가 선택한 사막은 혹독한 고통과 시련이 따르는 고행의 현장으로 삶에 대한 회의와 번민으로부터 스스로를 구제하기 위한 대결의 공간이다. 사막에서 맞서려 하는 이는 바로 자기 자신이다. "옷자락을 나부끼고 호올로 서면"은 의연한 대결의 자세를 보여 준다. 화자는 고독의 극한에서 홀로 서면 운명처럼 반드시 '나'와 대면하게 될 것이라고 확신한다. 이때의 '나'는 자신의 내면에 자리하고 있는 또 다른 자아로 화자가 마음속으로 추구하는 원시 본연의 순수한 자아다. 화자는 참된 자신의 모습을 찾지 못한다면 죽어 버리겠다고 한다.

3연의 "'나'란 나의 생명"은 인생의 본질을 찾지 못하고 방황하는 현실적 자아다. "원시의 본연한 자태"는 현실적 자아가 성취하고자 하는 삶의 본질이다. 화자는 삶의 본질에 대한 해답을 얻지 못한다면 허무와 적막만이 있는 이곳에서 차라리 죽어 버리고 말겠다고 한다. 죽어서 자신의 백골을 태양에 쪼이겠다는 비장한 각오에는 죽음을 불사하더라도 본연의 모습을 찾겠다는 강한 의지가 담겨 있다.

바위

「생명의 서」에서는 죽음을 각오하는 비장한 의지를 보여 주는데, 이 시에서도 죽어서 바위가 되겠다는 단호한 의지를 보여 주고 있다. 앞 시의 화자는 삶에 대한 애증과 회의로 괴로워하며 사막이라는 극한 상황 속에서 참된 자아를 찾고자 한다. 현실의 상황에 고뇌하며 삶의 본질적 의미를 추구하는 태도는「바위」에서도 나타난다.

「바위」는 내용상 1행, 2~9행, 10~12행의 세 부분으로 나누어 볼 수 있다. 1행은 죽어서 바위가 되겠다는 화자의 갈망이다. 2~9행에서는 화자가 동경하는 바위의 모습을 보여 준다. 10~12행은 바위를 통해 성취하고자 하는 목표를 나타낸다.

첫 행의 "내 죽으면 한 개 바위가 되리라"는 비장한 결심이다. 바위는 화자에게 간절한 동경 대상이 되고 있다. 화자가 바라는 바위의 모습은 2~9행에서 나타난다. 바위는 사랑과 연민에 물들지 않고, 즐거움과 분노에도 흔들리지 않는다. 희로애락(喜怒哀樂), 곧 사랑하고 불쌍히 여기고 즐거워하며 노여워하는 감정은 세상을 살아가는 사람들이 느끼는 일반적인 감정이다. 화자는 이런 인간적 감정들을 모두 떨쳐 내려 한다. 하지만 본능적으로 발산되는 감정을 억제하는 일은 쉽지 않다. 이는 오랜 시간의 단련을 통해서만 가능하다.

바위는 억년이란 긴 세월 동안 묵묵히 비와 바람을 맞으며 안으로 안으로만 채찍질한다. 채찍질은 자아의 내면으로 향한다. 바위는 고통 속에서 자기를 단련하는 시간을 갖는다. 육체적 고통은 물론 정신적 고통을 감내하며 바위는 드디어 살아 있다는 그 느낌조차 망각한다. 눈앞에 아름다운 구름이 흘러가도 저 멀리서 천둥소리가 울려도 바위는 일체 동요되지 않고 의연한 자세를 유지한다. "흐르는 구름"과 "머언 원뢰"는 절대적 경지에 이른 바위의 모습을 압축적으로 보여 준다.

10~12행에서는 바위의 품성을 빌려 바위가 되겠다는 단호한 의지를 재차 강조한다. 꿈이 있어도 떠벌리지 않고, 두 쪽으로 깨뜨려져도 아픔을 내뱉지 않는 바위, 그것은 화자가 추구하는 진정한 자아상이다. '나'는 내부의 감정과 외부의 자극에도 동요하지 않고 고통을 인내하는 강한 존재를 꿈꾼다. 「바위」의 화자는 바위가 보여 주는 높은 정신적 경지에 이르고자 한다.

유치환의 두 시는 사물에 뜻을 담아 자아의식을 표현하고 있다. 「생명의 서」와 「바위」에는 비장한 의지 속에서 참다운 삶의 의미를 추구하려는 자세가 나타난다. 화자는 삶의 문제를 스스로 해결하지 못하는 고통스러운 상황에서 스스로를 더욱 모질게 대한다. 고통의 극한 상황으로 자신을 몰아넣고, 고행의 과정을 거쳐 자아를 구원하고자 한다. 억년의 비정의 함묵 속에서 채찍질하여 이르고자 하는 바위는 시인이 추구하는 원시 본연의 자아다. 두 시는 현실과 동떨어진 관념상의 이상을 그리고 있으나, 죽음을 각오하는 의지와 삶에 대한 열망이 작품에 진정성을 더하고 있다.

형식상 「생명의 서」는 연으로 구분되어 있는 반면, 「바위」는 한 연으로 수미상관의 구조를 이루고 있다. 두 시는 '-리라'(쪼이리라, 되리라)와 같이 의지를 나타내는 종결어미를 사용해 자기 다짐을 나타내고 있다. 「생명의 서」에서는 "나는 가자"는 청유형의 문장을 사용하고 있는데, 청유의 대상이 상대가 아닌 자신이 되어 독백체를 이룬다. 두 작품은 1인칭 화자의 독백체로 되어 있는 것이 특징이다.

두 시는 또한 공통적으로 한자어를 많이 사용하고 있다. 영겁, 허적, 열사, 함묵, 원뢰 등은 일상에서 잘 쓰지 않는 생소한 한자어다. 한자어의 과다한 사용은 시의 세계를 관념적으로 만들고, 작품의 분위기를 경직되게 하는 결점이 있으나, 이들 작품에서는 시의 의미와 조응하여 화자의 단호한 의지를 나타내는 데 기여하고 있다.

넓게 읽기

생명生命의 서書 / 유치환　바위 / 유치환

시인은 이상주의자다. 현실에 발을 딛고 살지만 마음은 늘 이상을 향한다. 이것은 시인의 숙명이다. 이들의 눈과 마음은 어린아이처럼 맑고 순수하다. 순수함이 이상 세계를 꿈꾸게 한다. 넓은 시각에서 보면 시인들의 모든 작품은 이상에 대한 동경에서 비롯된 것이라 할 수 있다.

이상 세계에 대한 동경을 보여 주는 시에는 김기림의 「바다와 나비」, 신석정의 「그 먼 나라를 알으십니까」, 김용호의 「날개1」, 서정주의 「꽃밭의 독백-사소 단장」, 신동엽의 「향아」, 김수영의 「하루살이」, 「눈」, 조정권의 「백지4-내가 마당에서 빗자루질 하는 이유」, 이승하의 「야간비행」, 이건청의 「낙타의 꿈」, 이준관의 「부홍이 우는 밤」 등이 있다.

낙화

조지훈

꽃이 지기로소니
바람을 탓하랴.

주렴 밖에 성긴 별이
하나 둘 스러지고

귀촉도 울음 뒤에
머언 산이 다가서다.

촛불을 꺼야 하리
꽃이 지는데

꽃 지는 그림자
뜰에 어리어

하이얀 미닫이가
우련 붉어라.

묻혀서 사는 이의
고운 마음을

아는 이 있을까
저허하노니

꽃이 지는 아침은
울고 싶어라.

모란이 피기까지는

김영랑

모란이 피기까지는
나는 아직 나의 봄을 기다리고 있을 테요
모란이 뚝뚝 떨어져 버린 날
나는 비로소 봄을 여읜 설움에 잠길 테요
오월 어느 날, 그 하루 무덥던 날
떨어져 누운 꽃잎마저 시들어 버리고는
천지에 모란은 자취도 없어지고
뻗쳐오르던 내 보람 서운케 무너졌느니
모란이 지고 말면 그뿐 내 한 해는 다 가고 말아
삼백예순 날 하냥 섭섭해 우옵내다
모란이 피기까지는
나는 아직 기다리고 있을 테요 찬란한 슬픔의 봄을

낙화

이 시는 낙화에 대한 감상을 내용으로 하고 있다. 현대시에는 낙화를 소재로 한 작품이 더러 있다. 꽃이 지는 것을 슬퍼한 김영랑의 「모란이 피기까지는」을 비롯해 낙화에 빗대어 이별을 노래한 이형기의 「낙화」, 최영미의 「선운사에서」, 김선우의 「낙화, 첫사랑」, 장석남의 「꽃이 졌다는 편지」 등은 꽃이 지는 것을 소재로 하고 있다. 조지훈의 「낙화」에는 이별이나 사랑의 의미를 담고 있지 않다. 이 시는 꽃 지는 날의 애상감을 섬세하게 표현하고 있다.

이 작품을 이해하려면 우선 화자가 처한 상황을 살펴야 한다. "꽃이 지기로소니"(1연), "꽃 지는 그림자"(5연), "꽃이 지는 아침"(9연) 등의 구절에서 드러나듯 화자는 꽃이 지는 것을 바라보고 있다. 화자가 있는 주변에는 산이 있고, 새 울음소리도 들린다. "뜰"과 "미닫이" 등의 시어로 보아 화자는 뜰이 있는 집에서 꽃이 지는 것을 보고 있다고 할 수 있다.

「낙화」는 내용상 1~3연, 4~6연, 7~9연과 같이 세 부분으로 나뉜다. 1~3연에서 꽃이 지는 주변의 배경을 제시하고, 4~6연에서 미닫이에 비친 낙화의 아름다움을 드러내고 있다. 7~9연에서는 낙화를 보며 느끼는 화자의 상실감이 나타난다.

화자는 바람에 꽃이 떨어지는 것을 보지만, 바람을 탓하지 않는다. 꽃이 지는 것은 계절의 변화에 따른 자연의 섭리이기 때문이다. 주렴 밖으로 보이는 별 또한 자연의 섭리에 따라 하나 둘 빛을 잃으며 사라진다. 화자는 꽃이나 별과 같은 아름다운 존재가 사라지는 것을 바라보며 잠을 이루지 못한다. 저 멀리 산에서 울어대는 귀촉도의 울음소리를 들으면서 먼 산이 다가서는 듯한 느낌을 받는다.

날이 밝아 오자 화자는 촛불을 끄려 한다. 꽃이 지는 것을 경건한 마음으로 맞이하려 한다. 그는 일체의 인위적 요소를 배제하고, 혼자만의 조용한 시간에 꽃이 지는 순간의 아름다움을 향유한다. 하얀 창호지를 바른 미닫이문에 꽃 지는 그림자가 어린다. 붉은 꽃잎이 떨어지면서 하얀 문살에 붉은빛이 은은하게 비친다.

이윽고 화자는 꽃이 지는 아침을 맞는다. 그는 "묻혀서 사는 이의/고운 마음을//아는 이 있을까" 저허한다. '저허하다'는 지금은 잘 쓰이지 않는 옛말로 '두려워하다', '염려하다', '꺼리다'라는 뜻을 지닌다. 문맥으로 볼 때 이 시어는 무엇을 염려하거나 걱정스럽게 생각한다는 뜻으로 읽을 수 있다. 화자는 무엇을 걱정하고 있는 것일까.

그는 자신의 마음을 아는 이가 있을까 염려한다. 화자는 자연과 더불어 사는 마음을 그 누구에게도 보이고 싶지 않아 한다. 혼탁한 현실에 염증을 느끼고 세상과의 단절을 택한 것이다. 누구에게도 자신의 모습을 노출하지 않으려는 데서 고고한 정신세계를 지키려는 화자의 마음을 엿볼 수 있다. 화자는 아름다운 자연과 더불어 생활하며 내면의 순수함을 잃지 않으려 한다.

화자는 꽃의 아름다움이 사라지는 것에 마음 아파한다. 꽃은 그에게 분신과 같은 존재다. 꽃은 고독하게 지내는 화자에게 위안이 된다. 아름다움 그 자체로 삶의 위안이 되던 꽃이 소멸하면서 화자는 슬픔에 잠긴다. 바람을 탓할 순 없는 일이지만 자신에게 분신과 같은 꽃이 사라져 상실감이 크다. "꽃이 지는 아침은/울고 싶어라"는 진심에서 우러나는 상실감의 표현이다.

그렇다고 꽃이 지는 것이 화자를 슬프게 한 근본적 원인이었다고 단정할 수는 없다. 이 시의 마지막 연은 삶의 비애나 인생의 덧없음을 함축하고 있다. 화자는 낮이면 꽃을 바라보고, 밤이면 별을 보고, 새벽이면 새소리를 들으며 지낸다. 세상과 격리된 자연생활은 고독을 동반하기 마련이다. 꽃이 지고 별이 사라지며 시간이 무상하게 흘러가는 것이 화자의 마음을 애처롭게 한다. 섬세한 감성을 지닌 화자는 아름다운 꽃이 지는 것을 보고 삶의 비애를 느낀다.

8연의 "아는 이 있을까/저허하노니"는 그 의미가 모호하다. "저허하다"를 두려워하다는 뜻으로 해석하면, 화자가 자연에 묻혀 살면서도 진정한 은자(隱者)가 되지 못한 것을 두려워하고 있다고 볼 수 있다. 7연의 "묻혀서 사는 이"는 화자나 특정한 인물을 지칭하는 것이 아니라 통상적 의미로서의 은자(隱者)다. 자신은 고운 마음을 지닌 진정한 은자가 아니기 때문에 묻혀 사는 은자의 마음을 잘 아는 이가 있을까 두렵다는 것이다.

시상의 흐름을 보면 새벽에서 아침으로 시간이 경과하며, 외면에서 내면으로 시선이 이동한다. 1~6연까지는 별이 지는 새벽 무렵을 배경으로 하고 있으며, 외면 정경을 보여 주고 있다. 7~9연에서는 꽃이 지는 아침에 느끼는 서글픔을 직접으로 표출하고 있다. 마지막 연에서 화자의 주관적 감정이 나타나지만, 이 시는 차분한 어조로 감정을 절제하며, 고즈넉한 분위기에서 포착한 낙화의 아름다움을 섬세한 감성으로 표현하고 있다.

「낙화」는 한 연을 2행으로 구성하여 형태적으로 안정된 구조를 갖추고 있다. 한 행이 2마디로 끊어지며 전체적으로는 2음보가 반복된다. 한 연을 4음보의 율격으로 보면, 1~3연, 4~6연, 7~9연이 3장 6구의 시조 형식을 갖는다. 내용상 2단락에 해당하는 4연, 5연, 6연은 두 번째 행이 모두 2음절과 3음절의 어휘로 되어 있으며, 각 행의 첫 마디가 '꽃이', '뜰에', '우련' 등과 같이 2음절로 되어 있다. 규칙적이며 간결한 행의 배열은 언어의 질서를 만들어 냄으로써 감정의 방만함을 차단하고, 빠르지도 느리지도 않은 정돈된 리듬을 형성한다.

이 시는 특히 시어 조탁(彫琢)이 돋보인다. "지기로소니", "탓하랴", "붉어라", "저어하노니" 등 고전시에서 사용되는 어법을 차용하여 고풍스러운 분위기를 조성하고 있다. 또한 언어 사용에서 시적 허용이 나타나고 있다. 3연의 "머언"과 6연의 "하이얀"은 본래의 어휘에서 모음 한 음절을 추가하여 정서적 효과를 살리고 있다.

6연에서는 "우련"이라는 독특한 시어를 사용하고 있다. '우련하다'는 형용사에서 '우련'만 가져와 쓰고 있다. '우련'이라는 어근은 "붉어라"를 수식하는 부사어로 기능함으로써 이 시어는 은은하게, 희미하게, 엷게 등으로 풀이된다.

모란이 피기까지는 김영랑의 이 시 또한 꽃이 떨어지는 것을 제재로 하여 낙화에 대한 화자의 마음을 표현하고 있다. 오월 어느 무덥던 날 떨어져 버린 모란은 다 시들어 버리고 자취도 없이 사라진다. 화자는 모란의 소멸에 마치 한 해가 다 가고 만 것 같은 느낌이 들어 서럽도록 운다. 이 작품에서도 아름다움의 소멸을 바라보는 화자의 비애감이 나타나 있다. 그에게 모란꽃은 지상의 아름다움을 대표하는 자연물 그 이상의 가치를 지닌다. 화자가 간절하게 기다리는 소망의 대상이며, 삶의 보람을 느끼게 하는 절대적 대상이다. 이것을 잃음으로써 그는 깊은 절망감에 빠진다. "모란이 지고 말면 그뿐 내 한 해는 다 가고 말아/삼백예순 날 하냥 섭섭해 우옵내다"는 상실감과 절망감의 표현이다.

두 시의 공통된 소재가 되는 꽃은 아름다움의 표상이며, 화자가 애착을 갖고 대하는 소중한 대상이다. 낙화에 대한 슬픔의 표출은 대상과 화자 간의 애착 정도를 말해 준다. 애착의 관계로 따진다면 김영랑의 시가 더 밀착되어 있다. 다소 과장된 면이 있으나, 화자는 모란이 사라짐으로 "봄을 여읜 설움"에 잠기고 "뻗쳐오르던 내 보람"도 무너지는 참담함을 겪는다.

조지훈의 시에서도 낙화에 대한 슬픔이 표출되고 있다. 감정 폭의 차이가 있지만, 두 화자 모두 아름다운 꽃이 지는 것을 인생이나 자신의 삶과 관련짓고 있다. 「낙화」에서 꽃은 혼탁한 속세와는 대비되는 자연의 존재다. 화자는 자연에 은거하며 "묻혀서 사는 고운 마음"을 지켜 가려 한다. 그는 속세와 등지고 자연의 세계에서 순수하고 고운 마음을 추구하고자 한다. 그 자체로서 아름다움을 지닌 꽃은 화자에게 고운 마음을 지켜 가도록 해 준다. 그래서 세상을 피해 자연에 묻혀 살아가는 그에게 꽃은 위안과 낙이 된다. 이런 꽃이 사라짐으로 해서 화자는 새삼 삶의 비애와 덧없음을 느낀다. 꽃은 사라지는 그 순간까지 아름다움을 보여 주어 비애의 정감을 더한다.

「낙화」는 은자의 비애나 애상감이 이 시의 주된 정서를 이룬다. 「모란이 피기까지는」에서도 화자의 상실감은 크지만 '기다림'이라는 희망이 있다. 꽃의 사라짐과 마찬가지로 화자는 자신의 기다림 또한 숙명으로 받아들이고, 꽃이 피어날 다음의 봄을 기다린다. 모란이 사라진 지금은 슬프지만 다음을 기약할 수 있어 화자가 기다리는 봄은 "찬란한 슬픔의 봄"이 된다. 이 시에서 슬픔과 기다림의 정서가 공존하는 점은 조지훈의 시와는 구별되는 점이다.

넓게 읽기

낙화 / 조지훈 모란이 피기까지는 / 김영랑

꽃을 소재로 하는 시에는 김소월의 「진달래꽃」, 「산유화」, 이용악의 「오랑캐꽃」, 이상의 「꽃나무」, 박목월의 「박꽃」, 「산도화」, 조지훈의 「민들레꽃」, 박두진의 「꽃」, 이육사의 「꽃」, 신석초의 「꽃잎 절구」, 김춘수의 「꽃」, 「꽃을 위한 서시」, 서정주의 「목화」, 「멈둘레꽃」, 「국화 옆에서」, 「영산홍」, 「석류꽃」, 「산수유꽃나무에 말한 비밀」, 「산수유꽃」, 「꽃을 보는 법」, 이수복의 「동백꽃」, 오규원의 「제비꽃」, 황동규의 「제비꽃」, 조태일의 「연등」, 황지우의 「게눈 속의 연꽃」, 송수권의 「감꽃」, 정호승의 「수선화에게」, 백무산의 「꽃은 단 한 번만 핀다」 등이 있다.

낙화 / 모란이 피기까지는

백석

남신의주 유동 박시봉방 南新義州柳洞朴時逢方

어느 사이에 나는 아내도 없고, 또,
아내와 같이 살던 집도 없어지고,
그리고 살뜰한 부모며 동생들과도 멀리 떨어져서,
그 어느 바람 세인 쓸쓸한 거리 끝에 헤메이었다.
바로 날도 저물어서,
바람은 더욱 세게 불고, 추위는 점점 더해 오는데,
나는 어느 목수木手네 집 헌 삿을 깐,
한 방에 들어서 쥔을 붙이었다.
이리하여 나는 이 습내 나는 춥고, 누긋한 방에서,
낮이나 밤이나 나는 나 혼자도 너무 많은 것같이 생각하며,
딜옹배기에 북덕불이라도 담겨 오면,
이것을 안고 손을 쬐며 재 우에 뜻없이 글자를 쓰기도 하며,
또 문밖에 나가디두 않구 자리에 누워서,
머리에 손깍지벼개를 하고 굴기도 하면서,
나는 내 슬픔이며 어리석음이며를 소처럼 연하여 쌔김질하는 것이었다.
내 가슴이 꽉 메어 올 적이며,
내 눈에 뜨거운 것이 핑 괴일 적이며,
또 내 스스로 화끈 낯이 붉도록 부끄러울 적이며,
나는 내 슬픔과 어리석음에 눌리어 죽을 수밖에 없는 것을 느끼는 것이었다.
그러나 잠시 뒤에 나는 고개를 들어,
허연 문창을 바라보든가 또 눈을 떠서 높은 턴정을 쳐다보는 것인데,

이때 나는 내 뜻이며 힘으로, 나를 이끌어 가는 것이 힘든 일인 것을 생각하고,
이것들 보다 더 크고, 높은 것이 있어서, 나를 마음대로 굴려 가는 것을 생각하는 것인데,
이렇게 하여 여러 날이 지나는 동안에,
내 어지러운 마음에는 슬픔이며, 한탄이며, 가라앉을 것은 차츰 앙금이 되어 가라앉고,
외로운 생각만이 드는 때쯤 해서는,
더러 나줏손에 쌀랑쌀랑 싸락눈이 와서 문창을 치기도 하는 때도 있는데,
나는 이런 저녁에는 화로를 더욱 다가 끼며, 무릎을 꿇어 보며,
어니 먼 산 뒷옆에 바우섶에 따로 외로이 서서,
어두워 오는데 하이야니 눈을 맞을, 그 마른 잎새에는,
쌀랑쌀랑 소리도 나며 눈을 맞을,
그 드물다는 굳고 정한 갈매나무라는 나무를 생각하는 것이었다.

겨울 바다

김남조

겨울 바다에 가 보았지
미지未知의 새
보고 싶던 새들은 죽고 없었네

그대 생각을 했건만도
매운 해풍에
그 진실마저 눈물져 얼어 버리고

허무의
불
물이랑 위에 불 붙어 있었네

나를 가르치는 건
언제나
시간……
끄덕이며 끄덕이며 겨울 바다에 섰었네

남은 날은
적지만

기도를 끝낸 다음
더욱 뜨거운 기도의 문이 열리는
그런 영혼을 갖게 하소서

남은 날은
적지만……

겨울 바다에 가 보았지
인고忍苦의 물이
수심水深 속에 기둥을 이루고 있었네

남신의주 유동
박시봉방

1948년 10월 『학풍』에 발표된 백석의 시다. 가족과 떨어져 객지를 떠도는 화자의 내면을 진솔하게 표현하고 있다. 모국어의 구사가 돋보이며, 삶의 진정성이 감동을 주고 있다. 시 제목에서 '남신의주'와 '유동'은 북한 지명을 가리키고, '박시봉'은 화자가 기행지에서 세를 든 주인집 이름으로 보인다. '남신의주 유동 박시봉방'은 남신의주 유동 지역에 있는 박시봉네 집을 뜻한다. 남신의주 유동에 있는 박시봉이라는 사람의 집에 세 들어 사는 화자가 편지를 쓰듯 자신의 근황과 심경을 털어놓고 있다.

화자인 '나'는 홀로 객지에 나와 박시봉이라는 목수네 집에서 기거하면서 자신의 삶을 되돌아본다. 슬픔과 어리석음으로 얼룩진 자신의 삶을 소처럼 되새기며 죽을 수밖에 없다고 생각한다. 그리고 삶의 비애와 절망이 내 뜻과 힘으로 어쩌지 못하는 운명에 의한 것임을 깨닫는다. 마음이 진정되자 그는 눈을 맞고 서 있는 "굳고 정한 갈매나무"처럼 굳세고 깨끗하게 살아갈 것을 다짐한다. 이런 내용의 「남신의주 유동 박시봉방」은 크게 세 부분으로 나뉜다.

(1) 객지에서의 쓸쓸한 삶(어느 사이에~)
(2) 죽음을 생각하는 절망적인 삶(이리하여~)
(3) 운명에 대한 인식과 새로운 삶의 다짐(그러나~)

(1)은 화자가 처한 절박한 상황을 보여 준다. '나'는 가족과 고향을 떠나 객지 생활을 하던 중 아내와 집을 잃고, 홀로 바람이 세찬 거리를 떠돌아다녔다. 날도 저물고 바람이 더욱 세게 불고 추위가 점점 더해 오자 몸을 누일 곳으로 어느 목수네 집에 방을 하나 얻었다. 갈대로 엮어 만든 자리를 깔아 놓은 추운 방이었다.

(2)에서는 절망적인 생활상을 보여 준다. '나'는 집 밖으로 나가지 않고 습내 나는 방에서 낮이나 밤이나 생각에 골몰하였다. '나' 혼자 있는 것이 너무 많은 것처럼 느껴질 정도로 힘들었고, 화로에 불씨에 담아 뜻 없이 글자를 쓰기도 하였다. 또 손깍지베개를 하고 자리에 누워서 구르기도 하며, 슬프고 어리석은 자신의 삶을 소가 되새김질하는 것처럼 곱씹어 보았다. 그리고 가슴이 메어 오고 눈물이 나며, 낯이 붉도록 자신이 부끄러워 죽을 수밖에 없다는 것을 느낀다.

(3)에서 시상이 전환된다. 실의에 빠져 죽음까지 생각하던 '나'는 절망을 극복하고 새로운 삶을 다짐한다. 고개를 들어 문창과 천장을 바라보며 문득 자신의 뜻과 의지로 어찌할 수 없는 그 무엇이 있다는 것을 깨닫는다. 운명과 같이 더 크고 높은 것이 자신을 움직여 간다고 생각한다. 여러 날을 보내는 동안 마음속의 슬픔과 한탄이 차츰 가라앉는다. 마음이 진정되고 외로운 생각이 들 때쯤 저녁에 싸락눈이 문창을 치는데 '나'는 화로를 바짝 낀 채 무릎을 꿇고 어두워 가는 겨울 하늘 아래 먼 산 바위 옆에서 혼자 눈을 맞을, 마른 잎새에 쌀랑쌀랑 소리를 내며 의연히 눈을 맞을 갈매나무를 떠올린다. 그러면서 굳세고 정결하게 살아가리라 다짐한다. "갈매나무"는 상상을 통해 '나'가 떠올려 본 것으로 삶에 대한 화자의 의지를 나타낸다. 갈매나무에는 희망을 갖고 새로운 삶을 추구하려는 '나'의 마음이 투영되어 있다.

이 시는 표현상 여러 특징이 있다. 장문의 산문적 진술로 의미를 전달하고 있으나 의미의 긴밀성을 고려하여 행을 나누고, '-다'로 끝맺는 문장을 제외하고는 모든 행에서 쉼표를 사용하고 있다. 산문처럼 '이리하여', '이렇게 하여'와 같은 지시 표현이나 '또', '그러나' 등의 접속어를 쓰고 있다. 또 '-고'나 '-며', '-(어)서' '-(인)데 등과 같은 연결어미를 사용하여 문장을 길게 이어가고 있다. 연결어미가 쓰인 곳에는 쉼표를 쓴다. 반복되는 연결어미와 구두점의 사용은 산문의 긴 호흡을 조절하며, 내재적 리듬을 만드는 구실을 한다.

전체적으로 산문적 진술에 의존하기는 하지만, 시각과 청각의 이미지를 살려 그 정황을 구체적으로 표현하며, "갈매나무"라는 상상의 소재를 통해 화자의 내면을 암시한다. 상상을 통한 시상의 변환, 감각적 이미지의 활용, 사물을 통한 정서 표현 등은 작품의 서정성을 높이고 있다.

이 시는 우리말의 구사가 두드러진다. 삿, 딜옹배기, 북덕불 등은 토속적인 색채가 강한 시어이며, 쥔, 나줏손, 쌔김질, 바우섶 등은 평안도 지역 방언이다. 토속어와 특정 지역의 사투리는 향토적 정감을 불러일으킬 뿐만 아니라 독자의 이목을 끄는 시적 기능을 한다. 순수 우리말의 구사에서 모국어에 대한 시인의 애정을 엿볼 수 있다.

「남신의주 유동 박시봉방」은 무엇보다 삶의 진정성이 돋보인다. 시에서 보여 주는 화자의 체험은 시인의 체험이다. 시인은 남에게 털어놓기 어려운 사적인 이야기를 가식 없이 솔직하게 표현하고 있다. 개인의 일상과 삶에 대한 성찰이 주된 내용이어서 자칫 개인의 넋두리에 빠질 수 있는데, 이것은 표현의 진실성과 구체성으로 극복된다. 재 위에 글을 쓰는 행위, 손깍지 베개를 하거나 이리저리 굴러 보는 행동 등은 시인이 겪는 괴로움을 그대로 보여 준다. 소처럼 자신의 슬픔과 어리석음을 되새김질하며, 가슴이 메어 눈물이 나고, 스스로 낯이 붉도록 부끄러워 죽음을 생각할 수밖에 없다는 감정 표현은 독자의 심금을 울린다.

겨울 바다

김남조의 「겨울 바다」는 백석의 시와 유사한 점이 있다. 두 작품은 모두 성찰의 내용을 독백체로 나타내고 있다. 이 시의 화자는 절망적 상황에 빠지지만 성찰과 사색을 통해 절망과 허무를 이겨 낸다. 인고를 통한 절망의 극복과 삶에 대한 의지는 '수심 속에 이루는 기둥'으로 표현되고 있다. 물기둥은 백석 시에 나오는 "갈매나무"와 마찬가지로 절망을 극복하려는 자아의 신념을 나타낸다.

이 시는 1, 2연에서 절망적 상황이 제시되고, 3~6연에서 시상이 전환된다. 그리고 7, 8연에서 화자의 소망과 내면의 의지를 보여 준다. 시상이 절망의 정서에서 희망의 정서로 전환되는 점 또한 백석 시와 유사하다.

화자는 겨울 바다에 가 보았지만, 자신이 보고 싶어 한 미지의 새들은 죽고 없었다. "미지의 새"는 현실에서 접해 보지 못한, 마음속으로 동경하던 이상이나 소망을 나타낸다. 이것은 화자가 추구하는 정신적 가치라는 점에서 2연의 "진실"과 의미적으로 연결된다. 그대를 사랑하며 간절히 그리워했지만, 그대를 향한 진실한 마음은 매서운 바닷바람과 같은 현실적 시련 앞에서 깨져 버린다.

꿈꾸던 소망과 진실이 사라져 화자는 깊은 허무와 절망에 빠진다. 내면에는 허무의 마음이 불타오르지만, 이를 이겨 내려는 의지로 인해 허무의 불이 "물이랑"에 불붙는다. '불'이 대립, 충돌, 절망 등을 나타낸다면, '물'은 순수, 정화, 희망 등의 상징적 의미를 갖는다. 물과 불은 양립할 수 없지만 내면에 타오르는 허무의 불길은 물을 만나 정화된다. 이 물은 다름 아닌 겨울 바다다.

화자는 불붙은 겨울 바다에서 서서 현재의 상황을 긍정적으로 받아들이며 시간의 힘을 깨닫는다. 앞으로 살아갈 날들은 적지만, 고통의 시간을 인내하며 기도하는 마음으로 살아가면 보다 성숙한 삶을 이룰 수 있을 것이라 믿는다. 화자는 절망적 상황에서도 희망을 잃지 않으며, 맑은 영혼으로 진실한 삶을 추구할 수 있기를 갈망한다. "뜨거운 기도의 문"이 열리는 그런 영혼에 대한 염원은 새로운 삶을 바라는 화자의 소망을 보여 준다.

삶에 대한 자각과 염원으로 화자의 마음에 "인고의 물"이 마침내 기둥을 이룬다. 이때의 물기둥은 불과의 대면을 거쳐 고통의 시간의 인내하며 생성된 것이다. "인고의 물이 / 수심 속에 기둥을 이루고 있었네"는 인고의 과정을 통해 화자가 허무를 극복하고 자아를 정립하였음을 말해 준다.

넓게 읽기

남신의주 유동 박시봉방南新義州柳洞朴時逢方 / 백석
겨울 바다 / 김남조

백석의 「남신의주 유동 박시봉방」과 김남조의 「겨울 바다」는 우리가 왜 문학을 읽어야 하는지, 나아가 시를 왜 읽어야 하는지를 잘 보여 준다. 문학은 인간을 탐구한다. 인간의 내면은 물론 사람들이 살아가는 삶의 모습을 언어로 형상화한다. 두 시에 나타나는 화자인 '나'는 다름 아닌 시인이다. 시인이 경험하고 느낀 것을 가식 없이 드러내고 있다. 절망에서 희망을 찾아가는 인생의 행로는 독자에게 위안이 된다. 두 작품은 조용한 공간과 시간을 택해 곱씹어 읽기 좋은 시다.

1927년 대구에서 출생한 김남조 시인은 우리나라를 대표하는 여류 시인이며, 많은 시집을 낸 원로 시인이다. 첫 시집인 『목숨』(1953)을 비롯해 40권에 가까운 시집을 출간하며 지금까지 왕성하게 창작 활동을 하고 있다. 대표시에는 「겨울 바다」 외에 「설일」, 「정념의 기」, 「너를 위하여」, 「생명」, 「바람」 등이 있으며, 뛰어난 감성과 기독교적 신앙심으로 생명의 존귀함과 사랑을 그리는 시를 주로 썼다.

플라타너스

김현승

꿈을 아느냐 네게 물으면,
플라타너스,
너의 머리는 어느덧 파아란 하늘에 젖어 있다.

너는 사모할 줄을 모르나,
플라타너스,
너는 네게 있는 것으로 그늘을 늘인다.

먼 길에 오를 제,
호올로 되어 외로울 제,
플라타너스,
너는 그 길을 나와 같이 걸었다.

이제 너의 뿌리 깊이
나의 영혼을 불어넣고 가도 좋으련만,
플라타너스,
나는 너와 함께 신이 아니다!

수고로운 우리의 길이 다하는 어느 날,
플라타너스,
너를 맞아 줄 검은 흙이 먼 곳에 따로이 있느냐?
나는 오직 너를 지켜 네 이웃이 되고 싶을 뿐,
그곳은 아름다운 별과 나의 사랑하는 창이 열린 길이다.

꽃

김춘수

내가 그의 이름을 불러 주기 전에는
그는 다만
하나의 몸짓에 지나지 않았다.

내가 그의 이름을 불러 주었을 때
그는 나에게로 와서
꽃이 되었다.

내가 그의 이름을 불러 준 것처럼
나의 이 빛깔과 향기에 알맞은
누가 나의 이름을 불러 다오.
그에게로 가서 나도
그의 꽃이 되고 싶다.

우리들은 모두
무엇이 되고 싶다.
너는 나에게 나는 너에게
잊혀지지 않는 하나의 눈짓이 되고 싶다.

플라타너스

이 시는 플라타너스와의 교감을 그리고 있는 작품이다. 플라타너스는 인격화된 대상인 '너'로 등장한다. 화자인 '나'는 인생의 고독을 느끼며 플라타너스와 이야기를 나눈다. '나'에게 플라타너스는 삶의 동반자로서 소중한 존재가 되고 있다.

플라타너스에게는 꿈이 있다. 꿈을 아느냐고 물으면 대답하지 않지만, 플라타너스의 머리는 이미 파란 하늘에 젖어 있다. 하늘을 향해 우람하게 뻗어 있는 나무의 형상에서 화자는 꿈을 지닌 존재로서의 플라타너스의 모습을 발견한다.

플라타너스는 누군가를 사모하지 않지만, 자신의 본연의 임무인 양 그늘을 만들고 있다. 플라타너스가 늘어뜨리는 "그늘"은 남을 위한 배려와 나눔이다. 넉넉한 사랑과 너그러운 마음을 지닌 플라타너스의 품성은 나와 같이 길을 걸었다는 3연의 내용에서도 엿볼 수 있다.

3연은 플라타너스와 나의 관계에 집중되어 있다. 이 연은 플라타너스가 늘어선 가로수 길을 화자가 걷고 있는 것을 연상시킨다. "먼 길에 오를 제 / 호올로 되어 외로울 제"는 삶의 긴 여정에서 화자가 겪은 험난하고 외로운 일을 암시한다. 화자가 힘겨운 일로 혼자가 될 때, 플라타너스는 동행자로서 함께 걸어 주었다. 여기서 플라타너스는 '나'의 고독을 공유하며, '나'를 위로해 주는 대상으로 그려지고 있다.

플라타너스에서 위안을 얻은 화자는 그를 삶의 동반자로 대하며 마음을 나누고자 한다. 화자는 플라타너스를 자신과 같은 동등한 인격체로 받아들이며, 그에게 자신의 영혼을 불어넣으려 한다. 하지만 '나'는 '너'와 함께 신이 아니기에 그렇게 하지 못한다. 이러한 한계를 자각하며 화자는 그와 영혼을 교감할 수 없음을 안타까워한다.

5연에서 플라타너스에 대한 애정과 동질감이 '우리'로 표현되고 있다. 화자는 "수고로운 우리의 길이 다하는" 죽음의 세계를 생각한다. "너를 맞아 줄 검은 흙"은 저승 세계다. 이곳은 '너'와 '내'가 단절되는 격리의 공간이나 폐쇄의 공간이 아니다. 화자는 "아름다운 별"과 "사랑하는 창"이 있는 그곳에서 '너'와 함께하고자 한다. '나'는 삶이 다하는 날까지 '너'를 지켜 주는 이웃이 되고자 한다. 고독한 인생의 길에서 화자는 그의 영원한 반려자가 되기를 소망한다.

이 시에서 화자인 '나'는 플라타너스라는 나무에 의미를 부여하고 있다. 그가 '나'를 위로해 주듯 '나'도 그에게 의미 있는 존재가 되기를 바란다. 서로에게 의미 있는 진정한 관계를 추구한다는 점에서 이 시는 김춘수의 「꽃」과 유사한 점이 있다.

꽃

이 시는 '꽃'을 소재로 하고 있으나, 이 꽃은 자연의 꽃이 아니다. 화자는 '나'고, 나는 '꽃(그, 너)'에 대해 이야기한다. '내'가 '그'의 이름을 불러 주기 전에는 하나의 몸짓에 지나지 않았는데, '그'의 이름을 불러 주었을 때 '그'는 '나'의 꽃이 된다. 이름을 부여함으로써 꽃은 진정한 꽃으로 인정받는다.

화자는 '이름 불러 주기'라는 명명(命名) 행위를 통해 대상을 인식한다. 명명 행위는 대상과 관계를 맺는 일이며, 대상의 참모습을 인식하는 행위다. 인식의 대상이 되는 꽃은 특정 사물이나 사람에 한정되지 않고 인식하고자 하는 모든 것을 포괄한다. "이름"을 부르는 일은 대상의 모습과 가치를 이해하면서 의미를 부여하는 것이 된다. 이름을 불러 주기 전의 꽃은 인식 이전의 상태로 어떤 의미도 갖지 못한다. 하지만 그의 이름을 불러 주었을 때 꽃은 가치를 부여받고 의미 있는 참된 존재가 된다.

꽃은 그 자체의 빛깔과 향기를 지닌 대상이다. 빛깔과 향기는 그 대상이 지닌 외적·내적인 특성으로, 이것은 존재의 본질을 형성한다. '내'가 '그'의 이름을 불러 준 것처럼 화자는 자신의 빛깔과 향기에 알맞은 이름을 부여받고 싶어 한다. 나는 명명 과정을 통해 대상을 인식하고 존재의 참된 모습을 찾으려 한다. 이런 시각에서 보면 「꽃」은 존재의 본질 구현을 소망하는 시가 된다.

한편 이 시는 대상과의 관계에 중점을 두면, 대상과의 참다운 관계를 소망하는 작품으로 볼 수 있다. '내'가 '너(꽃)'를 인식하지 못할 때에는 아무런 의미가 없지만, '내'가 '너'의 이름을 불러 주며 '너'를 알아 갈 때 '너'는 의미 있는 존재가 된다. '내'가 그렇게 한 것처럼 '너'도 '나'의 빛깔과 향기에 알맞은 이름을 불러 주기를 바란다. '나'도 '너'에게 의미 있는 존재가 되고 싶은 것이다. 그럼으로써 서로가 서로에게 "잊혀지지 않는 눈짓"이 되고자 한다.

김현승의 「플라타너스」에서 화자인 '나'는 플라타너스에게 이름을 불러 주고 있다. 명명의 인식 과정을 통해 그의 머리가 하늘을 향해 있고, 그늘을 늘이고 있다는 사실을 드러낸다. '내'가 그를 의미 있는 존재로 인식하듯, 그 또한 '나'를 의미 있는 존재로 인식해 주기를 바란다. '나'는 그에게로 가서 그의 꽃이 되고 싶어 한다. '나'는 그의 뿌리 깊이 '나'의 영혼을 불어넣고자 한다. 하지만 그와 마찬가지로 '나' 또한 신이 아니어서 그렇게 하지 못한다. 그렇지만 '내'가 힘들고 외로울 때 '나'와 함께 길을 걸어 준 것처럼 '나'는 그가 생을 다하는 그날까지 그를 지켜 주는 이웃이 되고자 한다.

두 작품은 모두 화자가 '나'이고, 시적 대상이 되는 플라타너스나 꽃은 '너' 또는 '그'로 지칭되고 있다. 화자는 명명의 행위를 통해 상대를 인식하며, 대상과의 관계 맺기를 통해 참된 존재의 의미를 추구한다. 두 시는 인식의 주체가 '나'에서 '우리'로 확산되며, 상호 인식을 통해 진정한 관계를 노래한다는 점에서 공통점을 찾을 수 있다.

넓게 읽기

플라타너스 / 김현승 꽃 / 김춘수

2005년에 푸른사상 출판사에서 『한국 현역 100인 대표시선』을 출간한 일이 있다. 등단한 지 10년 이상의 현역 시인 100명을 선정하여 각 시인의 대표시를 선별·분류하였는데, 이때 시를 (1) 전통적 서정시, (2) 주지적 경향의 시, (3) 언어 감각의 시, (4) 탈관념 실험시, (5) 사실과 현장의 시 등 다섯 분야로 나누었다. 김현승의 「플라타너스」와 김춘수의 「꽃」은 정서를 앞세우는 전통적 서정시나 언어의 회화성을 강조하는 언어 감각의 시와는 거리가 있다. 작품의 성향으로 보면 '주지적 경향의 시'에 가깝다.

주지적 경향의 시로 선정된 작품에는 고진하의 「묵언의 날」, 「라일락」, 김남조의 「정념의 기」, 「겨울 바다」, 문인수의 「대숲」, 「창포」, 오세영의 「그릇」, 「겨울 노래」, 이건청의 「낙타의 꿈」, 정현종의 「교감」, 조정권의 「산정묘지11」, 황동규의 「꿈꽃」 등이 있다.

다시 밝은 날에
—춘향의 말 2

서정주

신령님……

처음 내 마음은
수천만 마리
노고지리 우는 날의 아지랑이 같었습니다

번쩍이는 비늘을 단 고기들이 헤염치는
초록의 강 물결
어우러져 날으는 애기 구름 같었습니다

신령님……

그러나 그의 모습으로 어느 날 당신이 내게 오셨을 때
나는 미친 회오리바람이 되였습니다
쏟아져 내리는 벼랑의 폭포
쏟아져 내리는 쏘내기비가 되였습니다

그러나 신령님……

바닷물이 적은 여울을 마시듯이
당신이 다시 그를 데려가고
그 휘-ㄴ한 내 마음에
마지막 타는 저녁 노을을 두셨습니다.
그러고는 또 기인 밤을 두셨습니다

신령님……

그리하여 또 한번 내 위에 밝는 날
이제
산골에 피어나는 도라지꽃 같은
내 마음의 빛갈은 당신의 사랑입니다

수정가

박재삼

집을 치면, 정화수 잔잔한 위에 아침마다 새로 생기는 물방울의 선선한 우물 집이었을레. 또한 윤이 나는 마루의, 그 끝에 평상의, 갈앉은 뜨락의, 물냄새 창창한 그런 집이었을레. 서방님은 바람 같단들 어느 때고 바람은 어려올 따름, 그 옆에 순순順順한 스러지는 물방울의 찬란한 춘향이 마음이 아니었을레.

하루에 몇 번쯤 푸른 산 언덕들을 눈 아래 보았을까나. 그러면 그때마다 일렁여 오는 푸른 그리움에 어울려 흐느껴 물살짓는 어깨가 얼마쯤 하였을까나. 진실로, 우리가 받들 산신령은 그 어디 있을까마는, 산과 언덕들의 만리萬里 같은 물살을 굽어보는, 춘향은 바람에 어울린 수정빛 임자가 아니었을까나.

다시 밝은 날에 이 시는 고전소설에 나오는 인물을 내세워 사랑의 마음을 표현하고 있다. 화자는 춘향이고, 청자는 신령님이다. 사랑하는 이와 헤어진 춘향은 임과 다시 만나고자 하는 소망과 변함없는 사랑의 마음을 신령님께 털어놓는다. 청자가 신적 존재이기에 높임 표현으로 절실한 감정을 나타낸다. 표면적으로는 춘향이 신령님께 비는 기도의 형식을 취하고 있으나, 춘향이 독백조로 자신의 심정을 토로하고 있다.

중심 대상은 '다시 밝은 날'에 춘향이 만나기를 학수고대하는 임이다. 소설의 내용으로 보면 춘향의 임은 백년가약을 맺고 떠나간 이 도령이다. 2연의 "그의 모습으로 어느 날 당신이 내게 오셨을 때"라는 구절에서 '당신'은 신령님으로 볼 수 있다. 이 문맥으로만 보면, 신령님이 이 도령으로 화(化)한 것으로 오인할 수 있다. 하지만 여기서의 '당신'은 신령님이 아니라 춘향이 사모하는 이 도령이다. 4단락의 "내 마음의 빛갈은 당신의 사랑입니다"에서 알 수 있듯 이 작품에서 이 도령은 신령님과 같이 절대적 존재로서 그려지고 있다. 이 시는 '(그러나) 신령님……'을 한 연으로 하고 있는데, 의미상 네 단락으로 나눌 수 있다.

1단락 신령님~애기 구름 같었습니다
2단락 신령님~쏘내기비가 되었습니다
3단락 그러나 신령님~두셨습니다
4단락 신령님~사랑입니다

이 시는 화자인 춘향이 이 도령을 만나기 전후 상황을 중심으로 자신의 내면 심리를 표현하고 있다. 1단락은 아름다운 자연의 모습을 시각과 청각의 심상으로 묘사하여 춘향이 이 도령을 만나기 전의 평화롭던 심리 상태를 보여 준다. 춘향은 '노고지리가 우는 봄날의 아지랑이', '반짝이는 물고기들이 헤엄치는 강의 물결', '하늘을 나는 아기 구름' 등의 자연물을 통해 임을 만나기 전의 행복하고 평화로웠던 마음을 나타낸다.

2단락은 그를 만난 이후 열정에 빠진 심리 상태를 보여 준다. 신령님이 임으로 변한 것이라고 느낄 정도로 이 도령은 춘향에게 절대적이고 고귀한 존재였다. 그를 만나면서 춘향은 격렬한 사랑의 열정에 사로잡힌다. 춘향은 "미친 회오리바람"과 같이 정신을 못 차릴 정도로 그에게 빠져 버린다. 쏟아져 내리는 벼랑의 폭포와 소낙비는 꿈 많던 소녀 시절의 삶이 그를 만남으로써 완전히 바뀌어 버렸다는 것을 알려 준다.

3단락은 춘향의 애절한 고백을 통해 이별을 겪은 후의 아픔을 보여 준다. 춘향은 바닷물이 작은 여울을 마시듯 신령님이 그를 데리고 간 것이라고 생각한다. 이는 이별 또한 사람의 의지로는 어떻게 할 수 없는 운명에 의해 이루어졌음을 말해 준다. 그가 떠나감으로써 춘향의 사랑의 감정은 사무치는 그리움으로 더욱 깊어간다. 이 도령과 헤어진 후, 훤한 가슴은 "마지막 타는 저녁 노을"과 같이 그리움과 사모의 마음으로 타오른다. 임의 생각으로 지새는 "또 기인 밤"은 신령님이 주신 긴 기다림의 고통이다.

4단락은 재회의 소망을 드러내고 있다. 춘향은 고통의 나날을 보내고 있지만, 임을 원망하지 않는다. 춘향은 처음 그를 만날 때와 같이 "또 한번 내 위에 밝는 날"이 오기를 바란다. 화자는 '도라지꽃 같은 사랑'을 통해 당신을 향한 순결한 마음을 표현한다. "내 마음의 빛갈은 당신의 사랑입니다"는 '내' 마음이 온통 당신에 대한 사랑으로 채워져 있다는 것을 나타낸다. 이때의 '당신'은 신령님과 동일시되고 있는 이 도령이다. 4연에는 사랑하는 임을 다시 만날 수 있을 것이라는 믿음과 함께 '당신'을 변함없이 사랑할 것이라는 뜻이 담겨 있다.

수정가

박재삼의 「수정가」 역시 고전소설인 『춘향전』을 소재로 하여 '지고지순한 사랑의 감정'을 비유적으로 표현하고 있다. 고전을 통한 상상과 비유의 구사는 두 작품의 공통점이다. 이 시는 이 도령과 이별한 춘향의 마음을 다른 대상에 빗대고 있다. 춘향의 마음은 '정화수 잔잔한 위에 아침마다 새로 생기는 물방울의 선선한 우물집'이고, '바람 옆에 순순히 스러지는 물방울'이다. 맑고 깨끗한 물의 이미지를 통해 춘향의 순수하고 아름다운 사랑의 마음을 표현하고 있다.

두 작품은 임을 향한 춘향의 마음을 표현함으로써 아름다운 사랑의 마음을 나타내고 있다. 서정주 시에서 "내 마음의 빛갈"로써 당신에 대한 지극한 사랑을 보이듯, 「수정가」에서도 "춘향은 바람에 어울린 수정빛 임자"라고 하여 빛의 이미지로 변함없는 사랑의 마음을 나타낸다.

두 시는 또한 특정한 종결어미를 반복하여 작품의 분위기를 고양하고 리듬을 형성하고 있다. 서정주 시에서는 '-습니다'로 문장이 종결되는데, 박재삼 시에서는 '-(이)었을레', '-을까나'라는 어미를 반복한다. 말의 반복으로 리듬감을 얻고 정서를 환기하는 것은 두 작품의 특징이기도 하다.

「수정가」에서는 서정주 시와 마찬가지로 신령님이 등장한다. 그러나 그 기능이나 의미에서 차이가 있다. 1연의 "정화수"와 2연의 "산신령"은 춘향이 정화수를 떠다 놓고 임과 재회를 기원했음을 암시한다. 하지만 "우리가 받들 산신령은 그 어디 있을까마는"이라는 구절에서 알 수 있듯 이 작품에서는 산신령의 존재가 명료하게 드러나지 않는다.

서정주 시에서는 '신령님'이 기원의 대상이 되어 반복적으로 되풀이되며, 이 도령의 존재를 드러내 주는 기능을 한다. 이 시에서는 신령님으로 지칭되던 '당신'이 이 도령과 동일시됨으로써 춘향에게 이 도령이 어떤 존재인지를, 그리고 그녀가 얼마나 이 도령을 사랑하고 있는지를 보여 준다.

서정주의 「다시 밝은 날에」에서는 춘향과 신령님이 화자와 청자의 관계로 설정되어 있다. 박재삼의 시는 화자가 작품 밖의 인물인데, 서정주 시에서는 춘향이 직접 화자로 나온다. 소설의 시점으로 말하면 전자가 전지적 작가 시점이라면, 후자는 1인칭 주인공 시점이 된다. 「수정가」는 화자의 가정과 추측이 내용을 이루고 있고, 「다시 밝은 날에」에서는 춘향이 신령님께 직접 고하는 말이 작품의 내용이 된다. 앞 시는 기다림의 고통을 상당히 구체적으로 표현하고 있다. 뒤의 시는 이 도령을 만나기 전에서부터 헤어진 이후까지 춘향의 내면을 잘 보여 주고 있다.

넓게 읽기

다시 밝은 날에 – 춘향의 말 2 / 서정주
수정가 / 박재삼

현대시에서도 서정주의 「다시 밝은 날에–춘향의 말 2」와 박재삼의 「수정가」처럼 고전소설의 이야기를 모티브로 하는 시들이 더러 있다. 서정주의 「추천사–춘향의 말1」, 「춘향유문–춘향의 말3」 등은 『춘향전』의 여자 주인공인 춘향을 화자로 하여 사랑의 마음을 표현하고 있다. 나태주의 「등 너머로 훔쳐 듣는 대숲바람 소리」와 김종삼의 「술래잡기」는 『심청전』에서, 박재삼의 「홍부 부부상」은 『홍부전』에서 소재를 구하고 있다.

이별가

박목월

뭐락카노, 저편 강기슭에서
니 뭐락카노, 바람에 불려서

이승 아니믄 저승으로 떠나는 뱃머리에서
나의 목소리도 바람에 날려서

뭐락카노 뭐락카노
썩어서 동아밧줄은 삭아 내리는데

하직을 말자, 하직을 말자
인연은 갈밭을 건너는 바람

뭐락카노 뭐락카노 뭐락카노
니 흰 옷자라기만 펄럭거리고……

오냐. 오냐. 오냐.
이승 아니믄 저승에서라도……

이승 아니믄 저승에서라도
인연은 갈밭을 건너는 바람

뭐락카노, 저편 강기슭에서
니 음성은 바람에 불려서

오냐. 오냐. 오냐.
나의 목소리도 바람에 날려서

하관

박목월

관棺이 내렸다.
깊은 가슴 안에 밧줄로 달아 내리듯.
주여.
용납하옵소서.
머리맡에 성경을 얹어 주고
나는 옷자락에 흙을 받아
좌르르 하직下直했다.

그 후로
그를 꿈에서 만났다.
턱이 긴 얼굴이 나를 돌아보고
형님!
불렀다.
오오냐. 나는 전신全身으로 대답했다.
그래도 그는 못 들었으리라.
이제
네 음성을
나만 듣는 여기는 눈과 비가 오는 세상.

너는 어디로 갔느냐.
그 어질고 안쓰럽고 다정한 눈짓을 하고.
형님!
부르는 목소리는 들리는데
내 목소리는 미치지 못하는.
다만 여기는
열매가 떨어지면
툭 하는 소리가 들리는 세상.

이 시는 사랑하는 이의 죽음을 제재로 하고 있다. 사용하는 언어나 상대를 지칭하는 '니'라는 말을 볼 때 사랑하는 사람은 친구나 동생으로 짐작된다. 무슨 말을 하는지 정확히 알지는 못하지만, 화자는 죽은 이(死者)의 목소리를 듣는다. 저쪽에서 뭐라고 말하는데 알아듣지 못해 화자는 안타까워한다. 이것이 환청일 수 있으나 화자는 죽은 이와 소통을 시도하며 이승에서의 인연을 계속 이어 가려 한다.

이 작품에서 옷, 강, 배 등의 소재는 죽음의 의미를 나타낸다. "니 흰 옷자라기"는 죽은 사람이 입는 수의를 연상하게 한다. 민간 전설에서 사람이 죽으면 저승사자와 함께 배를 타고 강을 건너간다. 강을 건너간다는 것은 곧 죽음을 의미한다. '강'은 이승과 저승의 경계가 된다. 갈대가 우거져 있는 강기슭은 죽음의 세계인 저승을 의미한다. '니(너)'라고 지칭되는 청자는 저편 강기슭에 있다. '너'는 저편 강기슭에서 배를 타고 떠나려 한다.

'너'는 저편 강기슭에 있다. 강은 이승과 저승을 가르는 갈림길이다. 화자가 있는 이쪽이 이승의 세계라면, "저편 강기슭"은 저승, 죽음의 세계다. '너'는 강 저편으로 떠나며 화자를 부른다. 하지만 '너'의 음성은 바람에 흩어져 이쪽의 '나'에게 제대로 전달되지 못한다. '나' 역시 상대를 부르며 답하지만 '나'의 목소리는 바람에 흩날린다. 바람은 산 자와 죽은 자의 소통을 방해한다. 저편 강기슭에서는 '너'의 음성이 바람에 "불리고", 이쪽에서는 '나'의 목소리도 바람에 "날려서" 두 사람 간의 소통은 단절된다.

1연의 "니 뭐락카노, 바람에 불려서"에서 "불려서"는 2연의 "나의 목소리도 바람에 날려서"의 "날려서"와 의미적으로 대응한다. 그런데 화자는 1, 2연 그리고 8, 9연에서 "불려서"와 "날려서"를 구분해 쓴다. 저승에서는 '너'의 음성이 바람에 불리고, 이승에서는 '나'의 목소리가 바람에 날린다. "불려서"는 누구에 의해 바람이 불게 된다는 피동형의 말이다. '너'의 음성이 바람에 불린다는 것은 인간의 힘으로는 어떻게 할 수 없는 운명의 힘이 작용하고 있다는 것을 함축한다. "이승 아니면 저승으로 떠나는 뱃머리"에서도 알 수 있듯 화자는 이승과 저승, 차안(此岸)과 피안(彼岸)의 세계를 구분하며 이승과 저승 간의 거리를 인식한다.

'너무 슬퍼하지 말고 잘 있어라.'라고 '너'가 마지막 인사말을 건네는 듯한데, 화자는 이런 비극적 상황을 쉽게 받아들이지 못한다. 죽음의 세계에서는 동아밧줄과 같이 질기고 단단한 인연의 끈도 서서히 삭아서 끊어진다. 갈밭이 있는 강가 저편은 생의 종말로 모든 인연이 소멸되는 부정의 세계다. 이승과 저승의 연결을 차단하며 산 자와 죽은 자의 소통을 방해하는 바람은 갈밭을 건넌다. '나'는 '너'의 죽음을 인정하지 않으며 작별을 거부한다.

'하직을 하지 말자.'라는 화자의 말에 응답하듯 저쪽에서도 뭐라고 말한다. 하지만 흰 옷자락만 희미하게 보일 뿐 '너'의 목소리는 잘 들리지 않는다. 저쪽으로 향하는 배는 화자에게서 점점 멀어져 간다. 5연의 "뭐락카노 뭐락카노 뭐락카노"는 화자가 있는 이승과 저승으로 떠나는 너와의 거리가 점점 멀어짐을 나타내며, 동시에 화자가 느끼는 단절감의 아픔을 보여 준다.

화자는 사랑하는 사람의 죽음과 인연의 단절로 슬픔에 빠지지만, '너'의 죽음을 수긍하고 저승에서의 재회를 소망한다. 너와의 하직을 단호하게 거부하던 화자는 "오냐. 오냐. 오냐."라며 이승에서의 인연이 다해 버린 운명을 받아들이고, 이승이 아니면 저승에서라도 만나자는 바람을 갖는다.

화자는 "인연은 갈밭을 건너는 바람"이라는 말을 4연과 7연에서 반복한다. 이 구절은 4연에서 문맥상 부정적 의미로 해석되나, 재회의 다짐을 바라고 있는 7연에서는 긍정적 의미를 지닌다. "이승이 아니믄 저승에라도"는 저승에서의 인연을 내포하고 있다. 화자는 운명을 받아들이면서 우리의 인연이 저승에까지 이어 갈 수 있을 것이라고 믿는다.

이 시에서 바람은 이중적 의미를 지닌다. 바람은 '나'와 '너'의 소통을 가로막기도 하지만 이승과 저승을 연결하는 매개의 기능을 한다. "인연은 갈밭을 건너는 바람"라는 비유적 표현은 A는 B라는 은유의 형식으로 "인연"과 "바람"을 연결 짓고 있다. 바람은 갈밭, 곧 삶과 죽음의 경계인 강을 자유롭게 드나든다. 이쪽에서 저쪽으로 지나가는 바람의 속성에서 화자는 인연의 끊어짐과 이어짐이라는 양면성을 인식한다.

삶과 죽음이 이승과 저승으로 갈리고, 바람 때문에 서로의 말을 들을 수는 없지만 우리의 인연은 결코 끊어지지 않을 것이다. 이승에서의 인연이 저승에까지 이어지므로 저승에서 우리가 다시 만날 수 있을 것이다. 화자에게는 이런 믿음과 소망이 있어 사별의 슬픔을 이겨 낸다.

박목월의 「이별가」는 산 자와 죽은 자가 대화를 나누는 형식으로 되어 있다. 전체의 내용은 화자의 독백으로 발화되고 있지만, 화자가 '너'에게 말을 건네는 어법을 취하고 있다. 이러한 어법은 화자의 간절하고 진실한 마음을 전달하는 효과가 있다.

이 시는 내용상 1~5연의 전반부와 6~9연의 후반부로 나누어 볼 수 있다. 전반부에서는 '너'의 죽음과 인연의 끊어짐에 대한 안타까움이 나타나고, 후반부에서는 사별에 대한 수긍과 재회에 대한 소망이 나타나 있다.

화자는 죽은 사람인 '너'에게 말을 건네는데, 전반부에서는 "뭐락카노"를 되풀이한다. 이 말은 '무엇이라고 말하고 있니'의 경상도 사투리다. 어릴 적부터 몸에 배어 있는 고향의 말을 사용하여 자신의 감정을 진솔하게 드러낸다. 화자는 "뭐락카노"를 거듭 되풀이하면서 '너'에 대한 그리움과 안타까운 심정을 심화하고 있다.

그런데 후반부에서는 서글프고 안타까운 마음이 어느 정도 가라앉는다. 6연에서 "오냐 오냐 오냐" 하면서 화자는 상황을 긍정적으로 받아들인다.

이로써 시상이 전환된다. 피할 수 없는 운명을 수용하고 죽음으로 인한 이별을 인정함으로써 화자는 단절감과 슬픔을 덜어 낸다.

하관

박목월의 두 시는 공통적으로 사별(死別)을 내용으로 하고 있다. 「하관」에서는 죽은 이가 "아우"로 제시되고 있고, 시적 상황도 분명하게 나타나 있다. 아우의 장례식을 치르고 난 어느 날 화자는 꿈속에서 동생을 만난다. "형님" 하고 부르는 소리가 들리기에 나는 온몸을 다해 "오오냐" 하고 대답했다. 화자는 동생이 자신의 목소리를 듣지 못했을 것이라고 여긴다. 삶의 세계인 이승과 죽음의 세계인 저승이 다르기 때문이다.

네 음성을 듣는 여기 이승은 "눈과 비가 오는 세상"이고, "열매가 떨어지면 툭 하는 소리가 들리는 세상"이다. 눈, 비, 열매 등과 같이 지상으로 떨어지는 특징을 지닌 사물을 사용해 삶의 허무함과 쓸쓸함을 환기하며, 이승이 저승과는 다른 세계임을 분명히 한다. "이제", "다만", "여기" 등의 부사어와 "좌르르", "툭" 등의 의성어를 활용하여 이승과 저승의 괴리감과 단절감을 나타낸다. 화자는 이승과 저승의 단절을 통해 죽은 아우에 대한 애틋한 그리움을 표현하고 있다.

두 작품의 화자는 모두 이승과 저승, 생과 죽음의 거리감을 인식하고 있다. 그럼에도 화자의 태도에는 차이가 있다. 「하관」에 비하면 「이별가」의 화자는 감정이 고조된 양상을 보여 준다. 사자(死者)의 목소리를 듣고는 반복적으로 "뭐락카노"라 하면서 상대가 뭐라고 말하는지 따져 묻는다. 화자는 이승과 저승 사이의 아득한 거리감을 인식하면서도 상대의 죽음을 쉽게 인정하지 못한다. 그러다가 인연이 이승에서는 끝났지만 저승에서 인연을 이어 나갈 수 있을 것이라는 믿음으로 재회를 소망한다. 이별에 대한 순응과 자각으로 화자는 이별의 아픔을 극복한다. 이 점은 「하관」과는 다른 점이다.

두 작품은 형식과 표현에서도 차이가 있다. 「이별가」는 행이 긴 편이지만 2행씩 행을 배열하여 형태적 안정감을 갖추고 있다. 두 시는 모두 반복이 나타나는데, 「하관」은 하강의 이미지를 반복한다. "관이 내렸다", "좌르르 하직했다", "네 음성을/나만 듣는 여기는 눈과 비가 오는 세상", "다만 여기는/열매가 툭 떨어지면/툭 하는 소리가 들리는 세상" 등은 모두 위에서 떨어지는 하강의 이미지를 활용하여 화자의 정서를 환기한다. 「이별가」에서는 동일한 시어나 구절의 반복으로 리듬을 형성하고 정서를 고조시키고 있다. "뭐락카노"와 "오냐"같이 실제 대화상에서 주고받는 말을 반복하는 점 또한 이 시의 개성이기도 하다.

언어 사용에서 두 작품은 공통점이 있다. 두 시는 부분적으로 명사형으로 문장을 끝맺고 있다. 「하관」은 2연과 3연이 "세상"이라는 명사형으로 문장이 종결되고 있다. 「이별가」에서는 명사형으로 끝맺는 "인연은 갈밭을 건너는 바람"을 한 행으로 배치하여 시적 여운을 남긴다. 또 두 작품은 자연물(강, 바람, 눈, 비, 열매)을 사용해 함축적 의미와 주관적 정서를 표현하고 있다. 「하관」의 경우, "이제", "다만", "여기" 등의 부사어와 "좌르르", "툭" 등의 의성어를 활용하여 이승과 저승의 괴리감과 단절감을 효과적으로 나타내고 있다.

넓게 읽기

이별가 / 박목월　하관 / 박목월

누구나 죽음을 피할 수 없다. 존재하는 것의 소멸은 자연의 이치지만 죽음으로 인한 소멸은 허무함과 슬픔을 준다. 시인은 진지한 사유로 죽음의 의미를 살핀다. 박두진의 「묘지송」, 조지훈의 「꿈 이야기」, 박목월의 「크고 부드러운 손」, 김수영의 「병풍」, 천상병의 「귀천」, 김춘수의 「부재」, 김현승의 「마지막 지상에서」, 박재삼의 「서럿길을 밟으며」, 「봄바다에서」, 황동규의 「풍장1」, 장석남의 「새떼들에게로의 망명」 등의 시는 죽음에 대해 깊이 있게 통찰하고 있다.

저녁눈

박용래

늦은 저녁때 오는 눈발은 말집 호롱불 밑에 붐비다

늦은 저녁때 오는 눈발은 조랑말 발굽 밑에 붐비다

늦은 저녁때 오는 눈발은 여물 써는 소리에 붐비다

늦은 저녁때 오는 눈발은 변두리 빈터만 다니며 붐비다.

겨울밤

박용래

잠 이루지 못하는 밤 고향집 마늘밭에 눈은 쌓이리.
잠 이루지 못하는 밤 고향집 추녀밑 달빛은 쌓이리.
발목을 벗고 물을 건너는 먼 마을.
고향집 마당귀 바람은 잠을 자리.

이 시는 시골집을 배경으로 저녁에 내리는 눈의 풍경을 담고 있다. 화자는 눈이 내리는 것을 "붐비다"라고 말한다. 이 어휘는 좁은 공간에 사람이 들끓을 때 쓰는 말이다. 좁은 공간에 여러 사람들이 꽉 차 있다는 사전적 의미로 볼 때 "붐비다"는 이곳저곳에 눈이 많이 내리고 있다는 뜻으로 이해된다. 말집 호롱불 밑과 조랑말 발굽 밑뿐만 아니라 변두리 빈터에도 눈이 붐빈다. 심지어 여물을 써는 소리에도 눈이 붐빈다.

화자가 있는 곳은 고향의 초가집 혹은 나그네가 잠시 쉬었다 가는 주막으로 짐작된다. 집에는 몇 개의 방이 딸려 있고, 추녀 아래 기둥에 호롱불이 걸려 있다. 한쪽 구석에는 조랑말들의 거처인 마구간이 있고, 건넛방에서는 누군가 말에게 먹일 여물을 썰고 있다. 빈 뜰에는 눈이 하염없이 내린다. 화자는 눈이 내리는 광경을 지그시 바라본다. 화자의 시선은 자기 가까이 있는 사물에서 점차 변두리의 빈터로 나아간다. 말집 호롱불 밑(1연)에서 조랑말 발굽 밑(2연), 여물을 써는 소리(3연), 변두리 빈터(4연)로 화자의 시선이 옮겨 간다.

화자는 말에게 먹일 여물을 작두로 써는 소리를 들으면서 눈 내리는 모습을 응시한다. 3연의 "여물 써는 소리"는 조랑말에게 저녁 먹을 시간임을 알려 준다. "조랑말 발굽 밑에 붐비다"에서 "붐비다"라는 의미는 조랑말의 발굽까지 영향을 미치고 있다. 눈만이 붐비는 것이 아니라 조랑말의 발의 움직임도 붐비는 상황을 연출한다. 사람의 발자취도 없는 고즈넉한 시간에 조랑말의 발굽 소리가 들리며, 여물을 써는 소리가 화자의 귀를 울린다.

화자는 조랑말의 발굽 소리와 여물 써는 소리를 들으며 변두리 빈터에 눈이 내리는 것을 바라본다. "변두리 빈터"는 눈이 내리는 또 다른 공간이다. 변두리 빈터는 사립문 입구의 빈터와 같이 화자가 바라보고 있는 주변의 작은 빈터다. 화자는 중심부가 아닌 변두리의 빈 공간에 시선을 두고 그곳에 눈발이 붐비는 것을 본다. 눈발이 변두리 빈터에만 내리는 것이 아닌데도 화자는 눈발이 변두리 빈터만 다니며 붐빈다고 말한다.

농촌의 변두리 빈터는 적막한 공간이다. 변두리 빈터만 다니며 붐비는 "눈발"은 고즈넉한 분위기를 형성한다. 이 시의 소재가 되고 있는 말집 호롱불, 조랑말 발굽, 여물, 변두리 빈터 등은 현대적인 것과는 거리가 있다. 이것들은 시골에 흔히 볼 수 있는 사소하거나 낡은 것이다. 보잘것없고 오래된 사물은 사람에게 고요함이나 적막함을 준다.

"붐비다"는 어휘는 보통 혼잡한 상황을 나타내지만, 이 시에선 오히려 고요하고 적막한 느낌을 준다. 근본적으로 붐비는 대상이 눈이기 때문이다. 조그만 눈이 많이 날리는 모습에서 사람들이 들끓을 때의 시끌벅적함은 찾아 볼 수 없다. 저녁 무렵에 내리는 눈의 정경은 을씨년스럽기까지 하다. 「저녁눈」은 토속적인 시골집과 저물 무렵 내리는 눈이 잘 조응되어 독특한 미감을 형성하고 있다.

겨울밤 이 시 역시 겨울날의 시골을 배경으로 하고 있다. 화자는 겨울밤에 잠을 이루지 못하고 고향집을 그리워한다. 눈이 쌓이는 마늘밭, 추녀 밑의 달빛, 마당귀에 자는 바람 등은 고요하고 평화로운 고향집의 풍경이다. 화자는 겨울날의 고향집 풍경을 떠올리며 향수에 젖는다.

「겨울밤」은 「저녁눈」과 마찬가지로 네 줄의 간결한 형식으로 되어 있다. 한 행을 연을 하여 행간에 여백을 두고 있다. 또한 두 시는 동일한 문장구조를 반복하며 같은 음절로 문장을 끝맺고 있다. 「저녁눈」은 각 연이 '붐비다'라는 어휘로 종결되고, 「겨울밤」은 부드러운 음질의 '-리'의 반복으로 리듬을 조성하고 있다.

두 작품은 동일한 문장 형식에 유사한 특성들을 지닌 대상들을 늘어놓고 있다. 「저녁눈」은 '늦은 저녁때 오는 눈발~붐비다'라는 공통된 구조로 말집 호롱불, 조랑말 발굽, 여물 써는 소리, 변두리 빈터 등을 제시하고 있다. 「겨울밤」에서는 '잠 이루지 못하는 밤 고향집 ~은 쌓이리'라는 문장 형식을 반복하고, 눈, 달빛, 바람 등을 나열한다. 이러한 반복과 병렬 구조를 통해 함축적 정서를 효과적으로 나타낸다. 유사한 속성을 지닌 대상을 동일한 문장 틀 속에서 반복하며 그 대상을 부각한다.

두 시는 모두 순수한 우리말을 구사하고 있다. 토속적 시어를 사용하여 향토적 정감을 살려 내고 있다. 화자가 애착을 갖는 대상을 제시하여 적막하고 고요한 분위기를 형성하고 있다. 적막한 분위기를 자아내는 「저녁눈」과 달리 「겨울밤」은 고요한 자연(눈, 달빛, 바람), 향수의 감정, 평화로운 고향의 모습, '-리'라는 부드러운 음질의 각운 등이 어우러지면서 아늑한 느낌을 준다.

두 작품의 우수성은 절제된 표현에 있다. 감정 노출을 자제하면서 대상과의 거리를 유지하고 있다. 세세하게 말하지 않고 간결하고 절제된 표현으로 정서적 효과를 얻는다. 「저녁 눈」은 을씨년스러운 겨울 저녁 풍경을 묘사하고 있을 뿐, 그것을 대하는 화자의 감정은 철저히 배제되어 있다. 화자는 작품 뒤에 물러나 대상을 바라보는 관조적 위치에 있다.

「겨울밤」도 감정을 절제하고 있지만, 화자가 개입하고 있는 징후가 엿보인다. 3행의 "발목을 벗고 물을 건너는 먼 마을"에서 고향으로 가고 싶어하는 화자의 마음을 읽을 수 있다. 화자가 있는 곳에서 고향은 너무나 멀리 있다. 화자의 고향 마을로 가는 길목에는 개울이 있고, 이 개울을 건너야만 고향집에 도착할 수 있다. 발목을 벗고 물을 건넌다는 표현은 외진 고향 마을에 대한 설명이면서 동시에 고향을 그리워하는 화자의 내면 표출이기도 하다.

넓게 읽기

저녁눈 / 박용래　겨울밤 / 박용래

향토적 정감을 불러일으키는 시가 있다. 시골을 배경으로 하거나 농민의 삶을 다루고 있는 시에는 백석의 「정주성」, 「산지」, 「여우난골족」, 「모닥불」, 이용악의 「낡은 집」, 김용호의 「눈오는 밤에」, 박용래의 「월훈」, 「시락죽」, 김종한의 「낡은 우물이 있는 풍경」, 신경림의 「농무」, 「목계장터」, 「파장」, 이면우의 「조선문창호지」, 곽재구의 「화개장터」, 「고향」 등이 있다.

묵화

김종삼

물 먹는 소 목덜미에
할머니 손이 얹혀졌다.
이 하루도
함께 지났다고,
서로 발잔등이 부었다고,
서로 적막하다고,

원어

하종오

동남아인 두 여인이 소곤거렸다
고향 가는 열차에서
나는 말소리에 귀 기울였다
각각 무릎에 앉아 잠든 아기 둘은
두 여인 닮았다
맞은편에 앉은 나는
짐짓 차창 밖 보는 척하며
한마디쯤 알아들어 보려고 했다
휙 지나가는 먼 산굽이
나무 우거진 비탈에
산그늘 깊었다
두 여인이 잠잠하기에
내가 슬쩍 곁눈질하니
머리 기대고 졸다가 언뜻 잠꼬대하는데
여전히 알아들을 수 없는 외국말이었다
두 여인이 동남아 어느 나라 시골에서
우리나라 시골로 시집왔든 간에
내가 왜 공연히 호기심 가지는가
한잠 자고 난 아기 둘이 칭얼거리자
두 여인이 깨어나 등 토닥거리며 달래었다
한국말로,
울지 말거레이
집에 다 와 간데이

묵화 제목인 묵화는 미술의 한 형식으로 먹으로 그린 그림인 수묵화를 말한다. 여러 색채를 나타내는 채색화와는 달리 수묵화는 한 가지의 색감으로 옅고 짙음을 나타낸다. 그래서 수묵화는 화려하지 않고 소박하다. 또한 여백을 두어 표현하기 때문에 은은한 느낌을 준다. 이 시는 간결한 언어로 묵화를 그려 내고 있다.

김종삼의 「묵화」는 여섯 행의 짧은 말로 의미를 나타낸다. 구체적 상황이나 세부적 모습을 생략한 채 대상만을 단순하게 표현하고 있다. 화자는 물 먹는 소 목덜미에 할머니 손이 얹혀 있는 것을 간명하게 나타내고 있다. 화자가 본 것이 실제 그림이냐 아니냐 하는 것은 중요하지 않다. 화자가 포착하고 있는 할머니와 소의 모습이 이 시에서는 여백미를 살리고 있는 묵화가 되고 있다.

내용상 이 시는 두 부분으로 나눠 볼 수 있다. 1~2행은 화자가 본 것이고, 3~6행은 화자의 해석이다. 하루 일과를 마친 뒤 할머니는 소에게 물을 먹인다. 할머니는 물 먹는 소의 목덜미를 손으로 어루만진다. 할머니가 소를 어루만지는 것에 대해 화자는 그 나름의 의미를 부여한다. 할머니와 소는 하루를 함께 보냈고, 서로 발잔등이 부었고, 서로 적막하다는 것이다. '함께'나 '서로'라는 어휘는 할머니와 소가 동반자의 관계에 있음을 나타낸다. 소는 할머니와 하루 종일 같이 일하며 할머니의 적막함을 공유한다. 할머니에게 소는 단순한 가축이 아니라 오랫동안 동고동락해 온 소중한 존재이다.

이 시의 화자는 할머니가 소와 교감을 나누는 것에 주목하고 있다. 할머니는 가족도 없이 발잔등이 부을 정도로 농사일을 한다. 날이 저물 때까지의 육체적 노동이 편할 리가 없다. 힘들고 쓸쓸한 것은 할머니뿐만이 아니다. 할머니와 함께 일을 해 온 소 또한 그러하다. 소는 할머니와 인생을 같이해 온 동반자다. 할머니는 자신이 느끼는 고단함과 적막함을 소도 느낄 것이라고 생각하며 소를 어루만진다.

이 작품에서 할머니가 소와 교감을 나누는 것은 화자가 판단하여 추정한 것이다. 화자의 관찰과 추정에는 연민의 감정이 배어 있다. 화자는 소와 함께 살아가는 할머니의 고달픈 삶을 안쓰럽게 바라보며, 인생의 노고와 적막함을 나타낸다.

원어

이 시에서 이야기되고 있는 대상은 한국으로 시집온 이주 여성이다. 화자는 고향으로 가는 열차에서 우연히 동남아인 두 여인이 대화를 나누는 것에 귀 기울인다. 그녀들의 무릎에는 이들을 닮은 아기가 잠자고 있다. 맞은편에 앉은 화자는 차창 밖으로 시선을 돌리는 척하면서 이들의 대화를 엿듣는다. 낯선 외국말이어서 알아들을 수 없지만, 호기심을 갖고 한마디쯤 알아들어 보려고 한다. 어느 순간 두 여인이 잠이 들어 잠꼬대를 하는데, 이 또한 알아듣지 못한다. 아기들이 칭얼거리자 잠에서 깬 그녀들은 한국의 사투리로 아기들을 달랜다.

제목인 원어는 이중적 의미를 갖는다. '원어(原語)'는 번역하거나 고친 말의 본디 말을 말한다. 열차에서 두 동남아 여인이 대화를 나누면서 쓰는 말은 원어이다. 이들의 모국어는 어릴 적 고향에서 터득한 말이다. 오랫동안 몸에 배어 있는 자국어이기에 두 여인은 무의식중에도 원어를 사용한다. 이들은 꿈속에서 자신들의 언어로 잠꼬대를 한다.

그런데 칭얼거리는 아기들을 달랠 때에는 한국말을 사용한다. "울지 말거레이/집에 다 와 간데이"는 그녀들이 한국 농촌에 와서 배운 사투리다. 동족끼리 대화는 모국어로 하면서도 아기를 달랠 때는 한국의 방언을 쓰고 있다. 자신들은 몰라도 한국에서 태어난 아기들은 이곳에서 성장해야 하므로 아이들에게는 한국어로 말한 것이다. 자식들이 한국의 환경에 적응하여 살아가려면 한국어를 원어로 가르쳐야 한다. 그래서 동남아 여성들에게 원어는 모국어인 동남아어와 생존의 언어인 한국어 이렇게 둘인 셈이다.

「묵화」와 「원어」는 대상에 대한 연민의 태도를 보이고 있다. 전자는 소처럼 일을 하며 고단한 삶을 살아가고 있는 할머니에 대해, 후자는 고향을 떠나 타국에서 정착해 살아가는 이주 외국인을 연민의 시선으로 바라보고 있다. 뒤의 시는 일인칭 화자가 일상에서 경험한 것을 토로하고 있는데, 앞의 작품과 마찬가지로 절제된 표현으로 시상을 전개하고 있다.

「묵화」에서는 관심의 태도를 직접적으로 드러내지 않는데, 「원어」에서는 "나는 말소리에 귀 기울였다", "한마디쯤 알아들어 보려고 했다" 등의 구절에서 화자의 관심을 직접적으로 나타낸다. "우리나라 시골로 시집왔든 간에/내가 왜 공연히 호기심 가지는가"라는 의문문은 화자 자신에 향한다. 이 말에는 표면적 진술과 달리 두 여인에 대한 관심과 연민의 마음이 담겨 있다.

또 이 시에서는 연민의 마음이 객관적 상관물을 통해 나타나기도 한다. "나무 우거진 비탈에/산그늘이 깊었다"는 화자가 바라본 차창 밖의 풍경으로 애상적이고 쓸쓸한 느낌을 준다. 화자는 자연 풍경을 통해 힘겨운 삶을 살고 있는 동남아 여인들의 처지와 근심 어린 마음을 드러낸다.

넓게 읽기

묵화 / 김종삼 원어 / 하종오

문학이 근본적인 탐구 대상은 사람이다. 자연이나 관념에 밀착하여 그것의 아름다움이나 가치를 탐구하기도 하지만, 문학은 태생적으로 인간을 탐구한다. 드라마나 영화처럼 사람의 환심을 끌기 위해 가식적으로 꾸미지 않는다. 우리들의 삶의 현장을 진실한 언어로 담아낸다. 시 또한 그러하다. 시인이 보고 말하는 전부는 어제를 살았고, 오늘을 살고, 내일을 살아갈 우리들의 모습이다. 그러기에 시는 내적 성장을 소망하는 이라면 반드시 읽어야 할 마음의 양식이다.

하종오 시인은 1954년 경북 의성에 출생하여 1975년 『현대문학』에 「허수아비의 꿈」을 발표하면서 등단하였다. 시집에는 『벼는 벼끼리, 피는 피끼리』(1981), 『님』(1999), 『반대쪽 천국』(2004), 『입국자들』(2009), 『남북 주민 보고서』(2013), 『국경 없는 농장』(2015), 『겨울 촛불집회 준비물에 관한 상상』(2017) 등 다수가 있다. 고등학교 문학 교과서에 「동승」, 「시내버스 정류장에서」, 「신분」, 「밴드와 막춤」 등의 시가 수록되어 있는데, 이들 작품은 이주민의 삶을 따뜻한 시선으로 담아 내고 있다.

시어 사전

ㄱ

가이 끝이 _ 「알 수 없어요」 5행

가지취 취나물(산나물)의 일종 _ 「여승」 1연 2행

갈 '가을'을 줄인 말 _ 「산유화」 1연 3행

갈매나무 골짜기 개울가에 2~5m 높이로 자라는 활엽 관목으로, 가시가 돋고 늦봄에 꽃이 핌 _ 「남신의주 유동 박시봉방」 32행

갈무리하다 일을 처리하여 마무리하다 _ 「가을 떡갈나무 숲」 2연 5행

갈바람 가을 바람 _ 「국수」 1연 13행

갈밭 갈대밭 _ 「이별가」 4연 2행

갓주지 갓을 쓴 절의 주지 스님. 옛날에 아이들을 달래거나 울음을 그치게 할 때 갓주지가 아이들을 잡아간다는 이야기를 했다고 함 _ 「낡은 집」 5연 1행

개다리소반 상다리가 개다리처럼 휜 작은 밥상 _ 「등 너머로 훔쳐 듣는 대숲바람 소리」 2연 5행

갱 광물을 파내기 위해 땅속을 파 들어간 굴 _ 「월훈」 2단락(2연)의 첫째 줄

거사리지 기본형은 '가사리다'로, 긴 것을 힘 있게 빙빙 돌려서 포개어지게 하다는 뜻. 고등학교 교과서나 시중의 해설서에서는 '기다리지'로 잘못 기재되어 있음 _ 「우라지오 가까운 항구에서」 4연 5행

고담(枯淡) 글, 그림, 글씨, 인품 따위가 꾸밈없이 담담함 _ 「국수」 3연 2행

고매(高邁) 인격이나 품성, 학식, 재질 따위가 높고 빼어남 _ 「폭포」 2연 4행

고수머리 곱슬머리 _ 「우라지오 가까운 항구에서」 3연 1행

고원(高原) 보통 해발 고도 600미터 이상에 있는 넓은 벌판을 이름 _ 「절정」 2연 1행

고조곤히 '고요히'의 평북 방언 _ 「나와 나타샤와 흰 당나귀」 3연 4행

골방 큰방의 뒤쪽에 딸린 작은 방 _ 「추억에서」 3연 2행

광야(曠野) 아득히 넓은 들 _ 「광야」 제목

광음(光陰) 햇빛과 그늘 곧 낮과 밤이라는 뜻으로 시간이나 세월을 이름 _ 「광야」 3연 1행

교목(喬木) 줄기가 곧고 굵으며 높이 자라는 나무를 두루 가리키는 말 _ 「교목」 제목

교외선 도시와 도시 주변을 연결하는 철도 _ 「기념식수」 6행

구릉 언덕을 일컫는 말. 땅이 비탈지고 조금 높은 곳 _ 「기념식수」 25행

시어 사전

귀밑머리 이마 한가운데를 중심으로 좌우로 갈라 귀 뒤로 넘겨 땋은 머리 _ 「향수」 4연 2행

귀성스럽다 제법 구수한 맛이 있다. 수수하면서도 마음을 끄는 맛이 있다 _ 「우라지오 가까운 항구에서」 4연 4행

글거리 '그루터기'의 함경도 방언. 풀이나 나무 또는 곡식 따위를 베고 남은 밑둥 _ 「낡은 집」 8연 5행

금덤판 금점판. 금을 캐는 광산 _ 「여승」 2연 1행

기색(氣色) 마음의 작용으로 얼굴에 드러나는 빛 _ 「폭포」 1연 1행

길들은 양 어떤 일에 익숙한 듯 _ 「유리창1」 3행

김치가재미 김칫독을 묻어 두는 헛간, 김치 창고 _ 「국수」 1연 6행

깝치지 마라 재촉하지 말라. 기본형인 '깝치다'는 '재촉하다'의 경남 방언 _ 「빼앗긴 들에도 봄은 오는가」 7연 1행

꺼정 까지 _ 「우라지오 가까운 항구에서」 3연 5행

꽃 맹아리 '꽃망울(아직 피지 아니한 어린 꽃봉오리)'의 경북 방언 _ 「꽃」 2연 2행

ㄴ

나려 내려와 _ 「국수」 1연 2행

나줏손 저녁 무렵 _ 「남신의주 유동 박시봉방」 27행

나타(懶惰) '나태(懶怠)'와 같은 말. 행동, 성격 따위가 느리고 게으름 _ 「폭포」 5연 3행

나타샤 여성의 이름을 지칭하는 러시아 말 _ 「나와 나타샤와 흰 당나귀」 1연 2행

날러 갔구나 날아갔구나 _ 「유리창1」 10행

날로 낮으로 _ 「낡은 집」 1연 1행

날무 말린 무 _ 「등 너머로 훔쳐 듣는 대숲바람 소리」 2연 4행

남신의주 유동 박시봉방 '남신의주시 유동마을에 사는 박시봉이라는 사람의 방(房)'이라는 뜻으로, 일종의 주소를 나타내는 말임. '박시봉'은 아마도 화자가 세 들어 있는 집 주인인 목수의 이름일 것으로 추정됨 _ 「남신의주 유동 박시봉방」 제목

내사 나는 _ 「청산도」 2연 1행

너멋 골 저 너머 골짜기 _ 「청산도」 1연 1행

노루꼬리 어떤 것이 매우 짧음을 비유적으로 이를 때 쓰기도 함 _ 「월훈」 2단락(2연)의 첫째 줄

노스탤지어(nostalgia) 향수(鄕愁), 그리움을 뜻하는 영어 말 _ 「깃발」 3행

누굿한 메마르지 않고 눅눅한 _ 「남신의주 유동 박시봉방」 9행

누룩 술을 만들 때 사용하는 발효제로, 밀이나 찐 콩 따위를 갈아 반죽하여 덩이를 만들어 띄움 _ 「고향 앞에서」 6연 2행

ㄷ

댕추가루 고춧가루 _ 「국수」 2연 3행

더북한 풀이나 나무 따위가 아주 거칠어 수북한 _ 「국수」 2연 4행

도랑 매우 좁고 작은 개울 _ 「빼앗긴 들에도 봄은 오는가」 6연 2행

돋는 기본형은 '돋다'로, 어디에 숨어 있던 것이 밖으로 나오거나 드러나다는 뜻. '돋는'을 '듣는'의 오자로 보기도 하는데, 이 경우는 '떨어지다[落]'라는 의미임. 고어에서 '듣다'는 빗물이나 눈물이 방울져 떨어지다는 뜻으로 쓰임 _ 「비」 7연 2행

돌부리 땅 위로 내민 돌멩이의 뾰족한 부분 _ 「알 수 없어요」 4행

동사자(凍死者) 얼어 죽은 사람 _ 「슬픔이 기쁨에게」 9행

동아밧줄 동아줄, 굵고 튼튼하게 꼰 줄 _ 「이별가」 3연 2행

동풍(東風) 동쪽에서 부는 바람. 봄바람을 의미하기도 함 _ 「풀」 1연 2행

둘러리 '둘레'를 가리키는 말 _ 「간」 2연 2행

둥글소 황소의 방언으로, '콩실이에 늙은 둥글소'는 콩을 싣고 다니다가 늙어 버린 수소를 말함 _ 「낡은 집」 2연 2행

뒤울안 '뒤 울타리 안'의 줄임말 _ 「등 너머로 훔쳐 듣는 대숲바람 소리」 1연 4행

들렸으랴 들렸겠는가 _ 「광야」 1연 3행

들마꽃 들마을, 들판에 피는 꽃을 이름 _ 「빼앗긴 들에도 봄은 오는가」 7연 2행

들쿠레한 구수하면서 시원한 _ 「국수」 1연 13행

딜옹배기 둥글넓적하고 아가리가 넓게 벌어진 질그릇 _ 「남신의주 유동 박시봉방」 11행

시어 사전

ㅁ

마가리	'오막살이'의 평북 방언 _ 「나와 나타샤와 흰 당나귀」 2연 7행
마당귀	마당의 한쪽 모퉁이 _ 「겨울밤」 4행, 「여승」 4연 2행
마우재말	러시아 말. '마우재'는 러시아 인을 지칭하는 함경도 방언 _ 「우리지오 가까운 항구에서」 3연 4행
만나도질	만날지도 모르는 _ 「청산도」 2연 1행
말집	추녀가 사방으로 빙 돌아가게 만든 집 _ 「저녁눈」 1연 1행
맨드라미	민들레꽃의 사투리 _ 「빼앗긴 들에도 봄은 오는가」 7연 2행
맹목(盲目)	앞뒤를 가리거나 사리를 판단할 능력이 없는 상태를 이르는 말 _ 「그릇1」 3연 1행
머리오리	머리카락의 가늘고 긴 가락 _ 「여승」 4연 2행
먼우물	먹을 수 있는 우물물(시 원문에 제시된 뜻풀이임) _ 「뿌리에게」 2연 1행
멕이고	① 활발히 움직이고, ② 주고받으며 지저귀고, ③ 울음소리를 내고 등으로 해석됨 _ 「국수」 1연 2행
모	사물, 공간의 귀퉁이나 구석. 선과 선, 면과 면이 만나는 부분 _ 「그릇1」 2연 3행
모래내	본래는 맑은 모래가 흐르는 강이나 하천을 뜻하는데, 이 작품에서는 밤하늘의 별들이 은가루를 뿌려 놓은 것처럼 보인다는 '은하수'를 지칭함. 은하수를 지칭하는 우리말에는 용이 잠자고 있는 강을 뜻하는 '미리내'가 있음 _ 「기념식수」 9행
무곡(貿穀)	곁곡식을 사다가 방아를 찧은 다음 그것을 다시 파는 장사일 _ 「낡은 집」 2연 1행
뭐락카노	'뭐라고 말하느냐'의 경상도 사투리 _ 「이별가」 1연 1행
미닫이	옆으로 밀어서 열고 닫게 되어 있는 문 _ 「낙화」 6연 1행

ㅂ

바다2	1935년 10월에 출간된 『정지용 시집』에는 제목을 「바다2」로 하였으나, 1935년 12월 동인지 『시원』에 발표될 때에는 「바다9」로 수정함 _ 「바다2」 제목
바우섶	바위 옆. '섶'은 '옆'의 평북 방언 _ 「남신의주 유동 박시봉방」 29행

박사(薄紗) 얇고 가벼운 비단 _ 「승무」 2연 2행

밭은 기침 병이나 버릇으로, 소리도 크지 않고 자주 하는 기침 _ 「월훈」 4단락(4연)의 첫째 줄

백골(白骨) 죽은 사람의 몸이 썩고 남은 뼈 _ 「또 다른 고향」 1연 2행

백힌다 '박힌다(속에 틈을 내고 들어가 꽂히다)'를 달리 표현한 말 _ 「유리창1」 6행

뱃머리 배의 앞 끝 _ 「이별가」 2연 1행

범하든 기본형은 '범하다'로, '잘못을 저지르다', '들어가서는 안 되는 경계나 지역을 넘어 들어가다'라는 뜻을 지님 _ 「광야」 2연 3행

벼갯모 베개의 양쪽에 대는 꾸밈새 _ 「추천사-춘향의 말1」 2연 2행

변죽 그릇이나 세간 따위의 가장자리 _ 「바다2」 5연 2행

보고지운 보고 싶은 _ 「청산도」 3연 1행

봉당 안방과 건넌방 사이의 마루를 놓을 자리를 흙바닥 그대로 둔 곳 _ 「월훈」 2단락(2연)의 첫째 줄

북덕불 짚이나 풀 따위를 태운 불. 굵은 나뭇가지 따위로 된 화롯불과 달리 북덕불은 짚북데기를 담자마자 다 타 버리고 곧 재로 남아 화로로 제구실을 하지 못함 _ 「남신의주 유동 박시봉방」 11행

분틀 국수 반죽을 넣어 국수를 뽑는 틀 _ 「국수」 1연 11행

비ㅅ낯 낱낱의 빗방울을 뜻하는 '빗낱'을 가리킴. '낱'은 아주 작거나 가늘거나 얇은 물건을 하나하나 세는 단위로, 물건 하나하나를 가리키기도 함 _ 「비」 7연 2행

비정(非情) 인정 또는 감정이 없음 _ 「바위」 5행

비칠비칠 이리저리 비틀거리는 모양을 나타내는 의태어 _ 「등 너머로 훔쳐 듣는 대숲바람 소리」 1연 6행

ㅅ

사구(沙丘) 해안이나 사막에서 바람에 의해 운반·퇴적되어 이루어진 모래언덕 _ 「생명의 서」 3연 6행

사금파리 사기그릇이 깨져 생긴 작은 조각 _ 「그릇1」 3연 2행

시어 사전

사리워 국수 따위를 동그랗게 포개어 감아 _ 「국수」 1연 16행

사뿐히 걸음걸이 따위가 매우 가볍게 _ 「진달래꽃」 3연 3행

삭망 음력 초하룻날과 보름날을 아울러 이르는 말. '초하루 삭망'은 보름날 지내는 제사를 지칭하는 '보름 삭망'에 대응하여 관습적으로 쓰는 말로, 음력 1일에 해당함 _ 「왕십리」 2연 3행

산 넘엣 산 너머 _ 「국수」 1연 18행

산멍에 '산무애뱀'의 고어. 산무애뱀은 뱀의 한 종류로, 길이가 1.4미터 정도이고 갈색 바탕에 검은색이나 갈색 무늬가 있음 _ 「국수」 1연 11행

산ㅅ새 예전에 명사와 명사를 이어 주는 기능으로 'ㅅ'을 사용하였으나 지금은 사용하지 않음 _ 「유리창1」 10행

산엣새 산의 새 _ 「국수」 1연 2행

산호 산호초 _ 「추천사-춘향의 말1」 3연 1행

산호 관자 산호로 만든 관자(貫子). 관자는 망건에 달아 망건 줄을 꿰는 단추 모양의 작은 고리 _ 「낡은 집」 1연 6행

416

살뜰한 썩 알뜰한. '알뜰하다'는 아끼고 위하는 마음이 참되고 지극하다는 뜻 _ 「남신의주 유동 박시봉방」 3행

살틀히 알뜰히. 하는 일이 매우 정성스럽고 빈틈이 없이 _ 「우라지오 가까운 항구에서」 4연 3행

살틀하니 마음이 지극하니 _ 「국수」 3연 1행

삼경(三更) 밤 11시부터 새벽 1시 사이의 시간 _ 「승무」 9연 1행

삼단 뽕나뭇과의 한해살이풀인 삼을 묶은 단 _ 「빼앗긴 들에도 봄은 오는가」 5연 3행

삿 삿자리의 준말. 갈대를 엮어서 만든 자리 _ 「남신의주 유동 박시봉방」 7행

삿방 삿(갈대를 엮어서 만든 자리)을 깐 방 _ 「국수」 2연 4행

상고(商賈)하며 장사하며 _ 「고향 앞에서」 5연 2행

상사발 품질이 낮은 사발 _ 「등 너머로 훔쳐 듣는 대숲바람 소리」 2연 5행

새삼 새롭게, 갑작스럽게 _ 「비」 7연 2행

새요 1924년에 출간된 『진달래꽃』에는 "새요"로 되어 있는데, 시인의 사후에 스승인 김억이 편찬한 『소월시초』(박문출판사, 1939)와 김연제가 엮은 『완본 소월시집』(정음사, 1973)에서는 "새여"로 수정되었음. 이남호가 엮은 초간본 총서 『진달래꽃』(열린책들, 2004)에서는 "새요"로 표기하고 있음. 시인이 "새여"라고 하지 않

고 "새요"라고 한 것에 대해 김용직은 '-요'라는 어미로 민요시의 가락을 살리고자 한 소월 나름의 전략이라 봄(김용직 주해, 『원본 김소월 시집』, 깊은샘, 2007, 230쪽 참조). 여기서는 원작자의 의도를 고려하여 초간본 원문에 따라 "새요"로 표기함 _ 「산유화」 3연 1행

생어물전 가공되지 않은 생선을 파는 가게 _ 「추억에서」 1연 1행

생채기 손톱 따위로 할퀴어 생긴 작은 상처 _ 「바다2」 4연 2행

서리 까마귀 서리 맞은 까마귀 혹은 무리 지은 까마귀 _ 「향수」 5연 3행

서릿발 서리가 땅바닥이나 풀포기 따위에 엉기어 삐죽삐죽하게 성에처럼 된 모양. 또는 그것이 뻗는 기운 _ 「절정」 2연 2행

서시 시집 첫머리에 서문 대신 쓰는 시. 이 작품은 시인이 1941년 11월 20일에 완성한 것인데, 그의 유고 시집인 『하늘과 바람과 별과 시』(1948)의 첫머리에 수록되어 있다. _ 「서시」 제목

선선한 시원한 느낌이 들 정도로 서늘한 _ 「수정가」 1연 1행

섣달 음력으로 한 해의 마지막 달 _ 「동천」 4행

섣달 그믐 음력으로 12월 마지막 날 _ 「우라지오 가까운 항구에서」 1연 2행

설게 섧게, 서럽게 _ 「여승」 4연 1행

성근 기본형은 '성글다'로, 듬성듬성하다는 뜻의 '성기다'와 유사한 말. "성근 별"은 '성긴 별'로, 듬성듬성하여 사이가 뜬 별을 가리킴. 『조선지광』(1927)과 『정지용시집』(1935)에 발표될 때는 '석근'으로 표기되었는데, 해방 후 발행된 『지용시선』(1946)에는 '성근'으로 바뀜. 여기서는 후자를 따라 표기함 _ 「향수」 5연 1행

성긴 기본형은 '성기다'로, '듬성듬성하다', '드문드문하다'는 뜻을 지님 _ 「낙화」 2연 1행

섶벌 재래종 일벌 _ 「여승」 3연 1행

세사(世事) 세상에서 일어나는 온갖 일 _ 「승무」 7연 2행

소란히 소란스럽게, 시끄럽게 _ 「비」 8연 2행

소소리 바람 이른 봄에 살 속을 기어드는 듯이 맵고 찬 바람. '소소리'는 본래 바람이 한 곳에 뱅뱅 도는 현상을 일컫는 '회오리'를 뜻하는 말. 가을이나 겨울철에 회오리처럼 휘몰아 부는 바람을 소소리 바람이라고도 함 _ 「비」 4행

속절없이 단념할 수밖에, 어찌할 도리가 없이 _ 「추억에서」 2연 2행

수정(水晶) 무색투명한 광물의 하나로, 불순물의 혼합 정도에 따라 자색, 흑색, 황색, 홍색 따위의 빛을 띰 _ 「수정가」 2연 1행

시어 사전

순순(順順) 성질이나 상태가 매우 고분고분하고 온순함 _ 「수정가」 1연 1행

순정(純情) 순수한 감정이나 애정 _ 「깃발」 4행

슴슴한 자극을 느끼지 않을 정도로 싱거운 _ 「국수」 2연 2행

승무(僧舞) 불교 의식의 무용. 흔히 남색 치마에 장삼을 입고 어깨에 붉은 가사를 걸치며 고깔을 쓰고 두 개의 북채를 쥐고 장삼을 뿌려 가며 추는 춤 _ 「승무」 제목

시나브로 모르는 사이에 조금씩 _ 「월훈」 3단락(3연)의 둘째 줄

시늉하다 어떤 모양이나 움직임을 흉내 내어 꾸미다 _ 「동천」 5행

시쳤다 기본형은 '시치다'. '씻었다'의 방언으로 보기도 하지만, 이럴 경우 "손을 싯고"의 '싯고(씻고)'와 의미가 중복되므로 여기서는 말 그대로 '시치다(스치다)'의 뜻으로 이해됨 _ 「바다2」 5연 2행

신새벽 아주 이른 새벽 _ 「추억에서」 4연 2행

심사(心思) 어떤 일에 대한 여러 가지 마음의 작용 _ 「유리창1」 8행

싸리말 동무 어렸을 때 싸리말을 타고 놀았던 죽마고우(竹馬故友). '싸리말'은 싸리로 엮어 만든 말로, 함경도에서는 아이들이 이것을 타고 놀기도 함 _ 「낡은 집」 3연 5행

쐐기집 쐐기는 쐐기나방의 애벌레로, 쐐기집은 쐐기나방의 애벌레가 사는 집을 가리킴 _ 「가을 떡갈나무 숲」 1연 3행

쓴드라 툰드라. 북극해 연안에 분포하는 넓은 벌판으로 연중 대부분은 눈과 얼음으로 덮여 있음. 동토대(凍土帶) _ 「꽃」 2연 1행

ㅇ

아라사 러시아를 가리키는 한자어 _ 「낡은 집」 7연 2행

아롱범 아무르표범. 한반도와 만주, 러시아 극동지역에서 서식한 표범의 한 종으로, '한국 표범', '조선 표범'으로 불림. 한반도에서는 한국전쟁을 거치면서 멸종됨 _ 「우라지오 가까운 항구에서」 2연 2행

아르굳 아랫목 _ 「국수」 2연 4행

아름 두 팔을 벌려 껴안은 둘레의 길이나 물건의 양 _ 「진달래꽃」 2연 3행

아양 귀염을 받으려고 알랑거리는 말이나 그런 행동 _ 「오월」 10행

아주까리 기름 아주까리 식물에서 짜낸 기름 _ 「빼앗긴 들에도 봄은 오는가」 7연 3행

앙금 마음속에 남아 있는 개운치 않은 감정을 비유적으로 이르는 말 _ 「남신의주 유동 박시봉방」 25행

애동들은 어린아이들은 _ 「국수」 1연 5행

애련(愛憐) 사랑과 연민의 감정. 가엾게 여겨 정을 베풂 _ 「바위」 2행

애수(哀愁) 가슴에 스며드는 슬픈 근심 _ 「깃발」 6행

애증(愛憎) 사랑과 증오를 아울러 이르는 말 _ 「생명의 서」 1연 2행

앨쓴 애를 쓴 _ 「바다2」 6연 1행

약산 진달래꽃이 아름답기로 이름난 평안도의 지명 _ 「진달래꽃」 2연 1행

양귀비 한해살이풀로 5~6월에 흰색, 홍색, 자색 따위의 꽃이 핌. 열매가 덜 익었을 때 유액을 뽑아 건조하여 아편을 추출하고, 씨는 기름으로 식용하며 민간에서는 복통, 기관지염, 불면증 등의 치료에 쓰이기도 함 _ 「고향 앞에서」 3연 3행

양지귀 햇살 바른 모퉁이 _ 「국수」 1연 9행

어데 어디 _ 「광야」 1연 3행

어린거리다 본래의 말은 '어른거리다'임. 무엇이 보이다 말다 함 _ 「유리창1」 1행

어스름 새벽이나 저녁의 어스레한 때, 또는 그러한 상태 _ 「추억에서」 1연 2행

여드레 스무날 여덟 날하고 스무 날이 되는 때. 곧 스물여덟 번째 되는 날로, 음력 28일을 의미함 _ 「왕십리」 2연 1행

여물 말이나 소를 먹이기 위해 말려서 썬 짚이나 풀 _ 「저녁눈」 3연 1행

여울지다 '여울을 이루다'의 피동 표현. 여울은 바닥이 얕거나 폭이 좁아서 물살이 세게 흐르는 곳을 이름 _ 「비」 5연 1행

역겨워 역정이 나거나 구역질이 날 만큼 거슬려 _ 「진달래꽃」 1연 1행

연모(戀慕) 이성을 사랑하여 그리워함 _ 「광야」 2연 2행

열사(熱砂) 햇볕 때문에 뜨거워진 모래 _ 「생명의 서」 2연 4행

열없이 '기운 없이', '조금 부끄럽고 겸연쩍게(어색하고 쑥스럽게)' 등으로 풀이됨 _ 「유리창1」 2행

영겁(永劫) 영원한 세월 _ 「생명의 서」 2연 2행

시어 사전

영변	평안북도에 위치한 지명 _ 「진달래꽃」 2연 1행
예데가리밭	산의 맨 꼭대기에 있는 오래된 비탈밭 _ 「국수」 1연 9행
예제로	여기저기로 _ 「고향 앞에서」 5연 1행
오랑캐령	만주 지역을 일컫는 말 _ 「낡은 집」 7연 1행
옴자거려	옴작거려. 작은 몸을 느리게 움직인다는 뜻 _ 「꽃」 2연 2행
옷자라기	'옷자락'의 방언으로, 옷의 아래에 드리운 부분을 말함. 흰 옷자락은 죽은 사람이 입는 수의(壽衣)를 의미함 _ 「이별가」 5연 2행
옹기전	옹기를 파는 가게 _ 「추억에서」 4연 4행
왕십리(往十里)	서울시 성동구 일대의 지명 _ 「왕십리」 2연 4행
외씨버선	모양이 갸름한 버선(천으로 만들어 양말처럼 발에 신는 물건) _ 「승무」 5연 2행
우라지오	러시아의 블라디보스토크 _ 「우라지오 가까운 항구에서」 3연 2행
우련	보일 듯 말 듯 은은하게. 기본형은 '우련하다'로, '형태가 약간 보일 정도로 희미하다', '빛깔이 엷고 희미하다'는 뜻을 지님 _ 「낙화」 6연 2행
우물든덩	우물이 있는 '둔덕(우물 둘레의 작은 둑 모양으로 된 곳)'을 말함 _ 「국수」 1연 15행
운석	지구상에 떨어진 별똥. 대기 중에 돌입한 유성(流星)이 다 타 버리지 않고 땅에 떨어진 것임 _ 「참회록」 5연 1행
울어나다고	표준어는 '울어나 다오'임 _ 「왕십리」 3연 3행
원뢰(遠雷)	멀리서 들려오는 우레 소리 _ 「바위」 9행
원천(源泉)	사물의 근원 _ 「님의 침묵」 7행
월훈	달무리. 달 언저리에 둥그렇게 생기는 구름 같은 허연 테 _ 「월훈」 제목
은댕이	가장자리, 언저리 _ 「국수」 1연 9행
은동곳	은으로 만든 동곳. '동곳'은 상투를 튼 뒤에 그것이 풀어지지 않도록 꽂는 남자의 장신구로, 관자와 함께 재료에 따라 부귀의 정도를 드러냄 _ 「낡은 집」 1연 6행
은수원사시나무	은사시나무의 다른 말. 버드나뭇과의 낙엽 교목으로, 계곡이나 산기슭 아래서 잘 자람 _ 「기념식수」 21행
이념(理念)	이상적인 것으로 여겨지는 생각이나 견해 _ 「깃발」 5행
이랑	논이나 밭을 갈아 골을 타서 두두룩하게 흙을 쌓아 만든 것. 솟은 부분 사이로 움푹 패인 부분을 '고랑'이라 하는데, 이를 아울러 이랑이라고도 함. 수량 명사로 논밭을 세는 단위로 쓰이기도 함 _ 「오월」 3행

이루 여간해서는 도무지 _ 「바다2」 3연 1행

이슥토록 밤이 깊도록 _ 「월훈」 2단락(2연)의 셋째 줄

일체(一切) 모든 것 _ 「생명의 서」 2연 2행

임자 부부가 되는 짝 _ 「수정가」 2연 1행

잎새 잎사귀(낱낱의 잎)의 방언 _ 「서시」 1연 3행

ㅈ

자채기 재채기 _ 「국수」 1연 18행

작열(灼熱) 불 따위가 이글이글 뜨겁게 타오름 _ 「생명의 서」 2연 1행

잔나비 원숭이. 원숭이를 지칭하는 '납'이라는 어휘에, 동작이 재빠름을 나타내는 '재다'의 형용사형인 '잰'이 붙어 '잰납', '잰나비'가 되었고, 이것이 음운 변화를 겪어 '잔나비'가 되었음 _ 「고향 앞에서」 4연 1행

재재발렀다 '재바르다'에서 비롯된 말로, 몹시 재치 있고 빠르다는 의미 _ 「바다2」 2연 2행

저릎등 '겨릅등'의 함경도 방언. 긴 삼대를 태워 불을 밝히는 장치 _ 「낡은 집」 4연 6행

저허하노니 두려워하노니, 염려하노니. 기본형은 '저어하다' _ 「낙화」 8연 2행

절정(絶頂) 사물의 진행이나 발전이 최고의 경지에 달한 상태 _ 「절정」 제목

정수박이 정수리. 머리 위의 숫구멍이 있는 자리 _ 「님의 침묵」 7행

정한 맑고 깨끗한 _ 「남신의주 유동 박시봉방」 32행

정화수(井華水) 이른 새벽에 길은 물. 부엌을 다스리는 신에게 가족들의 평안을 빌면서 정성을 들이거나 약을 달이는 데에 씀 _ 「수정가」 1연 1행

제겨디딜 기본형은 '제겨디디다'로, 발끝이나 발뒤꿈치만으로 땅을 디디다는 뜻 _ 「절정」 3연 2행

종조리 우리나라 텃새인 '종다리(종달새)'의 방언 _ 「빼앗긴 들에도 봄은 오는가」 4연 3행

종종 종종. 발걸음을 가까이 자주 떼며 빨리 걷는 모양을 이름 _ 「비」 4연 1행

주렴(珠簾) 구슬 따위를 꿰어 만든 발 _ 「낙화」 2연 1행

쥔을 붙이었다 세를 들었다, 주인집에 세를 얻어 기거하게 되었다는 뜻으로 추정됨 _ 「남신의주 유동 박시봉방」 8행

즈려밟고 힘주어 밟는 것을 뜻함 _ 「진달래꽃」 3연 3행

즈믄 '천(千)'의 옛말 _ 「동천」 2행

지심 논밭에 난 잡풀을 일컫는 '김'의 경상도 방언 _ 「빼앗긴 들에도 봄은 오는가」 7연 3행

지줄대다 '지절대다'의 사투리. 수다스럽게 지껄인다는 뜻. 문맥에선 거침없으면서도 나긋나긋한 소리를 낸다는 의미로 풀이됨 _ 「향수」 1연 2행

지침(指針) 시곗바늘이나 계량기 따위의 지시 장치에 붙어 있는 바늘. 방향이나 목적을 가리켜 이끄는 길잡이나 방침 _ 「님의 침묵」 4행

진눈깨비 비가 섞여 내리는 눈 _ 「북 치는 소년」 3연 2행

짓두광주리 함경도 방언으로, 바늘, 실, 골무, 헝겊 같은 바느질 도구를 담아 두는 반짇고리를 가리킴 _ 「낡은 집」 3연 6행

짚등색이 짚등석. 짚이나 칡덩굴로 짜서 만든 자리 _ 「국수」 1연 18행

짚오라기 벼의 낟알을 떨어내고 남은 줄기인 짚의 부스러기. 지푸라기 _ 「월훈」 3단락(3연)의 셋째 줄

짬 어떤 일에서 손을 떼거나 다른 일에 손을 댈 수 있는 겨를 _ 「빼앗긴 들에도 봄은 오는가」 9연 2행

ㅊ

참회 자기의 잘못에 대해 깨닫고 깊이 뉘우침 _ 「참회록」 2연 1행

창창(蒼蒼) 바다나 하늘 따위가 푸름 _ 「수정가」 1연 1행

천고(千古) 아주 먼 옛적, 아주 오랜 세월 동안 _ 「광야」 5연 1행

천정 표준어는 '천장'으로, 건물 내부에서 보이는 지붕의 안쪽 부분을 가리킴 _ 「기념식수」 4행

초인(超人) 보통 사람으로는 생각할 수 없을 만큼 뛰어난 능력을 가진 사람 _ 「광야」 5연 2행

초하로 초하루 _ 「왕십리」 2연 3행

추녀 전통 목조 건축에서, 처마의 네 귀의 기둥 위에 끝이 위로 들린 크고 긴 서까래 _ 「겨울밤」 2행

추천(鞦韆) '그네'를 가리키는 한자어 _ 「추천사-춘향의 말 1」 제목

촐촐이 우리나라 대표적인 텃새인 뱁새. '붉은머리오목눈이'라고도 함 _ 「나와 나타샤와 흰 당나귀」 2연 7행

침전(沈澱) 액체 속에 섞여 있던 물질이 밑바닥에 엉기거나 뭉쳐서 가라앉음 _ 「간」 6연 3행

ㅋ

큰마니 '할머니'의 평안도 말 _ 「국수」 1연 17행

큰아바지 '할아버지'의 평안도 말 _ 「국수」 1연 19행

ㅌ

탄수 '식초'로 보기도 하며, 석탄 난로를 피울 때 가루를 날리지 않게 물을 끼얹었다고 하여 '석탄과 물'로 보기도 함 _ 「국수」 2연 4행

텁텁한 음식 맛이 시원하거나 깨끗하지 못한. 성격이 까다롭지 아니하여 무던하고 소탈한 _ 「국수」 1연 14행

툇마루 방 밖으로 좁게 붙어 있는 마루 _ 「등 너머로 훔쳐 듣는 대숲바람 소리」 2연 4행

틔어 환히 비치어 _ 「청산도」 3연 1행

ㅍ

파다거린다 '파닥거리다'보다 부드럽고 가냘픈 느낌의 시어. 작은 새가 날개를 가볍게 잇따라 치다 _ 「유리창1」 3행

파르라니 파르스름하게 _ 「승무」 2연 1행

파리한 몸이 마르고 낯빛이나 살색이 핏기가 전혀 없는 _ 「여승」 2연 2행

폐혈관(肺血管) 폐로 통하는 피의 관 _ 「유리창1」 9행

푯대 목표로 삼아 세우는 대(기둥) _ 「깃발」 5행

푹푹 눈 따위가 많이 내려 수북하게 쌓이는 모양 _ 「나와 나타샤와 흰 당나귀」 1연 3행

풀섶 풀숲의 방언 _ 「향수」 3연 4행

풍화(風化) 지표를 구성하는 암석이 햇빛, 공기, 물 따위의 작용으로 점차 분해되거나 파괴되는 일 _ 「또 다른 고향」 3연 1행

프로메테우스 그리스 신화에 나오는 티탄족 영웅. 불을 훔쳐 인간에게 내준 까닭에 제우스의 노여움을 사서 코카서스 산의 바위에 묶여 날마다 독수리에게 간을 쪼아 먹히는 벌을 받음 _ 「간」 6연 1행

ㅎ

하냥 '늘'의 방언 _ 「뿌리에게」 3연 4행

하직(下直) ① 먼 길을 떠날 때 웃어른께 작별을 고하는 것, ② 무슨 일이 마지막이거나 무슨 일을 그만둠을 이르는 말. 여기서는 ②의 의미로 '죽음'을 비유적으로 나타냄 _ 「이별가」 4연 1행

함묵(緘默) 입을 다물고 침묵을 지킴 _ 「바위」 5행

함추름 형용사인 '함초롬하다'에서 나온 말. 젖거나 서려 있는 모양이나 상태가 가지런하고 고운 것을 가리킴 _ 「향수」 3연 4행

합장(合掌) 얼굴이나 가슴 앞으로 두 손바닥과 열 손가락을 모아 인사를 하거나 예의를 표하는 행위 _ 「승무」 8연 2행

해도(海圖) 보통은 항해용 지도를 의미하나 여기서는 한자 뜻 그대로 '바다의 그림'으로 해석됨 _ 「바다2」 6연 1행

해설피 ① 헤프게 슬프게(해피설피), ② 약간 어둡고 낮은 음색으로, ③ 해가 설핏할 때, 해질 무렵 등 여러 뜻으로 해석됨 _ 「향수」 1연 4행

해원(海原) 바다 _ 「깃발」 2행

허방다리 함정. 짐승을 잡기 위해 파놓은 구덩이 _ 「월훈」 1단락(1연)의 둘째 줄

허적(虛寂) 허무와 적막 _ 「생명의 서」 2연 2행

헤여드는 헤치고 들어오는 _ 「우라지오 가까운 항구에서」 4연 1행

호젓 쓸쓸하고 외롭게 _ 「우라지오 가까운 항구에서」 5연 2행

황촉 꿀벌의 분비물인 밀랍으로 만든 초 _ 「승무」 4연 1행

회돌아 기본형은 '휘돌다'. 일정한 공간에 가득 차서 움직이다 또는 어떤 물체가 빙글빙글 마구 돌다는 뜻을 지님 _ 「향수」 1연 2행

회동그란히 매우 놀라거나 두려워서 눈이 둥그렇다는 뜻의 '휘둥그렇다'의 부사형으로 보기도 하나, 문맥상 동그란 모양을 강조하는 의미로 볼 수 있음 _ 「바다2」 8연 1행

흐릅디다려 '흐른다고 하는구려'의 준말 _ 「가는 길」 4연 4행

작품 출처

작품
시인
원전
발표
출처(서명 / 출판사 / 연도)

가는 길 [337쪽]
김소월
진달래꽃
1925
진달래꽃 / 열린책들 / 2004

가을 떡갈나무 숲 [331쪽]
이준관
가을 떡갈나무 숲
1991
가을 떡갈나무 숲 / 나남 / 1991

간 [169쪽]
윤동주
하늘과 바람과 별과 시
1948
하늘과 바람과 별과 시 / 연세대학교출판부 / 2004

겨울바다 [371쪽]
김남조
겨울바다
1967
겨울나무 / 자유문학사 / 1987

겨울밤 [400쪽]
박용래
강아지풀
1975
먼 바다 / 창작과비평사 / 1984

고향 [344쪽]
정지용
정지용 시집
1935
정지용 전집1 / 열린책들 / 2004

고향 앞에서 [343쪽]
오장환
나 사는 곳
1947
병든 서울 / 미래사 / 1991

광야 [145쪽]
이육사
육사시집
1946
교과서 시 정본 해설 / Human & Books / 2008

교목 [350쪽]
이육사
육사시집
1946
육사시집 / 열린책들 / 2004

국수 [91쪽]
백석
문장
1941. 4.
백석 정본 시집 / 문학동네 / 2007

그릇1 [313쪽]
오세영
모순의 흙
1985
모순의 흙 / 고려원 / 1985

기념식수 [307쪽]
이문재
내 젖은 구두를 해에게 보여줄 때
1988
내 젖은 구두를 해에게 보여줄 때 / 민음사 / 1988

깃발 [137쪽]
유치환
청마시초
1939
청마시초 / 열린책들 / 2004

꽃 [378쪽]
김춘수
현대문학
1955
처용 / 민음사 / 1974

꽃 [349쪽]
이육사
육사시집
1946
한국현대시의 이해 / 경성대학교 출판부 / 1992

나와 나타샤와 흰 당나귀 [107쪽]
백석
여성
1938. 3.
백석 정본 시집 / 문학동네 / 2007

낙화 [361쪽]
조지훈
상아탑
1946
청록집 / 열린책들 / 2004

낡은 집 [113쪽]
이용악
낡은 집
1938
이용악 시 전집 / 창작과비평사 / 1995

남신의주 유동 박시봉방 [369쪽]
백석
학풍
1948
백석 정본 시집 / 문학동네 / 2007

님의 침묵 [37쪽]
한용운
님의 침묵
1926
님의 침묵 / 열린책들 / 2004

다시 밝은 날에 [383쪽]
서정주
서정주시선
1956
미당 서정주 전집1 / 은행나무 / 2015

동천 [211쪽]
서정주
동천
1968
미당 서정주전집1 / 은행나무 / 2015

등 너머로 훔쳐 듣는 대숲바람 소리 [277쪽]
나태주
대숲 아래서
1973
추억의 묶음 / 미래사 / 1991

땅끝 [319쪽]
나희덕
그 말이 잎을 물들였다
1994
그 말이 잎을 물들였다 / 창작과비평사 / 1994

또 다른 고향 [177쪽]
윤동주
하늘과 바람과 별과 시
1948
하늘과 바람과 별과 시 / 연세대학교 출판부 / 2004

모란이 피기까지는 [362쪽]
김영랑
문학
1934
영랑을 만나다 / 태학사 / 2009

묵화 [405쪽]
김종삼
십이음계
1969
북 치는 소년 / 민음사 / 1979

바다 2 [77쪽]
정지용
정지용시집
1935
정지용시 126편 다시 읽기 / 민음사 / 2004

바위 [356쪽]
유치환
삼천리
1941
생명의 서 / 미래사 / 1991

작품 출처

북 치는 소년 [263쪽]
김종삼
십이음계
1969
북 치는 소년 / 민음사 / 1979

비 [85쪽]
정지용
백록담
1941
정지용시 128편 다시 읽기 / 민음사 / 2004

빼앗긴 들에도 봄은 오는가 [53쪽]
이상화
개벽70호
1926
교과서 시 정본 해설 / Human & Books / 2008

뿌리에게 [325쪽]
나희덕
뿌리에게
1991
뿌리에게 / 창작과비평사 / 1991

사평역에서 [299쪽]
곽재구
중앙일보
1981. 1.
사평역에서 / 창작과비평사 / 1983

산유화 [21쪽]
김소월
진달래꽃
1924
진달래꽃 / 열린책들 / 2004

생명의 서 [355쪽]
유치환
생명의 서
1947
생명의 서 / 미래사 / 1991

서시 [161쪽]
윤동주
하늘과 바람과 별과 시
1948
하늘과 바람과 별과 시 / 연세대학교 출판부 / 2004

수정가 [237, 385쪽]
박재삼
춘향이 마음
1962
천년의 바람 / 민음사 / 1985

슬픔이 기쁨에게 [293쪽]
정호승
슬픔이 기쁨에게
1979
흔들리지 않는 갈대 / 미래사 / 1991

승무 [197쪽]
조지훈
문장11호
1939. 12.
조지훈 전집1-시 / 나남출판 / 1996

알 수 없어요 [47쪽]
한용운
님의 침묵
1926
님의 침묵 / 열린책들 / 2004

여승 [101쪽]
백석
사슴
1936
백석 정본 시집 / 문학동네 / 2007

오월 [131쪽]
김영랑
문장6호
1939
영랑을 만나다 / 태학사 / 2009

왕십리 [29, 338쪽]
김소월
진달래꽃
1925
교과서 시 정본 해설 / Human & Books / 2008

작품 출처

추천사 [217쪽]

서정주
서정주시선
1955
미당 서정주전집1 / 은행나무 / 2015

폭포 [223쪽]

김수영
달나라의 장난
1959
김수영 전집1 / 민음사 / 2003

풀 [229쪽]

김수영
창작과 비평
1968
김수영 전집1 / 민음사 / 2003

플라타너스 [377쪽]

김현승
문예
1953
김현승 시선집 / 민음사 / 2005

하관 [392쪽]

박목월
난 기타
1959
박목월 시전집 / 민음사 / 2003

향수 [61쪽]

정지용
정지용 시집
1935
교과서 시 정본 해설 / Human & Books / 2008